21世紀漢語言專業規劃教材
專業基礎教材系列

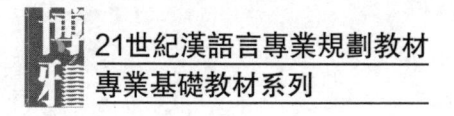

GUDAI
HANYU

古代漢語（下冊）

張聯榮 劉子瑜 趙 彤 編著

北京大學出版社
PEKING UNIVERSITY PRESS

圖書在版編目 (CIP) 數據

古代漢語（下册）/ 張聯榮，劉子瑜，趙彤編著．—北京：北京大學出版社，2024.1
21 世紀漢語言專業規劃教材．專業基礎教材系列
ISBN 978-7-301-34415-6

Ⅰ.①古⋯ Ⅱ.①張⋯ ②劉⋯ ③趙⋯ Ⅲ.①古漢語－高等學校－教材 Ⅳ.① H109.2

中國國家版本館 CIP 數據核字 (2023) 第 173861 號

書　　　名	古代漢語（下册）
	GUDAI HANYU (XIA CE)
著作責任者	張聯榮　劉子瑜　趙　彤　編著
責任編輯	宋思佳
標準書號	ISBN 978-7-301-34415-6
出版發行	北京大學出版社
地　　　址	北京市海淀區成府路 205 號　100871
網　　　址	http://www.pup.cn　　新浪微博：@ 北京大學出版社
電子郵箱	zpup@ pup.cn
電　　　話	郵購部 010-62752015　發行部 010-62750672
	編輯部 010-62754144
印　刷　者	大廠回族自治縣彩虹印刷有限公司
經　銷　者	新華書店
	650 毫米 ×980 毫米　16 開本　25 印張　424 千字
	2024 年 1 月第 1 版　2025 年 1 月第 2 次印刷
定　　　價	72.00 元

未經許可，不得以任何方式複製或抄襲本書之部分或全部内容。
版權所有，侵權必究
舉報電話：010-62752024　電子郵箱：fd@pup.cn
圖書如有印裝質量問題，請與出版部聯繫，電話：010-62756370

目　錄

第九單元 …………………………………………………… 1

講讀文選

　論語 ……………………………………………………… 1

　　不仁者不可以久處約(《里仁》) ……………………… 2
　　富與貴是人之所欲(《里仁》) ………………………… 2
　　顏淵季路侍(《公冶長》) ……………………………… 3
　　如有博施於民而能濟衆(《雍也》) …………………… 3
　　篤信好學(《泰伯》) …………………………………… 4
　　齊景公問政於孔子(《顏淵》) ………………………… 5
　　季康子問政於孔子(《顏淵》) ………………………… 5
　　士何如斯可謂之達(《顏淵》) ………………………… 6
　　衛君待子而爲政(《子路》) …………………………… 6
　　一言而可以興邦(《子路》) …………………………… 8
　　在陳絕糧(《衛靈公》) ………………………………… 8
　　益者三友(《季氏》) …………………………………… 9
　　長沮桀溺耦而耕(《微子》) …………………………… 9
　禮記 ……………………………………………………… 11
　　大同與小康(《禮運》) ………………………………… 11
　　中庸(節選) ……………………………………………… 14

閱讀文選

　禮記 ……………………………………………………… 20
　　大學(節選) ……………………………………………… 20

曾子易簀(《檀弓上》) ……………………………………… 23
練習九 …………………………………………………………… 24
常用詞
　　病 成 達 篤 方 顧 濟 紀 困 濫 末 率 微 違 約
　　……………………………………………………………… 26
古漢語常識
　　古代漢語常用工具書(下) ………………………………… 31

第十單元 ………………………………………………………… 40

講讀文選
　　孟子 ……………………………………………………… 40
　　　晉國天下莫強焉(《梁惠王上》) ……………………… 41
　　　莊暴見孟子(《梁惠王下》) …………………………… 42
　　　人皆有不忍人之心(《公孫丑上》) …………………… 44
　　　孟子將朝王(《公孫丑下》) …………………………… 45
　　　君子所以異於人者(《離婁下》) ……………………… 49
　　　齊人有一妻一妾(《離婁下》) ………………………… 50
　　墨子 ……………………………………………………… 52
　　　兼愛上 …………………………………………………… 52
　　管子 ……………………………………………………… 55
　　　牧民 ……………………………………………………… 55
閱讀文選
　　齊景公招虞人以旌(《孟子》) ……………………………… 61
　　非攻上(《墨子》) ……………………………………………… 63
練習十 …………………………………………………………… 65
常用詞
　　攻 家 兼 敬 倫 禽 勸 忍 時 危 維 物 義 元 賊
　　……………………………………………………………… 67
古漢語常識
　　古書的標點 ………………………………………………… 72

第十一單元 …… 82

講讀文選

老子 …… 82
 道可道 …… 83
 天下皆知美之爲美 …… 83
 三十輻共一轂 …… 84
 絕聖棄智 …… 85
 有物混成 …… 86
 上士聞道 …… 87
 名與身孰親 …… 88
 其安易持 …… 89

莊子 …… 90
 逍遙遊(節選) …… 91
 駢拇(節選) …… 96

閱讀文選

逍遙遊(《莊子》) …… 101
秋水(《莊子》) …… 104

練習十一 …… 107

常用詞

秉 承 處 創 措 待 德 官 年 駢 樸 室 素 正 至 …… 108

古漢語常識

中國的古書 …… 113

第十二單元 …… 122

講讀文選

荀子 …… 122
 王霸(節選) …… 123
 性惡(節選) …… 126

韓非子 …… 132

有度(節選) ……………………………………………… 133
　　　和氏(節選) ……………………………………………… 137
　　　五蠹(節選) ……………………………………………… 141
閱讀文選
　　　王制(《荀子》) …………………………………………… 144
　　　更法(《商君書》) ………………………………………… 147
練習十二 ………………………………………………………… 149
常用詞
　　　備 覆 感 回 就 論 器 情 遂 題 天 偶 相 因 制
　　　………………………………………………………………… 151
古漢語常識
　　　古書的注解(上) ………………………………………… 157

第十三單元 …………………………………………………… 163

講讀文選
　　　呂氏春秋 …………………………………………………… 163
　　　　去宥 ……………………………………………………… 163
　　　　察傳 ……………………………………………………… 167
　　　淮南子 ……………………………………………………… 171
　　　　人間訓(節選) …………………………………………… 171
　　　論衡 ………………………………………………………… 177
　　　　談天(節選) ……………………………………………… 177
　　　顏氏家訓 …………………………………………………… 182
　　　　涉務(節選) ……………………………………………… 182
閱讀文選
　　　審己(《呂氏春秋》) ……………………………………… 186
　　　任數(《呂氏春秋》) ……………………………………… 188
　　　疑似(《呂氏春秋》) ……………………………………… 188
練習十三 ………………………………………………………… 191
常用詞
　　　穿 典 奮 關 激 極 經 逝 特 體 務 秀 業 益 已
　　　………………………………………………………………… 193

古漢語常識
 古書的注解(下) ………………………………………… 198

第十四單元 ………………………………………… 206

講讀文選
 賈誼 ……………………………………………………… 206
  論積貯疏 …………………………………………… 206
 韓愈 ……………………………………………………… 210
  原道 ………………………………………………… 210
 柳宗元 …………………………………………………… 218
  賀進士王參元失火書 ……………………………… 218
 蘇軾 ……………………………………………………… 223
  留侯論 ……………………………………………… 223
 顧炎武 …………………………………………………… 227
  與友人論學書 ……………………………………… 227

閱讀文選
 道學(周密) …………………………………………… 233
 明良論二(龔自珍) …………………………………… 235

練習十四 …………………………………………………… 241
常用詞
 殘 的 機 廉 練 歲 偷 幸 宣 訊 要 英 折 主 資
 ………………………………………………………………… 243

古漢語常識
 古代的文體 …………………………………………… 248

第十五單元 ………………………………………… 256

講讀文選
 王粲 ……………………………………………………… 256
  登樓賦 ……………………………………………… 256
 鮑照 ……………………………………………………… 260
  蕪城賦 ……………………………………………… 260

孔稚珪……………………………………………… 264
　　　　北山移文……………………………………… 265
　　駱賓王……………………………………………… 273
　　　　代李敬業傳檄天下文………………………… 273
閱讀文選
　　歸去來兮辭（陶淵明）…………………………… 279
　　與陳伯之書（丘遲）……………………………… 282

練習十五……………………………………………… 287

常用詞
　　標　參　都　憤　際　救　偶　排　榮　緒　委　顏　宇　征　宗
　　…………………………………………………… 289

古漢語常識
　　古書的讀音………………………………………… 294

第十六單元 ……………………………………… 305

講讀文選
　　詩經………………………………………………… 305
　　　　芣苢（《周南》）……………………………… 306
　　　　氓（《衛風》）………………………………… 306
　　　　伯兮（《衛風》）……………………………… 309
　　　　黍離（《王風》）……………………………… 311
　　　　無衣（《秦風》）……………………………… 312
　　　　七月（《豳風》）……………………………… 313
　　　　采薇（《小雅》）……………………………… 317
　　楚辭………………………………………………… 319
　　　　離騷（節選）………………………………… 320
　　　　山鬼（《九歌》）……………………………… 327
　　　　哀郢（《九章》）……………………………… 330

閱讀文選
　　東山（《詩經》）…………………………………… 334
　　卜居（《楚辭》）…………………………………… 336

練習十六 …………………………………………………… 338
常用詞
　稱 躬 績 漸 居 社 武 向 寫 雅 藝 周 築 總 遵
　…………………………………………………………… 339
古漢語常識
　詩詞格律 ……………………………………………… 344

附錄一　繁簡字異體字例釋 ……………………………… 364
附錄二　廣韻韻目 ………………………………………… 379
附錄三　常用詞檢字(240) ……………………………… 383

第九單元

講讀文選

論語

　　《論語》是由孔子弟子及再傳弟子輯錄而成的一部書。孔子(前551—前479),名丘,字仲尼,魯國陬邑(今山東曲阜市東南)人。孔子中年開始聚徒講學,後又在魯國做過官。五十多歲周遊列國,希望實現自己的政治主張,但未得到諸侯的信用。晚年專心致力於教育,整理古代文獻。孔子是思想家、教育家,儒家學派的創始人。其學説的核心是"仁"(仁愛),他的倫理思想、教育理念有許多可貴的因素值得肯定。他又是中國古代私人講學的第一人,在整理古代文獻、傳播古代文化方面做出了重大貢獻,被尊奉爲中國古代的聖人。

　　《論語》一書記録了孔子及其弟子的言行,内容涉及政治見解、倫理觀念、道德修養、教育學習等方面,蘊含了豐富的人生經驗和深刻的哲理思考。《論語》是一種語録體,言簡意賅,曉暢易懂,含蓄有致,書中的很多話已成爲格言和成語,對後代的文學語言有很大影響。

　　《論語》成書約在戰國初年。漢代《論語》有《齊論》《魯論》《古論》三種本子,今本《論語》由漢代人整理而成,共二十篇,每篇分若干章。《論語》的注本很多,通行的有三國魏何晏《論語集解》、南宋朱熹《論語集注》、清人劉寶楠《論語正義》。近人程樹德《論語集釋》、今人黄懷信《論語彙校集釋》可資參考。

　　選文據影印《十三經注疏》(中華書局一九八〇年版)。各章取文中首句爲標題。

不仁者不可以久處約（《里仁》）

【説明】本章闡説仁者安於仁而心無妄動。

子曰："不仁者不可以久處約，不可以長處樂①。仁者安仁②，知者利仁③。"

① 約：困窮。樂：安樂。
② 安仁：本心仁愛則安於仁而不計功過利害。
③ 知（zhì）：後作"智"。利仁：知仁之爲利而行之。何晏《集解》引王肅："知仁爲美，故利而行之。"

富與貴是人之所欲（《里仁》）

【説明】本章闡説君子在任何時候、任何情況下始終與仁德同在。

子曰："富與貴，是人之所欲也；不以其道得之，不處也①。貧與賤，是人之所惡也；不以其道得之，不去也②。君子去仁，惡乎成名③？君子無終食之間違仁④，造次必於是，顛沛必於是⑤。"

① 處：居於；居有。
② 這一句話解説不一。一説"不以"的"不"是衍文或誤字。意思是貧賤是人們厭惡的，如果是行仁德而遭遇貧賤，君子不會逃避。去：離開。
③ 惡（wū）乎成名：怎麼能成就仁德的名聲？惡乎：在哪裏。惡：疑問代詞，作介詞"乎"的賓語前置。乎：介詞，相當於"於"。
④ 終食：一頓飯的時間。比喻極短的時間。違：離開。

⑤ 造次:倉促;急遽之時。是:指仁德。顛沛:仆倒,這裏指困頓挫折之時。

顏淵季路侍(《公冶長》)

【説明】本章記述孔子與兩位弟子談論怎樣做人。從中可以看出孔子的志向是把恩惠普施於天下之人,表現出他的仁德情懷。

顏淵季路侍①。子曰:"盍各言爾志②?"
子路曰:"願車馬衣輕裘與朋友共,敝之而無憾③。"
顏淵曰:"願無伐善,無施勞④。"
子路曰:"願聞子之志。"
子曰:"老者安之,朋友信之,少者懷之⑤。"

① 顏淵(前521—前481):魯國人,名回,字子淵,孔子的學生,在孔門中以德行學問著稱。季路(前542—前480):姓仲名由,字子路,又稱季路,孔子的學生。侍:在尊長身邊陪侍。
② 盍(hé):相當於"何不",爲什麼不。爾:你;你們。
③ 衣輕裘:"輕"字是衍文(據阮元)。衣裘:衣服。朋友:志同道合的人。共:共同享用。敝(bì):破,這裏用作使動,意思是用破。之:指車馬衣裘。憾:悔恨。
④ 伐:誇耀。善:(自己的)長處。施勞:顯揚功勞。施:顯揚;誇示。劉寶楠《正義》:"《禮記·祭統》注:'施,猶著也。'"
⑤ 老年人(我要)使他們奉養安適,朋友(我要)使他們交往誠信,年輕人(我要)使他們受到關懷愛護。

如有博施於民而能濟衆(《雍也》)

【説明】孔子告訴子貢,踐行仁道不必捨近求遠,正確的途徑在於"近取譬",推己及人。

子貢曰①："如有博施於民而能濟衆②,何如?可謂仁乎?"子曰："何事於仁③,必也聖乎④!堯舜其猶病諸⑤!夫仁者,己欲立而立人,己欲達而達人⑥。能近取譬⑦,可謂仁之方也已⑧。"

① 子貢(前520—前456):姓端木,名賜,字子貢,孔子的學生。
② 博施:廣泛地施予恩惠。濟:救助。
③ 何止於仁(從朱熹《論語集注》)。
④ 那一定是聖德了。
⑤ 堯和舜大概對此都感到不易呢!堯舜:傳説中遠古時期的兩位賢明的帝王,是孔子心目中的聖人。其:副詞,表示推測。病:難,感到不易。諸:相當於"之乎"。"之"代"博施於民而能濟衆"。
⑥ 夫(fú):句首語氣詞,表示要發議論。己欲立而立人:自己想要成功,也要使別人成功。立:有所成就。己欲達而達人:自己想要顯達,也要使別人顯達。達:得志;地位顯貴。
⑦ 就近拿自身的所欲("欲立""欲達")作比(而推及他人)。近:指自身。取:取用。譬:比喻。
⑧ 方:方法,指正確的途徑。

篤信好學(《泰伯》)

【説明】孔子告訴弟子:出仕還是隱居,貧賤還是富貴,一切皆以"善道"爲準則。

子曰："篤信好學①,守死善道②。危邦不入,亂邦不居③。天下有道則見,無道則隱④。邦有道,貧且賤焉,恥也⑤;邦無道,富且貴焉,恥也。"

① 篤信:真誠堅定地相信(道)。篤(dǔ):誠實;堅定。
② 至死堅守真理。守死:堅持到死而不改變。善道:使所學的道達到完美。善:完善(參朱熹《論語集注》)。一説"好道"(參俞樾《羣

經平議》)。
③ 危邦:即將有危難的國家。亂邦:已經發生動亂的國家。
④ 有道:指政治清明。見(xiàn):現身,指出來做官。這個意義後來寫作"現"。隱:隱居不仕。
⑤ 恥:同"耻",耻辱。

齊景公問政於孔子(《顏淵》)

【說明】孔子的政治理想是君臣父子各正其位,各守其分,以禮治天下。

　　齊景公問政於孔子①。孔子對曰:"君君,臣臣,父父,子子②。"公曰:"善哉!信如君不君③,臣不臣,父不父,子不子,雖有粟④,吾得而食諸⑤?"

① 齊景公:姜姓,名杵臼,齊國國君(前547—前490年在位)。政:政事,管理國家的事。
② 君主要盡君道,臣子要盡臣道,父親要盡父道,兒子要盡子道。後一個"君""臣""父""子"都作動詞用。
③ 信如:如果真的。
④ 雖:即使。粟(sù):穀子,去皮後叫小米。泛指糧食。
⑤ 我能吃得著嗎?諸:相當於"之乎"。

季康子問政於孔子(《顏淵》)

【說明】本章用風和草作比,說明君子爲政在德。

　　季康子問政於孔子曰①:"如殺無道以就有道②,何如?"孔子對曰:"子爲政,焉用殺?子欲善而民善矣。君子之德風,小人之德草③。草上之風,必偃④。"

① 季康子:季孫肥,季氏,名肥。魯哀公時正卿。"康"是謚號。
② 無道:無道之人。就:親近。一說成就有道者,給他們禄位(參皇侃《義疏》)。
③ 君子:在上位者。德:行爲操守。小人:下民。
④ 草受到風,一定隨風倒伏。上:加。偃:倒下。

士何如斯可謂之達(《顔淵》)

【説明】孔子認爲"聞"並不就是"達"。達是質性正直而好義,聞只是表面上依從仁德而博取名望。

　　子張問①:"士何如斯可謂之達矣②?"子曰:"何哉,爾所謂達者?"子張對曰:"在邦必聞,在家必聞③。"子曰:"是聞也,非達也。夫達也者,質直而好義④,察言而觀色,慮以下人⑤。在邦必達,在家必達。夫聞也者,色取仁而行違⑥,居之不疑⑦。在邦必聞,在家必聞。"

① 子張:孔子的學生顓孫師,字子張。
② 達:通達,行事順利無違礙。
③ 在邦:在諸侯國(爲官)。聞:有名望。家:卿大夫的領地。
④ 質直:質性正直。
⑤ 留心他人的言語神色,常懷謙退之心,思以居人之下。
⑥ 表面上依從仁德而其行爲違背。行:行爲。
⑦ 以仁人自居而不自疑。

衛君待子而爲政(《子路》)

【説明】當時禮崩樂壞,名實不符的情況很嚴重,孔子強調"正名"的重要性。

子路曰："衛君待子而爲政①,子將奚先②?"

子曰："必也正名乎③!"

子路曰："有是哉,子之迂也④!奚其正⑤?"

子曰："野哉⑥,由也!君子於其所不知,蓋闕如也⑦。名不正,則言不順⑧;言不順,則事不成;事不成,則禮樂不興⑨;禮樂不興,則刑罰不中⑩;刑罰不中,則民無所錯手足⑪。故君子名之必可言也,言之必可行也⑫。君子於其言,無所苟而已矣⑬。"

① 衛君:一般認爲指衛出公,名輒,衛國國君。蒯輒是衛靈公長子蒯聵之子,時與其父争奪君位。舊說或認爲蒯輒父子争奪君位是亂了名分,本章說的"正名"是有感而發(參朱熹《論語集注》)。《史記·孔子世家》:"是時,衛君輒父不得立……而孔子弟子多仕於衛,衛君欲得孔子爲政。"爲政:治理國家政事。

② 先生打算先從哪些事情做起呢?奚:疑問代詞,相當於"何"。先:用作動詞,先做。"奚"是"先"的前置賓語。

③ 那一定是"正名"吧。正名:辨正名分(使名實相符)。名:名稱,名義,名分。

④ 先生的迂闊竟有如此嚴重啊!迂:行爲見解遠離實際,不合時宜。

⑤ 有什麽可辨正的呢?奚:疑問代詞,何。

⑥ 野:粗野,不合禮儀。

⑦ 蓋:副詞,表示推測。闕(quē)如:留下有疑問的地方不加評判。闕:通"缺",空(kòng)下來不加評說。

⑧ 名義不正,說起話來就不會順理得當。

⑨ 禮:指社會的典章制度、行爲準則、道德規範。樂:音樂。儒家認爲通過禮樂可以使尊卑有序,上下和諧。興:起;振興。

⑩ 中:適中。

⑪ 無所錯手足:沒有放手腳的地方,即不知如何是好。錯:通"措",放置。

⑫ 所以君子確定了一個名義就一定能夠順理得當地表達出來,表達

出來就一定可以行得通。
⑬ 君子對於自己措辭説話，一定沒有一點馬虎的地方纔算罷了。苟：苟且，不嚴肅。已：停止。

一言而可以興邦（《子路》）

【説明】本章討論"一言而可以興邦"或"喪邦"，見解十分深刻。

定公問①："一言而可以興邦，有諸②？"孔子對曰："言不可以若是③。其幾也④，人之言曰：'爲君難，爲臣不易。'如知爲君之難也，不幾乎一言而興邦乎⑤？"

曰："一言而喪邦，有諸？"孔子對曰："言不可以若是。其幾也，人之言曰：'予無樂乎爲君，唯其言而莫予違也⑥。'如其善而莫之違也⑦，不亦善乎？如不善而莫之違也，不幾乎一言而喪邦乎？"

① 定公：魯定公（前509—前495年在位），名宋。
② 興邦：使國家興盛。諸：相當於"之乎"。
③ 話不能起到像興邦這樣的作用。是：代"興邦"。
④ （但如果説）有近於一言可以興邦的話。幾：接近（參何晏《集解》引王肅）。
⑤ "不幾乎"句：不就近於一句話就能興邦嗎？
⑥ 我做君主沒有什麽可高興的，（如果説有可高興的）就是我的話沒有什麽人違抗。唯：副詞，加強語氣。莫予違：這是一個否定句。代詞"予"作動詞"違"的賓語前置。
⑦ 其善：説的話正確。

在陳絕糧（《衛靈公》）

【説明】本章談論君子與小人在身處困境時的不同態度。

在陳絕糧①,從者病,莫能興②。子路慍見曰③:"君子亦有窮乎④?"子曰:"君子固窮⑤,小人窮斯濫矣⑥。"

① 魯哀公四年(前491),吳國討伐陳國,楚國救陳,戰亂中孔子和他的學生被困於陳蔡之間的郊野,糧食供給斷絕。
② 病:這裏指因飢餓而身體受到傷害。興:站起來。
③ 慍(yùn):怒,生氣。
④ 窮:困窘,沒有出路。
⑤ 固窮:安守困窮。固:安於,不動搖。
⑥ 斯:就。濫:過度,無節制。指放縱自己胡作非為。

益者三友(《季氏》)

【說明】本章討論交友不同,對自己有益有損。

孔子曰:"益者三友,損者三友①。友直,友諒,友多聞②,益矣。友便辟,友善柔,友便佞③,損矣。"

① 三友:三種交友情況。損:損害。
② 直:正直。諒:誠信。多聞:博學多識。
③ 便辟(piánbì):矯揉作態,諂媚逢迎(與"直"相反)。善柔:表面上柔媚和順(與"諒"相反)。何晏《集解》引馬融:"面柔也。"便佞(piánnìng):巧於言辭(只是巧言善辯而無實學,與"多聞"相反)。

長沮桀溺耦而耕(《微子》)

【說明】孔子的處世態度和隱者不同,他不與鳥獸為伍,就是要擔當起改造社會的責任。

長沮、桀溺耦而耕①，孔子過之，使子路問津焉②。長沮曰："夫執輿者爲誰③？"子路曰："爲孔丘。"曰："是魯孔丘與？"曰："是也。"曰："是知津矣④。"

　　問於桀溺，桀溺曰："子爲誰？"曰："爲仲由。"曰："是魯孔丘之徒與⑤？"對曰："然。"曰："滔滔者天下皆是也，而誰以易之⑥？且而與其從辟人之士也，豈若從辟世之士哉⑦？"耰而不輟⑧。

　　子路行以告，夫子憮然曰⑨："鳥獸不可與同羣，吾非斯人之徒與而誰與⑩？天下有道，丘不與易也⑪。"

① 長沮(jù)、桀溺：當時的兩個隱士，這不是他們的真名。耦而耕：即耦耕，一種耕作方式，二人各執一耜並肩而耕，翻出的田土寬爲一尺。
② 津：渡口。
③ 執輿：執轡（韁繩）駕車。輿：車。
④ 這人該是知道渡口所在了。是：代詞，這（個人），指孔子。
⑤ 孔丘之徒：跟從孔子學習且與之同類的人。
⑥ 滔滔：以洪水比喻天下紛亂。是：代詞，如此，指"（天下）滔滔"。誰以易之：又能同誰改變它呢？疑問代詞"誰"作介詞"以"的賓語前置。以：與。易：改變。
⑦ 而：你。從：跟隨。辟(bì)人之士：逃避惡人的人，這裏指孔子。辟：後作"避"。辟世之士：逃避亂世的人，這裏指桀溺自己這樣的人。
⑧ 耰(yōu)：覆種，播種以後用土蓋上。輟：中止。
⑨ 憮(wǔ)然：悵然自失的樣子。一説發楞的樣子。
⑩ 鳥獸不能跟它們同羣，我不跟人羣在一起又能跟誰在一起呢？斯人之徒與："斯人之徒"作動詞"與"的賓語前置。誰與：疑問代詞"誰"作動詞"與"的賓語前置。斯人之徒：這些人的同類。即人羣。斯：指示代詞，這。人之徒：人的同類，即人羣。與：在一起。
⑪ 天下如果有道，我就不和你們去改變它了。

禮記

　　《禮記》是一部資料彙編性質的書，儒家經典之一，是孔子門人後學及西漢時儒家學者所記。書中記述戰國至秦漢間儒家的言論，特別是關於禮制方面的內容，比較集中地體現了儒家的政治、哲學和倫理思想，在研究古代典章制度和思想文化方面有重要的參考價值。其中有的記事小品文字生動，意味雋永。

　　《禮記》傳至西漢，舊說由戴德輯錄的稱《大戴禮記》，共八十五篇（今存三十九篇）。其侄戴聖輯錄的稱《小戴禮記》，共四十九篇，就是現在通行的《禮記》。《禮記》通行的注本是《禮記正義》（東漢鄭玄注，唐孔穎達疏）、清代孫希旦的《禮記集解》、朱彬《禮記訓纂》等。《禮記》中的《中庸》《大學》可參朱熹《四書章句集注》。

　　選文據影印本《十三經注疏》（中華書局一九八〇年版）。

大同與小康（《禮運》）

　　【說明】孔子有感於當時各國禮崩樂壞的亂世，引發了對大同社會的憧憬，揭示大同之世跟小康之治的根本區別在於"天下爲公"與"天下爲家"。本文題目爲後加。

　　昔者仲尼與於蜡賓①，事畢，出遊於觀之上，喟然而嘆②。仲尼之嘆，蓋嘆魯也③。言偃在側，曰："君子何嘆④？"孔子曰："大道之行也，與三代之英⑤，丘未之逮也⑥，而有志焉⑦。

　　孔子感嘆自己没有趕上"大道之行"和"三代之英"的時代。

① 昔者：從前。與（yù）：參加。蜡（zhà）：祭名，古代國君在夏曆十二月舉行的年終祭祀。賓：蜡祭的陪祭者，主祭人爲國君。孔子曾擔任魯國的大夫，所以參加到蜡祭陪祭者的行列裏。

② 觀（guàn）：宗廟或宮廷大門外兩旁對稱的高建築物，又叫闕，是懸示教令的地方。
③ 蓋：副詞，表示推測。嘆魯：嘆息魯國。見魯君祭禮不周備而嘆（參鄭玄注）。
④ 言偃：字子游，吳國人，孔子弟子。君子：指孔子。
⑤ 這是說"大道之行"的時代跟"三代之英"治理的時代。大道：至善至美的準則，儒家心目中三代之前的治世準則。行：實行。三代之英：夏、商、周三代傑出的君主（禹、湯、文、武）。英：傑出的人物。
⑥ 之：代"大道之行"和"三代之英"的時代。逮（dài）：趕上。"之"是"逮"的前置賓語。
⑦ 有志於此（心嚮往之）。一說"志"指古事的記錄（《孔子家語·禮運》作"記"）。焉：指示代詞兼語氣詞，於此。

"大道之行也，天下爲公①。選賢與能②，講信脩睦③。故人不獨親其親，不獨子其子④，使老有所終，壯有所用，幼有所長⑤，矜寡孤獨廢疾者皆有所養⑥，男有分，女有歸⑦。貨惡其棄於地也，不必藏於己⑧；力惡其不出於身也，不必爲己⑨。是故謀閉而不興，盜竊亂賊而不作⑩，故外戶而不閉⑪。是謂大同⑫。

闡述大同社會。

① 爲公：成爲公共的（天下不爲一家私有）。
② 賢：賢德之人。與（jǔ）：通"舉"，舉薦。
③ 講信：講求誠信。脩睦：調整人際關係，使它達到親睦和諧。脩：通"修"，修整趨於完美。
④ 獨：只。親其親：敬愛自己的父母。子其子：疼愛自己的子女。第一個"親"和"子"用作動詞。
⑤ 有所終：有賴以善終的生活條件。壯：壯年人。有所用：有賴以使用他們的地方（即能發揮他們的才能）。有所長（zhǎng）：有賴以成長的環境條件。

⑥ 矜(guān)：老而無妻的男子，後來多寫作"鰥"。寡：老而無夫的女子，後專指喪夫的婦女。孤：幼年死了父親的孩子。獨：老年沒有兒子的人。廢疾者：殘疾的人。廢：身子起不來。有所養：有賴以養護的條件。
⑦ 男子都有適當的職分，女子都能適時出嫁。分(fèn)：職分，職事。歸：女子出嫁。
⑧ 財物，人們厭惡它被隨便拋棄在地上（得不到合理利用），但不是一定要藏在自己家裏（即不爲一己所用）。貨：財物。惡(wù)：厭惡。
⑨ 力氣，人們憎惡自己不把它全部發揮出來（即各自盡其力），但不是一定要爲自己。身：自身。
⑩ 謀：(奸詐的)智謀。閉：堵塞，杜絕。興：出現。亂：作亂，造反。賊：殘害，傷害。作：產生。
⑪ 外戶：從外面把門合上（只是爲了抵禦風塵）。戶：門。閉：用門閂插門。
⑫ 這就叫作大同。大同：普天之下高度的同一和諧。這是儒家設想的遠古社會。同：平，和。

"今大道既隱，天下爲家①。各親其親，各子其子，貨力爲己②。大人世及以爲禮③，城郭溝池以爲固④。禮義以爲紀⑤，以正君臣，以篤父子，以睦兄弟，以和夫婦⑥，以設制度，以立田里⑦，以賢勇知，以功爲己⑧。故謀用是作而兵由此起⑨。禹、湯、文、武、成王、周公，由此其選也⑩。此六君子者，未有不謹於禮者也⑪。以著其義⑫，以考其信⑬，著有過⑭，刑仁講讓⑮，示民有常⑯。如有不由此者，在執者去⑰，衆以爲殃⑱。是謂小康⑲。"

闡述"天下爲家""禮義以爲紀"的小康社會。

① 既隱：已經隱沒消逝。天下爲家：天下成爲私家的。指權位由父傳於子，不再禪讓於賢者。家：私家。

② 貨力爲己：畜錢財、出力氣都是爲了自己。
③ 天子和諸侯把父子相傳、兄弟相傳作爲制度。大人：指天子和諸侯。世及：父子相傳叫世，兄弟相傳叫及。禮：禮制。
④ 城郭：城牆。郭：外城。溝池：護城河。爲固：作爲堅固的防守設施。
⑤ 爲紀：作爲法度綱紀。
⑥ 正：使（君臣關係）端正。篤（dǔ）：使（父子關係）純厚。睦：使（兄弟關係）親睦。和：使（夫妻關係）和諧。
⑦ 設、立：設立，建立。制度：有關等級禮遇等方面的各種規定。田里：指土地和居住方面的制度。里：居住區。里有貴賤之分。
⑧ 賢：尊崇重用。勇知（zhì）：指勇武之人和智謀之士。知：後寫作"智"。功爲己：建功做事只是爲自己而不爲他人。
⑨ 用是：由此。兵：戰爭。
⑩ 這是説禹、湯、文、武、成王、周公由此成爲三代的傑出人物。選：選拔出的人，即卓越的人物。由：用。此：指禮義。
⑪ 謹於禮：在禮上認真對待。謹：謹慎。
⑫ 用禮來表彰他們（民）合乎道義的行爲。以：用。後面省略"之"（指禮）。著：顯著。用作使動，使……顯著。
⑬ 用禮來成全他們（民）誠信的行爲。考：成全。
⑭ 用禮來揭露他們有過錯的行爲。著：顯著。用作使動，使……顯著。
⑮ 刑仁：把仁愛作爲道德規範。刑：規範，法式，後寫作"型"。這裏用作動詞，把……作爲規範。講讓：提倡謙讓。講：講求。讓：退讓不爭。
⑯ 向民衆顯示治國理民有常法。常：恒常不變的，指常規。
⑰ 由：遵循。此：指禮。埶：勢力，權位，後寫作"勢"。去：罷退。
⑱ 百姓把（有權位者）不遵循禮的行爲當作禍害。以：後省略"之"。
⑲ 小康：小安。小安的社會與"大同"相對。

中庸（節選）

【説明】《中庸》是《禮記》中的一篇，相傳子思所作。宋代從《禮記》中抽出，與《大學》《論語》《孟子》合稱"四書"。中庸是儒家的倫理思想。"中"的意思是適中，不偏不倚。"庸"的意思是常，常規，常道（參《論語·雍也》"中庸之爲德"何晏《集解》）。中庸就是"用中爲常"，儒家以此爲最高的道德標準和處事的基本原則。

　　天命之謂性①，率性之謂道②，脩道之謂教③。道也者，不可須臾離也④；可離非道也。是故君子戒慎乎其所不睹，恐懼乎其所不聞⑤。莫見乎隱，莫顯乎微⑥。故君子慎其獨也⑦。喜怒哀樂之未發謂之中⑧，發而皆中節謂之和⑨。中也者天下之大本也⑩，和也者天下之達道也⑪。致中和⑫，天地位焉，萬物育焉⑬。

　　論述性、道、教的關係，提出君子修道的方法和目標。

① 上天賦予的叫作性。命：賦予。性：天性；人所固有的質性。
② 遵循天賦的本性叫作道。率：遵循。道：路徑。指不違背自然之性，這是行動的根本準則。
③ 依照道的準則加以修養叫作教。脩：通"修"。修明；使完善。教：教化，指禮、樂、刑、政之類。
④ 離：離去。
⑤ 戒慎：警惕謹慎。乎：相當於"於"。其所不睹：別人看不到的地方。其所不聞：別人聽不到的地方。
⑥ 人的欲念萌動，沒有比在隱秘之處更能顯示明白暴露清楚的。見(xiàn)：後作"現"。顯現。乎：相當於"於"。微：隱蔽。朱熹《章句》："(隱微之中)跡雖未形而幾(隱微的先兆)則已動，人雖不知而己獨知之，則是天下之事無有著見明顯而過於此者。"
⑦ 獨：獨處。朱熹《章句》："獨者，人所不知而己所獨知之地也。"
⑧ 發：發動。中：不偏不倚的狀態。意思是人的情感（喜怒哀樂等）尚未表露時無所偏倚。
⑨ 各種情感表露出來符合節度叫作和。中(zhòng)：符合。和：性情無乖戾偏激。孔穎達疏："雖復發動，皆中節限。"
⑩ 大本：天下萬事萬理皆從"中"出，所以稱中爲大本。大本：總的

⑪ "和"是天下萬事萬理共行的道路,所以稱爲達道。達道:普遍通行的路。
⑫ 使中和達到極致。
⑬ 位:居於正位。育:生長。

••••••••••

子曰:"道不遠人①。"人之爲道而遠人,不可以爲道②。《詩》云:"伐柯伐柯,其則不遠③。"執柯以伐柯,睨而視之,猶以爲遠④。故君子以人治人,改而止⑤。忠恕違道不遠⑥,施諸己而不願,亦勿施於人⑦。君子之道四,丘未能一焉:所求乎子,以事父未能也⑧;所求乎臣,以事君未能也;所求乎弟,以事兄未能也;所求乎朋友,先施之未能也⑨。庸德之行,庸言之謹⑩,有所不足,不敢不勉⑪;有餘,不敢盡⑫。言顧行,行顧言⑬,君子胡不慥慥爾⑭?"

這一節論述君子踐行忠恕之道,言行一致。

① 遵循天賦的本性叫作道,所以道是衆人所能知能行的,所以不會離開人。遠(舊讀 yuàn):遠離。
② 如果人實行道而道卻離開了人,就不可能實行道了。意思是實行道不從日常切近的事情做起,而一味好高騖遠,這不是實行道的正確途徑。
③ 語見《詩經·豳風·伐柯》。意思是用斧子伐木做斧柄,斧柄的長短尺寸就在眼前。柯:斧柄。則:(尺寸)標準。
④ 拿著斧子伐木做斧柄,斧柄的長短尺寸就在手中,但斜眼看去,手中的斧柄和砍伐做斧柄的木材彼此還是有別,覺得相差很遠。進一步申說道(行動準則)不遠人,就在人的自身。睨(nì):斜視。
⑤ 所以君子用順乎每個人人性的道去匡正每個人身上的過錯,能夠改正就行了,不必離開"其人之道"再求其他。
⑥ 能夠做到忠和恕就離道不遠了。忠:盡己之心於人。恕:推己及

人,以己之心度人之心。違:離開。
⑦ 施加於自己不願意的,就不要施加給他人。
⑧ 用要求孩子侍奉自己的孝道去侍奉父親還不能完全做到。以下幾句是説凡是責求他人的須先要求自己。事:侍奉。
⑨ 先施之:先以恩惠友情施於朋友。
⑩ 庸德:素常之德。行:踐行誠篤。庸言:素常之言。謹:謹慎不苟。庸:常。
⑪ 才德有不够的地方,不敢不努力。
⑫ 説的話多而有做不到的地方,不敢把話説滿説盡。
⑬ 説話要顧及行動,行動要顧及説的話。
⑭ (君子言行一致)怎麼會不誠實呢?胡:疑問代詞。慥(zào)慥:誠實。

....

　　哀公問政①。子曰:"文武之政,布在方策②。其人存,則其政舉;其人亡,則其政息③。人道敏政,地道敏樹④。夫政也者,蒲盧也⑤。故爲政在人,取人以身⑥,脩身以道,脩道以仁⑦。仁者人也,親親爲大⑧;義者宜也,尊賢爲大⑨。親親之殺,尊賢之等,禮所生也⑩。在下位不獲乎上,民不可得而治矣⑪。故君子不可以不脩身。思脩身,不可以不事親;思事親,不可以不知人;思知人,不可以不知天⑫。

　　這一節闡述君子爲政當修身求賢。

① 哀公:春秋時魯國君主,名將(一作蔣)。公元前494—前468在位。
② 周文王、周武王的爲政之道,記載在典册上。方策:典册。方:書寫用的木板。策:書寫用的竹簡。
③ 其人:那樣的賢人。舉:振興。息:消亡。
④ 治民的方法是勤於政事,經營土地的方法是勤於種植。敏:勉,努力。樹:種植。

⑤ 治國理政就像蒲盧一樣。蒲盧：即螺蠃，一種細腰蜂。螺蠃常捕螟蛉（一種小蟲）喂自己的幼蟲，古人誤以爲螺蠃養螟蛉爲己子。這是説善於治國者"爲政化百姓（教化百姓）""化養他民爲己民"（參《孔子家語·哀公問政》"取螟蛉而化之"王肅注，《中庸》孔穎達疏）。一説蒲盧是一種易生的植物。這是説人存政舉，易見成效（參朱熹《章句》）。
⑥ 所以爲善政在於得賢人，求取賢人在於君主修養自身。
⑦ 修養自身憑藉的是"達道"（天下萬事萬理共行的道路），修明"達道"憑藉的是仁德。
⑧ 仁就是人與人相親愛，首先是愛自己的親人（然後推及他人）。
⑨ 義就是處事合宜，最重要的是尊重賢人。
⑩ 愛親人有親疏的差別，尊賢人有等級的差別，由此產生了禮。殺（shài）：差等。
⑪ 孔穎達疏："'在下位不獲乎上'者，獲，得也。言人臣處在下位，不得於君上之意。""獲乎上"謂稱君上心意而得到信任。這一句應在後文"道前定則不窮"和"獲乎上有道"之間。這裏誤重。
⑫ 天：天理。

"天下之達道五，所以行之者三①。曰：君臣也，父子也，夫婦也，昆弟也，朋友之交也。五者天下之達道也。知、仁、勇三者，天下之達德也②。所以行之者一也③。或生而知之，或學而知之，或困而知之④；及其知之，一也⑤。或安而行之⑥，或利而行之⑦，或勉強而行之⑧；及其成功，一也。

子曰⑨："好學近乎知⑩，力行近乎仁，知恥近乎勇。知斯三者，則知所以脩身⑪；知所以脩身，則知所以治人；知所以治人，則知所以治天下國家矣。

這一節講述五達道、三達德。指明修身是根本。

① 達道：天下古今共同遵行的人倫之道。所以行之者三：用來踐行達道的德性有三。

② 知(zhì):後作"智"。達德:天下古今通行的德性。
③ 一:朱熹《章句》認爲指"誠"。王引之《經義述聞·禮記下》謂"一"是誤增。
④ 或:有的人。困:受困。知之:三個"知之"的"之"指達道。
⑤ 一:相同。意思是初始求知不同,但就其結果而言都是"知",是一樣的。
⑥ 安:安適自在,毫不勉强。之:達道。
⑦ 利:知其有利(利謂榮名之類)。
⑧ 勉强:有壓力而迫使自己努力。
⑨ 子曰:二字是衍文。
⑩ 知:後作"智"。
⑪ 所以脩身:怎樣修身。所以:用來……的手段、方法等。

············

"誠者,天之道也①;誠之者,人之道也②。誠者,不勉而中,不思而得,從容中道,聖人也③。誠之者,擇善而固執之者也④。博學之,審問之⑤,慎思之,明辨之,篤行之⑥。有弗學,學之弗能,弗措也⑦。有弗問,問之弗知,弗措也。有弗思,思之弗得,弗措也。有弗辨,辨之弗明,弗措也。有弗行,行之弗篤,弗措也。人一能之,己百之;人十能之,己千之。果能此道矣,雖愚必明,雖柔必强⑧。"

這一節指明使自身達到至誠是人之正道,並闡述達到至誠的正確途經。

① 至誠是天之正理。天理誠實無妄,所以這樣說。
② 使自身達到至誠是人之正理。誠:用作使動,使……誠。
③ 至誠,就是不需勉强就合乎誠,不加思索就能得到誠,從容自如就合於正道,聖人就是這樣。中(zhòng):契合。
④ 使自身達到至誠,就是選擇善德並且牢牢地執守它。
⑤ 審:詳細。

⑥ 篤:誠實堅定。
⑦ 有弗學:不學則已。措:放下;廢置。
⑧ 柔:柔弱。

閱讀文選

禮記

大學(節選)

【説明】《大學》是《禮記》中的一篇,一説曾子所作。宋代從《禮記》中抽出,與《中庸》《論語》《孟子》合稱"四書"。鄭玄説:"大學者以其記博學可以爲政也。"大學指大人之學,是經國治世的學問。宋代朱熹《大學章句》對《大學》區分了經和傳並重新編排了章節。

大學之道①,在明明德②,在親民③,在止於至善④。知止而后有定⑤,定而后能静⑥,静而后能安⑦,安而后能慮⑧,慮而後能得⑨。物有本末,事有終始⑩;知所先後,則近道矣。

古之欲明明德於天下者,先治其國⑪;欲治其國者,先齊其家⑫;欲齊其家者,先脩其身;欲脩其身者,先正其心⑬;欲正其心者,先誠其意⑭;欲誠其意者,先致其知⑮;致知在格物⑯。物格而后知至⑰,知至而后意誠,意誠而后心正,心正而后身脩,身脩而后家齊,家齊而后國治,國治而后天下平。自天子以至於庶人,壹是皆以脩身爲本⑱。其本亂而末治者否矣⑲;其所厚者薄,而其所薄者厚,未之有也⑳。此謂知本,此謂知之至也㉑。

　　這一節提出"明明德、親民、止於至善",朱熹認爲這三者是"大學之綱領"。又提出"格物、致知、誠意、正心、修身、齊家、治國、平天下",朱熹認爲"此八者大學之條目"。

① 大學的根本宗旨。
② 明明德:發揚彰顯人固有的清明的德性。
③ 親民:當作"新民"(參朱熹《章句》引程子)。使民衆革舊立新,進步不已。新:用作使動。
④ 止於至善:達到最完美的境界。止:到達而不再動搖遷移。至:極;最高點。
⑤ 知道所應達到的至善境界則志向堅定不移。
⑥ 静:内心寧静,心不妄動。
⑦ 安:性情安和。
⑧ 慮:思慮精詳。
⑨ 得:處事合宜(參孔穎達疏)。
⑩ 句中的"物"和"事"是互文,謂萬事萬物。
⑪ 國:天子分封的諸侯國。
⑫ 齊其家:使家族中的各種關係整齊有序。
⑬ 正其心:端正自己的心志。
⑭ 誠其意:使自己的意念真誠。
⑮ 致其知:把自己對事物的認識推到極致。朱熹《章句》:"推極吾之知識,欲其所知無不盡也。"一説獲得知識。
⑯ 格物:解説不一。朱熹《章句》:"格,至也。物,猶事也。窮至事物之理,欲其極處無不到也。"又《補大學"格物致知"傳》:"所謂致知在格物者,言欲致吾之知,在即物而窮其理也。"他認爲"格物"就是"物理之極處無不到"。
⑰ 知至:對事物之理的認識窮盡充分。
⑱ 壹是:一切;一律。
⑲ 末:指天下、國、家。治:治理得好。否:無。指不會有這樣的事(參孔穎達疏)。

⑳ 所厚者：認爲重要的（指"本"）。薄：薄待；輕視。所薄者：認爲相對次要的（指"末"）。厚：厚待；看重。未之有：没有這樣的道理。對此句的解説不一。以上解釋參朱熹《四書或問·大學（卷一）》。
㉑ 知本：對事理本末先後有透徹的理解。至：達到頂點。

所謂誠其意者，毋自欺也。如惡惡臭，如好好色①，此之謂自謙②。故君子必慎其獨也③。小人閒居爲不善④，無所不至；見君子而後厭然揜其不善而著其善⑤。人之視己如見其肺肝然，則何益矣⑥？此謂誠於中，形於外⑦，故君子必慎其獨也。

曾子曰⑧："十目所視，十手所指，其嚴乎⑨！"富潤屋，德潤身⑩，心廣體胖⑪。故君子必誠其意。

這一節闡述"誠意"。

① 就像厭惡不好的氣味，就像喜歡美色（出自本心，不會自欺）。臭：氣味。
② 自謙（qiè）：（這就叫作）自快自足（没有任何矯飾）。謙：通"慊"，滿足。
③ 君子好善惡惡，如同"惡惡臭""好好色"一樣，也是出於真心誠意而不自欺，所以在獨處之時尤需戒慎，警惕人所不知而只有自己知道的一絲邪念。
④ 閒居：獨處。
⑤ 厭（yǎn）然：躲躲藏藏的樣子。揜（yǎn）：同"掩"，掩蓋。著：顯示。
⑥ 别人看自己的所作所爲，就像看透肺肝一樣看得清清楚楚，這樣掩飾有什麽好處呢？
⑦ 内心有什麽真情，就一定會顯示於外。
⑧ 曾子：名參，字子輿，孔子的學生。
⑨ 嚴：（令人）畏懼。
⑩ 富潤屋：家有財富，則屋宇有華彩現於外。德潤身：心存美德，則身有榮光現於外。潤：（使）潤澤有光。
⑪ 心廣：内心無愧怍，則心胸寬廣。胖（pán）：安泰舒適。

所謂脩身在正其心者,身有所忿懥則不得其正①,有所恐懼則不得其正,有所好樂則不得其正②,有所憂患則不得其正。心不在焉,視而不見,聽而不聞,食而不知其味③。此謂脩身在正其心。

這一節闡述"正心"。

① 忿懥(zhì):惱怒。懥:怒。"身有"的"身"朱熹《章句》引程子謂當作"心"。
② 好樂:喜好。
③ 大意是,心爲身之本。心志不正則身體失去主宰,對所視、所聽與所食皆不能感知(對是非善惡更不能明辨)。

曾子易簀①(《檀弓上》)

【説明】曾子在病危時要求換席,堅持守禮而終。文章題目爲後加。

曾子寢疾②,病③。樂正子春坐於牀下④。曾元、曾申坐於足⑤,童子隅坐而執燭⑥。童子曰:"華而睆⑦,大夫之簀與?"子春曰:"止⑧!"曾子聞之,瞿然曰⑨:"呼⑩!"曰:"華而睆,大夫之簀與?"曾子曰:"然。斯季孫之賜也⑪,我未之能易也。元起易簀。"曾元曰:"夫子之病革矣⑫,不可以變⑬,幸而至於旦⑭,請敬易之。"曾子曰:"爾之愛我也不如彼。君子之愛人也以德,細人之愛人也以姑息⑮。吾何求哉?吾得正而斃焉⑯,斯已矣⑰。"舉扶而易之⑱,反席未安而没⑲。

① 簀(zé):竹編的席墊。
② 寢疾:臥病。

③ 病：病得很重。
④ 樂(yuè)正子春：姓樂正，名子春。曾子的學生。
⑤ 曾元、曾申：曾子的兩個兒子。足：腳邊。
⑥ 隅坐：坐在角落。
⑦ 華：有文彩。睆(huàn)：有光澤。
⑧ 止：要童子停止說話。
⑨ 瞿(jù)然：驚懼的樣子。
⑩ 呼(xū)：通"吁"。嘆詞，驚嘆聲。
⑪ 斯：這。季孫：魯國的大夫，有權勢的貴族。
⑫ 革(jí)：通"亟"，危急。
⑬ 變：這裏指移動。
⑭ 幸：表示希望。
⑮ 以德：以成全人美德的方式。細人：見識短淺之人。姑息：姑且求得一時的安適。
⑯ 得正：能合於正禮。斃：死。曾子是士，臥大夫的席而死是不合禮制的。
⑰ 斯已矣：這就行了。孔穎達疏："已猶了也。"
⑱ 舉：擡起。
⑲ 安：(躺)安穩。没(mò)：死。

練習九

一、熟讀本單元講過的文章。
二、閱讀本單元的閱讀文選。
三、給下面句子中加點的字注音：
　1. 昔者仲尼與於蜡賓，事畢，出遊於觀之上。（《禮記·禮運》）
　2. 選賢與能，講信脩睦。（《禮記·禮運》）
　3. 矜寡孤獨廢疾者皆有所養，男有分，女有歸。（《禮記·禮運》）
　4. 以賢勇知，以功爲己。（《禮記·禮運》）
　5. 親親之殺，尊賢之等，禮所生也。（《禮記·中庸》）

四、解釋下面句子中加點的詞：
  1. 君子去仁,惡乎成名?(《論語·里仁》)
  2. 如有博施於民而能濟衆,何如?(《論語·雍也》)
  3. 天下有道則見,無道則隱。(《論語·泰伯》)
  4. 夫聞也者,色取仁而行違,居之不疑。(《論語·顏淵》)
  5. 禮樂不興,則刑罰不中;刑罰不中,則民無所錯手足。《論語·子路》
  6. 如不善而莫之違也,不幾乎一言而喪邦乎?(《論語·子路》)
  7. 益者三友,損者三友。(《論語·季氏》)
  8. 大道之行也,與三代之英,丘未之逮也,而有志焉。(《禮記·禮運》)
  9. 禮義以爲紀,以正君臣,以篤父子,以睦兄弟。(《禮記·禮運》)
  10. 刑仁講讓,示民有常。(《禮記·禮運》)
  11. 人道敏政,地道敏樹。(《禮記·中庸》)
  12. 誠者,不勉而中,不思而得,從容中道,聖人也。(《禮記·中庸》)

五、把下面的句子譯成現代漢語：
  1. 不仁者不可以久處約,不可以長處樂。(《論語·里仁》)
  2. 老者安之,朋友信之,少者懷之。(《論語·公冶長》)
  3. 夫仁者,己欲立而立人,己欲達而達人。(《論語·雍也》)
  4. 君子之德風,小人之德草。草上之風,必偃。(《論語·顏淵》)
  5. 予無樂乎爲君,唯其言而莫予違也。(《論語·子路》)
  6. 君子固窮,小人窮斯濫矣。(《論語·衛靈公》)
  7. 鳥獸不可與同羣,吾非斯人之徒與而誰與?(《論語·微子》)
  8. 今大道既隱,天下爲家。(《禮記·禮運》)
  9. 是故君子戒慎乎其所不睹,恐懼乎其所不聞。(《禮記·中庸》)
  10. 忠恕違道不遠,施諸己而不願,亦勿施於人。(《禮記·中庸》)

六、給下面《説文解字注》中的兩段話加上標點。
  1.《説文》:"中,內也。"
      俗本和也非是當作內也宋麻沙本作肉也一本作而也正皆內之譌入部曰內者入也入者內也然則中者別於外之辭也別於偏之辭也亦合宜之辭也作內則此字平聲去聲之義無不賅矣許以和爲唱和字龢爲諧龢字龢和皆非中之訓也周禮中失即得失
  2.《説文》:"墳,墓也。"

此渾言之也析言之則墓爲平處墳爲高處故檀弓孔子曰古者墓而不墳邯鄲淳孝女曹娥碑曰丘墓起墳鄭注禮記曰墓謂兆域今之封塋也土之高者曰墳此其別也方言曰冢秦晉之閒謂之墳或謂之培或謂之𣹟或謂之採或謂之埌或謂之壠自關而東謂之丘小者謂之䃞大者謂之丘此又別國方言之不同也墳之義多引申叚借用之如厥土黑墳公置之地地墳此引申之用也如遵彼汝墳借墳爲汾周禮墳衍借墳爲濆也

常用詞

病　成　達　篤　方　顧　濟　紀　困
濫　末　率　微　違　約

1. 病

《說文》：“病，疾加也。”指重病（一般的病稱“疾”）。《韓非子·孤憤》：“與死人同病者，不可生也。”《禮記·檀弓下》：“夫子之病革矣，不可以變。”（革：危急。）泛指疾病；苦痛。《史記·高祖本紀》：“上使辟陽侯迎綰，綰稱病。”（綰：人名。）《國語·吳語》：“老其老，慈其幼，長其孤，問其病。”由重病轉指重傷；極度疲憊。《左傳·鞌之戰》：“郤克傷於矢，流血及屨，未絕鼓音。曰：‘余病矣。’”《孟子·公孫丑上》：“今日病矣，予助苗長矣。”由疾病抽象引申爲弊病；害處。《新唐書·楊瑒傳》：“帝嘗召宰相大臣議天下戶版延英殿，瑒言利病尤詳。”用作動詞：傷害；侵害。《公羊傳·僖公四年》：“夷狄也，而亟病中國。”由以……爲病又引申爲擔憂。《論語·衛靈公》：“君子病無能焉，不病人之不己知也。”

2. 成

《說文》：“成，就也。”完成；實現預期的目標。《論語·子路》：“名不正，則言不順；言不順，則事不成。”《荀子·修身》：“事雖小，不爲不成。”用作動詞：成爲。《荀子·勸學》："積土成山，風雨興焉。"用作名詞：成就；成果。《史記·劉敬叔孫通列傳》："夫儒者難與進取，可與守成。"成語有［坐享其成］。由已經完成引申爲既定的，現成的。《鶡冠子·道端》："賢君循成法，後世久長；惰君不從，當世滅亡。"《史通·申左》："斯蓋當時國史已有成文，丘明但編而次之，配經稱傳而行也。"（丘明：左丘明。）雙音詞有［成説］。

3. 達

《玉篇》："達，通也。"暢通。《荀子·君道》："材技官能，莫不治理，則公道達而私門塞矣。"《孟子·公孫丑上》："凡有四端於我者，知皆擴而充之矣，若火之始然，泉之始達。"（達：流通，涌出。）成語有［四通八達］。引申爲通到；到達。《尚書·禹貢》："浮于濟、漯，達于河。"（濟、漯：水名。河：黄河。）《孟子·公孫丑上》："雞鳴狗吠相聞，而達乎四境。"由暢通抽象引申爲通曉。《論語·鄉黨》："康子饋藥，拜而受之，曰：'丘未達，不敢嘗。'"《漢書·元帝紀》："俗儒不達時宜，好是古非今。"由暢通達到又抽象引申爲得志；顯貴（跟"窮"相對）。《論語·雍也》："己欲立而立人，己欲達而達人。"《列子·北宮子一言而能寤》："朕與子並世也，而人子達；並族也，而人子敬。"雙音詞有［顯達］。

4. 篤

《爾雅·釋詁下》："篤，厚也。"厚實；誠厚。《論語·泰伯》："君子篤於親，則民興於仁。"《禮記·禮運》："禮義以爲紀，以正君臣，以篤父子，以睦兄弟，以和夫婦。"雙音詞有［篤厚］［篤誠］。由厚實引申爲堅實；牢固不移。《論語·泰伯》："篤信好學，守死善道。"《禮記·中庸》："慎思之，明辨之，篤行之。"由厚又引申爲深重。《史記·范雎蔡澤列傳》："應侯遂稱病篤。"

5. 方

方的基本義是方形。《孟子·離婁上》："不以規矩不能成方圓。"轉用表示面積；縱橫；方圓。《列子·湯問》："太行、王屋二山方七百里。"由方形轉指方向；方面。《詩經·齊風·雞鳴》："東方明矣。"又《秦風·蒹葭》："所謂伊人，在水一方。"由此引申爲地方。《論語·學而》："有朋自遠方來，不亦樂乎！"由方向抽象引申爲方法；途徑。《論語·雍也》："能近取譬,可謂仁之方也已。"《荀子·大略》:"博學而無方。"又抽象引申爲(遵循的)義理;準則。《論語·先進》:"比及三年,可使有勇,且知方也。"《荀子·君道》:"尚賢使能則民知方。"

《廣韻·陽韻》:"方,比也。"比並;並列。《史記·酈生陸賈列傳》:"方船而下。"由同類比並引申爲比擬;比較。仲長統《昌言·理亂》:"暴風疾霆不足以方其怒,陽春時雨不足以喻其澤。"《晉書·王湛傳》:"時人謂湛上方山濤不足,下方魏舒有餘。"(山濤、魏舒:人名。)雙音詞有[比方]。

6. 顧

《説文》:"顧,還視也。"回頭看。《楚辭·離騷》:"瞻前而顧後兮。"泛指看。《孟子·梁惠王上》:"王立於沼上,顧鴻鴈麋鹿。"雙音詞有[環顧]。由看引申爲關注;顧念;照應。《禮記·中庸》:"言顧行,行顧言。"《管子·明法解》:"明主者,使下盡力而守法分,故羣臣務尊主而不敢顧其家。"雙音詞有[顧及][照顧]。又引申爲看望;拜訪。諸葛亮《出師表》:"三顧臣於草廬之中。"

7. 濟

《廣韻·霽韻》:"濟,渡也。"過水。《國語·魯語下》:"諸侯伐秦,及涇莫濟。"(涇:水名。)《左傳·宋楚泓之戰》:"宋人既成列,楚人未既濟。"由渡水到達引申爲成功。《尚書·君陳》:"必有忍,其乃有濟。"(忍:容忍。)《管子·大匡》:"事之濟也,在此時;事若不濟,老臣死之。"

"濟"又有救助的意思。《論語·雍也》:"如有博施於民而能濟衆,何如?可謂仁乎?"《周易·繫辭上》:"知周乎萬物而道濟天下,故不過。"(道濟天下:以《易》之道濟助天下。)雙音詞有[救濟]。

"濟"又音 jǐ,古水名。發源於河南,經山東入海。

8. 紀

《方言》卷十:"紀,緒也。"絲縷的頭緒。《墨子·尚同上》:"若絲縷之有紀,罔罟之有綱。"《淮南子·泰族訓》:"繭之性爲絲,然非得工女煮以熱湯而抽其統紀,則不能成絲。"由絲的端緒引申爲事物總領的部分:綱紀;綱領。《禮記·禮器》:"紀散而衆亂。"又《禮運》:"禮義以爲紀。"《吕氏春秋·孝行》:"夫孝,三皇五帝之本務,而萬事之紀也。"

綱紀有條序不能錯亂,由此引申爲必須遵守的法度:法紀;紀律。《吕氏春秋・孟春紀》:"無絶地之理,無亂人之紀。"《後漢書・鄧禹傳》:"(百姓)聞禹乘勝獨剋而師行有紀,皆望風相攜負以迎軍。"

9. 困

《廣雅・釋詁四》:"困,窮也。""困"的基本義是陷入没有出路的境地。《禮記・中庸》:"或生而知之,或學而知之,或困而知之。"《史記・屈原賈生列傳》:"齊竟怒不救楚,楚大困。"雙音詞有[困窘][困迫],成語有[困獸猶鬥]。泛指處境艱難;特指生活貧乏。《史記・魏公子列傳》:"以公子之高義,爲能急人之困。"又《滑稽列傳》:"居數年,其子窮困負薪。"雙音詞有[困難][貧困]。由没有出路引申爲到盡頭。《國語・越語下》:"日困而還,月盈而匡。"(匡:虧缺。)

10. 濫

《説文》:"濫,氾也。"大水漫溢,泛濫。《孟子・滕文公下》:"當堯之時,水逆行,氾濫於中國。"抽象引申爲無度,没有節制。《論語・衛靈公》:"子曰:'君子固窮,小人窮斯濫矣!'"《左傳・僖公二十三年》:"刑之不濫,君之明也。"成語有[寧缺毋濫]。由大水漫流抽象引申爲浮泛不切實;不真實。《左傳・昭公八年》:"石不能言,或馮焉;不然,民聽濫也。"(聽濫:聽到的有誤。)《史記・司馬相如列傳》:"相如雖多虛辭濫説,然其要歸引之於節儉。"

11. 末

《説文》:"末,木上曰末。"樹的頂端,樹梢(與"本"相對)。《左傳・昭公十一年》:"末大必折。"《楚辭・九歌・湘君》:"采薜荔兮水中,搴芙蓉兮木末。"泛指事物的頂端;末尾。《孟子・梁惠王上》:"明足以察秋毫之末,而不見輿薪。"《史記・韓長孺列傳》:"衝風之末,力不能漂鴻毛。"(衝風:暴風。)由末端引申指非根本的;不重要的。《荀子・議兵》:"今女不求之於本而索之於末,此世之所以亂也。"《淮南子・泰族訓》:"治之所以爲本者,仁義也;所以爲末者,法度也。"成語有[捨本逐末]。

12. 率(shuài)

《説文》:"率,捕鳥畢也。""率"的本義是捕鳥的網。率領的意思《説文》作"達"。《説文》:"達,先道(導)也。"文獻通作"率"。《尚書・顧命》:

"成王將崩,命召公、畢公率諸侯相康王。"由順從先導引申爲順著;遵循。《詩經·大雅·緜》:"率西水滸,至於岐下。"(滸:水邊。)《禮記·中庸》:"天命之謂性,率性之謂道。"雙音詞有[率意],成語有[率由舊章]。由引導引申爲作……的表率;表率。《人物志·流業三》:"其德足以率一國。"《漢書·朱博傳》:"臣願盡力,以御史大夫爲百僚率。"

率又有輕疾的意思。《論語·先進》:"子路率爾而對曰……"王通《中説·天道》:"今之好異輕進者,率然而作,無所取焉。"雙音詞有[輕率]。

【提示】率領的意思《説文》作"達",將帥的意思《説文》作"衛"。"率"和"衛"是同源關係。《説文》:"帥,佩巾也。"作將帥講是"帥"的假借義。

13. 微

《説文》:"微,隱行也。"意思是隱藏;藏匿。《左傳·哀公十六年》:"白公奔山而縊,其徒微之。"《孟子·萬章上》:"孔子不悦於魯、衛,遭宋桓司馬將要而殺之,微服而過宋。"(微服:改換服裝以隱藏自己的身份。)雙音詞有[隱微]。抽象引申爲意蘊不顯豁;奧妙;精深。《史記·屈原賈生列傳》:"其文約,其辭微。"《漢書·藝文志》:"昔仲尼没而微言絶。"《盐铁論·刑德》:"法之微者,固非衆人之所知也。"雙音詞有[微妙][精微]。又引申指地位不顯達。《史記·吕太后本紀》:"吕太后者,高祖微時妃也。"又《外戚世家》:"兩人所出微,不可不爲擇師傅賓客。"

《廣雅·釋詁二》:"微,小也。"這個意思《説文》作"散"。通作"微"。《孟子·公孫丑上》:"子夏、子游、子張皆有聖人之一體,冉牛、閔子、顔淵則具體而微。"引申爲輕微。《莊子·養生主》:"動刀甚微。"又引申爲弱小;衰弱。《史記·陳杞世家》:"杞小微,其事不足稱述。"(杞:國名。)《漢書·藝文志》:"周室既微,載籍殘缺。"雙音詞有[衰微]。

14. 違

《説文》:"違,離也。"離開;避開。《論語·里仁》:"君子無終食之間違仁。"《楚辭·九歎·思古》:"違郢都之舊閭兮,回湘、沅而遠遷。"由此引申爲背離,違背。《左傳·秦晉殽之戰》:"縱敵患生,違天不祥,必伐秦師!"又:"孤違蹇叔以辱二三子,孤之罪也。"

【提示】違背的意思《説文》作"韋"。《説文》:"韋,相背也。"後通作"違"。"韋"和"違"是同源關係。"韋"作熟皮講是假借義。

15. 約

《説文》:"約,纏束也。"捆束。《戰國策・齊策六》:"魯連乃書,約之矢以射城中。"(魯連:人名。)曹植《美女篇》:"攘袖見素手,皓腕約金環。"抽象引申爲約束;限制。《論語・雍也》:"君子博學於文,約之以禮。"雙音詞有[制約]。用作名詞,轉指用語言或文字確立有約束作用的條款;約定;盟約;條約。《史記・高祖本紀》:"與諸將約:先入定關中者王之。"又《廉頗藺相如列傳》:"相如度秦王雖齋,必負約不償城。"雙音詞有[契約]。由約束收緊引申爲省減。《戰國策・楚策一》:"昔者先君靈王好小要,楚士約食。"(要:腰。約食:減少飯食。)用作形容詞:少;簡要。《吕氏春秋・上農》:"民舍本而事末則其産約,其産約則輕遷徙。"(本:農業生産。末:商業活動。)《史記・屈原賈生列傳》:"其文約,其辭微。"雙音詞有[簡約],成語有[由博返約]。

古漢語常識

古代漢語常用工具書(下)

在《古代漢語常用工具書(上)》中我們介紹了一些常用的字典和辭書,本節介紹《説文解字》《故訓匯纂》《四庫全書總目》《詩詞曲語辭匯釋》四部工具書。

一 《説文解字》

《説文解字》,東漢許慎(約58—約147)編撰,是中國現存最早的一部體系完備的字書,也是一部重要的文字學著作。《説文解字》通過考察小篆字形結構探求字的初始意義,是我們學習古代漢語必讀的著作。許慎把獨體的字叫"文",合體的字叫"字",所以取名《説文解字》(通常簡稱《説文》)。《説文》始作於漢和帝永元十二年(公元100年),完成於安帝建光元年(公元121年)。全書原分十四篇,又"叙目"一篇("篇"後又稱卷。今本每卷各分上下)。收字9353個,重文(異體字)1163個。所收字按部首編排,共分立五百四十部首。

下面以中華書局一九六三年影印本爲例説明《説文解字》(下稱《説文》)的釋字體例。

[書影:《説文解字》書頁,內容包括"説文解字弟一上 漢太尉祭酒許愼記 宋右散騎常侍徐鉉等校定"等,並列有"一、元、天、丕、吏、上、帝、旁"及"示、丅、礼、禮、禧、禛、祿、禎、祥、祉、福、祐、祺、祗、禔"等部首字頭及釋義。]

《説文》字頭的字體是小篆(也有少數是戰國古文);如有古文、籀文,就列爲異體。部首排列的次序是"據形系聯",就是把篆文形體相近或相關的部首排列在一起。同部首的字又遵循以類相從的原則,就是把意義相近的字排列在一起。圖中的雙行小字是北宋初徐鉉校訂《説文》時增加的注釋(有"臣鉉等曰"字樣)和注音。注音採用的是唐代孫愐《唐韻》的反切,並非東漢時代的讀音。《説文》釋字的體例是:每字先列小篆形體,再解釋字義,然後分析字形結構。部分字的後面還舉有書證。如:

元,始也。从一从兀。
祺,吉也。从示其聲。䓔,籀文从基。
禔,安福也。从示是聲。《易》曰:"禔既平。"

《説文》首創漢字的部首分類法,開創了以部首統領漢字的編纂方法。對於漢字的字形結構,許慎用"六書"的理論對秦時通行的小篆以及秦以前的一些古文字形進行了分析歸類;"六書"的分類奠定了分析漢字形體結構及其演變的基礎,影響很大。對於古漢語學習來説,尤其值得關注的是《説文》通過分析漢字的字形結構説明字表示的本義,保存了大量東漢以前的古字古義,爲古漢語詞彙的研究提供了重要依據。如:

斯,分析也。从斤其聲。《詩》曰:"斧以斯之。"
隊(zhuì),從高隊也。从𨸏㒸(suì)聲。
匭,器,似竹筐。从匚非聲。《逸周書》曰:"實玄黃于匭。"
術,邑中道也。

上面這幾個字表示的詞義都與後來有很大的不同。由《説文》的解釋我們可以知道,"斯"的本義是劈開,這個字用作代詞是它的假借義①。墜落的意思本作"隊","墜"是後起的分化字。竹筐的意思本作"匭","筐"也是後起的分化字。"術"的本義是道路,後來的一系列意義(如"技術、法術"等)都是引申義。

《説文》對很多字的本義的解釋都是確定不移的。當然,由於時代局限,特別是許慎沒有見到更早的古文字材料,也有一些解釋是錯誤的。

《説文》研究始於唐宋時期。著名的是南唐徐鉉(字鼎臣)、徐鍇(字楚金)二兄弟。徐鍇著有《説文解字繫傳》(世稱小徐本),徐鉉於宋太宗時奉旨校定《説文》(世稱大徐本)。後人研治《説文》,多以大徐本爲基礎,同時參校小徐本。《説文》研究至清代進入鼎盛時期,影響最大的是"説文四大

---

① 如《論語·子罕》:"逝者如斯夫。"

家"：段玉裁《說文解字注》、桂馥《說文解字義證》、王筠《說文句讀》《說文釋例》、朱駿聲《說文通訓定聲》。段玉裁的《說文解字注》在校訂文字、闡釋《說文》體例方面很有貢獻；又參酌衆多古籍，對字的形和義進行了細緻深入的説明，對閲讀《說文》幫助很大。下面是《說文解字注》（簡稱《段注》）對"走"和"理"兩個字的解釋：

《說文》："走，趨也。"

《段注》："《釋名》曰：'徐行曰步，疾行曰趨，疾趨曰走。'此析言之，許渾言不別也。今俗謂走徐趨疾者非。"

《說文》："理，治玉也。"

《段注》："《戰國策》'鄭人謂玉之未理者爲璞'，是'理'爲剖析也。玉雖至堅，而治之得其鰓理以成器不難，謂之理。凡天下一事一物，必推其情至於無憾而後即安，是之謂天理，是之謂善治，此引伸之義也。戴先生《孟子字義疏證》曰：'理者察之而幾微，必區以別之名也，是故謂之分理。在物之質曰肌理，曰腠理，曰文理。得其分則有條而不紊，謂之條理。'鄭注《樂記》曰：'理者，分也。'許叔重曰：'知分理之可相別異也。'古人之言天理何謂也？曰理也者，情之不爽失也。未有情不得而理得者也。天理云者，言乎自然之分理也。自然之分理，以我之情絜人之情而無不得其平是也。"

段玉裁對"走"的解釋中有"析言""渾言"的説法，這是《段注》中兩個重要的概念。"析言"著重於詞義區別的一面，"渾言"著重於詞義相同的一面。《說文》把"走"解釋爲"趨"，是就這兩個詞意義相同的一面説的，所以《段注》説這種解釋是"渾言不別"。《釋名》對"步、趨、走"三個詞的意義作了辨析區分，所以《段注》説這種解釋是"析言"。這兩個概念的提出對於我們辨析詞義無疑很有幫助。《段注》又指出"今俗謂走徐趨疾者非"，這提醒我們要注意詞義的發展變化。

《段注》在對"理"的解釋中著重分析"理"的意義變化。"是'理'爲剖析也"一句明確指出"理"的意義核心是"剖析""得其鰓理"[①]。"理"的本義是"治玉"，後來有很多引申義，但"剖析""得其鰓理"是貫穿始終的一條主綫，這對於我們考察詞義的前後聯繫很有啓發。

---

① 理：事物的條理。

二 《故訓匯纂》

　　《故訓匯纂》是由武漢大學古籍研究所編纂的一部大型語文工具書。一九八五年開始編纂，二〇〇三年由商務印書館出版。它在清人阮元《經籍籑詁》的基礎上編訂而成，既吸收了《經籍籑詁》的成果，又對其進行了認真校訂和大量補充，收字頭近 2 萬個，訓詁資料近 50 萬條，共計 1300 萬字。該書匯集了先秦至晚清經史子集中二百多種重要文獻的訓詁資料，注文包括文獻本文中的各種訓詁材料（如義訓、形訓、聲訓、通假和異體的説明、同源關係以及與之相關的典籍異文等），摘録原例，詳列出處，如《故訓匯纂·凡例》所説："力求使讀者尋檢一字而歷代訓釋一覽無遺，查閱一訓而諸書用例歷歷在目。"比較《經籍籑詁》，《故訓匯纂》有以下特點：

　　一、取材範圍的拓展和突破。《經籍籑詁》收唐以前八十多種書的訓詁資料，《故訓匯纂》涉及的古書有二百二十多種（新增加的主要是唐宋元明清時期重要的注疏與訓詁專書），基本上涵蓋了先秦至晚清的訓詁資料。既輯録單音詞的訓詁材料，也收録多音詞和短語的訓釋。

　　二、改進完善編排體例。《匯纂》按《康熙字典》二百十四部首編排，有單字漢語拼音索引、難檢字筆畫索引。每條訓詁資料嚴格按被釋字歸類，做到了"檢一字而諸訓皆存"（王引之《經籍籑詁·序》），方便讀者查檢。

　　三、從形音義相結合的角度探求字義、詞義。單字條目下，先列《説文》的説解以明字形，次列音讀。每一音項均標注現代音、中古音和上古韻部。一字有多音，不同的音項分列領屬各項意義。引述的故訓力求按本義、引申義、假借義、同源、通假、異體、異文的序列排列，以便讀者從形、音、義三者互求的關係上總體把握字詞的意義系統。

　　四、對《經籍籑詁》的訛誤遺漏作了校補訂正。引述故訓儘量取第一手資料。下面以"向"字爲例説明《故訓匯纂》的釋字體例。

　　"向"字條目下，先舉《説文》解釋"向"的字形和意義，下面注明音讀，分別標注現代音、中古音和上古韻部。然後列舉音項所領屬的各種意義，多達 40 條，清以前各種古書注解中關於"向"的解釋大致已搜羅其中。所引各項注釋，靠前的是作者認爲的本義（如注①"向，北出牖也"），接下來列舉引申義（注⑯—⑲），還有假借義（注⑦㉕㉛㉜等），最後舉出"向"的雙音組合（注㉟—㊵"向上""向使""向前"等）。

《故訓匯纂》把清代以前關於"向"的古書注解全部羅列出來，並依據一定次序整理編排；通過查閱一個字的故訓，不僅可以了解古人對某一個字詞有哪些解釋，還可以比較各家得失，進一步探求詞義演變發展的綫索。

《故訓匯纂》內容豐富，資料翔實，編排合理，檢索方便。我們閱讀古書，如果想了解古人對某一字詞有哪些解釋，比較其得失，使用《故訓匯纂》十分方便。

清代阮元的《經籍籑詁》也是古書訓詁資料的匯編。它主要輯錄唐代以前各種古書的注解，對了解故訓起過重要作用，但搜集的資料不全，訛誤也較多，《故訓匯纂》出版後，其實用性就降低了。

三 《四庫全書總目》

清代乾隆年間，集中大批人力物力修成一部大型叢書《四庫全書》。在纂修期間，對採入《四庫全書》的書籍和一些沒有採入的書籍曾分別撰寫內容提要，後來把這些內容提要分類編排彙成一書，就是《四庫全書總目》（又稱《四庫全書總目提要》）。一九六五年中華書局出版了影印本，書末附有書名和著者姓名索引，便於查檢。

《四庫全書總目》由清代學者紀昀總其成，共二百卷。《總目》著錄的書，收入《四庫全書》的有 3461 種，"存目"中的有 6793 種（"存目"是未採入《四庫全書》的書籍）。這些書籍按經、史、子、集四部分類法編排，四部下又分小類（共分四十四小類），一些比較複雜的小類下又分子目。每一大類和小類的前面都有小序，說明這一類著作的源流和分類的理由。每種書的"提要"內容包括介紹著者、論述各書大意、說明著作源流及版本沿革並簡要評述其得失等。《總目》基本上囊括了清代乾隆以前中國古代的主要著作，是規模巨大、內容詳贍的書目工具書，爲查考了解中國古代典籍提供了很大的方便，至今仍然具有重要的參考價值。下面是《總目》對《世說新語》的介紹（歸入子部小說家類）：

> 宋臨川王劉義慶撰，梁劉孝標註。義慶事蹟具《宋書》。孝標名峻，以字行，事蹟具《梁書》。黃伯思《東觀餘論》謂《世說》之名肇於劉向，其書已亡，故義慶所集名《世說新書》。段成式《酉陽雜俎》引王敦澡豆事尚作《世說新書》可證，不知何人改爲《新語》。蓋近世所傳，然相沿已久，不能復正矣。所記分三十八門，上起後漢，下迄東晉，皆軼事瑣語，足爲談助……孝標所注特爲典贍，高似孫《緯略》亟推之。其糾正義慶之紕繆，尤爲精核。所引諸書今已佚其十之九，惟賴是注以傳。故與裴松之《三國志注》、酈道元《水經注》、李善《文選注》同爲考證家所引據焉。

《四庫全書總目》卷帙浩繁，檢閱不便，乾隆四十七年（1782）又編有《四庫全書簡明目錄》二十卷。《簡明目錄》不錄"存目"，對提要也進行了删減。一九五七年上海古典文學出版社重印，附有書名和著者姓名索引。

四 《詩詞曲語辭匯釋》

近人張相著，一九五三年由中華書局出版。這是一部專門解釋唐宋金元明時期詩詞曲中特殊詞語的專著，共收字詞 537 個，附目 600 多條。

《匯釋》所收詞語，如《叙言》所説："凡屬於普通義者，除有聯帶關係時，不復闌入；其字面生澀而義晦，及字面普通而義别者，則皆在探討之列。"這些"字面生澀而義晦""字面普通而義别"的特殊詞語，很多是當時的口語，在以前的工具書中不容易找到解釋。作者歷時八年，搜集大量資料，仔細推求詞的意義，對一些詞的來源也作了探討。排列次序一般是先詩後詞再曲，引證豐富，考釋精闢，是我們閱讀和研究古代詩詞曲的重要工具書。書末有筆畫索引。

學習古代漢語要用到的工具書很多，如果把範圍擴大，古代學者在訓詁學方面的著作都可以看作是學習古代漢語的工具書。這些著作大致可分爲兩大類：一類是訓詁學專著，第二類是讀書札記。第一類著作，有《爾雅》系列的、《説文解字》系列的、《方言》系列的、《釋名》系列的以及"音義"系列的（如《經典釋文》《一切經音義》）等等，再加上音韻學方面的專著。第二類著作雖然是讀書札記，但其學術價值不可忽視。中國古代學者有撰寫學術筆記的傳統，代有名家名作，往往精見迭出，稱之爲琳瑯滿目絶不爲過。比如一般古文選本常選的《觸龍説趙太后》一文（見於《戰國策·趙策四》），其中有一句説："左師觸讋願見太后，太后盛氣而揖之。"清代學者王念孫《讀書雜志》卷八十五對此有討論：

> 吴曰"觸讋"。姚云："一本無'言'字。《史》亦作'龍'。案《説苑·敬慎篇》：'魯哀公問孔子，夏桀之臣有左師觸龍者諂諛不正。'人名或有同者。此當從'讋'以别之。"念孫案：吴説非也。此策及《趙世家》皆作"左師觸龍言願見太后"，今本"龍""言"二字誤合爲"讋"耳。太后聞觸龍願見之言，故盛氣以待之。若無"言"字，則文義不明。據姚云"一本無'言'字"，則姚本有'言'字明矣。而今刻姚本亦無"言"字，則後人依鮑本改之也。《漢書·古今人表》正作"左師觸龍"。又《荀子·議兵篇》注曰"《戰國策》趙有左師觸龍"，《太平御覽·人事部》引此策曰"左師觸龍言願見"，皆其明證矣。又《荀子·臣道篇》曰："若曹觸龍之於紂者，可謂國賊矣。"《史記·高祖功臣侯者表》有"臨轅夷侯戚觸龍"，《惠景閒侯者表》有"山都敬侯王觸龍"。是古人多以觸龍爲名，未有名觸讋者。"太后盛氣而揖之"，吴曰："'揖之'，《史》云'胥之'，當是。"念孫案：吴説是也。《集解》曰："胥猶須也。"《御覽》引此策作"盛氣而須之"。隸書"胥"字作'胥'，因譌而爲'耳'，

後人又加'手'旁耳。下文言"入而徐趨",則此時觸龍尚未入,太后無緣揖之也。

這一條考證徵引詳博,考辨精嚴,成爲無可置疑的鐵案。

在使用工具書時,一定要認真閱讀"凡例"。"凡例"介紹一部工具書的內容、功能、特點以及編排條例等,能幫助我們迅速掌握工具書的使用方法,達到事半功倍的效果。

第十單元

講讀文選

孟子

《孟子》一書是孟子言論的彙編,今本七篇,每篇各分上下。

孟子(約前372—前289),名軻,鄒(今山東鄒城東南)人。戰國時思想家,儒家的主要代表人物之一,《史記》説他受業於子思(孔子的孫子)的門人。孟子被尊爲亞聖,其思想對後世有很大的影響。他站在儒家的立場上提出一套系統的學説。政治上力倡仁政,主張"以德服人",反對暴力征服和虐政;特別重視人心的向背,提出"民爲貴,社稷次之,君爲輕"。倫理上把人和人的關係概括爲"父子有親、君臣有義、夫婦有別、長幼有序、朋友有信"五倫,作爲處理人際關係的基本規範。在對人性的認識上主張性善説,認爲人有別於禽獸,具有天賦的"四端(萌芽)",可以發展爲仁、義、禮、智。人應當存心養性,注重品格的培養。

《孟子》的文章長於辯論,善用比喻,層層推進,氣勢磅礴,富於鼓動性,對後代散文的創作影響很大。通行的注本有東漢趙岐的《孟子章句》、南宋朱熹的《孟子集注》、清代焦循的《孟子正義》。

選文據影印本《十三經注疏》(中華書局一九八〇年版)。各篇題目爲後加。

晉國天下莫強焉（《梁惠王上》）

【説明】孟子告訴梁惠王，如果能施行仁政，就可以戰勝暴虐的秦國和楚國，這就是"仁者無敵"。

梁惠王曰："晉國，天下莫強焉，叟之所知也①。及寡人之身，東敗於齊，長子死焉；西喪地於秦七百里；南辱於楚②。寡人恥之，願比死者壹洒之，如之何則可③？"孟子對曰："地方百里而可以王④。王如施仁政於民，省刑罰，薄税斂，深耕易耨⑤；壯者以暇日修其孝悌忠信⑥，入以事其父兄，出以事其長上⑦，可使制梃以撻秦楚之堅甲利兵矣⑧。彼奪其民時⑨，使不得耕耨以養其父母。父母凍餓，兄弟妻子離散。彼陷溺其民，王往而征之，夫誰與王敵⑩？故曰：'仁者無敵。'王請勿疑。"

① 梁惠王（前400—前319）：戰國時魏國的國君。名罃。晉國：這裏指魏國。魏國的開國君主同韓、趙一起瓜分晉國，所以這裏還自稱晉國。莫強焉：沒有什麽國家比魏國強大。焉：代詞，相當於"於是"。叟（sǒu）：對老年男子的稱呼。
② 東敗於齊：公元前341年馬陵之戰，齊國大敗魏軍，魏太子申被俘。西喪地於秦七百里：馬陵之役後，秦屢敗魏國，迫使魏國割讓大片土地。南辱於楚：魏惠王後元十二年（前323），魏軍在襄陵（在今河南省）被楚國打敗，失去八座城。
③ 比（舊讀 bì）：替，爲。壹：全部。洒（xǐ）：後通作"洗"，洗雪（仇恨恥辱）。如之何：對……怎麽辦。
④ 有方圓一百里的土地，就可以稱王統治天下了。方：縱橫，方圓。王（wàng）：做王治理。《公孫丑上》："以德行仁者王，王不待大——湯以七十里，文王以百里。"
⑤ 薄税斂：減少賦税。薄：使……少。斂：收取賦税。易耨（nòu）：盡

快除草。易:疾速。耨:除草。
⑥ 壯者:成年人。暇日:空閒的時候。這裏指農閒季節。修:加強……修養。悌:尊從兄長。
⑦ 入:在家裏。事:侍奉。長上:尊長。
⑧ 制(chè):通"掣",拿。梃(tǐng):棍棒。撻(tà):(用鞭、棍等)打。意思是用木棒也可以抗擊秦楚強大的軍隊。
⑨ 彼:指秦、楚等國。奪:使失去。
⑩ 陷溺:(使民)陷於水深火熱之中。溺:淹沒在水中。誰與王敵:誰能同大王對抗呢?

莊暴見孟子 (《梁惠王下》)

【説明】孟子聽説齊宣王喜好音樂,因勢利導,告訴他"與少樂樂"不如"與衆樂樂",鼓勵他與民同樂,施行仁政。

莊暴見孟子①,曰:"暴見於王,王語暴以好樂②,暴未有以對也③。"曰④:"好樂何如?"孟子曰:"王之好樂甚,則齊國其庶幾乎⑤!"

莊暴告訴孟子齊宣王喜好音樂。

① 莊暴:齊國臣子。
② 語(yù):告訴。樂(yuè):音樂。
③ 未有以對:没有什麼用來對答。
④ 曰:(接著)説。
⑤ 其:副詞,表示推測。庶幾:接近;差不多。意思是齊國差不多就有希望了。

他日見於王曰:"王嘗語莊子以好樂,有諸①?"王變乎色②,曰:"寡人非能好先王之樂也,直好世俗之樂耳③。"曰:"王之好樂甚,則齊其庶幾乎!今之樂由古之樂也④。"曰:

"可得聞與?"曰:"獨樂樂,與人樂樂,孰樂⑤?"曰:"不若與人。"曰:"與少樂樂,與衆樂樂,孰樂?"曰:"不若與衆。"

"臣請爲王言樂⑥。今王鼓樂於此⑦,百姓聞王鐘鼓之聲,管籥之音⑧,舉疾首蹙頞而相告曰⑨:'吾王之好鼓樂,夫何使我至於此極也⑩?父子不相見,兄弟妻子離散。'今王田獵於此,百姓聞王車馬之音,見羽旄之美⑪,舉疾首蹙頞而相告曰:'吾王之好田獵,夫何使我至於此極也?父子不相見,兄弟妻子離散。'此無他,不與民同樂也⑫。

"今王鼓樂於此,百姓聞王鐘鼓之聲,管籥之音,舉欣欣然有喜色而相告曰:'吾王庶幾無疾病與?何以能鼓樂也?'今王田獵於此,百姓聞王車馬之音,見羽旄之美,舉欣欣然有喜色而相告曰:'吾王庶幾無疾病與?何以能田獵也?'此無他,與民同樂也。今王與百姓同樂,則王矣。"

孟子告訴齊宣王,君主只有與民同樂纔可以治理好國家。

① 諸:相當於"之乎"。
② 變乎色:神色改變(露出羞愧之色)。
③ 直:只(是)。
④ 今之樂:世俗之樂。由:通"猶",如同。古之樂:先王之樂。
⑤ 獨自作樂欣賞的快樂,或是跟別人一同欣賞音樂的快樂,比起來哪一種更快樂?
⑥ 樂:快樂。
⑦ 鼓樂:奏樂。
⑧ 管籥(yuè):泛指管樂器。"管籥之音"與"鐘鼓之聲"爲互文。
⑨ 舉:全。疾首:頭痛。蹙頞(è):皺鼻子。頞:鼻梁。
⑩ 極:極限。這裏指窮極没有出路的地步。
⑪ 羽旄(máo):指旌旗(古時用鳥羽和旄牛尾做旗飾)。
⑫ 樂:快樂。

人皆有不忍人之心(《公孫丑上》)

【説明】本章闡述對"性善"的看法。孟子認爲人性皆有四種善端(萌芽),擴充開來,就可以培養成爲仁義禮智四德。把這樣的善性運用於政治,就是"仁政",就可以治理好天下。

孟子曰:"人皆有不忍人之心①。先王有不忍人之心,斯有不忍人之政矣②。以不忍人之心行不忍人之政,治天下可運之掌上③。所以謂人皆有不忍人之心者,今人乍見孺子將入於井,皆有怵惕惻隱之心④:非所以內交於孺子之父母也⑤,非所以要譽於鄉黨朋友也⑥,非惡其聲而然也⑦。由是觀之⑧,無惻隱之心,非人也;無羞惡之心⑨,非人也;無辭讓之心⑩,非人也;無是非之心⑪,非人也。惻隱之心,仁之端也⑫;羞惡之心,義之端也;辭讓之心,禮之端也;是非之心,智之端也。人之有是四端也,猶其有四體也⑬。有是四端而自謂不能者,自賊者也⑭;謂其君不能者,賊其君者也⑮。凡有四端於我者,知皆擴而充之矣⑯,若火之始然,泉之始達⑰。苟能充之,足以保四海⑱;苟不充之,不足以事父母。"

① 不忍人之心:憐愛體恤別人的心。忍人:狠心對待別人。忍:狠心,殘忍。
② 斯:這就。不忍人之政:憐愛體恤別人的仁善之政。
③ 運之掌上:把一個小的東西(如彈丸)放在掌上轉動。比喻很容易。
④ 今:表示假設,假使。乍:突然。孺(rú)子:小孩子。怵惕(chùtì):驚駭,恐懼。惻隱:哀痛,憐憫(別人的不幸)。
⑤ 非所以:並不是用此來……。內(nà)交:結交。朱熹《集注》:"內,結也。"
⑥ 要(yāo)譽:求取好名聲。要:求。鄉黨:鄉里。據説周制以一萬

二千五百家爲鄉,五百家爲黨。這裏指同鄉的人。
⑦ 非惡(wù)其聲:厭惡有不仁的名聲。然:這樣。
⑧ 由是:由此。
⑨ 羞惡(wù):對自己的不善感到羞恥,對別人的不善感到厭惡。
⑩ 辭讓:自己退避,推讓給別人。
⑪ 是非:以善爲是,以惡爲非。
⑫ 端:開端,指萌芽。
⑬ 人有這四端就像是人有四肢一樣(是固有的,與生俱來的)。四體:四肢。
⑭ 有這樣四端而自認爲不能爲善,(這是)自己戕害自己的天性。賊:傷害。
⑮ 認爲他的君主不能爲善(而不加引導),(這是)戕害他的君主的天性(使陷於惡)。
⑯ 凡有四端在我的人,假使曉得把這四端都擴充開來。擴:擴大,推廣。充:充實。
⑰ 像火開始燃燒,像泉水剛剛流通(水勢和火勢開始雖小,但勢不可當,無所不至)。然:後來寫作"燃"。達:暢通流出。
⑱ 保四海:安天下(之民)。保:安定。

孟子將朝王(《公孫丑下》)

【説明】齊王想讓孟子主動來朝見自己,孟子託疾不往見。孟子認爲,人君應貴德尊士,以賢士爲師虛心受教。

　　孟子將朝王,王使人來曰①:"寡人如就見者也②,有寒疾,不可以風③。朝,將視朝,不識可使寡人得見乎④?"對曰:"不幸而有疾,不能造朝⑤。"
　　明日,出弔於東郭氏⑥。公孫丑曰:"昔者辭以病,今日弔,或者不可乎⑦?"曰:"昔者疾,今日愈,如之何不弔?"
　　王使人問疾,醫來。孟仲子對曰⑧:"昔者有王命,有采薪之憂⑨,不能造朝。今病小愈,趨造於朝⑩,我不識能至否乎?"使數人要於路⑪,曰:"請必無歸⑫,而造於朝!"不得已而之景丑氏宿焉⑬。

齊王想讓孟子主動來朝見自己,引起孟子不悅,託疾不往見。

① 王:指齊國國君。孟子本將朝王,但齊王不知。
② 如:應當。就見:到孟子那裏見他。
③ 寒疾:受風寒而致的病。風:風吹;著風。
④ 朝:你如果能來朝見(參趙岐注)。一說讀 zhāo,早上(參朱熹《集注》)。視朝:到朝廷上處理政事。不識:不知道。
⑤ 造朝:到朝廷上去。
⑥ 弔:吊喪。東郭氏:一位齊國大夫。
⑦ 公孫丑:孟子弟子。昔:這裏指昨日。或者:表示不確定的推斷,相當於"恐怕""也許"。
⑧ 孟仲子:一說是孟子的從兄弟。
⑨ 采薪之憂:病的婉辭(有病不能采薪)。憂:病。
⑩ 趨:疾行。
⑪ 要(yāo):攔阻。這是説孟仲子"使數人要於路"。
⑫ 無歸:不要回家。
⑬ 景丑氏:一説是齊國大夫。

景子曰:"內則父子,外則君臣,人之大倫也①。父子主恩,君臣主敬②。丑見王之敬子也,未見所以敬王也③。"曰:"惡④,是何言也!齊人無以仁義與王言者,豈以仁義爲不美也⑤?其心曰'是何足與言仁義也'云爾,則不敬莫大乎是⑥。我非堯舜之道不敢以陳於王前,故齊人莫如我敬王也⑦。"景子曰:"否,非此之謂也⑧。禮曰:'父召,無諾⑨;君命召,不俟駕⑩。'固將朝也⑪;聞王命而遂不果⑫,宜與夫禮若不相似然⑬。"

曰:"豈謂是與⑭?曾子曰:'晉楚之富不可及也。彼以其富,我以吾仁⑮;彼以其爵⑯,我以吾義,吾何慊乎哉⑰?'夫豈不義而曾子言之⑱？是或一道也⑲。天下有達尊三⑳：爵一，齒一㉑，德一。朝廷莫如爵，鄉黨莫如齒，輔世長民莫如德㉒。惡得有其一以慢其二哉㉓？故將大有爲之君，必有所不召之臣㉔；欲有謀焉，則就之㉕。其尊德樂道，不如是不足與有爲也㉖。故湯之於伊尹，學焉而後臣之，故不勞而王㉗；桓公之於管仲，學焉而後臣之，故不勞而霸。今天下地醜德齊，莫能相尚㉘，無他，好臣其所教㉙，而不好臣其所受教㉚。湯之於伊尹，桓公之於管仲，則不敢召。管仲且猶不可召，而況不爲管仲者乎㉛？"

孟子認爲，大有爲之君應貴德尊士，以賢士爲師虛心受教；士人對君主則以守道不阿爲敬。

① 大倫：根本的關係準則。
② 敬：恭敬不苟。
③ 所以敬王：怎麽樣敬王的。
④ 惡（wū）：嘆詞，表示驚嘆。
⑤ 齊國没有拿仁義向齊王進言的人，難道他們認爲仁義不好嗎？
⑥ 他們心裏想著這個王哪裏值得跟他談論仁義呢？那麽没有比這更大的不敬了。云爾：用於句子完結，相當於"如此如此"。
⑦ 朱熹《集注》："景丑所言，敬之小者也；孟子所言，敬之大者也。"陳：陳述，指進言。
⑧ 非此之謂：（我）説的不是這個（陳述堯舜之道的事）。句中代詞"此"作動詞"謂"的賓語前置。
⑨ 《禮記·曲禮上》："父召無諾，先生召無諾，唯而起。""諾"和"唯"都是答應的聲音，"唯"比"諾"更恭敬，所以父親和先生召唤應用"唯"。
⑩ 《禮記·玉藻》："（凡君召）在官不俟屨，在外不俟車。"意思是君主有命召唤，臣子當班時不等穿好鞋子就去，不當班時不等套好車馬就去。以上兩句都是説對君主的召唤應依禮儘快應從。
⑪ 你本來要去朝見王。

⑫ 聽到王的召見却不去了。而：反而。遂：終竟；最後。果：指成行。
⑬ 這樣做恐怕同禮書上說的不相合吧。宜：相當於"殆"，副詞，表示約略的推斷。
⑭ 我哪裏說的是這個君命召臣的道理呢？
⑮ 以：憑藉。
⑯ 爵：爵位。
⑰ 我（比起晉楚之君）有什麼可感到不足的呢？慊（qiǎn）：缺少；不足。
⑱ 這話不合道理難道曾子肯說嗎？
⑲ 這或許有另一番道理吧（參朱熹《集注》）。
⑳ 達尊：普天下公認的尊貴的東西。達：普遍通行。
㉑ 齒：年齡。
㉒ 鄉黨：鄉里。輔世：輔佐治世。長（zhǎng）民：爲民之長，即治民。
㉓ 人君怎麼能因爲有爵位就輕慢年齡和德行呢？惡（wū）：疑問代詞，相當於"何""怎麼"。
㉔ 一定有不可隨意命召的臣子（意思是大有爲的人君自己要主動去見臣子）。
㉕ 謀：徵求意見。就之：到臣子那裏去。
㉖ 人君尊崇德行喜好道義，不如此（臣子）就不足以與他一道有所作爲。
㉗ 所以商湯對於伊尹，是先向他學習然後再讓他爲臣，所以不操勞就統一了天下。伊尹：商初大臣，助湯滅夏。臣之：使之爲臣。
㉘ 天下各國土地大小差不多，德教是一般高低，彼此不能超過。醜：差不多。趙岐注："土地相類。"尚：高出。
㉙ 喜歡讓自己教導、聽從自己的人爲臣。句中"其所教"作"臣"的賓語。臣：用作使動，使爲臣。
㉚ 不喜歡讓教導自己的人爲臣。朱熹《集注》："所受教，謂己之所從學者也。"
㉛ 不爲管仲者：不願作管仲的人。趙岐注："孟子自謂不爲管仲。"

君子所以異於人者（《離婁下》）

【説明】本章説明君子不同於他人的地方在於能夠把仁和禮保持在心中,能夠時時反省自己,期待自己像舜那樣成爲天下人的榜樣。

孟子曰:"君子所以異於人者,以其存心也①。君子以仁存心,以禮存心②。仁者愛人,有禮者敬人③。愛人者,人恒愛之④;敬人者,人恒敬之。有人於此,其待我以橫逆⑤,則君子必自反也⑥:我必不仁也,必無禮也,此物奚宜至哉⑦?其自反而仁矣,自反而有禮矣,其橫逆由是也⑧,君子必自反也:我必不忠⑨。自反而忠矣,其橫逆由是也,君子曰:'此亦妄人也已矣⑩。如此,則與禽獸奚擇哉⑪?於禽獸又何難焉⑫?'是故君子有終身之憂,無一朝之患也⑬。乃若所憂則有之⑭:舜,人也;我,亦人也⑮。舜爲法於天下⑯,可傳於後世,我由未免爲鄉人也,是則可憂也⑰。憂之如何?如舜而已矣⑱。若夫君子所患則亡矣⑲。非仁無爲也,非禮無行也;如有一朝之患,則君子不患矣⑳。"

① 君子不同於一般人的地方在於心中懷有某種理念。存:存於心而不忘(參朱熹《集注》)。一説"存心"是省察其心的意思(參焦循《正義》)。
② 君子把仁和禮保養在心中而不忘。
③ 意思是"愛人""敬人"是仁和禮的體現和實踐。
④ 恒:持久不變。
⑤ 橫(hèng):凶暴。逆:不合道理,無理。
⑥ 自反:返回到自身加以省察。
⑦ 此物奚宜至哉:這樣的橫逆之事怎麼會加到我的身上呢?物:事。奚:何,怎麼。宜:(按道理)應當。
⑧ 由是:仍然是這樣(沒有改變)。由:通"猶"。

⑨ 不忠:愛人敬人不盡心。忠:盡心對待他人。
⑩ 妄人:狂人。已矣:罷了。
⑪ 奚擇:有什麼區別。擇:區別。
⑫ 對於禽獸又指責它什麼呢？難(nàn):指責;非難。
⑬ 終身之憂:終身可憂慮的(始終擔心不能成就舜那樣的聖德)。一朝之患:驟然發生的禍患(如別人以橫逆待我)。
⑭ 乃若:至於的意思。
⑮ 亦人:也是人。
⑯ 爲法:樹立(被人學習的)楷模。法:效法的楷模。
⑰ 由:通"猶",仍然。鄉人:鄉里之人,指平常人。是:這。
⑱ 對此感到憂慮又怎麼辦呢？如同舜那樣纔可以啊。舜:史稱虞舜,遠古時期的部落聯盟領袖,被儒家認爲是有聖德的人。
⑲ 至於君子別的可憂患的,那就沒有了。若夫:有"至於說到"的意思,提起另一層內容。亡(wú):通"無"。
⑳ 即使有"一朝之患",君子也就不認爲是禍患了。(不)患:用作意動,認爲是禍患。趙岐注:"如有一朝橫來之患,非己愆也。"

齊人有一妻一妾(《離婁下》)

【說明】本章描寫了一個搖尾乞食又毫不知羞恥的齊人。作者藉著這個故事,對於當時一些人爲追求"富貴利達"而不擇手段的可恥行徑進行了無情的揭露和辛辣的諷刺。

　　齊人有一妻一妾而處室者①,其良人出②,則必饜酒肉而後反③。其妻問所與飲食者,則盡富貴也④。其妻告其妾曰:"良人出,則必饜酒肉而後反。問其與飲食者,盡富貴也,而未嘗有顯者來⑤。吾將瞷良人之所之也⑥。"
　　蚤起,施從良人之所之⑦,徧國中無與立談者⑧。卒之東郭墦閒之祭者,乞其餘⑨;不足,又顧而之他⑩:此其爲饜足之道也⑪。

其妻歸,告其妾,曰:"良人者,所仰望而終身也,今若此⑫。"與其妾訕其良人,而相泣於中庭⑬。而良人未之知也⑭,施施從外來,驕其妻妾⑮。

由君子觀之,則人之所以求富貴利達者,其妻妾不羞也而不相泣者,幾希矣⑯。

① 妾:正妻之外另娶的女子。處室:住在一起。處:居。室:家。
② 良人:丈夫。
③ 饜(yàn):飽。反:後寫作"返",返回。
④ 所與:在一起。盡富貴:都是富貴之人。
⑤ 顯者:顯貴的人。
⑥ 瞷(jiàn):窺視,悄悄地觀察。所之:去的地方。之:動詞,往……去。
⑦ 蚤(zǎo):通"早"。施(yí)從:斜曲尾隨。施:通"迤",斜行。從:跟隨。
⑧ 徧:同"遍"。國中:城中。立談:站著交談。
⑨ 卒:最後,末了。之(東郭):動詞,往……去。東郭:東城外。郭:外城。墦(fán):墳墓。祭者:祭奠的人。乞其餘:向他們乞討祭奠剩下的酒食。
⑩ 顧:回頭看。這裏是向別處張望的意思。之他:往別的地方去。
⑪ 道:辦法。
⑫ 仰望:依靠,依賴。若此:像這個樣子。
⑬ 訕(shàn):怨恨責罵(參朱熹《集注》)。中庭:庭中。庭:堂階前地。
⑭ 未之知:不知道這件事。代詞"之"作動詞"知"的賓語前置。
⑮ 施施:喜悅自得的樣子。驕其妻妾:對妻妾顯示自己的驕傲。
⑯ 在君子看來,今天一些人用來追求富貴利達的手段,能夠不讓他們的妻妾感到羞恥而相向而泣的,實在是太少了。所以:用來……的手段。利:獲得財富。達:得志,顯貴。者:代詞,指代途徑,方法。幾希:極少。

墨子

《墨子》是戰國時期墨家學派著作的總集。《漢書·藝文志》著録七十一篇,現存五十三篇,一般認爲是墨子的弟子及其後學在不同時期的記述。

墨子(約前468—前376),名翟,戰國初期的思想家、政治家。《史記》説是"宋之大夫",其出生地待考。墨子是墨家學派的創始人。在認識論上他反對天命,在名實關係上強調以名證實。在社會政治思想上,提出"兼愛""非攻""尚賢""尚同""節用""節葬""非樂"等一系列主張,其核心是"兼以易别",鮮明地主張"兼相愛,交相利"的社會理想,其中"非攻"是實現這一理想的行動綱領。墨子是中國古代邏輯思想的重要開拓者之一。《墨子》一書大量運用邏輯推論的方法,提出了一系列重要的邏輯概念。

通行的注本有清代孫詒讓的《墨子閒詁》。王焕鑣《墨子集詁》可資參考。

選文據諸子集成本《墨子閒詁》(中華書局一九五四年版)。

兼愛上

【説明】作者認爲,從盜賊以至諸侯大夫,互相侵害而不能相愛是一切禍亂的根源。如果"兼相愛",天下就能治理好;"交相惡",就有禍亂發生。所以聖人治理天下要反對"交相惡",提倡"兼相愛"。

聖人以治天下爲事者也①,必知亂之所自起,焉能治之②;不知亂之所自起,則不能治。譬之如醫之攻人之疾者然③:必知疾之所自起,焉能攻之;不知疾之所自起,則弗能攻。治亂者何獨不然④?必知亂之所自起,焉能治之;不知亂之所自起,則弗能治。聖人以治天下爲事者也,不可不察亂之所自起。

提出"聖人以治天下爲事",不能不考察禍亂產生的根源。

① 聖人以治理天下作爲(自己的)事務。
② 所自起:從哪裏產生。起:產生。焉:於是。
③ 攻人之疾:治療別人的疾病。攻:治。然:相當於"那樣"。
④ 何獨不然:爲什麼就單單不是這樣。

當察亂何自起①?起不相愛。臣子之不孝君父,所謂亂也。子自愛不愛父,故虧父而自利②;弟自愛不愛兄,故虧兄而自利;臣自愛不愛君,故虧君而自利,此所謂亂也。雖父之不慈子③,兄之不慈弟,君之不慈臣,此亦天下之所謂亂也。父自愛也不愛子,故虧子而自利;兄自愛也不愛弟,故虧弟而自利;君自愛也不愛臣,故虧臣而自利。是何也?皆起不相愛。

指明禍亂的發生都是因爲"不相愛"。

① 當:通"嘗",試的意思。察:考察。
② 虧:損害。
③ 即使從父不能愛子這一面來看。雖:即使。慈:愛。

雖至天下之爲盜賊者亦然①:盜愛其室不愛其異室②,故竊異室以利其室;賊愛其身不愛人,故賊人以利其身③。此何也?皆起不相愛。雖至大夫之相亂家④、諸侯之相攻國者亦然:大夫各愛其家不愛異家,故亂異家以利其家;諸侯各愛其國不愛異國,故攻異國以利其國。天下之亂物,具此而已矣⑤。察此何自起?皆起不相愛。

分析因"不相愛"而發生的種種亂象。

① 即使天下那些做盜賊的人也是這樣。爲(wéi):做。

② 室:家。其異室:別人的家。"其"字疑是衍文。
③ 不愛人:不愛別的人。賊人:傷害人。
④ 家:古代卿大夫的領地。
⑤ 亂物:亂事。具此而已矣:盡在於此罷了。具:通"俱"。

若使天下兼相愛,愛人若愛其身①,猶有不孝者乎?視父兄與君若其身,惡施不孝②?猶有不慈者乎?視弟子與臣若其身,惡施不慈?故不慈不孝亡有③。猶有盜賊乎?故視人之室若其室,誰竊④?視人身若其身,誰賊?故盜賊亡有。猶有大夫之相亂家、諸侯之相攻國者乎?視人家若其家,誰亂?視人國若其國,誰攻?故大夫之相亂家、諸侯之相攻國者亡有。若使天下兼相愛,國與國不相攻,家與家不相亂,盜賊無有,君臣父子皆能孝慈,若此則天下治。

故聖人以治天下爲事者,惡得不禁惡而勸愛⑤?故天下兼相愛則治,交相惡則亂⑥。故子墨子曰:不可以不勸愛人者,此也⑦。

闡述"天下兼相愛則治,交相惡則亂"的道理。

① 兼相愛:無差等地相親相愛。兼:兩方面或多個方面。身:自身。
② 惡(wū)施不孝:哪裏會做出不孝的事情呢?惡:疑問代詞,何,哪裏。施:施行;做。
③ 亡(wú):通"無"。
④ 故:疑是衍文。竊:偷盜。
⑤ 惡(wū)得不禁惡(wù)而勸愛:怎麼能不禁止互相仇恨而鼓勵人們相親愛。惡(得):疑問代詞。哪裏,怎麼。(禁)惡:憎恨。勸:勉勵,鼓勵。
⑥ 交:並,一起。(相)惡(wù):憎恨。
⑦ 不可以不鼓勵愛別人的道理就在於此。

管子

　　《管子》是管仲學派託名管仲的著作彙編（管仲是春秋初期政治家，名夷吾，字仲），非一人一時之作，兼有戰國秦漢文字。《漢書·藝文志》著録八十六篇，今存二十四卷七十六篇，分爲八類。書中保存有管子思想的遺説和一些言行事迹。涉及議題廣泛，内容駁雜，其中哲學、政治、軍事、經濟等幾個方面的論述尤值得關注。

　　《管子》一書簡篇錯亂，文字奪誤，向稱難讀。通行的有唐尹知章的注、清戴望的《管子校正》、郭沫若等《管子集校》。

　　選文據諸子集成本《管子校正》（中華書局一九五四年版）。

牧民

　　【説明】"牧民"即治民意思。文章論述理國治民的理念和若干原則，包括"國頌""四維""四順""士經""六親五法"五部分。

　　凡有地牧民者，務在四時，守在倉廩①。國多財則遠者來，地辟舉則民留處②；倉廩實則知禮節，衣食足則知榮辱；上服度則六親固③，四維張則君令行④。故省刑之要在禁文巧⑤，守國之度在飾四維⑥，順民之經在明鬼神、祇山川、敬宗廟、恭祖舊⑦。不務天時則財不生，不務地利則倉廩不盈。野蕪曠則民乃菅⑧，上無量則民乃妄⑨，文巧不禁則民乃淫⑩，不璋兩原則刑乃繁⑪。不明鬼神則陋民不悟⑫，不祇山川則威令不聞⑬，不敬宗廟則民乃上校⑭，不恭祖舊則孝悌不備⑮。四維不張，國乃滅亡。

　　右國頌⑯

　　這一節論述治國理民的綱領。

① 地:諸侯的封地。務:從事;致力。四時:四季。這裏指四季的農事。守:守護。倉廩:糧倉,這裏指糧食儲備。
② 辟(pì)舉:開發。留處:不遷徙。
③ 人君遵行法度則六親團結無間。服:行。一説"服度"謂服飾器用合法度。六親:説法不一。一説指父、母、兄、弟、妻、子。
④ 四維廣爲推行人君纔能做到令行禁止。四維:禮、義、廉、耻。維:(維繫國家的)綱紀。
⑤ 刑:刑罰。文巧:(服飾器用)華麗淫巧。
⑥ 守護國家的原則在於整飭四維。飾(chì):通"飭",整治。
⑦ 順民之經:教導民衆的根本之道。順:訓導;使順服。明鬼神:尊奉鬼神。祇(zhī)山川:祭祀山川。祇:通"衹",敬。祖舊:宗親故舊。
⑧ 蕪曠:荒蕪廢棄。蕪:一説當作"荒",廢棄(正業)。
⑨ 無量:無度;無節制。妄:妄爲。
⑩ 淫:過度;放縱。
⑪ 璋:當作"障",堵塞。原:同"源",源頭。"兩原"是説"上無量"是民妄之源,"文巧不禁"是民淫之源。
⑫ 陋民:小民。悟:一説當作"信",誠實。
⑬ 聞:遠播;傳揚。
⑭ 上校(jiào):以下抗上。校:對抗。
⑮ 備:完備;周全。
⑯ 右國頌:"國頌"是文章第一部分的小標題。"國頌"的意思,一説是講治國的法度規範。原文自右向左竪排,小標題在文後,所以説"右"。

　　國有四維。一維絶則傾①,二維絶則危②,三維絶則覆③,四維絶則滅。傾可正也,危可安也,覆可起也,滅不可復錯也④。何謂四維?一曰禮,二曰義,三曰廉,四曰耻。禮不踰節⑤,義不自進⑥,廉不蔽惡⑦,耻不從枉⑧。故不踰節則上位安,不自進則民無巧詐,不蔽惡則行自全⑨,不從枉則邪事不生。
　　右四維

這一節論述禮義廉恥四維。

① 傾:傾斜不正。
② 危:不安穩。
③ 覆:翻倒。
④ 復:恢復到原來的狀態。錯:疑爲衍文。
⑤ 節:節度;規範。
⑥ 自進:不由薦舉,僥倖求進。
⑦ 蔽惡:掩飾過錯。
⑧ 從枉:不能守正而追隨邪曲。枉:曲。
⑨ 行自全:品行自然端正。全:一說當作"正"。

　　政之所興在順民心①,政之所廢在逆民心。民惡憂勞,我佚樂之②;民惡貧賤,我富貴之;民惡危墜③,我存安之;民惡滅絕④,我生育之。能佚樂之,則民爲之憂勞⑤;能富貴之,則民爲之貧賤⑥;能存安之,則民爲之危墜⑦;能生育之,則民爲之滅絕⑧。故刑罰不足以畏其意⑨,殺戮不足以服其心。故刑罰繁而意不恐⑩,則令不行矣。殺戮衆而心不服,則上位危矣。故從其四欲,則遠者自親⑪;行其四惡,則近者叛之,故知"予之爲取者,政之寶也"⑫。

　　右四順

這一節從四個方面論述治國理政要順乎民心的道理。

① 興:當作"行",推行。
② 憂勞:愁苦辛勞。佚樂之:使民安逸快樂。佚:通"逸"。
③ 危墜:危亡。
④ 滅絕:子孫後代斷絕。
⑤ 爲(wèi)之憂勞:(甘心)爲我憂勞。
⑥ 爲之貧賤:(甘心)爲我忍受貧賤。
⑦ 爲之危墜:(甘心)爲我承當危亡。

⑧ 爲之滅絶：（甘心）爲我斷絶子孫。
⑨ 畏其意：使心有畏懼。
⑩ 意不恐：心不恐懼。
⑪ 四欲：指"佚樂""富貴""存安""生育"。親：親附。
⑫ 所以由此可以知道：給予就是取得，這是從政的法寶。

　　錯國於不傾之地①，積於不涸之倉②，藏於不竭之府③，下令於流水之原④，使民於不爭之官⑤。明必死之路，開必得之門⑥。不爲不可成⑦，不求不可得⑧，不處不可久⑨，不行不可復⑩。錯國於不傾之地者，授有德也⑪；積於不涸之倉者，務五穀也⑫；藏於不竭之府者，養桑麻、育六畜也⑬；下令于流水之原者，令順民心也；使民於不爭之官者，使各爲其所長也⑭；明必死之路者，嚴刑罰也；開必得之門者，信慶賞也⑮；不爲不可成者，量民力也⑯；不求不可得者，不彊民以其所惡也⑰；不處不可久者，不偷取一世也⑱；不行不可復者，不欺其民也。故授有德則國安，務五穀則食足，養桑麻、育六畜則民富，令順民心則威令行⑲，使民各爲其所長則用備⑳，嚴刑罰則民遠邪㉑，信慶賞則民輕難㉒，量民力則事無不成，不彊民以其所惡則詐僞不生，不偷取一世則民無怨心，不欺其民則下親其上。

　　右士經㉓

這一節列舉治民的十一項經常性措施。

① 把國家建立在穩固的基礎之上。錯：通"措"，放置。
② 一説"積"後當有"食"字。意思是穀倉中聚積有取之不盡的糧食。
　　涸：枯竭。
③ 一説"藏"後當有"富"字。意思是府庫中儲藏有用之不竭的財富。
④ 在流水的源頭推行政令（意思是推行政令如水自源頭順流而下）。
　　原：後作"源"。

⑤ 恰當用人，使各用所長，各安其業而互不相爭。官：職守；職事。
⑥ 指明犯罪必死之路，打開立功必賞之門。
⑦ 不去做不能成功的事。
⑧ 不去追求不能實現的目標。
⑨ 意思是處事著眼於持久可行。
⑩ 不做不可反復實行的事(意思是做事能持久有效)。
⑪ 授有德：(把國家政事)交給有德之人。
⑫ 務：致力。五穀：指農事。
⑬ 六畜：馬、牛、羊、雞、狗、豬。
⑭ 爲其所長：做自己擅長的事。
⑮ 信：(慶賞之事)說到做到。信：誠信。慶賞：賞賜。
⑯ 量：考量。
⑰ 不彊(qiǎng)民以其所惡(wù)：不勉強他們去做自己厭惡的事。
⑱ 不偷取一世：一說"世"當作"時"，意思是不苟且謀取一時之效。偷：苟且。
⑲ 威令：一說"令"是衍文。
⑳ 用：器用。備：完備；齊全。
㉑ 遠(舊讀 yuàn)邪：離開邪惡。
㉒ 輕難：不把禍難放在心上。
㉓ 士經："士"當作"十一"。經：指經常性的(措施)。

　　以家爲鄉，鄉不可爲也①；以鄉爲國，國不可爲也；以國爲天下，天下不可爲也。以家爲家，以鄉爲鄉，以國爲國，以天下爲天下。毋曰不同生，遠者不聽②；毋曰不同鄉，遠者不行③；毋曰不同國，遠者不從④。如地如天，何私何親⑤？如月如日，唯君之節⑥。御民之轡，在上之所貴⑦；道民之門，在上之所先⑧；召民之路，在上之所好惡⑨。故君求之則臣得之⑩，君嗜之則臣食之⑪，君好之則臣服之⑫，君惡之則臣匿之⑬。毋蔽汝惡，毋異汝度⑭，賢者將不汝助⑮。言室滿室，言堂滿堂⑯，是謂聖王。城郭溝渠不足以固守，兵甲彊力不足以應敵，博地多財不足以有衆。惟有道者能備患於未形也,故禍不萌⑰。天下不患無臣,患無君以使之;天下不患無財,患無人以分之⑱。故知時者,可立以爲長⑲;無私者,可置以爲政⑳;審於時而察於用而能備官者㉑,可奉以爲君也。緩者後於事㉒,吝於財者失所親㉓,信小人者失士㉔。

右六親五法㉕

這一節論述人君治國的一些理念和準則。

① 用治理家族的辦法治理鄉,鄉不可能治理好。爲:治理。
② 不要說不同姓,就不聽取外姓人的意見。生(xìng):後作"姓"。遠者:指不同姓的人。
③ 遠者不行:外鄉人的意見不施行。行:施行。
④ 國:當作"邦",指諸侯國。從:聽從。
⑤ 人君的治理如天地覆載萬物,沒有偏私偏愛。私:偏私。
⑥ 治理國家如日月普照,這纔是人君的器度。唯:副詞,表示確定。節:度。
⑦ 馬的行進在於繮繩的掌控,駕馭民衆在於人君看重什麼。轡:駕馭馬的繮繩。
⑧ 引導民衆的出入之門,在於人君率先走什麼門。道(dǎo):後作"導"。
⑨ 招引民衆走什麼路,在於人君的好惡。
⑩ 所以人君追求什麼,臣下就會先行求得。
⑪ 所以人君喜歡吃什麼,臣下就會先行食用。
⑫ 人君喜歡什麼,臣下就會使用什麼。服:用。
⑬ 匿:藏匿不用。
⑭ 毋異汝度:不要改變你的常規常法。異:使不同。
⑮ 不汝助:不幫助你。代詞"汝"作動詞"助"的前置賓語。
⑯ 在室內講話,要讓滿室的人聽到;在堂上講話,要讓滿堂的人聽到。意思是開誠布公。
⑰ 形:顯露。萌:發生。
⑱ 分:合理分配。

⑲ 知時:通達時勢。長:官長。
⑳ 置以爲政:安排爲首領。政:通"正",首領。
㉑ 審於時:通曉時勢。察於用:明察財用。備官:對官職有周全的安排。
㉒ 處事遲鈍的人往往落後於事態的發展。
㉓ 吝惜財物者往往失去親附的人。
㉔ 士:賢士。
㉕ 對"六親五法"的解說不一,待考。

閱讀文選

齊景公招虞人以旌①（《孟子》）

【說明】昔齊景公招虞人以旌而虞人不至,得到孔子的稱贊。孟子認爲,權衡利與道,君子不能屈枉正道以徇利,爲一時之利而屈己見諸侯。

陳代曰②:"不見諸侯,宜若小然③;今一見之,大則以王,小則以霸④。且《志》曰'枉尺而直尋'⑤,宜若可爲也⑥。"

孟子曰:"昔齊景公田,招虞人以旌⑦,不至,將殺之。志士不忘在溝壑,勇士不忘喪其元⑧。孔子奚取焉⑨?取非其招不往也⑩。如不待其招而往,何哉⑪?且夫枉尺而直尋者,以利言也⑫。如以利,則枉尋直尺而利,亦可爲與⑬?昔者趙簡子使王良與嬖奚乘⑭,終日而不獲一禽⑮。嬖奚反命曰:'天下之賤工也。'或以告王良。良曰:'請復之⑯。'強而後可⑰,一朝而獲十禽。嬖奚反命曰:'天下之良工也。'簡子曰:'我使掌與女乘⑱。'謂王良。良不可,曰:'吾爲之範我馳驅⑲,終日不獲一;爲之詭遇⑳,一朝而獲十。《詩》云:"不失其馳,舍矢如破㉑。"我不貫與小人乘㉒,請辭。'御者且羞與射者比㉓;比而得禽獸,雖若丘陵,弗爲也。如枉道而從彼,何也㉔?且子過矣:枉己者,未有能直人者也㉕。"

① 選自《滕文公下》。虞人:掌管山澤苑囿的官吏。
② 陳代:孟子弟子。
③ 不去謁見諸侯,恐怕是太拘泥狹隘了吧。陳代見有諸侯來聘,孟子有所不見,故有此話。
④ 王(wàng):輔佐人君以仁義之道統一天下。霸:輔佐人君稱霸一方。
⑤ 彎曲的是一尺,伸展開來的却是八尺。枉:彎曲。尋:古代長度單位,一尋爲八尺。
⑥ 也許值得去做。
⑦ 田:田獵。招虞人以旌:用旌旗召喚虞人。旌:用牦牛尾裝飾(或兼飾彩色鳥羽)的一種旗子。依照禮儀,旌是用來召喚大夫的,召喚虞人應用皮冠。事見《左傳・昭公二十年》。
⑧ 志士處於困境,常念雖死無棺槨棄尸於溝壑,但並無遺憾。勇士視死如歸,常念雖戰鬥而死,失去頭顱,但並不顧惜。志士:守義之士。元:頭。
⑨ 孔子肯定虞人哪一點呢?
⑩ 非其招不往:不是合乎禮的召喚就不應命前往。
⑪ 如果君子不等待人君的合禮召喚就應命前往,這算什麼呢?
⑫ 以利言:是就有功利說的。
⑬ 亦可爲與:也可以去做嗎?
⑭ 趙簡子:春秋時晉國的正卿趙鞅。王良:春秋時著名的御手。與嬖奚乘:給嬖奚駕車。嬖(bì):寵幸的人。奚:嬖人名。
⑮ 禽:獵取的禽獸。
⑯ 復:再來一次。
⑰ 強:勉強(嬖奚)。嬖奚不願,所以說強。
⑱ 掌:主管。女(rǔ):指嬖奚。
⑲ 我給他依照規矩駕車。範:規範。這裏用作動詞。

⑳ 詭遇:不依法度駕車。
㉑ 見《詩經·小雅·車攻》。意思是車馬馳騁不失法度,箭一射出就能射中禽獸。如:而。
㉒ 貫:習慣。
㉓ 比(舊讀 bì):在一起。這裏有合作的意思。
㉔ 如果損害原則去應從那些諸侯,這算什麼呢?
㉕ 自己不正直的,從來也没有能使别人正直的。

非攻上(《墨子》)

【説明】"非攻"就是譴責戰爭,這是墨子學説的一個重要内容。作者由辨别義與不義入手,由輕到重列舉一系列非義之事,指出最大的不義就是用戰爭手段征服别國。

今有一人,入人園圃①,竊其桃李。衆聞則非之,上爲政者得則罰之②。此何也?以虧人自利也③。至攘人犬豕雞豚者,其不義又甚入人園圃竊桃李④。是何故也?以虧人愈多,其不仁兹甚,罪益厚⑤。至入人欄廐取人馬牛者,其不仁義又甚攘人犬豕雞豚⑥。此何故也?以其虧人愈多。苟虧人愈多,其不仁兹甚⑦,罪益厚。至殺不辜人也,扡其衣裘取戈劍者⑧,其不義又甚入人欄廐取人馬牛。此何故也?以其虧人愈多。苟虧人愈多,其不仁兹甚矣⑨,罪益厚。當此天下之君子皆知而非之⑩,謂之不義。今至大爲攻國⑪,則弗知非,從而譽之謂之義⑫。此可謂知義與不義之别乎⑬?

由輕到重列舉一系列不義之事,指出最大的不義(攻國)反而被認爲是義。

① 園圃(pǔ):種果樹的叫園,種菜的叫圃。這裏泛指園子。
② 非:非難,責備。爲政者:執政的人。得:捉住,捕獲。

③ 以：因爲。虧：損害。
④ 攘(rǎng)：竊取。豕(shǐ)：豬。豚(tún)：小豬。甚：(程度)超過。
⑤ 不仁："仁"字疑當爲"義"字。兹甚：更加嚴重。兹：通"滋"，愈益。厚：大，重。
⑥ 欄廄(jiù)：關養牲畜的欄圈(juàn)和棚房。不仁義："仁"疑是衍文。
⑦ 不仁：疑當爲"不義"。
⑧ 不辜(gū)人：無罪的人。辜：罪。也：是衍文。扡(tuō)：同"拖"，拉，拽。這裏指奪取。衣裘(qiú)：衣服。裘：皮衣。
⑨ 不仁：疑當爲"不義"。
⑩ 當此：對此。
⑪ 此句當作"今至大爲不義攻國"。至大：最大的，最嚴重的。爲不義：做不義的事。
⑫ 譽：贊揚。
⑬ 這可以說是知道義和不義的區別嗎？

　　殺一人謂之不義，必有一死罪矣①。若以此說往②，殺十人十重不義③，必有十死罪矣。殺百人，百重不義，必有百死罪矣。當此天下之君子皆知而非之，謂之不義。今至大爲不義攻國，則弗知非，從而譽之謂之義。情不知其不義也④，故書其言以遺後世⑤。若知其不義也，夫奚説書其不義以遺後世哉⑥？

　　進一步申説天下的君子不知"攻國"爲不義。

① 一(死罪)：一項，一條。
② 如果用這種説法類推下去。
③ 十重(chóng)：十倍。
④ 情：確實。
⑤ 所以寫下那些贊揚攻國的話留給後世。書：寫。遺：留下。
⑥ 如果知道攻國不義，又怎麽解釋寫下那些贊揚不義的話留給後世呢？夫(fú)：句首語氣詞。奚：疑問代詞，如何，怎麽。説：解説。

今有人於此,少見黑曰黑,多見黑曰白,則以此人不知白黑之辯矣①。少嘗苦曰苦,多嘗苦曰甘,則必以此人爲不知甘苦之辯矣。今小爲非則知而非之,大爲非攻國則不知非,從而譽之謂之義,此可謂知義與不義之辯乎?是以知天下之君子也,辯義與不義之亂也②。

指出天下的君子需要澄清義與不義的混亂。

① 則以此人:當作"則必以此人爲"。爲:是。辯:通"辨",分別。
② "君子也"的"也"疑爲衍文。亂:混亂,混淆。

練習十

一、熟讀本單元講過的文章。
二、閱讀本單元的閱讀文選。
三、給下面句子中加點的字注音:
 1. 可使制梃以撻秦楚之堅甲利兵矣。(《孟子·晉國天下莫強焉》)
 2. 舉疾首蹙頞而相告曰……(《孟子·莊暴見孟子》)
 3. 非所以內交於孺子之父母也,非所以要譽於鄉黨朋友也。(《孟子·人皆有不忍人之心》)
 4. 蚤起,施從良人之所之,徧國中無與立談者。(《孟子·齊人有一妻一妾》)
 5. 不求不可得者,不彊民以其所惡也。(《管子·牧民》)
四、解釋下面句子中加點的詞:
 1. 彼奪其民時,使不得耕耨以養其父母。(《孟子·晉國天下莫強焉》)
 2. 羞惡之心,義之端也。(《孟子·人皆有不忍人之心》)
 3. 人之有是四端也,猶其有四體也。(《孟子·人皆有不忍人之心》)

4. 凡有四端於我者,知皆擴而充之矣。(《孟子·人皆有不忍人之心》)
5. 今病小愈,趨造於朝,我不識能至否乎?(《孟子·孟子將朝王》)
6. 父召,無諾;君命召,不俟駕。(《孟子·孟子將朝王》)
7. 如此,則與禽獸奚擇哉?於禽獸又何難焉?(《孟子·君子所以異於人者》)
8. 譬之如醫之攻人之疾者然:必知疾之所自起,焉能攻之。(《墨子·兼愛上》)
9. 故省刑之要在禁文巧,守國之度在飾四維。(《管子·牧民》)
10. 故刑罰不足以畏其意,殺戮不足以服其心。(《管子·牧民》)
11. 信慶賞則民輕難,量民力則事無不成。(《管子·牧民》)
12. 惟有道者能備患於未形也,故禍不萌。(《管子·牧民》)

五、把下面的句子譯成現代漢語:
1. 暴見於王,王語暴以好樂,暴未有以對也。(《孟子·莊暴見孟子》)
2. 獨樂樂,與人樂樂,孰樂?(《孟子·莊暴見孟子》)
3. 吾王之好田獵,夫何使我至於此極也?(《孟子·莊暴見孟子》)
4. 先王有不忍人之心,斯有不忍人之政矣。(《孟子·人皆有不忍人之心》)
5. 丑見王之敬子也,未見所以敬王也。(《孟子·孟子將朝王》)
6. 我非堯舜之道不敢以陳於王前,故齊人莫如我敬王也。(《孟子·孟子將朝王》)
7. 是故君子有終身之憂,無一朝之患也。(《孟子·君子所以異於人者》)
8. 視人身若其身,誰賊?(《墨子·兼愛上》)
9. 傾可正也,危可安也,覆可起也,滅不可復錯也。(《管子·牧民》)
10. 御民之轡,在上之所貴;道民之門,在上之所先。(《管子·牧民》)

六、給下面兩段古文加上標點並解釋文中加點的詞:
牛缺者上地之大儒也下之邯鄲遇盜於耦沙之中盡取其衣裝車牛步而去視之歡然無憂吝之色盜追而問其故曰君子不以所以養害其所養盜曰嘻賢矣夫既而相謂曰以彼之賢往見趙君使以我爲事必困我不如殺之乃相與追而殺之燕人聞之聚族相戒曰遇盜莫如上地之牛缺也

皆受教俄而其弟適秦至關下果遇盜憶其兄之戒因與盜力爭既而不與又追而以卑辭請物盜怒曰吾活汝弘矣而追吾不已迹將箸焉既爲盜矣仁將焉在遂殺之又傍害其黨四五人焉（《列子・説符》）　［附注：（1）上地、邯鄲、耦沙：地名。（2）弘：寬宏大量。］

　　解釋：養　害　困　戒　適　卑　活　已　迹

　　有侁氏女子采桑得嬰兒于空桑之中獻之其君其君令烰人養之察其所以然曰其母居伊水之上孕夢有神告之曰臼出水而東走毋顧明日視臼出水告其鄰東走十里而顧其邑盡爲水身因化爲空桑故命之曰伊尹此伊尹生空桑之故也長而賢湯聞伊尹使人請之有侁氏有侁氏不可伊尹亦欲歸湯湯於是請取婦爲婚有侁氏喜以伊尹媵女故賢主之求有道之士無不以也有道之士求賢主無不行也相得然後樂不謀而親不約而信相爲殫智竭力犯危行苦志懽樂之此功名所以大成也固不獨士有孤而自恃人主有奮而好獨者則名號必廢熄社稷必危殆故黃帝立四面堯舜得伯陽續耳然後成凡賢人之德有以知之也（《呂氏春秋・本味》）

　　解釋：所以　顧　邑　媵　約　犯　立

常用詞

攻　家　兼　敬　倫　禽　勸　忍　時
危　維　物　義　元　賊

1. 攻

《說文》："攻，擊也。"攻擊，攻打。《孫子・計篇》："攻其無備，出其不意。"引申指抨擊；指責。《論語・先進》："非吾徒也，小子鳴鼓而攻之可也。"雙音詞有［攻訐］。攻擊是突破障礙制服對方，引申指處置（某方面的事）。《管子・宙合》："是故辯于一言，察于一治，攻于一事者，可以曲說而不可以廣舉。"（治：辭。）《呂氏春秋・上農》："農攻粟，工攻器，賈攻貨。"特指加工處理、治療疾病、努力鑽研等。《周禮·考工記序》:"凡攻木之工七,攻金之工六,攻皮之工五。"《墨子·兼愛上》:"譬之如醫之攻人之疾者然:必知疾之所自起,焉能攻之。"韓愈《師説》:"聞道有先後,術業有專攻。"雙音詞有［攻治］［攻讀］。

2. 家

《説文》:"家,居也。"住所。《莊子·山木》:"夫子出於山,舍於故人之家。"轉指家庭;家族。《荀子·儒效》:"四海之内若一家。"《史記·蒙恬列傳》:"始皇二十六年,蒙恬因家世得爲秦將。"上古又特指卿大夫的家族或其封地。《左傳·昭公五年》:"羊舌四族,皆彊家也。"《論語·季氏》:"丘也聞有國有家者,不患寡而患不均,不患貧而患不安。"(國:諸侯國。)《墨子·兼愛上》:"大夫各愛其家不愛異家,故亂異家以利其家;諸侯各愛其國不愛異國,故攻異國以利其國。"

3. 兼

《説文》:"兼,并也。"同時具備幾個方面或行爲同時涉及若干方面。《戰國策·秦策二》:"今兩虎諍人而鬭,小者必死,大者必傷。子待傷虎而刺之,則是一舉而兼兩虎也。"《三國志·周瑜傳》:"將軍以神武雄才,兼仗父兄之烈,割據江東,地方數千里。"《潛夫論·明闇》:"君之所以明者,兼聽也。"雙音詞有［兼職］［兼備］,成語有［兼收並蓄］。由同時具有引申爲兼并。《左傳·宣公十二年》:"兼弱攻昧,武之善經也。"《史記·李斯列傳》:"周室卑鄙,諸侯相兼。"

4. 敬

《説文》:"敬,肅也。"嚴肅認真,不苟且。《論語·子路》:"居處恭,執事敬,與人忠。"《後漢書·明帝紀》:"吏敬其職,無令怠惰。"雙音詞有［敬慎］［敬事］。由不苟且懈怠引申爲對人尊重;尊敬。《論語·先進》:"門人不敬子路。"《孟子·君子所以異於人者》:"仁者愛人,有禮者敬人。"

5. 倫

《説文》:"倫,道也。"條理次序。《尚書·舜典》:"八音克諧,無相奪倫。"(奪倫:失去次序。)《禮記·樂記》:"凡音者,生於人心者也;樂者,通倫理者也。"雙音詞有［倫次］。特指人與人的關係有一定的等級次序。

《論語·微子》："欲潔其身而亂大倫。"《孟子·孟子將朝王》："內則父子，外則君臣，人之大倫也。"雙音詞有[人倫][倫常]。由等級次序的不同引申爲類別。《史記·儒林列傳》："如田子方、段干木、吳起、禽滑釐之屬，皆受業於子夏之倫，爲王者師。"《六韜·武騎士》："壯健捷疾，超絕倫等。"成語有[不倫不類]。用作動詞，類比。曹植《學官頌》："德倫三五，配皇作烈。"（三五：三皇五帝。）成語有[無與倫比]。

6. 禽

"禽"作動詞，指獵捕鳥獸（這個意思後作"擒"）。《逸周書·世俘》："武王狩，禽虎二十有二。"《戰國策·燕策二》："兩者不肯相舍，漁者得而并禽之。"泛指俘獲。《左傳·哀公二十三年》："齊師敗績，知伯親禽顏庚。"用作名詞指獵物；又總稱鳥獸。《周易·師卦》："田有禽。"《孟子·齊景公招虞人以旌》："昔者趙簡子使王良與嬖奚乘，終日而不獲一禽。"《論衡·遭虎》："虎亦諸禽之雄也。"後主要指飛禽。《爾雅·釋鳥》："二足而羽謂之禽，四足而毛謂之獸。"杜甫《解悶》詩："山禽引子哺紅果，溪友得錢留白魚。"

7. 勸

《説文》："勸，勉也。"勉勵。《左傳·鞌之戰》："赦之，以勸事君者。"《墨子·兼愛上》："故聖人以治天下爲事者，惡得不禁惡而勸愛？"雙音詞有[勸農]。受到鼓勵而努力也叫勸。《荀子·強國》："故賞不用而民勸。"《史記·貨殖列傳》："各勸其業，樂其事，若水之趨下，日夜無休時。"引申爲用言語引導人聽從，勸導。洪邁《夷堅乙志·牛鬼》："李、趙相與勸解曰：'殺一高世令，於君何益？'"雙音詞有[勸告]。

8. 忍

《廣雅·釋言》："忍，耐也。"抑制；克制。《荀子·儒效》："志忍私，然後能公；行忍情性，然後能脩。"李翺《楊烈婦傳》："侃遂忍之，復登陴。"蘇軾《留侯論》："子房不忍忿忿之心，以匹夫之力而逞於一擊之間。"（子房：張良。）雙音詞有[忍情][忍性]。從另一面說，抑制情感就是有所容受，忍受。《論語·八佾》："是可忍也，孰不可忍也。"《三國志·吳書·陸遜傳》："國家所以屈諸君使相承望者，以僕有尺寸可稱，能忍辱負重故也。"雙音詞有[容忍]。由能夠抑制情性不爲所動引申爲狠心。《孟子·公孫丑上》："人皆有不忍人之心。先王有不忍人之心，斯有不忍人之政矣。"（忍人：狠心對人。）《新書·道術》："惻隱憐人謂之慈，反慈爲忍。"《漢書·高帝紀上》："君王爲人不忍。"雙音詞有[殘忍]。

9. 時

《說文》："時，四時也。"季節。《孟子·晉國天下莫強焉》："彼奪其民時，使不得耕耨以養其父母。"《論衡·調時》："積日爲月，積月爲時，積時爲歲。"雙音詞有[農時]。泛指時間；時期。《呂氏春秋·首時》："天不再與，時不久留。"白居易《與元九書》："始知文章合爲時而著，歌詩合爲事而作。"引申爲應時；合乎時宜。《莊子·秋水》："秋水時至，百川灌河。"《孟子·萬章下》："孔子，聖之時者也。"雙音詞有[時雨]。

10. 危

"危"的意思是高而險。《國語·晉語八》："拱木不生危，松柏不生埤。"（埤：低下之地。）偏指高。《莊子·田子方》："嘗與汝登高山，履危石，臨百仞之淵，若能射乎？"《水經注·沮水》："危樓傾崖，恒有落勢。"由高險引申爲不安穩，不穩定（與"安"相對）。《管子·牧民》："傾可正也，危可安也，覆可起也，滅不可復錯也。"特指心中戒懼不安。《戰國策·西周策》："竊爲君危之。"《孟子·盡心上》："獨孤臣孽子，其操心也危。"由高險不安穩引申爲危險；危急；危難。《論語·泰伯》："危邦不入，亂邦不居。"《周易·繫辭下》："君子安而不忘危，存而不忘亡，治而不忘亂。"成語有[危如累卵]。由高引申爲正；直；嚴正。《漢書·息夫躬傳》："初，躬待詔，數危言高論，自恐遭害，著絕命辭。"陳子昂《諫靈駕入京書》："有非常之時者，必待非常之主，然後危言正色，抗議直辭。"

11. 維

《集韻·脂韻》："維，綱也。"本義是繫物的大繩。《論衡·談天》："怒而觸不周之山，使天柱折，地維絕。"《漢書·賈誼傳》："若夫經制不定，是猶度江河亡維楫，中流而遇風波，舩必覆矣。"抽象引申指維繫國家社會的綱紀。《牧民》："國有四維。一維絕則傾，二維絕則危，三維絕則覆，四維絕則滅。"用作動詞：繫連；護持。《詩經·小雅·白駒》："縶之維之，以永今朝。"蘇洵《書論》："幸而又有聖人焉，承其後而維之，則天下可以復治。"雙音詞有[維繫][維持]。

12. 物

"物"本指雜色牛,轉指牲畜的毛色。《詩經·小雅·無羊》:"三十維物。"(大意:牛羊的毛色有幾十樣。)《禮記·月令》:"瞻肥瘠,察物色。"由毛色的不同引申指牲畜的品類;泛指類別。《周禮·地官·牧人》:"牧人:掌牧六牲而阜蕃其物。"(阜蕃:養殖。物:各類牲畜。)《國語·晉語六》:"如草木之產也,各有其物。"由此轉指萬物;物品;物體;外部環境。《荀子·正名》:"物也者,大共名也。"又《勸學》:"物類之起,必有所始。"《史記·樂書》:"人心之動,物使之然也。"又抽象指事情。《史記·魏公子列傳》:"物有不可忘,或有不可不忘。夫人有德於公子,公子不可忘也;公子有德於人,願公子忘之也。"雙音詞有[事物]。用作動詞:察識(類別);選擇。《左傳·成功二年》:"物土之宜而布其利。"

13. 義

《釋名·釋言語》:"義,宜也。"義是一種道德理念,謂公正合宜的行爲、主張、準則。《左傳·鄭伯克段于鄢》:"多行不義,必自斃。"《墨子·非攻上》:"殺一人謂之不義,必有一死罪矣。若以此說往,殺十人,十重不義,必有十死罪矣。"《孟子·人皆有不忍人之心》:"羞惡之心,義之端也。"雙音詞有[正義],成語有[見義勇爲]。義具有公正合理性,引申指道理;義旨。《穀梁傳·昭公四年》:"《春秋》之義,用貴治賤,用賢治不肖,不以亂治亂也。"《東觀漢記·班固傳》:"學無常師,不爲章句,舉大義而已。"雙音詞有[義理],成語有[義正詞嚴]。由此引申爲文辭的含義。《晉書·王隱傳》:"文體混漫,義不可解。"

14. 元

《爾雅·釋詁下》:"元,首也。"本義是人的頭。《左傳·僖公三十三年》:"狄人歸其元,面如生。"《孟子·齊景公招虞人以旌》:"志士不忘在溝壑,勇士不忘喪其元。"由頭的部位引申爲居首的;開始的;大的。《抱朴子·備闕》:"淮陰,良將之元也。"(淮陰:韓信。)《公羊傳·隱公元年》:"元年者何?君之始年也。"《後漢書·馮衍傳上》:"將定國家之大業,成天地之元功也。"雙音詞有[元首][原始][元勳]。又引申爲根本。《吕氏春秋·召類》:"愛惡循義,文武有常,聖人之元。"《漢書·叙傳下》:"元元本本,數始于一。"(元元本本:推尋本元。)雙音詞有[元素]。

15. 賊

《說文》：“賊，敗也。”毀壞；傷害。《孟子・人皆有不忍人之心》：“有是四端而自謂不能者，自賊者也；謂其君不能者，賊其君者也。”《韓非子・飾邪》：“此行小忠而賊大忠者也。”《論衡・解除》：“蚤蝨食人，賊人肌膚。”用作名詞，指傷害人的人；殺人者；對國家社會有嚴重危害的人。《墨子・兼愛上》：“賊愛其身不愛人，故賊人以利其身。”《史記・秦始皇本紀》：“燕王昏亂，其太子丹乃陰令荊軻為賊。”《三國志・吳書・周瑜傳》：“操雖託名漢相，其實漢賊也。”又蔑稱敵對一方。李翱《楊烈婦傳》：“如不守，縣為賊得矣！”後指偷竊者。《聊齋志異・石清虛》：“夜有賊入室，諸無所失，惟竊石而去。”

古漢語常識

古書的標點①

中國的古書，在一個很長的時期內是不加標點的。刻書有句讀是從宋代開始的，但加句讀的書是少數，一直到清代，一般的書還是不加句讀的。古人讀書的時候，判斷在什麼地方夠一個完整的意思，在什麼地方要停頓，主要是依據自己的理解，還要看一個語段的後面有沒有前人加的注。為了便於誦讀，在停頓的地方要標上記號。"句讀"的名稱漢代就有了。唐代的一個僧人湛然解釋說：在一個語意完整要停頓的地方作記號，叫"句"；語意不完整但需要有短暫停頓以便誦讀的地方作記號叫作"讀"（dòu）。合起來就叫句讀②。

---

① 本節的例句，部分採自楊樹達《古書句讀釋例》、王力主編《古代漢語》、呂叔湘《〈資治通鑑〉標點斠例》。文中不再一一注明。

② 高誘《〈淮南子〉叙目》：“自誘之少，從故侍中、同縣盧君受其句讀。”唐釋湛然《法華文句記》卷一：“凡經文，語絕處謂之句，語未絕而點之以便誦詠謂之讀。”

句讀是不是就是今天的標點呢？還不能這樣説。第一，今天説的句子是一種動態的語法單位，有一個完整的意思，有一定的句調，古人對句子的理解要簡單得多。第二，古人斷句用的符號也不是今天的標點符號。標點符號不光起到斷句的作用，還表示句子的語氣和句子間的關係。新式的標點符號是二十世紀二十年代纔實行的。

　由此可知，句讀需要斷句，斷句是標點的基礎；句子斷得正確，纔能順利地閱讀，所以歷代讀書人對此很重視。清代學者顧炎武在《日知錄》中就把"句讀之不通而欲從事於九丘之書"斥爲"千載笑端"。今天的人讀古書覺得很難，其實古代也一樣。《後漢書·班昭傳》說："《漢書》始出，多未能讀者，馬融伏於閣下，從昭受讀。"這是説《漢書》剛問世的時候，很多人讀不懂，馬融是東漢有名的學者，也要跟著班固（《漢書》的作者）的妹妹班昭學習。

　讀書時句子的停頓關係到對文意的理解是否正確。比如《韓非子·外儲説左下》記載一個故事説：

> 哀公問於孔子曰："吾聞夔一足，信乎？"曰："夔，人也，何故一足？彼其無他異而獨通於聲，堯曰：'夔一而足矣。'使爲樂正。故君子曰'夔有一足'，非一足也。"

魯哀公爲什麼會認爲夔這個人只有一隻脚呢？就句中的停頓來説，"夔｜一足""夔一｜足"意思是不一樣的。魯哀公的讀法是"夔｜一足"。依照孔子説的話，夔"無他異而獨通於聲"，所以堯説夔有這一技就夠了（"夔一而足矣"）。有的時候，不同的斷句標點表示了對文意的不同理解。如：

> 十八年，王黜狄后。狄人來誅殺譚伯。（《國語·周語中》）
> 十六年，王絀翟后，翟人來誅，殺譚伯。（《史記·周本紀》）

《國語》和《史記》説的是一件事。《國語》點校本在"來誅"的後面沒有點斷，這樣讀，"來"的目的是"誅殺譚伯"。《史記》點校本在"來誅"的後面加了逗號，這樣讀，"來"的目的就是"誅"，接著發生了"殺譚伯"這件事。再比如諸葛亮《出師表》中的一段話：

> 陛下亦宜自謀，以諮諏善道，察納雅言。深追先帝遺詔，臣不勝受恩感激。今當遠離，臨表涕零，不知所言。
>
> 陛下亦宜自謀，以諮諏善道，察納雅言，深追先帝遺詔。臣不勝受恩感激，今當遠離，臨表涕零，不知所言。

這一段話是諸葛亮出師前勸勉後主的話。依照前一種標點，"深追先帝遺詔"是說諸葛亮自己（"臣"）。依照後一種標點，"深追先帝遺詔"是對後主（"陛下"）的希望。不同的標點反映了不同的看法。

標點古書是一項綜合性的工作，需要有多方面的知識。下面提出特別需要注意的幾個方面。

一　考慮是不是合乎事理、文理

我們常説文章要文通理順，就是説文字能够準確明白地把事實、道理傳達出來。如果標點後的文字不合事理，文理不通，這樣的標點就可能有問題。如：

　　　周有泉府之官，收不售與欲得，即《易》所謂"理財正辭，禁民爲非"者也。（《資治通鑑》卷三十七）

泉府之官是掌管國家税收、調節市場流通的機構。"不售"是賣不出去，"欲得"是想要得到，都是指市場物資而言。賣不出去的可以收購，想要得到的怎麽也要收購呢？可見這樣的標點在事理上説不通。發生錯誤的原因是把句中的"與"看成了連詞；實際上"與"是個動詞，是給與的意思。句子應當在"收不售"後面點斷[①]。

　　　田單令城中人食，必先祭其先祖於庭，飛鳥皆翔舞而下城中。（《資治通鑑》卷四》）

依照這樣的標點，"必先祭其先祖於庭"是誰的行爲不清楚，跟上一句連不上。從上下文看，田單下的命令應當是城中人吃飯的時候"必先祭其先祖於庭"，所以"食"後面的逗號應當取消。

　　　諸壘相次土崩，悉棄其器甲，爭投水死者十餘萬，斬首亦如之。（《資治通鑑》卷一百四十六》）

"爭投水死者十餘萬"讀成一句，好像戰敗的士兵有十餘萬人爭著投水去

[①] 《漢書·食貨志下》："國師公劉歆言周有泉府之官，收不讐，與欲得，即《易》所謂'理財正辭，禁民爲非'者也。"顏師古注："讐讀曰售。言賣不售者，官收取之；無而欲得者，官出與之。"

死,很明顯這不近情理。因爲士兵投水是爲了活命,不是爲了尋死。應當在"争投水"後面加上逗號。

　　使諒收交州刺史脩湛、新昌太守梁碩,殺之。諒誘湛,斬之。碩舉兵圍諒於龍編。(《資治通鑑》卷九十二)

從前一句"殺之"看,脩湛、梁碩已經被殺。從後一句"諒誘湛,斬之"來看,"殺之"還不是事實,只是"使"的内容。這樣標點,前後就有了矛盾,應當把"殺之"前的逗號去掉。

　　綦毋張喪車,從韓厥曰:"請寓乘,從左右。"皆肘之,使立於後。(《左傳・成公二年》)

綦毋張提出請求要搭載韓厥的車子("請寓乘"),但"從左右"不可能是綦毋張説的話;第一,他不可能自己説既從左,又從右。第二,"從左右"是他的舉動,如果是説的話,"皆肘之"(用左右兩個胳膊肘搗擊他)就失去了依託。可見"從左右"不應當括在引號的裏面。

　　興元中,有僧曰法欽,以其道高,居徑山。時人謂之徑山長者。(《唐語林》卷一)

句中"以"是介詞,表示原因。這樣標點,好像法欽是因爲"道高"纔"居徑山"。這在事理上説不通,因爲"道高"與"居徑山"不存在因果關係。從下文看,當時的人所以稱他"徑山長者",一是因爲他"居徑山",二是因爲他"道高"。可見介詞"以"一直管到"居徑山","居徑山"後的句號應改爲逗號。

二　考慮對詞義的理解是不是正確

　　古代漢語中的一個單音詞往往有幾個意思,很多意思後來消亡了;再加上古漢語詞與字複雜的對應關係,所以標點古書時特別要注意對詞義的準確把握。如:

　　夫唯禽獸無禮,故父子聚麀(yōu,牝鹿)。是故聖人作爲禮以教人,使人以有禮,知自别於禽獸。(《禮記・曲禮上》)

句中"是故聖人作爲禮以教人",是把"作爲"看成了一個雙音詞,意思是聖人創製了禮來教化人。實際上，這裏的"作"是一個單音詞，是興起、出現的意思。應當標點爲"是故聖人作，爲禮以教人"，意思是有聖人出現，創製了禮來教化人。"作"的這種用法，古書中多見。如《韓非子·五蠹》："有聖人作，搆木爲巢以避羣害。""有聖人作，鑽燧取火以化腥臊。"

    是故無其實而喜其名者削，無德而望其福者約，無功而受其祿者辱禍必握。(《戰國策·齊策四》)

句中"削"是削弱的意思，"約"是窮困、困窘的意思，"辱"是羞辱的意思。"禍必握"的"握"是一個假借字，是厚、重的意思(另一個本子寫作"渥")。"禍必握"是說禍必重。很明顯，前面是三個排比句，"禍必握"單獨是一句。由於不明白"握"的意思，"禍"的前面沒有點斷，句子就講不通了。

    使盡之，而爲之簞食，與肉，置諸橐以與之。(《左傳·宣公二年》)

這是說準備了"簞食"和"肉"放在口袋裏送給一個人。依照上面的標點，"與肉"的"與"是一個動詞，給予的意思。這樣一來，就同後面"與之"的"與"(給)意思重複了。"與肉"的"與"是一個連詞，前面的逗號應去掉。

    馬武爲(蘇)茂、(周)建所敗，奔過王霸營，大呼求救。霸曰："賊兵盛出，必兩敗，努力而已！"乃閉營堅壁。(《資治通鑑》卷四十一)

營中的王霸"閉營堅壁"，可見沒有出營救馬武，沒有出營的原因是"出必兩敗"。句中"兩敗"的"兩"指馬武和王霸兩方。照現在的標點，"兩"到底指哪兩方就不明白了。正確的標點是："賊兵盛，出必兩敗，努力而已！"

    (呂)布性決易，所爲無常。(高)順每諫曰："將軍舉動，不肯詳思，忽有得失，動則言誤，豈可數乎！"(《資治通鑑》卷六十二)

"動則言誤"是說呂布動不動就說"錯了"。"動則言誤"的"誤"如果不加引號，容易理解成動不動就說錯話，還是應當給"誤"加上引號比較妥當[①]。

    洪於大義，不得不死；念諸君無事，空與此禍，可先城未敗，將妻子出。(《資治通鑑》卷五十三)

[①] 《三國志·魏書·呂布傳》"布與宮、順等皆梟首送許，然後葬之"注引《英雄記》："將軍舉動，不肯詳思，輒喜言誤，誤不可數也。"

當時臧洪守東郡，"城中糧穀已盡"，外無救兵，所以他叫部下將士帶著妻子棄城逃命。"無事"是沒有必要、犯不上的意思，不是沒有事兒；"空與此禍"是白白犧牲的意思，中間不能加逗號斷開。標點者對"無事"一詞理解有錯誤。

> 徐羨之起自布衣……沈密寡言，不以憂喜見色；頗工弈棋、觀戲，常若未解，當世倍以此推之。(《資治通鑑》卷一百十九)

這裏說徐羨之"頗工弈棋、觀戲"，有幾處講不通：第一，"工弈棋"可以說，但工"觀戲"的意思不好理解。第二，既然說"頗工"，下文又說"常若未解"，前後有矛盾。第三，"當世倍以此推之"，是推崇他"頗工弈棋、觀戲"呢，還是"常若未解"呢？標點的問題出在"觀戲"上，這裏"觀戲"就是看人下棋，不是今天的看戲劇表演。正確的標點是："頗工弈棋，觀戲常若未解，當世倍以此推之。""觀戲常若未解"不是他真的看不懂，而是看懂了不露聲色，這一句正跟前面的"沈密寡言，不以憂喜見色"相照應。

> 會蜀人費合告(徐)忻反，忻有與將帥書云："事事往，人口具(口具：當面陳述)。"(《資治通鑑》卷一百六十四)

"事事往，人口具"很費解。原來"往人"是一個詞，就是"派往的人"，"往"的後面不能斷開。因為不懂"往人"的意思，誤加了一個逗號①。

即使是古代有名的學者，如果對詞義的理解不一樣，對句讀也會有不同的處理。如《禮記·禮運》："故人者天地之心也，五行之端也，食味、別聲、被色而生者也。"接下來的一句是"故聖人作則必以天地爲本"。對句中的"則"，孔穎達《正義》的解釋是："則，法也。人既是天地之心，故聖人作法必用天地爲根本也。"如此理解，"則"後應點斷。王引之在《經義述聞》卷十五中提出不同意見：

> 此用《家語》注也。《家語·禮運篇》全襲此篇之文。王肅讀"聖人作則"爲句，注曰"作爲法則"，是《正義》所本也②。然上文曰"後聖有作，然後脩火之利"，則此亦當以"故聖人作"爲句③。作，起也，興也，起而在位也。《易·文言》曰"聖人作而萬物覩"，文義與此同。

---

① 《南史》卷五十三："且以忻與將帥書云'事事往人口具'，以爲反於己，誅之。"
② 《孔子家語·禮運》"聖人作則"王肅注："作爲則法。"
③ 前文有一句話是："後聖有作，然後脩火之利。"鄭玄"後聖有作"加注："作，起。"

"則"字屬下讀,言有聖人起,則其爲政必以天地爲本也。鄭注不解"則"字,"則"屬下讀可知。

句中的"則",《正義》理解爲名詞法則,王引之理解爲副詞,所以對斷句的處理不同。

三　考慮是不是合乎語法

同詞的意義一樣,漢語的語法也在不斷地變化,一個句子能不能講通,要看是不是合乎當時的語法規則,不能用現代漢語的語法去衡量。

厩焚,子退朝,曰:"傷人乎不?"問馬。(《論語・鄉黨》)

"傷人乎不"是一個疑問句,是在疑問語氣詞"乎"的後面加一個"不"。這樣的句法是後來纔有的,先秦的時候疑問句還沒有這種格式。正確的標點是:

厩焚,子退朝,曰:"傷人乎?"不問馬。

再看幾個例子:

工尹商陽與陳弃疾追吳師,及之。陳弃疾謂工尹商陽曰:"王事也,子手弓。"而可手弓。"子射諸。"射之,斃一人,韔(chàng)弓。(《禮記・檀弓下》)

這是説工尹商陽和陳弃疾追趕吳國的軍隊,追上以後,陳弃疾讓工尹商陽射吳軍。但是"而可手弓"一句無法作語法分析,由此我們可以考慮,這一句的標點是不是出了問題。正確的標點是:

工尹商陽與陳弃疾追吳師,及之。陳弃疾謂工尹商陽曰:"王事也,子手弓而可。"手弓。"子射諸。"射之,斃一人,韔弓。

"子手弓而可"的意思是陳弃疾對工尹商陽説:"你可以把弓拿在手裏。""手"用作動詞。下面"手弓"是説工尹商陽聽了他的話,就把弓拿在手裏。

(劉)毅與(盧)循戰於桑落洲,毅兵大敗,棄船以數百,人步走;餘衆皆爲循所虜,所棄輜重山積。(《資治通鑑》卷一百一十五)

"棄船以數百"一句,古漢語沒有這樣的説法。可以説"棄船以百數",不能說"棄船以數百";而且"人步走"的說法也很彆扭。正確的標點是"棄船,以數百人步走",就是扔掉船帶著數百人徒步逃跑。這樣標點,下文的"餘衆"(剩下的人)也有了承接。

  校尉丁斐,放牛馬以餌賊,賊亂,取牛馬,操乃得渡。(《資治通鑑》卷六十六)

"賊亂,取牛馬"一句,好像是賊先亂,然後取牛馬。從上下文的意思看,是說賊爭著取牛馬毫無秩序。去掉"取"前的逗號,說成"賊亂取牛馬",讓"亂"作"取牛馬"的狀語,就符合原文的意思了。

  且夫天者,氣邪?體也。(《論衡·談天》)

這句話原意是說:"再說天是氣呢?還是實體呢?"這本是一個選擇問句,這樣的問句常常用"也"同"邪"相呼應,所以"也"字的後面應該是問號①。

  問今是何世,乃不知有漢,無論魏晉。此人一一爲具言,所聞皆歎惋。(陶淵明《桃花源記》)

在古漢語中,"所聞"和"聞者"指代的對象不一樣。"聞者"指代"聞"的施動者,"所聞"是一個"所"字結構,指代"聞"的對象。這句話裏"具言"的內容是"此人"聞知的有關漢和魏晉的事情,可以說"所聞"。"皆歎惋"的施動者指的是村中人,不能用"所聞",只能用"聞者"。正確的標點是:"此人一一爲具言所聞,皆歎惋。"

四 考慮是不是違背歷史文化常識

  標點古書是一項綜合性的工作,只掌握語言方面的知識還不夠,如果對中國的歷史文化不了解,標點古書也會發生錯誤。如:

  《史記·天官書》云。牽牛爲犧牲。其北河鼓。河鼓大星。上將左右。左右將。(胡仔《苕溪漁隱叢話》後集卷七)

  這段話說得是幾顆星的位置,照上面的標點實在無法讀懂。依據唐

---

① 一本作"氣也?體邪?"

代張守節《史記正義》的説法,《史記》原本的意思是:牽牛星代表人間祭祀用的犧牲,它的北面是河鼓星。河鼓共有三星,其中的大星代表上將,左右兩星代表左右將。① 所以正確的標點應當是:

  《史記·天官書》云:"牽牛爲犧牲,其北河鼓。河鼓:大星,上將;左右,左右將。"

再如:

  泰山聳左爲龍華山。聳右爲虎嵩。爲前案;淮南諸山。爲第二重案。(清福格《聽雨叢談》卷五)

這段話説的是幾座山的位置關係:其中泰山、華山、嵩山都屬於中國歷史上説的五嶽。泰山是東嶽,在北京之左(東面),所以説"聳左爲龍";華山是西嶽,在北京之右(西面),所以説聳右爲虎;嵩山是中嶽,在北京之前(南面),所以稱爲前案;淮南諸山還要再靠南,所以説是第二重案。正確的標點是:

  泰山聳左爲龍,華山聳右爲虎,嵩爲前案,淮南諸山爲第二重案。

再如:

  癸丑,以光禄勛陳國、袁滂爲司徒。(《資治通鑑》卷五十七)

這樣標點,好像陳國、袁滂是兩個人,實際上袁滂是陳國人。陳國是封國名,不是人名,應去掉後面的頓號。

  李晟行且收兵,亦自浦津濟軍於東魏橋。(《資治通鑑》卷二百二十九)

浦津和東魏橋是兩處地方,考察當時的地理,這兩處地方距離不近。句中"濟"是渡水的意思,"軍"是駐扎的意思。李晟在浦津渡河與在東魏橋駐軍是先後發生的兩件事,"濟"字後面應加逗號。

古人説"學識如何觀點書"。由上面的舉例可以看出,標點古書要做到正確無誤,確實不是一件容易的事情:不光要具備古代漢語方面的基礎知識(詞彙的、語法的、語音的),還要對中國的歷史文化有所了解。這方

---

① 《史記正義》:"河鼓三星,在牽牛北,主軍鼓。蓋天子三將軍,中央大星大將軍,其南左星左將軍,其北右星右將軍,所以備關梁而拒難也。"

面的知識涉及得很廣,諸如天文、地理、科舉、職官、宗法、禮俗以及日常生活的各方面,需要在讀書中逐步積累。學習這兩方面的知識,沒有簡單的辦法可循,只有多讀古書,在讀書中勤於思考,進行必要的標點練習,日久天長,標點古書的能力自然就會有所提高。

第十一單元

講讀文選

老子

  《老子》上下篇，漢代以後又稱《道德經》，分爲八十一章。上篇《道經》，下篇《德經》。成書的時間尚不能確定。老子是春秋時期思想家，其姓名説法不一。一説即老聃（dān），姓李名耳，字伯陽。《史記》記載楚國苦縣（今河南鹿邑東）人。

  《老子》是先秦道家思想的代表性著作，其學説的核心是"道"。《老子》中的道是萬事萬物的本原，也是宇宙萬物變化的總法則，有著永恒的本體意義。老子認爲事物的生成變化是"有"和"無"的統一，而"無"又是更根本的。《老子》一書包含有樸素的辯證法因素，觀察到萬物具有矛盾的兩個對立面，二者互相依存，互相轉化。老子主張貴柔守雌（"柔弱勝剛强"），强調"無爲"。在社會歷史觀上，幻想回到"小國寡民"、無知無識的原始社會狀態。其思想對後世有很大的影響。

  一九七三年長沙馬王堆三號漢墓出土的《老子》帛書（有甲本、乙本）《道經》在後，《德經》在前。一九九三年，湖北省荆門郭店一號楚墓出土竹簡本《老子》（戰國時期），又給研究者提供了新的材料。

  《老子》一書重要的注本有三國魏王弼的《老子注》、託名"漢河上公"撰的《老子章句》。近現代對《老子》有不少的研究。

  選文據諸子集成本《老子注》（中華書局一九五四年版）。各章題目爲後加。

道可道

【說明】這是《老子》第一章。本章對道和常道、名和常名、有和常有、無和常無等重要概念作了綱領性的說明。

　　道可道,非常道;名可名①,非常名。無,名天地之始;有,名萬物之母②。故常無,欲以觀其妙;常有,欲以觀其徼③。此兩者同出而異名,同謂之玄④。玄之又玄,衆妙之門⑤。

① (可)道:説得出來。名:名稱。(可)名:叫得出來。常:恒常,永恒不變。帛書甲、乙本"常"作"恒"。
② 無:無形無名。名:(用來)稱呼。有:有形有名。母:(化育萬物的)母體。《四十章》:"天下萬物生於有,有生於無。"
③ 常無:永恒的無。欲:將。妙:(萬物初始的)微妙。徼(jiào):邊界,這裏指事物間的界限。
④ 兩者:指"有"與"無"(也就是"始"和"母")。同出:都産生於同一個源。異名:"無"和"有"是不同的稱呼。同謂之玄:都可以稱之爲"玄"。玄:幽微難識。
⑤ 玄之又玄:幽微之中又有幽微。衆妙:一切的妙。門:衆妙由此("玄")而出,所以説是"門"。

天下皆知美之爲美

【說明】這是《老子》第二章。本章闡述事物對立的兩個方面相輔相成的道理,認爲聖人要順應自然之道,表現了老子無爲的思想。

　　天下皆知美之爲美,斯惡已;皆知善之爲善,斯不善已①。故有無相生②,難易相成③,長短相較④,高下相傾⑤,音聲相和⑥,前後相隨。是以聖人處無爲之事⑦,行不言之教⑧。萬物作焉而不辭⑨,生而不有⑩,爲而不恃⑪,功成而弗居⑫。夫唯弗居,是以不去⑬。

① 皆知美之爲美:都認識到美好的東西之所以美好。斯惡已:對醜惡的認識就產生了。美、惡:就物而言。善、不善:就事而言。
② 有和無互相生成。
③ 相成:成就(對方)。
④ 相較:當作"相形",顯示出(對方)。帛書甲、乙本作"相刑","刑"通"形"。
⑤ 高下:高和低。傾:帛書甲、乙本作"盈",借作"呈",呈現、顯現的意思。
⑥ 音:聲的組合,曲調。聲:單音。相和:相配和諧。
⑦ 處無爲之事:意思是處事順從自然,不依照主觀的企圖去做。無爲之事:一切順從自然,毫無主觀意圖的作爲。王弼注:"自然已足,爲則敗也。"
⑧ 行不言之教:意思是對人的教化順從自然,不用主觀的政令訓誡施行教導。
⑨ 作:(萬物自然)興起,產生。不辭:當作"不爲始",人不去創始。
⑩ 萬物自然生成,所以不據爲私有。
⑪ 順從自然而爲,不依賴主觀的意圖。恃(shì):憑藉。
⑫ 取得功效既然不是出於自己的努力(是順從自然的結果),所以不居功。弗:不。
⑬ 唯:副詞,起強調作用。是以:所以。去:離開;失去。

三十輻共一轂

【説明】這是《老子》十一章。本章以車、器、室作比喻,闡明"無"的根本作用,表達了老子貴無的思想。

三十輻共一轂①,當其無,有車之用②。埏埴以爲器③,

當其無,有器之用。鑿戶牖以爲室④,當其無,有室之用。故有之以爲利,無之以爲用⑤。

① 輻:車輻,車輪上連接車輞和車轂的直木條。轂(gǔ):車輪中心有圓孔可以穿車軸的部件。
② 意思是車的功用正是產生於車轂的"無"。當:與……對當。無:車轂的中空處。車之用:車的功用(車輪能夠轉動)。《周禮·考工記》:"轂也者,以爲利轉也。"
③ 埏(shān):用水揉和泥土。埴(zhí):黏土。器:器物。
④ 鑿:挖孔。戶:門。牖(yǒu):窗戶。
⑤ 有:指物的實體部分。爲利:(各種器物)供利用。無:指物的空虛部分。爲用:起決定性的作用。

絕聖棄智

【說明】這是《老子》十九章。本章論述"聖智、仁義、巧利"皆應棄絕不用,回歸質樸無文的本原纔是正道。

絕聖棄智①,民利百倍;絕仁棄義,民復孝慈②;絕巧棄利,盜賊無有③。此三者,以爲文不足④,故令有所屬⑤:見素抱樸⑥,少私寡欲⑦,絕學無憂⑧。

① 絕:斷絕,棄絕。聖:萬事萬物無不明通。《十八章》:"慧智出,有大僞。"《六十五章》:"故以智治國,國之賊;不以智治國,國之福。"
② 復:回歸。《十八章》:"大道廢,有仁義。"
③ 巧:精巧的技能。利:精良的用品。《五十七章》:"人多伎巧,奇物滋生。"《三章》:"不貴難得之貨,使民不爲盜。"
④ 這三者(聖智、仁義、巧利)作爲社會的裝飾品,不足以治民教民。文:文飾。河上公《章句》:"文不足以教民。"此三者:帛書甲、乙本作"此三言也"。
⑤ 所以要使人有所依託。屬(zhǔ):依託。
⑥ 見(xiàn)素抱樸:顯示並持守質樸無文的質性。素:本色的生絹。

樸：未加工的原木。
⑦《五十七章》："我無欲而民自樸。"
⑧ 此句原爲下一章的第一句，有學者認爲應移於此。意思是棄絕增進智能的學問則無憂思。王弼注："然則學求益所能而進其智者也。"

有物混成

【説明】這是《老子》二十五章。本章論述道是生成天地萬物的本原，道的質性是純任自然。

有物混成①，先天地生。寂兮寥兮②，獨立不改③，周行而不殆④，可以爲天下母⑤。吾不知其名⑥，字之曰道⑦，强爲之名曰大⑧。大曰逝⑨，逝曰遠⑩，遠曰反⑪。故道大，天大，地大，王亦大⑫。域中有四大，而王居其一焉⑬。人法地⑭，地法天⑮，天法道⑯，道法自然⑰。

① 混成：渾然一體而生成。一説"成"指道生成萬物。
② 無聲無形。河上公《章句》："寂者無音聲，寥者空無形。"
③ 獨立：沒有任何別的東西與之對待匹配。不改：沒有生滅變化，永遠如此。一説"立"下當有"而"字。
④ 道的運行無所不至而不倦怠止息。周：周遍。殆：通"怠"，倦怠。
⑤ 帛書甲、乙本作"可以爲天地母"。道可以做天地之母。母：根源。
⑥ 名和形相關聯，道無形，無法定名，所以説"吾不知其名"。
⑦ 稱它爲道。此句"字"上一本有"强"字。
⑧ 大：無邊無際，無不包容。
⑨ 曰：相當於"則"。逝：指道的運行周流不息。王弼注："逝，行也……周行無所不至。"
⑩ 遠：因其有逝的質性，所以道的運行沒有盡頭窮極。河上公《章句》："言遠者，窮乎無窮。"
⑪ 反：回歸本原，後作"返"。

⑫ 王:一本作"人"。道既有大的質性,天、地、人由道而生,所以天大、地大、人也大。
⑬ 王:一本作"人"。宇宙間有四大,人處四大之一。域:這裏指無限的空間。
⑭ 人取法於地。王弼注:"人不違地,乃得安全。"法:以……爲法則;取法。
⑮ 地取法於天。王弼注:"地不違天,乃得全載。"
⑯ 天取法於道。王弼注:"天不違道,乃得全覆。"
⑰ 道取法於自然。王弼注:"道不違自然,乃得其性。"自然:不依賴外在因素而自我生成的樣子。河上公《章句》:"道性自然,無所法也。"《莊子·大宗師》:"(道)自本自根,未有天地,自古以固存。"

上士聞道

【説明】這是《老子》四十一章。本章引"建言"論述道的基本特征是沖虛謙退,不可名狀,不能用形跡去辨識。

上士聞道,勤而行之①;中士聞道,若存若亡②;下士聞道,大笑之③。不笑不足以爲道④。故建言有之⑤:明道若昧⑥,進道若退⑦,夷道若纇⑧,上德若谷⑨,大白若辱⑩,廣德若不足⑪,建德若偷⑫,質真若渝⑬,大方無隅⑭,大器晚成⑮,大音希聲⑯,大象無形⑰。道隱無名⑱。夫唯道,善貸且成⑲。

① 上士:修養高的人。勤而行之:努力遵行它。勤:勤苦。
② 若存若亡:或許保留,或許丢失。
③ 大笑之:此句一本作"大而笑之",意思是以爲迂闊而笑之。
④ 不被下士所笑,就不足以稱爲道。
⑤ 所以古代立言有這樣的話。建言:立言。這裏指古代流行的話。
⑥ 光明的道好像暗昧。意思是大道光明但不外炫刺目。
⑦ 前進的道好像後退。意思是大道以無爲謙退爲進取。《二十二章》:"不自見故明,不自是故彰,不自伐故有功,不自矜故長。夫

唯不争,故天下莫能與之争。"

⑧ 平坦的道好像崎嶇不平。夷:平。纇(lèi):不平。意思是大道順乎萬物自然之性,不執著於平整去制割萬物而强求一致,這是最大的平。

⑨ 最崇高的德好像山谷一樣虚空包容。

⑩ 最明亮的好像黑垢。意思是持守暗昧。辱:一本作"嬶(rǔ)",黑垢。《莊子·天下》:"知其白,守其辱,爲天下谷。"一説此句後應接"大方無隅"。

⑪ 廣博的德好像不足不滿。廣德:一本作"盛德"。

⑫ 剛健的德好像懈怠不振作。建:後作"健"。偷:苟且;懈怠。《二十八章》:"知其雄,守其雌。"

⑬ 質樸的德好像多變。意思是適應各種變化。真:一説是"德"的訛字。渝:改變。

⑭ 最方正的没有棱角。隅:角。《五十八章》:"是以聖人方而不割。"王弼注:"以方導物,令去其邪,不以方割物。所謂大方無隅。"

⑮ 帛書乙本作"大器免成"。意思是最貴重的器物不是有形之物合成的。免:去除。《二十九章》"天下神器"王弼注:"神,無形無方也;器,合成也。無形以合,故謂之神器也。"

⑯ 最響亮的聲音没有高低清濁的分别,是聽不到的。《十四章》:"聽之不聞名曰希。"

⑰ 大象是没有形跡的分别。大象:無形之象,指道而言。以上幾句(都有"大"字)是説大道不能用形跡去辨識。

⑱ 大道隱微没有名稱。王弼注:"物以之成而不見其形,故隱而無名也。"

⑲ 此句一本作"夫唯道,善貸且善成"。意思是大道對萬物的施予並非供其一時的缺乏,而能成就萬物於永遠。貸:施予。此句帛書乙本作"夫唯道,善始且善成"。

名與身孰親

【説明】這是《老子》四十四章。闡明無節制的貪求必然會走向反面,"知足""知止"纔"可以長久"。

名與身孰親①？身與貨孰多②？得與亡孰病③？是故甚愛必大費④，多藏必厚亡⑤。知足不辱⑥，知止不殆⑦，可以長久。

① 名：名聲。身：這裏指生命。親：值得珍愛。
② 貨：財貨。多：貴重。
③ 獲得與失去哪一樣有害。病：有傷害。
④ 所以過分的吝惜必然會造成巨大的耗費。愛：吝惜，捨不得。
⑤ 過多的聚斂必然會造成嚴重的損失。亡：失去。
⑥ 知道滿足就不會招致侮辱。
⑦ 知道適可而止就不會招致危險。殆：危險。

其安易持

【説明】這是《老子》六十四章。任何事物都有一個發生發展的過程，只有"爲之於未有，治之於未亂""慎終如始"纔能防患未然。

　　其安易持①，其未兆易謀②，其脆易泮③，其微易散④。爲之於未有⑤，治之於未亂。合抱之木，生於毫末⑥；九層之臺，起於累土⑦；千里之行，始於足下。爲者敗之，執者失之⑧。是以聖人無爲，故無敗；無執，故無失⑨。民之從事，常於幾成而敗之⑩。慎終如始⑪，則無敗事。是以聖人欲不欲，不貴難得之貨⑫；學不學，復衆人之所過⑬。以輔萬物之自然而不敢爲⑭。

① 凡事安穩未生變時容易把握。
② 未顯露變化的迹象時容易設法解決。兆：預兆；發端的跡象。謀：謀劃。
③ 脆弱之時容易消解。泮：消散。一本作"判"。

④ 細微之時容易消散。
⑤ 凡事於尚未發生時就做妥善處理。
⑥ 毫末：毫毛的末端，指萌芽。
⑦ 累(léi)土：一筐之土。累：通"蔂"，盛土的籠子。帛書乙本作"纍"，"纍"同"蔂"。
⑧ 如果不能防患於未然，不能"爲之於未有，治之於未亂"，必待事發之後纔去處理（"爲"），亂生之後纔去掌控（"執"），則一定不會成功。執：掌握在手中。失：失去。
⑨ 凡事既然在尚未發生、尚未生亂時就做了妥善處理，那麼就沒有什麼事情必待去處理（"無爲"），也就不會有"敗"；沒有什麼亂子必待去掌控（"無執"），也就不會有"失"。一説"爲者敗之……故無失"這幾句是《二十九章》的錯簡。
⑩ 從事：做事。幾(jī)成：接近完成。
⑪ 做事慎重對待終結就如同對待開始一樣。
⑫ 所以聖人想要的是別人不想要的，不以難得的東西爲貴。意思是一般人的所欲是聲色貨利，這不是聖人想要的。
⑬ 聖人學人之所不學，從衆人走過頭的路上返歸於至道（參河上公《章句》）。"不學"指自然無爲之道。復：返回。過：越過（界限）。
⑭ 一説"是以聖人欲不欲……以輔萬物之自然而不敢爲"是他章的錯簡。

莊子

莊子（約前369—前286），戰國時期思想家，名周。宋國蒙（今河南商丘東北）人，大約和孟子同時或稍後。《史記》有傳。

莊子是繼老子之後道家的主要代表人物，他的思想源於老子而又有所發展，後來並稱"老莊"。同老子一樣，莊子也把"道"看作世界的本原，認爲道是一切事物内在的原因，無所不在，沒有比"道"再根本的東西了。他認爲道"先天地生"，沒有界限，由此得出"萬物皆一"的見解。在認識論方面，莊子持相對主義和不可知論的觀點，認爲一切都處在"無動而不變，無時而不移"的變動之中，片面强調運動變化的絕對性，忽視事物的差別和穩定性。他認爲從道的角度看，此即彼，彼即此，沒有確定的界限，對事物的認識也就沒有客觀的標準可以驗證。在社會生活方面，幻想擺脱一切外物和肉體的束縛，追求一種"天地與我並生，萬物與我齊一"的境界，"無己""無待"，逍遥自得，獲得精神上的絕對自由。

在先秦散文中，《莊子》一書具有獨特的風格，大量使用寓言故事，想象奇幻，文筆變化多端，極富浪漫主義色彩，對後世的文學創作有很大的影響。

《莊子》一書，《漢書·藝文志》著録五十二篇，現存三十三篇，包括内篇七篇，外篇十五篇，雜篇十一篇。現存《莊子》一書經後人整理而成。傳統上認爲内篇是莊周所作，外篇和雜篇是門人和後學所作。《莊子》的注本，晉代有五家，現僅存郭象注本十卷。唐代成玄英爲郭象注作疏。清代有王先謙的《莊子集解》和郭慶藩的《莊子集釋》。

選文據清郭慶藩《莊子集釋》（中華書局一九六一年版）。

逍遥遊（節選）

【説明】《逍遥遊》是《莊子》的第一篇。"逍遥"的含義，就是文中所説的"無己""無待"，純任自然，與萬物混而爲一。超越了事物的一切區别，泯滅了自我與外物的界限，擺脱了一切限制，不需要有任何依靠，這樣就可以暢遊於"無窮"，達到一種絕對自由的境界。

北冥有魚，其名爲鯤①。鯤之大，不知其幾千里也。化而爲鳥，其名爲鵬②。鵬之背，不知其幾千里也；怒而飛，其翼若垂天之雲③。是鳥也，海運則將徙於南冥④。南冥者，天池也⑤。《齊諧》者，志怪者也⑥。《諧》之言曰："鵬之徙於南冥也，水擊三千里⑦，摶扶摇而上者九萬里⑧，去以六月息者也⑨。"野馬也，塵埃也，生物之以息相吹也⑩。天之蒼蒼，其正色邪？其遠而無所至極邪⑪？其視下也，亦若是則已矣⑫。且夫水之積也不厚，則其負大舟也無力⑬。覆杯水於坳堂之上，則芥爲之舟⑭；置杯焉則膠⑮，水淺而舟大也。風之積也不厚，則其負大翼也無力。故九萬里，則風斯在下矣，而後乃今培風⑯；背負青天而莫之夭閼者，而後乃今將圖南⑰。

描寫大鵬身軀巨大，"徙於南冥"就須先飛到九萬里的高空纔能乘風南飛。

① 冥：後寫作"溟"，海。鯤(kūn)：傳説中的大魚。一說"鯤"爲小魚。《爾雅·釋魚》："鯤，魚子。"郭慶藩《集釋》："《莊子》謂絶大之魚爲鯤，此則齊物之寓言，所謂汪洋自恣以適己者也。"
② 鵬：傳説中的大鳥。
③ 怒：雄健有力的樣子。垂天之雲：天邊的雲。垂：通"陲"，邊際。《經典釋文》："崔云：其大如天一面雲也。"
④ 是：這。海運：海動，海波動蕩。舊説認爲海動必起大風，俗語有"六月海動"的説法。徙(xǐ)：遷移。
⑤ 天池：天然形成的池。成玄英疏："原夫造化，非人所作，故曰天池也。"
⑥ 齊諧：書名。一説人名。志：記載。怪：怪異的事物。
⑦ 水擊三千里：大鵬起飛時翅膀在水面上搧動，擊打起的水浪有三千里之遠。
⑧ 摶(tuán)扶摇：乘著上升的巨大旋風。摶：迴旋，環繞。一本作"搏"，拍擊。扶摇：上升的大旋風。
⑨ 乘著六月海動時的大風離去。去：離去。以：憑藉。息：氣息，這裏指風。
⑩ 水氣和塵埃的蒸騰涌動都是生物吹拂氣息的結果。野馬：指春天野外山林沼澤中的水氣遊動如同奔馬。塵埃：飛揚的細土。息：氣息。
⑪ 蒼蒼：深藍色。正色：本來的顏色。正：本真。無所至極：沒有能够到達盡頭的地方。極：盡頭。
⑫ 其：指代鵬。視下：向下看。亦若是則已矣：也就像這樣罷了。是：代詞，這樣。指人從地上朝上看天。則已：相當於"而已"（參王引之《經傳釋詞》八）。
⑬ 且夫(fú)：表示進一步再説一層意思。不厚：不深。負：承載。
⑭ 覆(fù)：翻倒，這裏指倒(dào)水。坳(ào)堂：堂上低窪的地方。

坳：窪下。芥：小草。爲之舟：(小草可以)給它(杯水)做船。
⑮ 置：放置。焉：代詞，於此。膠(jiāo)：粘住，指杯著底浮不起來。
⑯ 斯：這就。在下：風在鵬的下面。而後乃今：然後纔。乃：而。培風：憑藉風。培：通"憑"。
⑰ 負：青天在鵬之上，所以說"負"。莫之夭閼(è)：沒有什麼東西能夠阻擋它。夭閼：雙聲聯綿詞，阻擋。圖南：謀劃著向南飛。南：向南飛。

　　蜩與學鳩笑之曰①："我決起而飛，搶榆枋②；時則不至，而控於地而已矣③，奚以之九萬里而南爲④？"適莽蒼者三飡而反，腹猶果然⑤；適百里者宿舂糧⑥；適千里者三月聚糧⑦。之二蟲又何知⑧！

　　指出蜩與學鳩嘲笑大鵬是出於無知。

① 蜩(tiáo)：蟬。學鳩(jiū)：一種小鳥。"學"一本作"鷽"(xué)。
② 決(xuè)：迅疾的樣子。搶(qiāng)：衝撞，碰觸。榆枋(fāng)：榆樹和檀樹。一本"搶榆枋"後有"而止"二字。
③ 時：有時。則：或。不至：飛不到。控：投，落下。
④ 哪裏用得著飛到九萬里的高空再向南飛呢？奚以……爲：表示反問的一種習慣說法。奚：疑問代詞。之：動詞，到……去。爲：句末疑問語氣詞。
⑤ 適：動詞，往……去。莽蒼：草野的顏色，這裏指近郊。三飡(cān)：準備三餐之糧(當天就能返回)。飡(cān)：同"餐"。反：後寫作"返"。果然：肚飽的樣子。
⑥ 宿舂糧：舂好過一宿用的乾糧。糧：旅行中帶的乾糧。
⑦ 三月聚糧：積蓄三個月的用糧。
⑧ 之：代詞。這。二蟲：指蜩與學鳩。何知：知道什麼。疑問代詞"何"作動詞"知"的前置賓語。

　　小知不及大知，小年不及大年①。奚以知其然也②？朝菌不知晦朔，蟪蛄不知春秋③，此小年也。楚之南有冥靈者，以五百歲爲春，五百歲爲秋④；上古有大椿者，以八千歲爲春，八千歲爲秋⑤。而彭祖乃今以久特聞⑥，衆人匹之，不亦悲乎⑦！

闡述"小知不及大知，小年不及大年"的道理。

① 知(zhì)：智慧，後寫作"智"。不及：比不上。小年：壽命短。年：壽命。
② 根據什麼知道是這樣呢？奚：疑問代詞，何。"奚"作介詞"以"的前置賓語。其：代詞，指代"小知……大年"。
③ 朝(zhāo)菌：蟲名。朝生暮死，活的時間不到一個月(參王念孫《讀書雜志》卷九之十二)。一說是一種菌類。晦朔：一個月的時間。晦：農曆每月的最後一日。朔：農曆每月初一。蟪蛄(huìgū)：蟬的一種，舊說春生夏死，夏生秋死，壽命不到一年。春秋：指一年的時間。
④ 冥靈：疊韻聯綿詞，大樹名。五百歲爲春，五百歲爲秋：古代以春秋指代一年，春包括夏，秋包括冬。
⑤ 大椿：傳說的一種大樹。
⑥ 彭祖：傳說中長壽的人，據說活了八百歲。乃今：而今，如今。久：長壽。特：獨。聞：聞名。
⑦ 衆人：一般人。匹之：意思是說到長壽就比彭祖。匹：配，這裏是比的意思。

湯之問棘也是已①："窮髮之北有冥海者②，天池也。有魚焉，其廣數千里，未有知其修者③，其名爲鯤。有鳥焉，其名爲鵬，背若太山，翼若垂天之雲。搏扶搖羊角而上者九萬里④，絕雲氣，負青天⑤，然後圖南，且適南冥也。斥鴳笑之曰⑥：'彼且奚適也⑦？我騰躍而上，不過數仞而下，翱翔蓬蒿之間⑧，此亦飛之至也⑨。而彼且奚適也？'"此小大之辯也⑩。

寫斥鴳嘲笑大鵬，進一步申述"小大之辯"。

① 湯：商湯。棘：商湯時的大夫。是：這。意思是也有這樣的話。《列子》有《湯問》篇，可參。
② 窮髮之北：傳說中的北極地帶。窮髮：不毛之地，指極荒遠的地方。髮：毛髮，喻指草木。
③ 廣：寬。修：長。
④ 羊角：旋風名。旋風迴旋像羊角。
⑤ 絕：穿越。負：背向著。
⑥ 斥鴳(yàn)：小雀。
⑦ 且：副詞，將。奚適：往什麼地方去。疑問代詞"奚"作動詞"適"的前置賓語。
⑧ 仞(rèn)：古代以八尺（一說七尺）為一仞。蓬蒿(hāo)：飛蓬和青蒿。蓬、蒿長得都不高。
⑨ 至：最高限度。
⑩ 辯：通"辨"，分別。

　　故夫知效一官①，行比一鄉，德合一君②，而徵一國者③，其自視也亦若此矣④！而宋榮子猶然笑之⑤。且舉世而譽之而不加勸，舉世而非之而不加沮⑥；定乎內外之分，辯乎榮辱之境，斯已矣⑦。彼其於世，未數數然也⑧；雖然，猶有未樹也⑨。夫列子御風而行，泠然善也⑩，旬有五日而後反⑪。彼於致福者，未數數然也⑫。此雖免乎行，猶有所待者也⑬。若夫乘天地之正而御六氣之辯，以遊无窮者⑭，彼且惡乎待哉⑮？故曰：至人無己，神人無功，聖人無名⑯。

揭示"無待"的逍遙理念。

① 知(zhì)效一官：才智能夠勝任一官之職。知：後寫作"智"。效：勝任。一說是授予的意思。
② 行比一鄉：品行能合於一鄉人的心意，即讓一鄉的人心悅誠服。

比(舊讀 bì):合。德合一君:道德合乎一個君主的心意。
③ 而:一說通"能",能力。徵(zhēng)一國:取信於一國之人。徵:信,這裏指取信。
④ 其:指上述幾種人。自視:自己看自己。此:指斥鴳的自滿自得。
⑤ 宋榮子:宋鈃(jiān),戰國時宋國人。猶然:笑的樣子。
⑥ 舉世:整個社會。舉:全。譽:稱贊。加勸:進一步受到鼓勵。勸:鼓勵。非:責難。沮(jǔ):沮喪,灰心。
⑦ 定:確定。內:自我。外:外物(如毀譽、功名)。分:分界。辯:通"辨",分辨。榮辱:榮耀和恥辱。境:界限。斯已矣:如此罷了。斯:代詞,此。已:止。
⑧ 其於世:他對於世俗(的榮利)。數數(shuòshuò)然:急切追求的樣子。
⑨ 猶有未樹:仍然有未樹立起來的東西。意思是還沒有達到最高境界(仍然有毀譽、內外、榮辱的考量)。
⑩ 列子:列禦寇,戰國時鄭國人。御風:駕著風。泠(líng)然:輕妙的樣子。
⑪ 旬:十日。有:通"又"。
⑫ 致福者:求福這樣的事情(福指泠然御風而行)。致:使⋯⋯至。郭象注:"自然御風行耳,非數數然求之也。"
⑬ 猶有所待者:仍然有所憑藉。待:憑藉。
⑭ 若夫:至於。乘天地之正:順應自然萬物的本性。御六氣之辯:順應六氣的變化。御:駕車,這裏是順應的意思。六氣:陰、陽、風、雨、晦、明。辯:通"變"。无窮:指時間的無始無終和空間的無邊無際。
⑮ 他還依靠什麼呢?惡(wū)乎:於何,在哪裏。疑問代詞"惡"(何)作介詞"乎"(於)的前置賓語。待:憑藉。
⑯ 至人:道行達到最高境界的人。無己:無我,就是物我不分。無功:順應自然,沒有自我的功業。無名:不立名。

駢拇(節選)

【説明】文章以"駢拇枝指"設喻,説明萬事萬物各有其自然本性,順乎自然本性纔是"至正",矯行仁義是對自然本性的戕害。

　　駢拇枝指,出乎性哉①!而侈於德②。附贅縣疣,出乎形哉③!而侈於性④。多方乎仁義而用之者,列於五藏哉⑤!而非道德之正也⑥。是故駢於足者,連无用之肉也;枝於手者,樹无用之指也;多方駢枝於五藏之情者⑦,淫僻於仁義之行而多方於聰明之用也⑧。是故駢於明者⑨,亂五色⑩,淫文章⑪,青黃黼黻之煌煌非乎⑫?而離朱是已⑬!多於聰者⑭,亂五聲⑮,淫六律⑯,金石絲竹黃鐘大呂之聲非乎⑰?而師曠是已⑱!枝於仁者⑲,擢德塞性以收名聲⑳,使天下簧鼓以奉不及之法非乎㉑?而曾、史是已㉒。駢於辯者㉓,纍瓦結繩竄句㉔,遊心於堅白、同異之閒㉕,而敝跬譽無用之言非乎㉖?而楊、墨是已㉗。故此皆多駢旁枝之道,非天下之至正也㉘。

　　文章開頭以"駢拇枝指"設喻,説明萬事萬物各有其自然本性的分際(性分),背離了這種性分就是"多駢旁枝之道",非天下的至道正理。

① 駢拇:脚的大拇指跟第二指連在一起。駢:并合。枝指:手的大拇指旁又生一指,手有六指。枝:分叉。出乎性:由本體生出。《經典釋文》:"司馬云:'性,人之本體也。'"
② 但就人的德性而言,駢拇枝指是多餘的。侈:多出;多餘。德:德性,禀受的自然本性。《淮南子·齊俗訓》:"得其天性謂之德。"
③ 意思是先有形體而後有附生的肉瘤。贅(zhuì):瘤子。縣(xuán):下垂。疣(yóu):瘊子丘疹之類。
④ 但對於人的自然本性來説是多餘的。
⑤ 把仁義分出多個方面加以推行應用,使之與五臟(心、肝、脾、肺、腎)相配列。多方:多端。仁義:指仁義禮智信五性。用:施用。藏(zàng):後作"臟"。《白虎通·性情》有"肝仁、肺義、心仁、腎智、脾信"的説法。郭象注:"夫方之多少,天下未之有限。然少多之差,各有定分。"
⑥ (這些都是人爲的)並非道德的本然。正:原本的面貌。

⑦ 在五臟的情實之外又施加多餘的東西。多方:一説是衍文。駢枝:生出駢枝。情:實。
⑧ 意思是過度推行仁義、濫用聰明有傷自然本性。淫:過度。僻:不正。郭象注:"聰明之用,各有本分。"
⑨ 視覺過於明察。駢:多餘。
⑩ 使五色迷亂。五色:青、赤、白、黑、黄。《馬蹄》:"五色不亂,孰爲文采。"
⑪ 使文章淫濫。文章:錯雜的色彩(青與赤爲文,赤與白爲章)。淫:亂;過分。"亂五色""淫文章"是互文。
⑫ 色彩相間的服飾花紋炫目耀眼不就是嗎?黼黻(fǔfú):古代禮服上刺繡的花紋。煌煌:形容炫目。非乎:《釋文》:"向云:非乎,言是也。"
⑬ 像離朱就是這樣的人。而:如。離朱:又作"離婁",傳説爲黄帝時人,視力超人。
⑭ 聽覺過於靈敏。
⑮ 使五聲迷亂。五聲:音階中宫、商、角、徵、羽五個音級。《馬蹄》:"五聲不亂,孰應六律。"
⑯ 使六律淫濫。六律:古代音樂名稱。這裏概指十二律(分爲六律、六吕),是確定樂音高低的十二個標準音。
⑰ 金石絲竹黄鐘大吕的音樂不就是嗎?金石絲竹:概指金、石、絲、竹、匏、土、革、木等古代樂器。黄鐘大吕:十二律中的兩種,這裏概指音樂。
⑱ 師曠:春秋時晉國樂師,精通音律。
⑲ 多餘地推行仁義。
⑳ 擢德塞性:拔去人的真性。擢(zhuó):拔出。德:德性,自然本性。塞:當作"搴(qiān)",拔出(参王念孫《讀書雜志·餘編》)。收名聲:沽名釣譽。
㉑ 使天下人喧鬧著去尊奉那不可企及的禮法不就是嗎?簧鼓:吹笙鼓簧,形容喧囂。簧:樂器中發聲的薄片。不及:不可企及。
㉒ 曾、史:曾指孔子的弟子曾參,以仁孝著稱。史指春秋時衛靈公的臣子史鰌(Qiū),以忠義著稱。
㉓ 過多致力於巧辯。
㉔ 纍瓦:一説"瓦"當作"丸"。堆疊彈丸。結繩:編連繩索。竄句:穿

鑿文辭。意思是辯者多言,喋喋不休,牽連不已。
㉕ 遊心:馳騖心思。堅白、同異:當時名家的兩個典型辯題(詳見《齊物論》)。
㉖ 分外用力地去誇耀那些無用之言不就是嗎？敝跬:即"蹩躠(bié xiè)":分外用力的樣子。譽:誇耀。
㉗ 楊、墨:楊指楊朱,戰國時宋人,主張"爲我"。墨即墨子(墨翟),主張"兼愛"。
㉘ 多駢旁枝之道:多餘的無用之道。天下之至正:天下萬物各得其自然本性。郭象注:"至正者不以己正天下,使天下各得其正而已。"

彼正正者,不失其性命之情①。故合者不爲駢,而枝者不爲跂②;長者不爲有餘,短者不爲不足。是故鳧脛雖短,續之則憂③;鶴脛雖長,斷之則悲。故性長非所斷,性短非所續④,無所去憂也⑤。意仁義其非人情乎⑥!彼仁人何其多憂也⑦?

萬物的自然本性各有不同,"至正"就是順乎自然本性,順乎自然本性則無憂。

① 所謂至正,就是不背離自然本性的本真。正正:當作"至正"。性命:指萬物禀受的自然之性。情:實。
② (只要是出於自然本性)即使兩指并合、枝出一指也不算是駢枝多餘。跂(qí):多出的脚趾。枝者不爲跂:一説當作"跂者不爲枝"。
③ 鳧(fú):野鴨。續:接續加長。
④ 如果天性就是長的,那就不應是人爲要切斷的;如果天性就是短的,那就不應是人爲要接續加長的。
⑤ 順其自然本性則無憂,也就無憂可去除。
⑥ 莫非仁義不是人的性情嗎？意:一説相當於"抑",有轉折的意味。
⑦ 順其天性自然則無憂,像曾參、史鰌那些仁人怎麽那麽多憂慮啊!

且夫駢於拇者,決之則泣①;枝於手者,齕之則啼②。二者或有餘於數，或不足於數，其於憂一也③。今世之仁人，蒿目而憂世之患④；不仁之人，決性命之情而饕貴富⑤。故意仁義其非人情乎！自三代以下者，天下何其囂囂也⑥？

且夫待鉤繩規矩而正者，是削其性者也⑦；待繩約膠漆而固者，是侵其德者也⑧；屈折禮樂⑨，呴俞仁義⑩，以慰天下之心者⑪，此失其常然也⑫。天下有常然。常然者，曲者不以鉤⑬，直者不以繩，圓者不以規，方者不以矩，附離不以膠漆⑭，約束不以纆索⑮。故天下誘然皆生而不知其所以生⑯，同焉皆得而不知其所以得⑰。故古今不二，不可虧也⑱，則仁義又奚連連如膠漆纆索而遊乎道德之間爲哉⑲，使天下惑也！

這一節進一步集中抨擊仁義是對自然本性的侵害。

① 決：分開。
② 齕（hé）：咬（斷）。
③ 既憂慮枝指多出一指，又憂慮駢拇不足五指，這憂慮是一樣的。
④ 當今的仁人耳目迷亂而憂慮世間的禍患。蒿目：眼睛昏亂不明。一說極目遠望。
⑤ 不仁的人背棄自己的本性貪求富貴。決：分離。饕（tāo）：貪求。
⑥ 夏商周三代以來天下怎麼那樣喧囂不寧呢？囂囂：喧囂不止。
⑦ （製作器物）靠著鉤繩規矩去矯正，這是傷害材質的本性。待：憑藉。鉤：測曲度的工具。繩：取直的工具。規：校正圓形的工具。矩：校正方形的工具。削：侵害。
⑧ 靠著繩索膠漆去加固的，這是傷害德性。繩約：繩索捆綁。德：德性，禀受而得的天性。
⑨ 屈折肢體施行各種禮樂儀節。
⑩ 神色和悦裝出仁義的樣子。呴（xǔ）俞：和悦的樣子。《經典釋文》："謂呴喻顏色爲仁義之貌。"
⑪ 撫慰天下人之心。
⑫ 常然：指不變的自然本性。

⑬ 以：用。
⑭ 附離：附著。
⑮ 纆（mò）索：繩索。
⑯ 誘然：一説自然。不知其所以生：不知道生出來依靠的是什麽。
⑰ 無知無識各得其天性而不知道依靠的是什麽。同：通"侗"（tóng），無知的樣子。《淮南子·覽冥訓》："侗然皆得其和，莫知所由生。"
⑱ "常然"之理古今是一樣的，不可侵害。虧：虧損；削減。
⑲ 那麽仁義又爲什麽像膠漆繩索那樣牽連不斷地插足遊走於道德（自然本性）之間呢？爲：疑問語氣詞。《馬蹄》："毀道德以爲仁義，聖人之過也。"

閲讀文選

逍遥遊（《莊子》）

【説明】文章舉"大瓠""不龜手之藥""樗樹""狸狌"等爲例，譏刺惠施不明了用（有用、無用）的大道理。

惠子謂莊子曰①："魏王貽我大瓠之種②，我樹之成而實五石③。以盛水漿，其堅不能自舉也④。剖之以爲瓢，則瓠落無所容⑤。非不呺然大也⑥，吾爲其無用而掊之⑦。"莊子曰："夫子固拙於用大矣⑧。宋人有善爲不龜手之藥者⑨，世世以洴澼絖爲事⑩。客聞之，請買其方百金⑪。聚族而謀曰：'我世世爲洴澼絖，不過數金；今一朝而鬻技百金⑫，請與之。'客得之，以説吴王⑬。越有難⑭，吴王使之將。冬與越人水戰，大敗越人，裂地而封之⑮。能不龜手，一也⑯；或以封，或不免於洴澼絖，則所用之異也⑰。今子有五石之瓠，何不慮以爲大樽而浮乎江湖⑱，而憂其瓠落無所容？則夫子猶有蓬之心也夫⑲！"

以"大瓠""不龜手之藥"爲例，譏刺惠子以有用爲無用，實際上是不明了用的大道理。

① 惠子：惠施（約前370—約前310），戰國時哲學家，宋國人，莊子的朋友。
② 瓠(hú)：一種葫蘆，長成以後可做盛物器。
③ 實：全部容納。石(shí)：容量單位。一石爲十斗。
④ 堅：硬而脆。舉：提舉。
⑤ 瓠(huò)落：空廓的樣子。無所容：沒有什麼可盛受的東西。
⑥ 呺(xiāo)然：內裏大而空虛的樣子。
⑦ 掊(pǒu)：擊破。
⑧ 固拙於用大：實在不善於使用大東西。
⑨ 爲：製作。龜(jūn)：通"皸"，皮膚凍裂。
⑩ 洴澼(píngpì)：漂洗。絖(kuàng)：綿絮。事：指維持生活的事。
⑪ 方：藥方。金：貨幣單位。《經典釋文》："李云：金方寸重一斤爲一金。"
⑫ 鬻：賣。
⑬ 說：游說。
⑭ 難(nàn)：指越人入侵。
⑮ 裂地：分出一塊土地。
⑯ 一：一樣。
⑰ 所用之異：用的地方不同。
⑱ 慮以爲大樽：考慮把它做成像大酒樽一樣的浮水用具（拴在身上）。慮：考慮。一説繫縛。
⑲ 蓬之心：像蓬草那樣的心。蓬草拳曲不直，這是説惠子之心不通達事理。

惠子謂莊子曰："吾有大樹，人謂之樗①。其大本擁腫而不中繩墨②,其小枝卷曲而不中規矩。立之塗③,匠者不顧。今子之言,大而無用,衆所同去也④。"莊子曰:"子獨不見狸狌乎⑤?卑身而伏,以候敖者⑥;東西跳梁,不辟高下⑦;中於機辟,死於罔罟⑧。今夫斄牛⑨,其大若垂天之雲。此能爲大矣,而不能執鼠⑩。今子有大樹,患其無用,何不樹之於無何有之鄉⑪,廣莫之野⑫,彷徨乎無爲其側⑬,逍遥乎寢臥其下⑭。不夭斤斧,物無害者⑮。無所可用,安所困苦哉⑯!"

樗樹"無所可用",但没有東西傷害它,全身遠害,這是它的大用。狸狌敏捷靈便,但"中於機辟,死於罔罟",看似有用實無用。

① 樗(chū):臭椿樹,木質鬆脆。
② 大本:主幹。擁腫:瘦節盤繞隆起。
③ 塗:通"途",路。
④ 去:離開,這裏指捨棄不用。
⑤ 狸(lí):俗稱野猫。狌(shēng):黄鼠狼。
⑥ 敖者:這裏指嬉遊的雞、鼠之類。敖:後作"遨",遊走。
⑦ 跳梁:跳躍。不辟高下:不管地勢的高低。辟:後作"避",避開。
⑧ 機:有機關的捕獸器。辟:通"繴(bì)",一種設有機關的捕捉鳥獸的網。罟(gǔ):泛指捕鳥獸的網。
⑨ 斄(lí)牛:牦牛。
⑩ 執鼠:捕鼠。成玄英疏:"逍遥養性,跳梁投鼠,不及野狸。"
⑪ 無何有之鄉:空寂無所有的地方。《經典釋文》:"謂寂絶無爲之地也。"
⑫ 廣莫:即"廣漠",遼闊空曠。
⑬ 彷徨:隨意地遊走。
⑭ 逍遥:自在地遊走。"彷徨""逍遥"是互文。
⑮ 不被斧子砍伐,没有東西傷害它。夭:摧折。
⑯ 没有可用的地方,又哪裏會有什麽困苦呢?王先謙《莊子集解》:"惠以莊言爲無用,不知莊之遊於無窮,所謂'大知''小知'之異也。"

秋水（《莊子》）

【說明】《秋水》通過河伯與海若的問答，說明萬物在時空上有種種的不同，處於無窮的變化之中，所以要去除大小、長短、貴賤、死生、有無等執著的成見。這裏節選河伯與海若的第一次問答。海若告知河伯，雖然天下之水莫大於海，但自己未嘗"自多"（自滿）；萬物皆寄託於天地，一物比之於自然如同毫末，所以沒有任何"自多"的理由。

秋水時至，百川灌河①；涇流之大，兩涘渚崖之間，不辯牛馬②。於是焉河伯欣然自喜，以天下之美爲盡在己③。順流而東行，至於北海④。東面而視，不見水端，於是焉河伯始旋其面目，望洋向若而歎曰⑤："野語有之曰'聞道百以爲莫己若'者，我之謂也⑥。且夫我嘗聞少仲尼之聞而輕伯夷之義者⑦，始吾弗信；今我睹子之難窮也，吾非至於子之門則殆矣⑧。吾長見笑於大方之家⑨。"

河伯原以爲"天下之美爲盡在己"，到了北海纔有所醒悟。

① 時至：按季節而至。河：黃河。
② 涇（jīng）流：暢通的直流。涘（sì）：岸。渚（zhǔ）：水中的小塊陸地。崖：高的河岸。不辯：分辨不清。辯：通"辨"。
③ 於是：在這個時候。河伯：黃河之神。美：美盛。盡在己：全都在自己這裏。
④ 北海：渤海一帶。
⑤ 旋其面目：改變了自己欣然自喜的臉色。旋：扭轉。望洋：疊韻聯綿詞，遠視的樣子。若：海神，即下文的北海若。
⑥ 野語：俗語。莫己若：沒有什麼人比得上自己。"己"是"若"的前置賓語。我之謂：說的就是我。"我"是"謂"的前置賓語。
⑦ 且夫：連詞，表示進一層論述。少仲尼之聞：認爲仲尼的見聞少。輕伯夷之義：認爲伯夷的義節輕。"少、輕"是形容詞用作意動，

這裏都是瞧不起的意思。伯夷:史書記載是商孤竹君之子,武王滅商,與其弟叔齊耻食周粟,餓死在首陽山,被認爲是有義節的人。
⑧ 窮:盡。殆:危險。
⑨ 長:長久,永遠。見笑:被笑。見:用在動詞前表示被動。大方之家:掌握了大道的人。方:道。

北海若曰:"井䳒不可以語於海者,拘於虛也①;夏蟲不可以語於冰者,篤於時也②;曲士不可以語於道者,束於教也③。今爾出於崖涘,觀於大海,乃知爾醜,爾將可與語大理矣④。天下之水,莫大於海,萬川歸之,不知何時止而不盈;尾閭泄之,不知何時已而不虛⑤。春秋不變,水旱不知⑥。此其過江河之流,不可爲量數⑦。而吾未嘗以此自多者,自以比形於天地而受氣於陰陽⑧;吾在於天地之間,猶小石小木之在大山也,方存乎見少,又奚以自多⑨!計四海之在天地之間也,不似礨空之在大澤乎⑩?計中國之在海内,不似稊米之在大倉乎⑪?號物之數謂之萬,人處一焉⑫;人卒九州,穀食之所生,舟車之所通,人處一焉⑬;此其比萬物也,不似豪末之在於馬體乎⑭?五帝之所連,三王之所爭,仁人之所憂,任士之所勞,盡此矣⑮。伯夷辭之以爲名,仲尼語之以爲博⑯,此其自多也,不似爾向之自多於水乎⑰?"

北海若告訴河伯:自己"在於天地之間,猶小石小木之在大山",河伯"自多於水"是一種淺陋的見識。

① 䳒:同"蛙"。一説"䳒"當作"魚"(參王念孫《讀書雜志·餘編上》)。語於海:談論大海。於:以。拘於虛:被居住的地方所限制。拘:限制。虛:後寫作"墟",居住的地方。
② 夏蟲:只能在夏天存活的昆蟲。篤(dǔ):固,這裏指牢牢限制。時:存活的時節。

③ 曲士：指見識淺陋的人。曲：局部。束：束縛。教：(世俗的)教化。
④ 醜：鄙陋。爾將可與語大理矣：就可以同你談論大道理了。爾：你。
⑤ 莫大於海：没有什麼比海更大的了。不知何時止而不盈：(萬川流歸大海)不知道何時停止但大海永遠不會滿。尾閭(lú)：傳説是海底泄水之處。泄：泄漏。已：停止(泄水)。虛：指水流泄大海變空虛。
⑥ 不變：指不增減。不知：不覺察。即不會受影響。
⑦ 過：超過。量(liàng)數：計量，計算。
⑧ 自多：自滿。自以：自以爲。比(bǐ)：通"庇"，寄託。形：形體。氣：生氣，使萬物生長發育之氣。古人認爲天地間有陰陽二氣可以化生萬物。
⑨ 方存乎見少：正存有所見海的水量甚少的念頭。存：存念。奚以：憑什麼。疑問代詞"奚"作介詞"以"的前置賓語。
⑩ 礨空(lěikǒng)：小孔，指蟻穴。
⑪ 海内：四海之内。稊(tí)米：小的米粒。稊：草名，其粒實如小米。大(tài)倉：京城中的大穀倉。
⑫ 稱呼物類的數目之多叫作"萬"，人在萬物中居其一。
⑬ "人卒"句：這一句的大意是：人羣聚集在九州，九州之内穀實生長的地方、舟車通達的地方都有人居住，個人(對衆人而言)在其中也僅居其一。卒(cuì)：一説通"萃"，聚集。九州：古代分中國爲九州。
⑭ 豪末：毫毛的末端。豪：通"毫"。
⑮ 連：一説是五帝禪讓相連續的意思。五帝：傳説中遠古的五位帝王，説法不一。三王：夏禹、商湯、周文王。所憂：感到憂慮的。任士：肩負天下大任的人。所勞：爲之辛苦的。盡此：盡在毫末之中。成玄英疏："四者雖事業不同，俱理盡於毫末也。"
⑯ 伯夷辭之：指伯夷辭讓孤竹之君位，其後又不食周粟。爲名：成就了名聲。仲尼語之以爲博：孔子講論自己的學説顯示了他的淵博。
⑰ 這就是他們的自滿，不就像你先前對"涇流之大"感到自滿一樣嗎？

練習十一

一、熟讀本單元講過的文章。
二、閱讀本單元的閱讀文選。
三、給下面句子中加點的字注音：
　　1. 埏埴以爲器，當其無，有器之用。（《老子·三十輻共一轂》）
　　2. 進道若退，夷道若纇。（《老子·上士聞道》）
　　3. 背負青天而莫之夭閼者，而後乃今將圖南。（《莊子·逍遥游》）
　　4. 蜩與學鳩笑之曰："我決起而飛……"（《莊子·逍遥游》）
　　5. 朝菌不知晦朔，蟪蛄不知春秋。（《莊子·逍遥游》）
　　6. 附贅縣疣，出乎形哉！（《莊子·駢拇》）
　　7. 是故駢於明者，亂五色，淫文章，青黃黼黻之煌煌非乎？（《莊子·駢拇》）
　　8. 附離不以膠漆，約束不以纆索。（《莊子·駢拇》）
四、解釋下面句子中加點的詞：
　　1. 故常無，欲以觀其妙；常有，欲以觀其徼。（《老子·道可道》）
　　2. 萬物作焉而不辭，生而不有。（《老子·天下皆知美之爲美》）
　　3. 絶巧棄利，盜賊無有。（《老子·絶聖棄智》）
　　4. 覆杯水於坳堂之上，則芥爲之舟。（《莊子·逍遥游》）
　　5. 有魚焉，其廣數千里，未有知其修者。（《莊子·逍遥游》）
　　6. 且舉世而譽之而不加勸，舉世而非之而不加沮。（《莊子·逍遥游》）
　　7. 若夫乘天地之正，而御六氣之辯，以遊無窮者，彼且惡乎待哉？（《莊子·逍遥游》）
　　8. 且夫駢於拇者，決之則泣；枝於手者，齕之則啼。（《莊子·駢拇》）
　　9. 且夫待鉤繩規矩而正者，是削其性者也。（《莊子·駢拇》）
　　10. 常然者，曲者不以鉤。（《莊子·駢拇》）
五、把下面的句子譯成現代漢語：
　　1. 人法地，地法天，天法道，道法自然。（《老子·有物混成》）
　　2. 大音希聲，大象無形。（《老子·上士聞道》）

3. 是故甚愛必大費，多藏必厚亡。(《老子·名與身孰親》)
4. 是以聖人無爲，故無敗；無執，故無失。(《老子·其安易持》)
5. 天之蒼蒼，其正色邪？其遠而無所至極邪？(《莊子·逍遥游》)
6. 故九萬里則風斯在下矣，而後乃今培風。(《莊子·逍遥游》)
7. 時則不至，而控於地而已矣，奚以之九萬里而南爲？(《莊子·逍遥游》)
8. 是故鳧脛雖短，連无用之肉也；枝於手者，樹无用之指也。(《莊子·駢拇》)
9. 是故鳧脛雖短，續之則憂；鶴脛雖長，斷之則悲。(《莊子·駢拇》)
10. 故性長非所斷，性短非所續，無所去憂也。(《莊子·駢拇》)

六、推薦閱讀：余熹錫《古書通例》、劉國鈞《中國古代書籍史話》、孫欽善《中國古文獻學史簡編》、杜澤遜《文獻學概要(修訂本)》。

常用詞

秉　承　處　創　措　待　德　官　年
駢　樸　室　素　正　至

1. 秉

《説文》："秉，束禾也。"禾把；禾束。《詩經·大雅·大田》："彼有遺秉，此有滯穗。"《左傳·昭公二十七年》："或取一秉秆焉。"(秆：禾秆。)由手握禾把用作動詞，執持。《管子·輕重乙》："有一人秉劍而前。"雙音詞有[秉燭][秉筆]。抽象引申爲執掌；掌握。《漢書·孔光傳》："君秉社稷之重，總百僚之任。"《三國志·魏書·吕布傳》："共秉朝政。"熟語有[秉公執法]。由禾把轉指器物的把，意義同柄，常指權力。《管子·小匡》："治國不失秉。"雙音詞有[國秉]。

2. 承

《説文》：“承，奉也。”捧著；承托。《左傳·襄公二十五年》：“（子展）再拜稽首，承飲而進獻。”（飲：喝的東西。）《漢書·文帝紀》：“（周勃）身率襄平侯通持節承詔入北軍。”（通：人名。）由手捧抽象引申爲接受，承受。《左傳·僖公十五年》：“苟列定矣，敢不承命。”（列定：君位穩定。）《禮記·禮運》：“是謂承天之祜。”（祜：福。）雙音詞有［承教］［承辦］。由接受下來引申爲接續；繼承。《漢書·異姓諸侯王表》：“古世相革，皆承聖王之烈。”（烈：事業。）《後漢書·班彪傳》：“漢承秦制。”雙音詞有［承繼］，成語有［承先啓後］。

3. 處（chǔ）

“處”作動詞，基本意思是止息；停留。《孫子·軍爭》：“卷甲而趨，日夜不處。”抽象引申爲置身於；處於。《孫子·虛實》：“凡先處戰地而待敵者佚，後處戰地而趨戰者勞。”范仲淹《岳陽樓記》：“處廟堂之高則憂其民。”特指居住；棲息。《周易·繫辭下》：“上古穴居而野處。”《莊子·至樂》：“魚處水而生，人處水而死。”又引申爲使置身於；安頓。《國語·魯語下》：“昔聖王之處民也，擇瘠土而處之。”王安石《上仁宗皇帝言事書》：“處工於官府，處農於畎畝，處商賈於肆，而處士於庠序。”由此引申爲處置；辦理。《老子》十一章：“是以聖人處無爲之事，行不言之教。”《三國志·蜀書·諸葛亮傳》：“將軍量力而處之。”雙音詞有［處事］［處理］。

4. 創

《説文》：“創，傷也。”創傷（異體作“刅”）。讀 chuāng。《荀子·禮論》：“創巨者其日久，痛深者其愈遲。”（遲：慢。）《戰國策·燕策三》：“秦王復擊軻，被八創。”（軻：荆軻。被：遭受。）用作動詞，傷害。《漢書·薛宣傳》：“宣子況爲右曹侍郎，數聞其語，賕客楊明，欲令創咸面目，使不居位。”（賕：賄賂。楊明、咸：人名。）

《廣雅·釋詁一》：“創，始也。”創始；開創。讀 chuàng。這個意思《説文》作“刱”，文獻通作“創”。《周禮·考工記·總目》：“知（zhì）者創物，巧者述之。”（知：智。）諸葛亮《出師表》：“先帝創業未半而中道崩殂。”雙音詞有［創立］［創建］。引申爲初始。《後漢書·曹褒傳論》：“漢初天下創定，朝制無文。”王韜《變法自強下》：“居今日而論中州大勢，固四千年來未有之創局也。"

5. 措

《説文》："措，置也。"放置；安置。《論語・子路》："刑罰不中，則民無所措手足。"引申爲棄置；擱置。《禮記・中庸》："有弗學，學之弗能，弗措也。"《新唐書・吳兢傳》："刑戮幾措，禮義大行。"又引申爲安排處置。《墨子・尚賢中》："故雖昔者三代暴王桀、紂、幽、厲之所以失措其國家，傾覆其社稷者，已此故也。"（失措：處置不當。）成語有［不知所措］。由處置引申爲施行；運作。王安石《本朝百年無事劄子》："與學士大夫討論先王之法，以措之天下。"

【提示】《説文》："錯，金涂也。"錯金，在器物上刻鏤花紋，熔金傾入，冷却後再打磨平整。《漢書・食貨志》："錯刀，以黄金錯其文。"文獻中"錯"作放置講是假借義。《儀禮・士虞禮》："匜（yí）水錯于槃中。"（大意：以匜盛水倒入盤中。）

6. 待

《説文》："待，竢（俟）也。"等待。《左傳・鄭伯克段于鄢》："多行不義，必自斃，子姑待之。"《戰國策・靖郭君善齊貌辨》："齊貌辨行至齊，宣王聞之，藏怒以待之。"事情的變化要等待依賴於某種條件的出現，由此引申爲憑藉。《韓非子・難勢》："且夫百日不食以待粱肉，餓者不活；今待堯、舜之賢乃治當世之民，是猶待粱肉而救餓之説也。"《莊子・逍遥遊》："此雖免乎行，猶有所待者也。若夫乘天地之正，而御六氣之辯，以遊無窮者，彼且惡乎待哉？"《荀子・性惡》："故枸木必將待檃栝烝矯然後直，鈍金必將待礱厲然後利。"等待是對某種對象的一種接應，由此引申爲接待。《史記・孟嘗君列傳》："於是嬰洒禮文，使主家待賓客。"（嬰、文：人名。）由接待引申爲應對；對待。《史記・孟子荀卿列傳》："惠王欲以卿相位待之，髡因謝去。"（髡：人名。）蘇軾《留侯論》："秦之方盛也，以刀鋸鼎鑊待天下之士。"雙音詞有［待遇］［優待］。

7. 德

《廣韻・德韻》："德，德行。"指内心修養獲得的資性；特指賢德。《周禮・地官・師氏》："以三德教國子。"鄭玄注："德行，内外之稱，在心爲德，施之爲行。"《周易・乾・文言》："君子進德修業。"孔穎達疏："德謂德行，業謂功業。"泛指人和萬物固有的屬性;禀性。《管子・心術上》:"德者道之舍,物得以生。"(舍:所處的地方。)《莊子・馬蹄》:"彼此民有常性,織而衣,耕而食,是謂同德。"又《駢拇》:"且夫待鉤繩規矩而正者,是削其性者也;待繩約膠漆而固者,是侵其德者也。"賢德加惠於人,引申指恩惠,恩德。《左傳・成公三年》:"無怨無德,不知所報。"《韓非子・解老》:"有道之君,外無怨讎於鄰敵,内有德澤於人民。"成語有[感恩戴德]。用作動詞,感恩。《左傳・僖公二十四年》:"王德狄人,將以其女爲后。"《韓非子・外儲説左下》:"以功受賞,臣不德君。"

8. 官

官指館舍;房舍。《論語・子張》:"夫子之牆數仞,不得其門而入,不見宗廟之美,百官之富。"(百官:謂房舍衆多。)特指官府。《管子・權修》:"土地博大,野不可以無吏;百姓殷衆,官不可以無長。"由此轉指官職;職事。《國語・魯語上》:"冥勤其官而水死。"(冥:傳説是夏朝的水官。水死:死於水。)《韓非子・難一》:"耕、漁與陶,非舜官也,而舜往爲之者,所以救敗也。"又轉指官吏。《周易・繫辭下》:"百官以治,萬民以察。"由職事又轉指官能;功能。《孟子・告子上》:"心之官則思。"

9. 年

《説文》:"年,穀孰(熟)也。"穀物成熟。《穀梁傳・桓公三年》:"有年,五穀皆熟爲有年也。"引申指收成;豐收。《詩經・大雅・雲漢》:"祈年孔夙。"(孔夙:很早。)雙音詞有[年景]。古時穀物一年一熟,轉指時間(四季爲一年)。《孟子・滕文公上》:"大禹八年於外,三過其門而不入。"引申爲人的歲數,年壽。《左傳・襄公九年》:"公送晉侯。晉侯以公宴於河上,問公年,季武子對曰……"

10. 駢

《説文》:"駢,駕二馬也。"兩馬並駕一車。《説苑・修文》:"古者必有命民,命民能敬長憐孤,取捨好讓,居事力者命於其君。命然後得乘飾輿駢馬。"(命民:受帝王賜爵的平民。)引申爲並列。《春秋繁露・郊祭》:"周國子多賢,蕃殖至于駢孕男者四。"(駢孕:雙胞胎。)牛僧孺《玄怪録》:"草堂三間,户外駢植花竹。"雙音詞有[駢偶][駢生]。又引申爲并聯;合并;連接。《莊子・駢拇》:"是故駢於足者,連无用之肉也。"張讀《宣室志》卷四:"水西有二城,南北可一里餘,草木蒙蔽,廬舍駢接。"雙音詞有[駢比]。

11. 樸

《説文》:"樸,木素也。"未經加工的木材。《莊子·馬蹄》:"夫殘樸以爲器,工匠之罪也。"引申爲事物未經改變的原始形態:本質;本性。《老子》十九章:"見素抱樸,少私寡欲。"《吕氏春秋·論人》:"故知知一,則復歸於樸。"(一:道。)用作修飾語,形容不加彫飾的,質樸的。《老子》五十七章:"我無欲,而民自樸。"《荀子·強國》:"入境,觀其風俗,其百姓樸。"

【提示】《説文》:"朴,木皮也。"讀pò。本指樹皮。崔駰《博徒論》:"膚如桑朴。"文獻中又通"樸"。《荀子·性惡》:"今人之性,生而離其朴。"

12. 室

"室"指居室。《老子》十一章:"鑿户牖以爲室,當其無,有室之用。"特指堂後的正室。《論語·先進》:"由也升堂矣,未入於室也。"(由:人名。)《禮記·問喪》:"入門而弗見也,上堂又弗見也,入室又弗見也。"轉指家。《孟子·告子下》:"萬室之國。"杜甫《石壕吏》詩:"室中更無人,惟有乳下孫。"成語有[十室九空]。由此轉指妻子。《禮記·曲禮上》:"三十曰壯,有室。"雙音詞有[先室](亡妻)。用作動詞,娶妻。《左傳·昭公十九年》:"建可以室矣。"(建:人名。)《韓非子·外儲説右下》:"丈夫二十而室,婦女十五而嫁。"

13. 素

《説文》:"素,白緻繒也。"指未經染色的生帛。《禮記·雜記下》:"純(zhǔn)以素。"(大意:用素給蔽膝鑲邊。)《古詩爲焦仲卿妻作》:"十三能織素,十四學裁衣。"由没有染色轉指白色。《左傳·秦晉殽之戰》:"秦伯素服郊次,鄉師而哭。"《楚辭·九歌·少司命》:"緑葉兮素華。"用作修飾語,形容素樸的,無修飾的。《世説新語·德行》:"雖欲率物,亦緣其性真素。"由本色的生帛引申爲事物的原始形態:本質;本性。《老子》十九章:"見素抱樸,少私寡欲。"《淮南子·俶真訓》:"平易者道之素。"《後漢書·梁冀傳》:"弘農人宰宣素性佞邪。"由此引申指原本的;一向如此(未改變)。《史記·陳涉世家》:"吴廣素愛人,士卒多爲用者。"歐陽修《相州晝錦堂記》:"所謂將相而富貴,皆公所宜素有。"雙音詞有[平素][素來]。

14. 正

"正"的基本義是端正不偏斜。正中的位置、直而不彎、平而不傾側都是正。《論語·鄉黨》："席不正不坐。"《尚書·説命上》："惟木從繩則正。"《荀子·君道》："儀正而景（yǐng）正。"（儀：日晷。）雙音詞有［中正］［方正］。抽象引申爲合乎準則、規範、事理而無偏差。《論語·子罕》："吾自衛反魯，然後樂正，《雅》《頌》各得其所。"《荀子·性惡》："今人之性惡，必將待師法然後正，得禮義然後治。"《孟子·滕文公上》："經界不正，井地不鈞，穀禄不平。"又抽象引申爲原本的本真純一的狀態。《莊子·逍遙遊》："天之蒼蒼，其正色邪？"《韓非子·難四》："或曰屈到嗜芰，文王嗜菖蒲菹，非正味也。"用作動詞：使……正，糾正。《荀子·王制》："正法則，選賢良。"

15. 至

《玉篇》："至，到也。"到達。《荀子·修身》："道雖邇，不行不至。"《禮記·樂記》："樂至則無怨，禮至則不争。"由到達終點抽象引申爲達到極點。《論語·雍也》："中庸之爲德，其至矣乎！"《周易·繫辭上》："盛德大業，至矣哉！"轉指極點。《莊子·逍遥遊》："我騰躍而上，不過數仞而下，翺翔蓬蒿之間，此亦飛之至也。"用作修飾語，形容達到極點的。《論語·泰伯》："泰伯其可謂至德也已矣。"《禮記·大學》："大學之道，在明明德，在親民，在止於至善。"

古漢語常識

中國的古書

我們學習古代漢語的目的是爲了讀懂中國的古書；閱讀古書，除了要提高自己的古漢語水平，還需要對中國古書各方面的情況有一個了解。我們這裏説的"古書"是一個寬泛的概念，泛指古代文字記録的各種文獻。

中國的古書有多少，難以計數；中國書籍的歷史有多長，也難以確切地計算。在三千多年以前的甲骨文中，就出現了"册"字和"典"字，字形像是把竹簡編連起來的樣子。在成文於西周時期的《尚書·多士》中有"惟殷先人有典有册"的話，意思是殷人的祖先有記載歷史的典册。商周時期還有"作册"的史官（見《尚書·洛誥》），負責記錄王命，掌管典册，可見中國古書的歷史之長。

一　古書的樣式

在中國書籍漫長的發展歷程中，書的樣式（形態）發生了很多變化。這裏說的書的樣式是對書的內容而言，包括字是寫在什麼材料上的（甲骨、青銅器、簡帛、紙張等）、漢字是怎樣著錄的（刻鑄、手寫、印刷等）、單頁是怎樣製作成册的等。

（一）非紙質的書

甲骨文獻和金文文獻是我們今天看到的最早的文字資料，這兩種文字距今已有三千多年的歷史了（參"漢字"一節）。從著錄的材料看，因爲是把文字刻在龜甲和牛的肩胛骨上（也有其他動物的骨頭），所以叫作甲骨文；從著錄的方式看，甲骨文絕大多數是用刀刻的，所以又叫"契（qì）文""刻辭"。有的學者估計，至今發現的甲骨文在十萬片以上。

金文從商代後期逐漸流行。從著錄方式看，一般是先用筆寫好，再鑄出來。這樣的文辭又叫"銘文"。金文的內容相當豐富，其中以封賞爲最多。受封人在器物上鑄上有關的文字，傳之子孫。金文很多是長篇文字，有人統計，二百字以上的銘文有十三篇。西周晚期的毛公鼎，多達四百九十多字，是現存最長的銘文。甲骨文獻和金文文獻是我們研究早期上古漢語的珍貴資料。

甲骨文獻和金文文獻之後，從戰國到三國時期，簡策和帛書是兩種主要的文獻形式，這就是簡帛文獻。簡就是竹木片，帛是絲織品，這兩種材料都可以用來記錄文字。《論衡·量知篇》說："截竹爲筒，破以爲牒（dié，竹片），加筆墨之跡，乃成文字。"書寫簡牘的主要工具是筆和書刀。用毛筆寫字，如果寫錯了，就用書刀削去。後來把著錄文字就叫作"筆削"。

簡是一種統稱，細分起來，竹子的叫簡，就是竹簡；木質的叫"牘（dú）"

"札";合起來叫"簡牘"。書寫用的木板又稱爲"方"。《儀禮·聘禮》:"百名(字)以上書於册,不及百名書於方。"後來漢語中就有"書簡""書札""尺牘"(書信)這樣的詞。簡牘是細長片狀的,長短不一樣。書寫前要把青竹簡用火烤乾水分,一是便於書寫,二是防止蟲蛀。烘烤時青竹有水分滲出,像出汗,後來把著作完成叫"汗青"。"汗青"一詞又借指史册。南宋愛國志士文天祥有兩句很有名的詩:"人生自古誰無死,留取丹心照汗青。"

　　長一些的文字要寫在很多枚簡牘上,把這些簡牘按順序編連在一起,就成爲"册"。編連用的繩子叫"編",有麻繩,也有絲質的和熟牛皮的。《史記·孔子世家》說孔子讀《易》"韋編三絕","韋"指的就是熟牛皮。《漢書·張良傳》說"(老父)出一編書"送給張良,古人解釋說:"聯簡牘以爲書,故云一編。"後來"編撰""人手一編"、書的"上編、下編"等說法就是這樣來的。

　　通常說的"篇",《說文》解釋爲"書",最初就是指編連在一起的簡册。《隋書·經籍志》說漢代的學者劉歆"總括羣篇","羣篇"就是"羣書"的意思。用若干支簡牘寫完一定量的内容,從尾部向前卷起來,再捆扎好存放。用帛寫的文字,有的是折疊放在一起,也有的是從尾向前卷成一束。

　　中國有很長的養蠶絲織的歷史。有學者認爲,早在春秋時期就在絲織品上寫字了,這就是帛書(帛是絲織品的總稱)。帛是一塊一塊的,一九七三年湖南長沙馬王堆三號漢墓出土的帛書,有整幅的帛,也有半幅的帛,用墨書寫,有小篆和隸書兩種形體。

　　用簡帛寫的書現在叫簡本、帛書。簡帛文獻的内容十分豐富,很多重要的傳世典籍都有簡帛本問世。比如教材中的《老子》《戰國策》就有帛書本,《晏子春秋》有簡本的資料。簡帛文獻的出土爲我們提供了比較可靠的依據,可以同傳統文獻互相比證。

　　除了甲骨文、金文和簡帛文獻,非紙質的書還有石質文獻。《墨子·天志中》說:"又書其事於竹帛,鏤之金石。"這句話將金(青銅器)、石並提,可見刻石文字跟青銅器銘文一樣,受到當時人們的重視。

　　石質文獻有刻石、寫石兩種。石鼓文是現存最早的刻石文字,是春秋戰國間的秦刻石,在十塊鼓形石上用籀文刻著記述田獵活動的四言詩句。再後來,影響更大是儒家經典的刻石,如東漢時的"熹平石經"(也叫"漢石經",刻有七種經典。"熹平"是東漢的一個年號)、三國魏時的"正始石經"(用古文、小篆、漢隸三種字體書寫,也叫"三體石經"。刻有三種經典。"正始"是一個年號)、唐文宗時的"開成石經"(又叫"唐石經",刻有十二種經典。"開成"是唐代的一個年號)等。儒家之外，佛教、道教等宗教刻石經典留下來的也不少。這些石經對於典籍文字的校勘有重要價值。

除刻石外，還有一種寫石文字，就是盟書(又稱"載書""載辭")。盟書是一種盟誓之辭，用朱墨兩種顏色寫在玉片或石片上，也是重要的文獻資料。

(二) 紙質的書

非紙質材料雖然對文化的保存和傳播作出了巨大貢獻，但金石簡牘笨重，縑帛昂貴難得，用起來有很大的局限。爲滿足社會發展的需要，必須要有新的書寫材料，這就是紙的發明。

造紙術是中國古代的重大發明之一，是對人類文明的重大貢獻。據《後漢書·蔡倫傳》的記載，傳統上認爲造紙始於公元二世紀初(稱作"蔡侯紙")。考古發掘表明，早在公元前二世紀就有了造紙術的發明，寫有字的紙也不斷有出土發現。有研究認爲，東漢初期紙張已經使用來製作書籍了。古書記載，東晉時一度掌握朝政的桓玄在公元404年曾下令"今諸用簡者，皆以黃紙代之"，這是政府第一次明令用紙張代替竹簡，從此紙張就占據了書籍製作材料的主導地位。

從文字著錄看，手寫和刻印是紙質書籍的兩種方式。

在雕版印刷技術發明之前，很長的一個時期只能在紙上手寫手抄，這種方式一直影響到後來。古人抄書可以說艱苦備嘗。《南齊書·沈驎士傳》記載："(沈驎士)篤學不倦，遭火，燒書數千卷。驎士年過八十，耳目猶聰明，手以反故(紙的反面)抄寫，火下細書，復成二三千卷，滿數十篋。"《晉書·左思傳》載左思寫成《三都賦》後備受贊譽，"於是豪貴之家競相傳寫，洛陽爲之紙貴"。後來，雖然印刷技術不斷發展，但抄書一直延續不斷，一些重要的典籍都有抄寫本傳世。比如二十世紀初在甘肅敦煌發現的著名的敦煌文獻，漢文抄寫本就在三萬件以上。明代永樂年間官修的大型類書《永樂大典》，總計有三億七千万字，當時有正、副兩部抄本。清代乾隆年間編纂的特大型叢書《四庫全書》前後共抄寫了七部，分藏在南北七個地方。手寫本包括稿本和抄本。傳世的抄本不僅有文獻價值，一些抄寫本書寫精美，裝潢講究，也是具有極高藝術價值的珍品。

紙質書籍文字著錄的另一種方式是刻印。中國古代的印刷技術主要有兩種：雕版印刷和活字印刷。雕版印刷技術的發明，有研究認爲大約是在唐初。甘肅敦煌發現的唐咸通九年(868)刻印的《金剛經》是公認的有確切日期的雕版印刷品。五代時期（公元十世紀）的後唐長興三年（932），皇帝批准依照唐代《開成石經》刊刻九經印版，後來又增刻了其他儒家經典，頒行天下。這之後雕版印刷日益流行，刻書的規模範圍也日益擴大了。

活字印刷是北宋時期（公元十世紀到十二世紀）發明的，宋代科學家沈括在《夢溪筆談》一書中詳細記述了這項技術的工藝流程。此後歷代都有用各種質料的活字（木質的、泥的、銅的、錫的等）印刷的書籍。中國現存規模最大的一部類書《古今圖書集成》就是清代雍正年間用銅活字印刷的。

紙質書籍的裝幀經歷過幾種不同的形式，其中一種重要的形式叫作卷軸裝。這是把若干張寫書的紙粘連在一起，在紙的末尾裝上一根軸，從後向前卷起。至於我們現在還能經常看到的古書的綫裝形式，通常説興起於明代中葉以後（有人認爲更早一些），此後就成爲古書裝幀的主要形式，古樸典雅，一直延續至今。

二　古書的撰述

中國的古書，時代越是久遠存在的就問題越多：比如作者和成書年代問題、篇名書名問題、內容篇目問題等。下面主要以秦代以前的古書爲例作簡要的説明。

先秦的古書，作者往往很不明確，這是我們首先要注意的。我們看東漢學者班固撰寫的《漢書·藝文志》，就會發現有的古書並沒有作者，比如《易經》十二篇、《尚書》古文經四十六卷、《春秋》古經十二篇之類。有的書名稱作者只有一個姓氏，比如《筦（管）子》《莊子》《韓子》《呂氏春秋》之類。如果是給經書做解釋的書，也只稱姓氏，比如《易傳周氏》《歐陽章句》《毛詩故訓傳》《左氏傳》之類。有的文章，即使是作者很確定，上面也不寫作者的名字。《史記·老莊申韓列傳》記載，韓非寫的文章傳到秦始皇那裏以後，秦始皇十分稱贊，説："寡人得見此人與之游，死不恨矣！"李斯在旁邊説："此韓非之所著書也。"這説明文章上沒有寫韓非的名字。

秦以前的古書，一部書往往不是一個人寫定的，成書也不在一時，常常要經過門人後學的不斷整理。拿《論語》來説，《漢書·藝文志》説是"夫子既卒，門人相與輯而論篹"，所以叫《論語》。再拿《孟子》的作者來説，有研究者就列舉了六種説法。即使像《史記》這樣作者確定的書，也有别人的增補。還有些書（比如《禮記》），實際上是資料彙編的性質，經過長期的累積，更是出於衆人之手。更有一類書，雖然標明作者是某時的人，實際上是後人寫的。比如《列子》，作者就不是戰國時的列禦寇，有研究認爲是晉人所作。由於作者不是一人，成書時間長，所以很多古書的斷代就成了一個需要研究的大問題。

　　説到篇名和書名，有些書也不是像今天這樣寫之前先定下一個名字，而是從書中摘出頭幾個字作篇名。比如《詩經》各篇的題目，《論語》二十篇的篇名，《莊子》中的《馬蹄》《胠篋》《秋水》也是這樣。也有的書，最初只有篇名，没有書名。《史記·老莊申韓列傳》説韓非"作《孤憤》《五蠹》《内外儲》《説林》《説難》十餘萬言"，説莊子"作《漁父》《盜跖》《胠篋》"，説老子"乃著書上下篇"，《孟子荀卿列傳》説荀子"序列著數萬言而卒"，都没有説到書名，可見一些書名是後來加上去的。

　　還有的書，一部書有幾個書名。比如《左傳》，又稱《左氏春秋》《左氏傳》《春秋左氏傳》。《戰國策》，又稱《國策》《國事》《短長》《事語》《長書》《修書》。《史記》，又稱《太史公書》《太史公記》。《老子》，又稱《道德經》。如此等等。

　　説到古書的内容，問題就更爲複雜。首先是古書散失的很多，其次是内容不能整齊一致。如前所説，那時的文字主要是寫在簡牘上的，在長期流傳的過程中，如果編連的繩子散亂斷開了，簡牘就會脱落，排列的順序也會錯亂，所以常常出現"簡札錯亂""書缺簡脱"的情況，更不要説戰亂和災害造成的損失了。比如《尚書》，古書上説是有人藏在屋室的牆壁中纔保存到漢代的，但取出來的時候竹簡斷爛了不少，經過拼湊整理，只得到二十八篇。

　　至於内容不能整齊一致，原因也不止一個。由於一些古書不是由一個人寫定的，從門人弟子來説，不同的人記述整理就不一樣；再加上理解的不同，增損改寫在所難免。從傳承來説，有的書師徒傳授各有不同，如《論語》就有齊人和魯人的不同傳本。從時間來説，由於作品積累的時間長（如《詩經》，就是西周到春秋中期的作品），前後的内容也會有不小的變化。還有一個原因，有的書是口頭傳授的。比如《尚書》，據説西漢孝文帝時已經没有什麽人能讀懂了，聽説山東有一個伏生能講解這部書，就派晁錯去學習，伏生當時就是"口誦"教授晁錯的。當時伏生已九十多了，"不能正言，言不可曉"，就讓他的女兒傳語教晁錯。可山東話跟晁錯的家鄉

（潁川）話又不一樣，有十分之二三晃錯也聽不明白。解釋《春秋》的書也有不同的內容，原因之一是解釋時並不是傳授一個寫定的本子，而是"口授弟子，弟子退而異言"。所以《隋書·經籍志》總結說："學者逃難，竄伏山林，或失本經（可以作爲根據的本子），口以傳說。"這種"口說流傳，未著竹帛"的情況就造成了不少的紛爭。由此知道，我們讀古書需要比對不同的本子。

三　古書的整理

中國的古書存在的問題複雜，就需要做大量的整理工作。同一部書到後來出現了不同的本子，這就有了版本問題。古書內容複雜，就有一個目錄分類的問題。古書散失的很多，就需要把那些殘餘的零散篇章儘可能找到並加以整理，這就是輯佚的問題。對於那些真偽混雜的書，需要還它們的本來面目，這就是辨偽的問題。對於書中語言文字的錯亂，需要校勘糾正，這就是校勘的問題。對於後人讀不懂的地方，需要解釋說明，這就是注釋問題。凡此種種，都成了各種專門的學問，雖然我們現在還不能完全掌握，但要明白其中的道理。

我們讀古書，首先關心的是能看到內容可靠的本子，又知道到哪裏去找這樣的本子。可靠的書、好的書一定是經過仔細整理的本子，這就有一個版本的選擇問題。《論衡·量知》說："斷木爲槧（qiàn，還沒有寫字的木牘），枂（xī）之爲版。"版本的"版"，最初指用來寫字的木片。西漢劉向校書的時候，"一人持本，一人讀書"（《風俗通義·佚文》），"持本"的"本"指校勘或抄錄依據的本子。"本"可以指書的各種本子，所以有"底本""古本""善本"等說法。後來"版"和"本"合起來稱爲"版本"，主要指用雕版印刷的書本，是對寫本而言（寫本是成書時就以手寫的形式流傳的本子）。讀書學習，首先要有一個好的本子；一個很好的可靠的版本，這就是"善本"。張之洞對善本曾立下一個標準：一曰足本（無闕卷，無刪削）；二曰精本（精校，精注）；三曰舊本（舊刻，舊鈔）。一個善讀書的人，要十分重視版本的選擇。

古書的版本可以從不同的角度分類。如根據時代的不同，分爲宋刻本、元刻本、明刻本、清刻本。根據刊刻者，可分爲官刻本、家刻本、坊刻本。官刻本由各級政府機構刊刻（包括以皇室的名義），家刻本是一些文人學者的私家刻本,坊刻本由各地書鋪刊刻。還可以根據地域的不同區分,如浙本(浙江)、蜀本(四川)、閩本(福建)等。此外還有其他的分類。

一個經過整理的好本子,書的前面常常有版本的説明。比如我們今天讀《史記》,常用中華書局出版的點校本。這個本子的前面有一個"出版説明",書末還附有"點校後記",告訴我們《史記》整理的依據和有關問題。再比如我們看到中華書局影印的《十三經注疏》,這個本子是清代學者阮元主持校刻的,在每一部書的前面都有一個《校刊記序》,説明整理文字的根據,讀起來叫人心中有數。

要想整理成爲一個好的本子,就需要進行仔細地校勘。歷來治學嚴謹的學者都十分重視古書的校勘工作。校勘的方法有多種,常見的有:對校法、本校法、他校法、理校法。對校就是儘量搜羅同一種古書的不同版本,以其中的一種爲底本比對異同,決定取捨。本校就是以本書校本書,綜貫全書,對比不同章節在用詞、體例等方面的異同。他校就是用別的書比對,注意相同、相關內容的不同表述。理校就是依照事理、文理發現錯誤加以訂正。

要找到好的版本,還需要了解一些有關古書分類和書目編排的情況。分類和書目編排是古書整理的一個重要部分。中國古代第一次大規模的圖書整理是在公元前一世紀,當時的學者劉向、劉歆父子奉皇帝之命整理圖籍,並撰寫書目提要。劉向撰《別錄》,其子劉歆對圖書進行分類,寫成《七略》,這是中國圖書分類的開端。《七略》的名目是"輯略""六藝略""諸子略""詩賦略""兵書略""術數略""方技略",其中"輯略"是學術綜述,實際上是六略。《七略》早已散失,我們從《漢書·藝文志》還可以看到《七略》分類的大致情況。到了西晉時期(公元三世紀),有一個叫作荀勗的學者撰寫了《中經新簿》,把古書分作甲、乙、丙、丁四類。到唐初修撰《隋書·經籍志》,就將圖書明確地分爲經、史、子、集四部,這就是常説的四部分類法。這種分類法一直影響到現在,是我們讀古書應當了解的。

"經"就是經典。《莊子·天下篇》有"俱頌《墨經》"的話,《天運篇》提到"六經",可見開始的時候,經泛指經典性的書,後來主要指儒家的重要典籍。公元前二世紀,漢武帝設立五經博士(學官名),確立了儒家經典的主體地位。經書有所謂"六經""五經""九經""十三經"等名目;對經書的各種解釋、補充、發揮的著作和一些語言文字方面的書也收在經部這一類。

史部的書收錄各種史書,還有地理和目錄學方面的著作。中國古代的史書有"紀傳體"(如《史記》)、"編年體"(如《資治通鑑》)、"紀事本末體"(如《宋史紀事本末》)等體裁。

我們經常聽到"諸子"這樣的説法,是指先秦至漢初各派的學者。把他們的著作也稱作"子",大半是表示後人對他們的尊敬。説到各種學派,常説"某家"(如"諸子百家""儒家""道家""法家"等),可見那個時候看重的是學術的傳承,而不是將著述據爲己有。子部的書内容複雜,除了思想哲學方面的著作,還涉及軍事、農、醫、工、商、科技方面的著作以及各種雜著。

"集"是把作家寫的詩文編輯在一起,這個名目大約起於東漢。集部收録各時代的作品集、詞曲創作、文學評論和研究等。專門收録一個人詩文的叫"別集"(如陶淵明的《陶淵明集》);把多人的作品收在一起的叫"總集"(如蕭統的《文選》)。

四部分類的總結性成果是清代乾隆年間編纂的特大型叢書《四庫全書》,四庫全書館的館臣又撰寫了《四庫全書總目提要》,摘要説明各種書的内容要點、淵源流傳、得失評價,至今人們還經常查閲。今天看來,古書的四部分類有合理的一面,但也有不科學的地方,因爲這種分類所採取的並不是同一個標準。比如"十三經",其中有文學作品(如《詩經》),也有史書(如《左傳》),也有思想方面的著作(如《論語》),這種分類反映了中國特有的歷史文化背景。

到了後來,在四部分類之外,又有所謂"叢書"。叢書是經過整理把很多種書(包括重要的注釋本)彙編在一起。質量高的叢書,往往很重視書的版本。二十世紀以來,編輯出版了幾種很有影響的叢書,比如《四部叢刊》《四部備要》《諸子集成》《新編諸子集成》等。

爲了指點讀書的門徑,學者還撰寫了書目舉要一類的書,在對大量的古籍進行篩選後列出重要的若干種書,寫有簡要的説明加以推薦,對我們閲讀古書是一種指導。

第十二單元

講讀文選

荀子

　　荀子(約前313—前238),名況,戰國末期思想家。趙國人,時人尊號爲卿,因避西漢宣帝劉詢諱,漢代改稱孫卿。遊學於齊,後赴楚國。晚年在蘭陵(今山東蒼山西南)著書授徒,直至去世。

　　荀子批判和總結了先秦各家的學説思想。他的自然觀具有樸素的唯物主義思想,反對天命鬼神,認爲"天行有常",自然界有自己的客觀規律;提出"制天命而用之"的觀點,主張發揮人的能動性。他主張"性惡論",不贊成"性善論"。在認識論上,反對"生而知之",強調社會環境和後天教育學習的重要性。在政治理論上,主張"法後王",強調禮治,又兼用法治,對韓非等法家有很大的影響。

　　《荀子》現爲三十二篇(有一些篇目非荀子所作),由後人整理輯成。全書包括哲學、政治、經濟、軍事、教育等方面的論述。論點鮮明,結構完整,善用比喻,論證嚴密,學術性強。

　　《荀子》一書錯訛脱誤難解之處很多。通行的注本有唐人楊倞的注、清人王先謙的《荀子集解》。選文據《荀子集解》(中華書局一九八八年版)。

王霸（節選）

【説明】《王霸》闡述人君如何執政治國、鞏固政權、實現天下統一。荀子認爲，要使國家"大安""大榮"，決定的因素在於要有正確的治國原則，能夠尚賢任能。本文節選其中的兩個段落，著重論述任用賢能對於王者治理天下的重要性，指出人君必須廣招人才，"唯誠能之求"。

羿、蠭門者，善服射者也①。王良、造父者，善服馭者也②。聰明君子者，善服人者也③。人服而埶從之，人不服而埶去之④，故王者已於服人矣⑤。故人主欲得善射，射遠中微⑥，則莫若羿、蠭門矣；欲得善馭，及速致遠⑦，則莫若王良、造父矣；欲得調壹天下、制秦楚⑧，則莫若聰明君子矣。其用知甚簡⑨，其爲事不勞而功名致大⑩，甚易處而綦可樂也⑪。故明君以爲寶，而愚者以爲難⑫。

列舉羿、蠭門、王良、造父爲例，説明王者想要統治天下就要任用聰明君子。

① 羿：古代傳説中善射的人。蠭（Páng）門：傳説是羿的弟子，善射。服：從事。
② 王良：春秋時期晉國大夫趙簡子的車夫。造父：傳説是西周周穆王的車夫。馭：駕車。
③ 服人：使人順服。
④ 埶從之：權勢隨之而來。埶：後寫作"勢"。之：指代"人服"。去：離開。
⑤ 所以稱王的人做到服人這一步就可以終止了。已：止。
⑥ 中（zhòng）微：射中極小的目標。
⑦ 及速致遠：達到很快的速度，能到達很遠的地方。
⑧ 得：能夠。調壹：調理統一。制秦楚：制服秦和楚這樣的大國。
⑨ 用知（zhì）甚簡：運用智謀思慮很少。知：後寫作"智"。

⑩ 爲事不勞：做事不辛苦。致：引出……結果；導致。
⑪ 很容易處理各種事務而又極其輕鬆愉快。綦（qí）：極。
⑫ 以爲寶：把任用聰明君子看作是"調一天下"的寶物。難：難事。

　　夫貴爲天子，富有天下①，名爲聖王，兼制人②，人莫得而制也③。是人情之所同欲也，而王者兼而有是者也④。重色而衣之⑤，重味而食之，重財物而制之⑥，合天下而君之⑦。飲食甚厚，聲樂甚大，臺謝甚高⑧，園囿甚廣⑨，臣使諸侯，一天下⑩，是又人情之所同欲也，而天子之禮制如是者也⑪。制度以陳，政令以挾⑫；官人失要則死，公侯失禮則幽⑬，四方之國有侈離之德則必滅⑭。名聲若日月，功績如天地，天下之人應之如景嚮⑮，是又人情之所同欲也，而王者兼而有是者也。故人之情，口好味，而臭味莫美焉⑯；耳好聲，而聲樂莫大焉；目好色，而文章致繁、婦女莫衆焉⑰；形體好佚，而安重閒靜莫愉焉⑱；心好利，而穀祿莫厚焉⑲。合天下之所同願兼而有之，睪牢天下而制之若制子孫⑳。人苟不狂惑戇陋者，其誰能睹是而不樂也哉㉑！欲是之主竝肩而存，能建是之士不世絕，千歲而不合㉒，何也？曰：人主不公㉓，人臣不忠也。人主則外賢而偏舉，人臣則爭職而妒賢㉔，是其所以不合之故也。人主胡不廣焉㉕？無卹親疏，無偏貴賤，唯誠能之求㉖。若是，則人臣輕職業讓賢而安隨其後㉗；如是，則舜、禹還至，王業還起㉘，功壹天下，名配舜、禹㉙，物由有可樂如是其美焉者乎㉚？嗚呼！君人者亦可以察若言矣㉛！楊朱哭衢涂㉜，曰："此夫過舉蹞步而覺跌千里者夫㉝！"哀哭之。此亦榮辱安危存亡之衢已㉞，此其爲可哀甚於衢涂㉟。嗚呼！哀哉！君人者千歲而不覺也。

　　天子要擁有天下的一切，要控制天下所有的人，就要廣開用人之路。可悲的是"君人者"不明白這個道理。

① 有:占有,享有。
② 兼制人:制服所有的人。
③ 没有什麽人能制服他。莫:否定性無定代詞,没有什麽人。得:能。
④ 這是人情都想追求的,而這些王者都擁有。
⑤ 有各種色彩的衣服可以穿。重(chóng):多種多樣。
⑥ 重財物而制之:有各種財貨掌控在手。一本無"物"字。
⑦ 合:兼并。君:作君主;統治。
⑧ 臺謝:泛指房屋建築。謝:通"榭",高臺上建築的木屋,多用於遊觀。
⑨ 園囿(yòu):園林,間或畜有禽獸供觀賞。
⑩ 把諸侯當作臣子一樣使唤,統一天下。臣:名詞用作狀語。
⑪ 天子之禮制如是者:天子的禮法制度正是這樣的(人情之所欲盡在其中)。
⑫ 以:通"已"。陳:陳列,這裏是頒布的意思。挾(jiā):通"浹",周遍;完備。
⑬ 官人:官員。失:失去,這裏指違背。要(yāo):(法令的)約束。杨倞注:"政令之要約也。"公侯:公爵和侯爵,泛指有爵位的貴族。幽:囚。
⑭ 佟離之德:背離的行爲。佟:通"誃(chí)",離開,分離。德:行爲。
⑮ 天下之人應之如景(yǐng)嚮:天下的人應從他就像影子隨形、回聲應和一樣。景:影子,後寫作"影"。嚮:通"響",回聲。
⑯ 人喜好美味,但没有什麽滋味比王者吃到的更美的了。臭:氣味,這裏指滋味。莫:無定性指代詞,没有什麽東西。
⑰ 人喜好美色,但没有什麽豐富的色彩和美女比王者看到的更多的了。文章:各種色彩的組合,這裏指服飾、車服之類。文:後寫作"紋"。致繁:極其繁複。
⑱ 佚:通"逸",安逸。安重閒静:安穩悠閒。愉:舒適。一説通"愈",超過,勝出。
⑲ 穀禄:俸禄。按官位的不同授予相應數量的穀物作爲俸禄。
⑳ 天下人想要得到的東西他都有,全部占有天下並且控制他們就像控制自己的子孫一樣。睪牢:即"皋牢",牢籠。
㉑ 人如果不是瘋子傻子,誰能看到這些不高興呢?狂:瘋。惑:糊

塗。戇(zhuàng):愚。陋:淺薄無知。
㉒ 想要達到這種局面的君主比比皆是,能够幫助君主建立這種局面的士人代代不絶,可是他們千百年不能彼此遇合。竝肩而存:形容衆多。合:遇合在一起。
㉓ 公:公正。
㉔ 外賢:疏遠賢人。外:置之於外,疏遠。偏舉:舉用自己偏愛的人。偏:偏於一面;不公正。爭職:爭權。妬:同"妒"。
㉕ 胡:爲什麽。廣:意思廣開用人之路。
㉖ 卹:同"恤"。顧慮;憂慮。偏:不公正對待。唯誠能之求:"誠能"作動詞"求"的賓語前置。誠能:指確有才能的人。
㉗ 輕職業:一説"業"衍文。輕職:不看重職權,與上文"爭職"相對。安隨其後:安然隨從在賢人之後。
㉘ 還(xuán)至:立即到來。王業還(xuán)起:統一天下的大業立即興起。還:通"旋",迅速;立即。
㉙ 就功業説是統一天下,就名聲説是可以和舜、禹比配。
㉚ 事情還有像如此美好值得高興的嗎?物:事。由:通"猶",還。此句一本無"焉"字。
㉛ 若:指示代詞,這。
㉜ 楊朱:戰國時魏國人,主張"爲我",反對儒家講"仁義"和墨家講"兼愛"。衢(qú)涂:歧路,岔道。衢:四通八達的大道。涂:通"途"。傳説楊朱外出走到一岔路口,聯想到人生的歧路,不禁傷感哭泣。
㉝ (到岔路口)錯走半步,一直走下去就差之千里了。過舉:錯走。過:錯。舉:舉步,擡腿邁步。頃(kuǐ):舉足一次。覺跌:差失;差誤。
㉞ 此:指用不用賢人。已:句末語氣詞,相當於"矣"。
㉟ 甚於衢涂:比錯走歧路還要厲害。

性惡(節選)

【説明】《性惡》闡述荀子"人之性惡,其善者僞"的觀點。荀子説的"性"指人的天性,天然生成,"僞"指後天的環境影響、教育和努力。他認爲人生而有耳目口腹之欲、貪利争奪之心,這就需要通過"化性起僞"加以矯正。他反對孟子的性善學説,認爲人的天性是一樣的,普通人也可以成爲和聖人一樣的人。

人之性惡,其善者僞也①。

今人之性,生而有好利焉;順是,故争奪生而辭讓亡焉②。生而有疾惡焉③;順是,故殘賊生而忠信亡焉④。生而有耳目之欲,有好聲色焉⑤;順是,故淫亂生而禮義文理亡焉⑥。然則從人之性⑦,順人之情,必出於争奪,合於犯分亂理而歸於暴⑧。故必將有師法之化⑨,禮義之道,然後出於辭讓、合於文理而歸於治⑩。用此觀之⑪,然則人之性惡明矣,其善者僞也。

這一節論述人的天性有喜好,有憎惡,有耳目之欲,放縱人的天性必將有各種惡行發生。

① 性:天性。其善者僞:善是(後天)人爲的。僞:(後天)人爲,指後天對人的本性的矯正。楊倞注:"僞,爲也,矯也,矯其本性也。"
② 好利:喜好。利:貪愛;貪求。"好利"與"疾惡"相對。一説喜好私利。順是:順從這種好利的天性。是:代詞,代"生而好利"。辭讓:謙遜推讓。
③ 疾惡(wù):憎惡。
④ 殘賊:傷害。賊:傷害。亡:喪失。
⑤ 聲色:美好的聲音和顏色。"有好聲色焉"疑爲注文誤入正文。
⑥ 淫亂:行爲放縱(不合規範)。文理:條理;秩序。這裏指禮法規範。
⑦ 從:順從。一説通"縱",放縱。
⑧ 出於:進而發展爲。出:進。合於:疑爲衍文。犯分(fèn):觸犯等級名分。亂理:破壞禮義規範。歸於暴:導致暴亂。暴:同"暴"。
⑨ 師法之化:老師禮法的教化。
⑩ 治:治理得好,指政治清明。

⑪ 用此：以此。

　　故枸木必將待檃栝烝矯然後直①，鈍金必將待礱厲然後利②；今人之性惡，必將待師法然後正，得禮義然後治。今人無師法，則偏險而不正③；無禮義，則悖亂而不治④。古者聖王以人之性惡，以爲偏險而不正，悖亂而不治，是以爲之起禮義⑤，制法度，以矯飾人之情性而正之⑥，以擾化人之情性而導之也⑦。始皆出於治、合於道者也⑧。今之人，化師法、積文學、道禮義者爲君子⑨，縱性情、安恣睢而違禮義者爲小人⑩。用此觀之，然則人之性惡明矣，其善者僞也。

　　人性既惡，所以必須建立禮義、制定法度加以矯正。

① 枸(gōu)木：彎曲不直的木料。枸：通"鉤"。待：憑藉。檃栝(yǐn kuò)：矯正曲木的工具。烝(zhēng)：烘烤加熱(使木料柔曲)。矯：使木料變直。
② 金：這裏指金屬製作的刀斧之類。礱(lóng)厲：磨礪。礱：磨。厲：後作"礪"。
③ 偏險：邪僻。
④ 悖：也是亂的意思。治：有規矩，有條理，這裏指符合禮法秩序。
⑤ 起：建立。
⑥ 矯飾(chì)：矯正。飾：通"飭"，整治。
⑦ 擾(rǎo)化：馴服教化。楊倞注："擾，馴也。"
⑧ 使之都進而遵從禮法秩序，符合禮義法度的原則。始：當作"使"。出：進，進一步達到。
⑨ 化師法：受到老師法度的教化。積文學：積累有古代文獻經典的知識。道：踐行。
⑩ 安恣睢(suī)：習慣於放縱妄爲。恣睢：放縱妄爲。

　　孟子曰："人之學者其性善①。"曰：是不然。是不及知人之性而不察乎人之性僞之分者也②。凡性者，天之就也③，不可學,不可事④。禮義者,聖人之所生也,人之所學而能、所事而成者也⑤。不可學、不可事而在人者謂之性⑥,可學而能、可事而成之在人者謂之偽。是性偽之分也。今人之性,目可以見,耳可以聽。夫可以見之明不離目,可以聽之聰不離耳,目明而耳聰,不可學明矣⑦。孟子曰:"今人之性善,將皆失喪其性故也⑧。"曰:若是則過矣⑨。今人之性,生而離其朴,離其資,必失而喪之⑩。用此觀之,然則人之性惡明矣。所謂性善者,不離其朴而美之,不離其資而利之也⑪。使夫資朴之於美,心意之於善,若夫可以見之明不離目,可以聽之聰不離耳⑫。故曰目明而耳聰也⑬。

駁斥孟子性善的說法。孟子認為人性惡是因為喪失了善的本性,荀子認為人的本性不可能脫離素材材質而喪失,由此可知人性原本就是惡的。

① 人後天的學習,是發展完善其天性之善。《孟子·告子上》:"仁義禮智,非由外鑠我也,我固有之也。"又:"學問之道無他,求其放心而已矣。"
② 是不及知人之性:這是沒有認識到人的天性。及:達到。不察乎人之性偽之分:不明白人的天性和後天人為兩者的區別。
③ 天之就:自然造就,天生的。
④ 不能通過學習得到,不能通過人後天的作為成就。事:做;人為。
⑤ 生:建立。所學而能:通過後天的學習就能得到。所事而成:通過後天的作為可以成就。
⑥ 在人:當作"在天",在於天生。前文說:"凡性者,天之就也,不可學,不可事。"
⑦ 可以看見的視覺離不開眼睛,可以聽見的聽覺離不開耳朵,眼睛的視覺和耳朵的聽覺不能通過學習得來,這是很清楚的。楊倞注:"可見之明常不離於目,可聽之聰常不離於耳也。"
⑧ 一說"故"下當有"惡"字。意思是人性本善,是因為失去人的善性,所以變惡了。

⑨ 像這樣説就錯了。
⑩ 意思是如果生下來人性就脱離它的材質,那纔必然會喪失。樸:通"樸",指未經改變的素材。資:材質。荀子認爲人的本性是不可離開它的材質的,如同聽覺和視覺不能離開耳目一樣,所以不能説喪失了本性。由此可知孟子"失喪其性"的説法不能成立,人的本性原本就是惡的。楊倞注:"樸,質也。資,材也。"《禮論》:"性者,本始材樸也。"
⑪ 所謂性善,應該是不脱離它的素質就是美的,不脱離它的材質就是好的。利:好。楊倞注:"不離質樸資材自得美利。"
⑫ 意思是素質資材和美的關係,心意和善的關係,就如同視覺離不開眼睛、聽覺離不開耳朵一樣。楊倞注:"使質樸資材自善,如聞見之聰明不離耳目,此乃天性也。"
⑬ 所以説眼睛有視覺,耳朵有聽覺,這是天性。楊倞注:"不然,則是矯僞使之也。"

今人之性,飢而欲飽,寒而欲煖,勞而欲休①,此人之情性也。今人飢,見長而不敢先食者,將有所讓也②;勞而不敢求息者,將有所代也③。夫子之讓乎父,弟之讓乎兄,子之代乎父,弟之代乎兄:此二行者,皆反於性而悖於情也④。然而孝子之道,禮義之文理也⑤。故順情性則不辭讓矣,辭讓則悖於情性矣。用此觀之,然則人之性惡明矣,其善者僞也。

人之情性飢而欲飽,寒而欲暖,勞而欲休,可見辭讓之善是後天人爲的。

① 煖:同"暖"。勞:辛勞。
② 長:尊長。將:要(表示意願)。讓:禮讓。
③ 代:代替尊長(承擔辛勞)。
④ 二行:兩種行爲("讓"和"代")。悖:違背。
⑤ 這却是孝子的原則、禮義的規範。

問者曰:"人之性惡,則禮義惡生①?"應之曰:凡禮義者,是生於聖人之偽,非故生於人之性也。故陶人埏埴而爲器②,然則器生於工人之偽,非故生於人之性也③。故工人斲木而成器,然則器生於工人之偽,非故生於人之性也。聖人積思慮、習偽故④,以生禮義而起法度,然則禮義法度者,是生於聖人之偽,非故生於人之性也。若夫目好色,耳好聲,口好味,心好利,骨體膚理好愉佚⑤,是皆生於人之情性者也;感而自然,不待事而後生之者也⑥。夫感而不能然,必且待事而後然者,謂之生於偽⑦。是性、偽之所生,其不同之徵也⑧。故聖人化性而起偽⑨,偽起而生禮義,禮義生而制法度。然則禮義法度者,是聖人之所生也。故聖人之所以同於衆其不異於衆者,性也;所以異而過衆者,偽也⑩。夫好利而欲得者,此人之情性也。假之有弟兄資財而分者,且順情性,好利而欲得,若是則兄弟相拂奪矣⑪;且化禮義之文理,若是則讓乎國人矣⑫。故順情性則弟兄爭矣,化禮義則讓乎國人矣。

　　凡人之欲爲善者,爲性惡也⑬。夫薄願厚⑭,惡願美,狹願廣,貧願富,賤願貴;苟無之中者,必求於外⑮。故富而不願財,貴而不願埶⑯;苟有之中者,必不及於外⑰。用此觀之,人之欲爲善者,爲性惡也。今人之性,固無禮義,故彊學而求有之也⑱;性不知禮義,故思慮而求知之也。然則生而已,則人無禮義,不知禮義⑲。人無禮義則亂,不知禮義則悖。然則生而已,則悖亂在己⑳。用此觀之,人之性惡明矣,其善者偽也。

　　這一節論述禮義產生的根源。作者認爲聖人爲矯正人性之惡而制定禮義規範("化性而起偽"),禮義並非來自人的本性。人想要爲善,是因爲本性是惡的。

① 惡(wū)生:從哪裏產生。惡:疑問代詞,當於"何"。

② 埏埴(shānzhí):用水揉和泥土。埴:黏土。
③ 非故生於人之性:陶器製成是來自陶工的製作("偽"),不是原本來自人的本性。一説"工人"當作"陶人"。故:原本。
④ 習偽故:人爲不斷地做事。習:重複。偽:人爲。故:事。
⑤ 骨體膚理好愉佚:人體喜好安逸。膚理:肌膚紋理。
⑥ (這些喜好)有觸動就自然如此,不須人爲而後產生。感:接觸;觸動。待:憑藉。事:人爲做事。
⑦ 有觸動却不能自然就那樣,一定要人爲努力纔能成爲那樣,這就叫"生於偽"。
⑧ 這是性、偽產生的依據有所不同的驗證。徵:證明;證驗。
⑨ 化性而起偽:改造人的本性使起變化,致力於人爲的努力。楊倞注:"言聖人能變化本性而興起矯偽也。"
⑩ 與一般人相同而不是不同於一般人。過衆:超過一般人。衆:一般人。
⑪ 假之:假如。拂奪:爭奪。拂:逆;相背。
⑫ 化禮義之文理:受到禮義規範的教化。國人:原指居住在國都的人,這裏指不相干的人。
⑬ 大凡人想要爲善,是因爲本性是惡的。
⑭ 願:希求。
⑮ 假如本身沒有,就要向外尋求。
⑯ 埶:後作"勢"。
⑰ 假如本身就有,一定不會到外尋求。及:到。一説"及"當作"求"。
⑱ 固:原本。彊(qiǎng):後通作"強",努力。
⑲ 任憑人的天性不加矯正,那人就沒有禮義,也不會懂得禮義。生:一本作"性"。楊倞注:"生而已,謂不加矯偽者。"
⑳ 在己:由本身而生。

韓非子

韓非(約前280—前233),戰國末期哲學家,法家主要代表人物。出身韓國貴族,與李斯同爲荀子的學生。他主張以法爲中心,法、術、勢相結合治國理民,對後世影響很大。他多次向韓王上書獻策但未被採納,於是著書全面闡述自己的治國主張。公元前233年韓非出使入秦,受到秦王的賞識,後遭陷害下獄自殺。

　　《韓非子》是先秦法家集大成的著作。韓非死後,由後人搜集他的遺作,又加入他人論述韓非學説的文章輯成。

　　《韓非子》現有五十五篇。文章論證周密,議論深刻,筆鋒犀利,善於運用寓言故事和歷史材料説理。通行的注本有清人王先慎的《韓非子集解》,今人陳奇猷的《韓非子新校注》可資參考。

　　選文據《韓非子新校注》(上海古籍出版社二〇〇〇年版)。

有度(節選)

　　【説明】"有度"是説治國要有法度。這是一篇系統闡述韓非法治思想的文章。作者強調法度是治國的根本,是決定國家強弱治亂的關鍵。這裏節選的是文章的最後兩段。作者指出君主治國要"因法數,審賞罰";依法治國要做到"法不阿貴,繩不撓曲",這樣纔能有效維護君主的權威。

　　夫爲人主而身察百官,則日不足,力不給①。且上用目則下飾觀,上用耳則下飾聲,上用慮則下繁辭②。先王以三者爲不足③,故舍己能而因法數,審賞罰④。先王之所守要,故法省而不侵⑤。獨制四海之內⑥,聰智不得用其詐,險躁不得關其佞,姦邪無所依⑦。遠在千里外,不敢易其辭⑧;勢在郎中,不敢蔽善飾非⑨。朝廷羣下直湊,單微不敢相踰越⑩。故治不足而日有餘⑪,上之任勢使然也⑫。

　　君主要有效地管理國家,不能靠自己的"目""耳""慮",治國的根本的途徑是"因法數,審賞罰"。

① 而:如果。身:親身,親自。日不足:時間不夠。力不給(jǐ):精力不足。給:充足。
② 飾觀:裝飾外表。觀:外觀。飾聲:指花言巧語。聲:言辭。繁辭:指誇誇其談,説話漫無邊際。
③ 三者:指目、耳、慮。

④ 因法數：憑藉法度。審：細密嚴明。
⑤ 所守要：把握的原則精要不繁。所守：指"因法數，審賞罰"。法省而不侵：各項法令精簡而君權不會受到侵害。省：簡省。
⑥ 制：掌控。
⑦ 聰智：聰明智巧的人。險躁：奸邪狡猾的人。險：通"憸（xiān）"，奸邪；邪惡。躁：狡猾（參王念孫《讀書雜志·荀子第二》"躁者"條）。不得關其佞：不能施展他們諂媚的口才。關：措置，這裏是施展運用的意思。佞：巧言善辯。無所依：沒有可依靠的。
⑧ 易其辭：隨便亂説。易：改變。
⑨ 處在郎中的地位，不敢掩飾真相。勢：勢位。郎中：泛指君主的近侍之臣。
⑩ 這兩句是説羣臣像車輻徑直集中於車轂一樣聚集在君主周圍，臣下勢單力微，不敢踰越職守。湊：輻湊（又作"輻輳"），車輻集中於車轂。
⑪ 治不足：治理的事情少。日有餘：時間有寬裕。
⑫ 君主憑藉權勢纔使得能夠這樣。然：這樣，指"治不足而日有餘"。

　　夫人臣之侵其主也，如地形焉①，即漸以往，使人主失端②，東西易面而不自知③，故先王立司南以端朝夕④。故明主使其羣臣不遊意於法之外⑤，不爲惠於法之内⑥，動無非法⑦。法，所以凌過遊外私也⑧；嚴刑，所以遂令懲下也⑨。威不貸錯，制不共門⑩。威制共則衆邪彰矣⑪，法不信則君行危矣⑫，刑不斷則邪不勝矣⑬。故曰：巧匠目意中繩，然必先以規矩爲度⑭；上智捷舉中事，必以先王之法爲比⑮。故繩直而枉木斲⑯，準夷而高科削⑰，權衡縣而重益輕⑱，斗石設而多益少⑲。故以法治國，舉措而已矣⑳。法不阿貴，繩不撓曲㉑。法之所加，智者弗能辭㉒，勇者弗敢爭。刑過不避大臣㉓，賞善不遺匹夫㉔。故矯上之失，詰下之邪㉕，治亂決繆㉖，絀羨齊非㉗，一民之軌㉘，莫如法。屬官威民㉙，退淫殆，止詐僞㉚，莫如刑。刑重則不敢以貴易賤㉛，法審則上尊而不侵㉜；上尊而不侵，則主強而守要㉝，故先王貴之而傳之㉞。人主釋法用私,則上下不別矣㉟。

依法治國要做到"法不阿貴,繩不撓曲",這樣纔能"上尊而不侵",有效維護君主的權威。

① 人臣侵害君主的威權,如同地形迷惑走路人一樣。
② (地形)逐漸變化下去,使君主失去方向。即漸:當作"積漸",持續發展變化。端:正確的方向。
③ 易面:方位變化。
④ 司南:古代測定方向的儀器。端朝夕:正確指示東西的方向。朝夕:早晨和傍晚,指東和西的方向。
⑤ 遊意:在法規之外盤算,打主意。遊:游離。意:個人的考慮。
⑥ 爲惠:(私自)給人施加恩惠。
⑦ 一舉一動都不違法。
⑧ 此句有脫誤。一說當作"峻法,所以禁過外私也",意思是嚴厲的法度是用來禁止過失摒棄營私的。外:廢棄。
⑨ 遂令:使法令通達,即貫徹法令。王先慎《集解》:"遂,通也。"懲下:懲治臣下。
⑩ 威權不能由君臣兩方施行(要由君主獨攬),法度不能共同出於君臣兩個門戶。貳:當作"貳",兩。錯:通"措",措置,這裏是施行的意思。
⑪ 衆邪彰:各種邪惡明目張膽地橫行。
⑫ 信:有信用,說到做到。君行:當作"君位"。
⑬ 刑罰執行不果斷,那麼奸邪就不能制服。
⑭ 技術高超的木匠雖然目測就能夠合乎取直的墨綫,但也一定要以圓規和曲尺作爲標準。匠:木匠。意:揣度。中(zhòng):符合。規:畫圓形的工具。矩:畫方形的工具。
⑮ 智慧極高的人雖然做事極快而且做得很合乎要求,但也一定要以先王的法度作爲比對的標準。王先慎《集解》:"'上智'謂極智之人。"捷:快。舉:舉動,這裏指做事。中事:做事合乎要求。
⑯ 所以墨綫拉直,彎曲的木料就會被砍削。枉:彎曲。斲:同"斫"。砍削。

⑰ 水平儀放平,凸凹的部分就會削去。準:測平的器具。夷:平。高科:凸凹的部分(參陳奇猷《集釋》)。
⑱ 把秤吊挂起來稱輕重,重的就會減去給輕的增加一些,達到平衡。權:秤錘。衡:秤桿。縣(xuán):懸挂,後作"懸"。益:增加。
⑲ 設置斗石量多少,多的就會減去給少的增加一些,使斗石滿平。斗石:古代容量單位,十斗爲一石。
⑳ 這是説合於法度的就實行,不合法度的就廢置。舉:興起。措:擱置;停下來。
㉑ 法度不偏袒地位尊貴的人,墨綫不遷就彎曲的木料。阿(ē):偏私;偏袒。繩:墨綫,這裏指法規的準繩。撓(náo):通"橈",彎曲,這裏有屈從的意思。
㉒ 受到法的制裁,聰明的人也不能辯解。加:施加。辭:用作動詞,用言辭辯解。
㉓ 刑過:懲罰罪過。
㉔ 獎賞善行不遺漏普通人。
㉕ 糾正君主的過失,追究臣下的邪惡。矯(jiǎo):糾正。詰(jié):追問;追究。
㉖ 治理混亂,處置謬誤。繆(miù):通"謬",謬誤。
㉗ 消減多餘的,整治錯誤的。絀(chù):通"黜",消除;削減。羨:多餘。齊:整治差錯使齊整。
㉘ 統一民衆行爲的規範,没有什麽比得上法的。一:用作使動,使一致。軌:車子兩輪間的距離,這裏指規範準則。
㉙ 屬官:當作"厲官",激勵官吏。厲:後作"勵"。威民:威懾民衆。
㉚ 消除放縱怠惰,制止欺詐作僞。殆:通"怠"。怠惰。
㉛ 以貴易賤:憑藉地位尊貴輕視低賤的人。
㉜ 審:嚴明。上尊而不侵:君主地位尊貴而不會被侵害。
㉝ 主强而守要:君主强有力而能把握治國的要領。
㉞ 貴之:看重它。貴:形容詞用作意動,以……爲貴。
㉟ 釋法用私:放棄法度而憑著偏私辦事。釋:放下。上下不別:君臣之間没有區別。"法審則上尊而不侵"是君臣有別,反之是"上下不別"。

和氏(節選)

【説明】文章講的是楚人卞和獻璞玉却遭遇刖刑的故事，藉此説明法術之士不被重用反遭迫害的艱難處境。又以吴起、商鞅變法的史實爲例，論述實行法治的重大意義以及面臨的重重困難。對法術之士不被任用表達了強烈不滿。

楚人和氏得玉璞楚山中，奉而獻之厲王①。厲王使玉人相之②。玉人曰："石也。"王以和爲誑，而刖其左足③。及厲王薨，武王即位④，和又奉其璞而獻之武王。武王使玉人相之，又曰："石也。"王又以和爲誑，而刖其右足。武王薨，文王即位⑤，和乃抱其璞而哭於楚山之下，三日三夜，泣盡而繼之以血⑥。王聞之，使人問其故，曰："天下之刖者多矣，子奚哭之悲也⑦？"和曰："吾非悲刖也，悲夫寶玉而題之以'石'，貞士而名之以'誑'⑧，此吾所以悲也。"王乃使玉人理其璞而得寶焉⑨，遂命曰"和氏之璧"⑩。

記述楚人卞和獻璞玉却連遭酷刑。

① 和氏：春秋時期楚國人，姓卞，名和。璞（pú）：含玉的石頭。楚山：即荆山，在今湖北省南漳縣西。奉：捧。厲王：春秋時期楚國君主，羋姓，厲是謚號。
② 玉人：治玉的工匠。相（xiàng）：察看，這裏指鑒定。
③ 誑（kuáng）：欺騙。刖（yuè）：古代的一種砍去脚的酷刑。
④ 薨（hōng）：周代稱諸侯死曰薨。
⑤ 文王：楚武王子。
⑥ 泣盡而繼之以血：眼淚哭乾又流出血來。
⑦ 子奚哭之悲也：你爲什麽哭得這樣悲傷呢？奚：何，怎麽。
⑧ 題：評價爲。貞士：忠貞之士。名：稱爲。

⑨ 理：對玉璞進行加工。
⑩ 命：命名。

　　夫珠玉，人主之所急也①。和雖獻璞而未美，未爲主之害也，然猶兩足斬而寶乃論②，論寶若此其難也③！今人主之於法術也，未必和璧之急也④，而禁羣臣士民之私邪⑤。然則有道者之不僇也，特帝王之璞未獻耳⑥。主用術，則大臣不得擅斷，近習不敢賣重⑦；官行法，則浮萌趨於耕農⑧，而游士危於戰陳⑨；則法術者乃羣臣士民之所禍也⑩。人主非能倍大臣之議，越民萌之誹⑪，獨周乎道言也⑫，則法術之士雖至死亡，道必不論矣⑬。

　　由和氏獻璞被刖足進而論說法術之士不被任用反遭迫害的艱難處境，並對其原因進行分析。

① 所急：急於追求的東西。
② 猶：還是。論：評定，判定。"主之害"：一說當作"人主之害"。
③ 評定珍寶竟然是如此困難呀。
④ 人主對於法術，不一定像追求和氏璧那樣急迫。法：頒布的成文法律以及實施法律的相關規定。術：君主駕馭臣民的權術。
⑤ 這一句文意欠明確，下面疑有脫文。有人認爲，這是說法術既然要禁止羣臣士民的自私和邪惡，就一定會遭到他們的抵制。
⑥ 這樣看來，有道者沒有被殺，只是因爲成就帝王之業的法寶（法術）還沒有獻上去。道：指高明的政治主張。僇：通"戮"，殺戮。特：只。
⑦ 擅斷：專權獨斷。擅：專。近習：指君主身邊親近人。賣重：賣弄權勢。重：權。
⑧ 官：官方。浮萌：無業遊民。萌：通"氓"，民。趨於耕農：指從事農業生產。
⑨ 游說之士也要在戰場上冒著危險作戰。陳（zhèn）：戰陣，這個意義後作"陣"。

⑩ 那麼法術就成了羣臣百姓視爲禍害的東西了。禍:用作意動。
⑪ 人主如果不能背棄大臣的議論,擺脱民衆的非議。倍:通"背",背棄。越:超越,這裏有擺脱的意思。民萌:民衆。
⑫ 獨自決斷使自己的思想主張與法治學説相符合。周:合。道言:指法術之言。
⑬ 道必不論:(法術之士)的法術主張也一定不會被認可肯定。

　　昔者吳起教楚悼王以楚國之俗①,曰:"大臣太重,封君太衆②。若此則上偪主而下虐民③,此貧國弱兵之道也④。不如使封君之子孫三世而收爵祿⑤,絶減百吏之祿秩⑥,損不急之枝官⑦,以奉選練之士⑧。"悼王行之期年而薨矣⑨,吳起枝解於楚⑩。

　　商君教秦孝公以連什伍,設告坐之過⑪,燔《詩》《書》而明法令⑫,塞私門之請而遂公家之勞⑬,禁游宦之民而顯耕戰之士⑭。孝公行之,主以尊安,國以富强;八年而薨⑮,商君車裂於秦⑯。楚不用吳起而削亂⑰,秦行商君法而富强。二子之言也已當矣⑱,然而枝解吳起而車裂商君者何也?大臣苦法而細民惡治也⑲。當今之世,大臣貪重,細民安亂⑳,甚於秦、楚之俗,而人主無悼王、孝公之聽㉑,則法術之士安能蒙二子之危也而明己之法術哉㉒?此世所以亂無霸王也㉓。

　　以吳起、商鞅變法的史實爲例,論述實行法治的重大意義以及實行法治的重重困難,對法術之士不被任用表達了强烈不滿。

① 吳起(?—前381):戰國時期軍事家。衛國人。善用兵。楚悼王任用他進行變法,楚强盛一時。悼王死後宗室大臣作亂,吳起被殺。教楚悼王以楚國之俗:以楚國的國情來教導楚悼王。
② 大臣權勢太重,有封邑的貴族太多。
③ 對上脅迫君主,對下虐待百姓。偪:通作"逼",逼迫,脅迫。

④ 貧、弱：用作使動。
⑤ 三世：三代。收爵祿：收回爵位和俸祿。
⑥ 絕：斷，不再延續。減：減少。祿秩：俸祿的等級。
⑦ 捐：減少。不急：指無關緊要的。枝官：多餘無用的官員。
⑧ 奉：（用節省下來的財力）供養。選練之士：經過選拔和訓練的人。
⑨ 期(jī)年：一年。
⑩ 枝解：古代分裂肢體的一種酷刑。枝：通"肢"，肢體。
⑪ 商君：商鞅（約前390—前338），戰國時衛國人，被封於於(Wū)商，故又稱商君。曾輔助秦國國君秦孝公變法，爲秦國富強奠定了基礎。孝公死後被殺。連什伍：結成"什伍"的聯保組織。連：連接，這裏有組織的意思。什伍：古代户籍的編制，五家爲一伍，二伍爲一什。設告坐之過：設置告發連坐的罪責。告坐：使民户互相監視，一家犯法，其餘九家均要揭發，如隱瞞不報，則十家同罪。過：罪責。
⑫ 燔(fán)：燒。《詩》《書》：《詩經》《書經》，泛指儒家經典。
⑬ 杜絕私人的請託而暢通爲國建功之路。塞：杜絕。私門：豪門個人。遂：通。勞：功勞。
⑭ 禁絕不事農耕在外奔走求取官職的人，使從事農耕和作戰的人顯貴起來。顯：顯貴，使動用法。
⑮ 八年而薨：孝公三年商鞅變法，孝公二十四年秦孝公死後商鞅被殺，此作八年疑有誤。
⑯ 車裂：古代的一種酷刑，將人的頭及四肢分别綁到五輛車上，馬拉著車撕裂人的身體。《史記·商君列傳》："秦惠王車裂商君以徇。"
⑰ 削：國土被侵占。亂：國家動亂。
⑱ 當：恰當，正確。
⑲ 這是因爲大臣們苦於法治而小民們憎惡法治。苦：對……感到痛苦。細民：小民。惡(wù)：厭惡。
⑳ 貪重：貪圖權力。安亂：習慣於混亂。
㉑ 聽：聽從，指能信從正確意見。
㉒ 那麼法術之士又怎能冒著吳起、商鞅的危險來闡明自己關於法術的主張呢？蒙：蒙受，冒著。二子：指吳起、商鞅。也：衍文。
㉓ 這就是當今世道混亂而無人成爲霸王的原因。霸王：成就霸業和王業的人。

五蠹（節選）

【説明】《五蠹》是韓非的代表作。韓非提出以法治國，獎勵耕戰，進而統一天下的主張。他認爲社會上有五類人，即學者（儒士）、帶劍者（遊俠）、言談者（縱橫家）、患御者（依附權門以逃避兵役的人）和商工之民是亂法害國的五種蛀蟲，必須鏟除。這裏節選的部分主要批判儒家以仁義治國的錯誤，論述實行法治是歷史發展的要求。

夫古今異俗，新故異備①，如欲以寬緩之政治急世之民②，猶無轡策而御駻馬③，此不知之患也④。今儒、墨皆稱先王兼愛天下，則視民如父母⑤。何以明其然也⑥？曰："司寇行刑⑦，君爲之不舉樂⑧；聞死刑之報，君爲流涕⑨。"此所舉先王也⑩。夫以君臣爲如父子則必治⑪，推是言之⑫，是無亂父子也⑬。人之情性，莫先於父母⑭，皆見愛而未必治也⑮；雖厚愛矣，奚遽不亂⑯？今先王之愛民，不過父母之愛子⑰，子未必不亂也，則民奚遽治哉⑱！且夫以法行刑而君爲之流涕，此以效仁，非以爲治也⑲。夫垂泣不欲刑者，仁也；然而不可不刑者，法也⑳。先王勝其法不聽其泣㉑，則仁之不可以爲治亦明矣㉒。

古今社會情況不同，所以新舊時代的政治措施也不一樣，以仁義治天下在當今社會已行不通，必須推行法治。

① 古代和現代的社會情況不一樣，新舊時代的應對措施不同。俗：習俗，指社會情況。備：措施。
② 寬緩之政：寬鬆和緩的政治措施，指儒家以仁義治國的政治措施。急世：劇烈變革的時代。
③ 轡（pèi）：駕馭牲口用的韁繩。策：馬鞭。駻（hàn）馬：烈馬。
④ 這是不明智造成的禍患。知（zhì）：後作"智"。

⑤ 稱:稱贊。兼愛天下:愛天下所有人。則視民如父母:一説當作"則視民如父母之愛子"(參陳奇猷説)。視:看待,對待。
⑥ 然:這樣。
⑦ 司寇:古代官名,掌管刑獄、糾察等事。
⑧ 舉樂(yuè):演奏音樂。
⑨ 報:判決。涕:眼淚。
⑩ 這些是他們頌揚先王的地方。舉:頌揚,推崇。
⑪ 治:治理得好,太平。
⑫ 由此推論。
⑬ 亂:關係不和睦。
⑭ 情性:本性。莫先於父母:沒有什麽愛能超過父母疼愛子女的。
⑮ 子女都受父母疼愛,可是家庭未必就是和睦的。見愛:受到疼愛。治:(家)治理得好。
⑯ 雖然愛得很深,哪能就不亂呢(仍有亂生)?奚:爲何。遽(jù):就。
⑰ 過:超過。
⑱ (父母那麽疼愛兒女)兒女未必就不犯上忤逆,那麽民衆怎麽就一定能治理得好呢?
⑲ 且夫:表示進一層議論,相當於"再説"。以:介詞,依據。此以效仁,非以爲治:只是用這個來顯示仁愛罷了,並不是真的要用這個進行治理。效:呈現,表現。以:用,拿。
⑳ 仁也:是出於仁的考慮。法也:是執法的需要。
㉑ 先王首先實行法制,不會任從哭泣同情(而廢棄刑法)。勝:施行。聽:任從,順從。
㉒ 那麽仁不能用來治國,道理也就很清楚了。

　　且民者固服於勢,寡能懷於義①。仲尼,天下聖人也②,修行明道以遊海内③,海内説其仁,美其義④,而爲服役者七十人⑤,蓋貴仁者寡,能義者難也⑥。故以天下之大,而爲服役者七十人,而仁義者一人⑦。魯哀公,下主也⑧,南面君國⑨,境内之民莫敢不臣⑩,民者固服於勢。誠易以服人⑪,故仲尼反爲臣,而哀公顧爲君⑫。仲尼非懷其義,服其勢也⑬。故以義則仲尼不服於哀公,乘勢則哀公臣仲尼⑭。今學者之説人主也，不乘必勝之勢，而務行仁義則可以王⑮，是求人主之必及仲尼⑯，而以世之凡民皆如列徒⑰，此必不得之數也⑱。

說明民衆原本就屈服於權勢，不會被仁義感化，以仁義治國是不能實現的空談。

① 固：本來。勢：強力；權勢。寡：少。懷於義：歸附仁義。
② 仲尼：孔子的字。
③ 修行：修養德行。明道：彰明正道（指儒家之道）。遊海内：周遊天下。
④ 説（yuè）：喜歡，這個意義後來寫作"悦"。義：道義學説。美：用作意動，認爲⋯⋯美。
⑤ 爲服役者：爲他服役的人，指門人。
⑥ 蓋：表示推測。貴：以⋯⋯爲貴，推崇。能義者難：能實行道義的人難得。
⑦ 仁義者：真正實行仁義的人。一人：指孔子。
⑧ 魯哀公：名蔣，春秋末、戰國初魯國國君。下主：才智低下的君主。
⑨ 南面：古代國君臨朝時坐北朝南，故以"南面"稱君王之位。君：名詞用作動詞，做君主治理。
⑩ 臣：名詞用作動詞，稱臣服從。
⑪ 此句當作"勢誠易以服人"。誠：確實。易以服人：容易用來制服人。
⑫ 顧：反而，却。
⑬ 仲尼不是歸附於魯哀公的仁義，而是屈服於他的權勢。
⑭ 憑仁義，那麼仲尼不會屈服於魯哀公；憑權勢，魯哀公就能叫仲尼臣服。乘：憑藉。臣：使⋯⋯爲臣。
⑮ 學者：有學問的人，這裏指儒家學派的人。説（shuì）：説服。務行：致力於推行。王（wàng）：稱王治天下。"不乘⋯⋯可以王"是游說人主的言論。
⑯ 這是要求天下的君主一定要像仲尼那樣。及：趕上，達到。
⑰ 凡民：普通民衆。列徒：指孔子的門人。列：衆。
⑱ 這一定是不能實現的道理。得：實現，行得通。數：道理。

閱讀文選

王制（《荀子》）

【説明】《王制》集中體現荀子的治國之道，提出了實行"王者之政"的基本理念和一系列方針政策和舉措，還對王、霸、安存、危殆、滅亡等不同政治狀況進行了分析。這裏節選其中的兩段。

馬駭輿，則君子不安輿①；庶人駭政，則君子不安位②。馬駭輿，則莫若靜之③；庶人駭政，則莫若惠之④。選賢良，舉篤敬⑤，興孝弟⑥，收孤寡，補貧窮⑦，如是則庶人安政矣⑧。庶人安政，然後君子安位。傳曰："君者舟也，庶人者水也；水則載舟，水則覆舟⑨。"此之謂也。故君人者⑩，欲安，則莫若平政愛民矣⑪；欲榮，則莫若隆禮敬士矣⑫；欲立功名，則莫若尚賢使能矣⑬。是君人者之大節也⑭。三節者當⑮，則其餘莫不當矣；三節者不當，則其餘雖曲當⑯，猶將無益也。孔子曰："大節是也，小節是也⑰，上君也；大節是也，小節一出焉一入焉⑱，中君也；大節非也，小節雖是也，吾無觀其餘矣⑲。"

文章以"馬駭輿"切入，引出庶人"載舟""覆舟"的警告，對後世當權者有深遠的影響。

① 馬駭(hài)輿：馬駕車受驚躁動。駭：馬受驚。不安輿：不能安穩地坐在車上。
② 駭政：因爲政事而驚駭騷動。不安位：在君位之上無法安穩。
③ 靜之：使馬安靜下來。
④ 惠之：施加恩惠給他們。

⑤ 舉篤(dǔ)敬：選拔忠實敬慎的人。敬：嚴肅，不苟且。
⑥ 興孝弟(tì)：提拔有孝悌之道的人。弟：後作"悌"，順從兄長。
⑦ 收：收養。補：幫助。
⑧ 如是：像這樣。
⑨ 則：能。覆：翻倒。
⑩ 君人：做人的君主。
⑪ 平政：使政事修明。
⑫ 榮：繁榮昌盛。隆禮：尊崇禮法。隆：高起。
⑬ 尚賢：尊崇賢士。使能：任用有才幹的人。
⑭ 節：關鍵。
⑮ 三節者：指"平政愛民""隆禮敬士""尚賢使能"。當(dàng)：得當；不偏離。
⑯ 曲當：方方面面都得當。曲：委曲周全。
⑰ 是：正確。小節：次要的方面。
⑱ 一出焉一入焉：有的正確，有的不正確。
⑲ 無觀其餘：不用看其餘的方面。意思是不用看其餘的方面就知道是下等的君主了。

∙∙∙∙∙∙∙∙∙∙∙

水火有氣而無生①，草木有生而無知②，禽獸有知而無義③，人有氣、有生、有知，亦且有義，故最為天下貴也。力不若牛，走不若馬，而牛馬為用，何也④？曰：人能群⑤，彼不能群也。人何以能群？曰：分⑥。分何以能行⑦？曰：義。故義以分則和⑧，和則一⑨，一則多力，多力則彊，彊則勝物⑩；故宮室可得而居也⑪。故序四時、裁萬物、兼利天下⑫，無它故焉，得之分義也⑬。

故人生不能無群，群而無分則爭，爭則亂，亂則離，離則弱，弱則不能勝物；故宮室不可得而居也。不可少頃舍禮義之謂也⑭。能以事親謂之孝，能以事兄謂之弟，能以事上謂之順，能以使下謂之君。君者，善群也⑮。群道當則萬物皆得其宜⑯，六畜皆得其長，群生皆得其命⑰。故養長時則六畜育⑱,殺生時則草木殖⑲,政令時則百姓一,賢良服⑳。

　　荀子認爲萬物中人最高貴,這是因爲人有禮義;人能勝過別的動物,是因爲人能結合爲社會羣體;結合爲社會羣體的根本原則是區分等級地位。

① 氣:古人認爲氣是構成萬物的原始物質。生:生命。
② 知:感知。
③ 義:禮義。
④ 爲用:被人所用。
⑤ 羣:用作動詞,結合成社會羣體。
⑥ 分(fèn):尊卑親疏等的等級名位。一説等級名位的區分。
⑦ 何以能行:怎麼能行得通。
⑧ 所以用禮義的標準區分等級地位人們的關係就和諧。
⑨ 一:齊心一致。
⑩ 物:外物(禽獸、自然災害之類)。
⑪ 楊倞注:"物不能害,所以安居。"
⑫ 依照四季的順序安排活動,裁制(增減取捨)養成萬物,使天下人都受益。
⑬ 得之分義:得之於等級關係的準則。
⑭ 不可少頃舍禮義之謂:這是説不可片刻捨棄禮義。"不可少頃舍禮義"作動詞"謂"的賓語前置。
⑮ 君主就是善於使人們(按照一定等級)結合爲羣體。
⑯ 羣道當(dàng):使人們結合爲羣體的原則得當。得其宜:得到適宜的處置。
⑰ 六畜:牛、馬、豬、羊、雞、犬。羣生:各種生物。命:應有的壽命。
⑱ 養長(zhǎng)時:養殖適時。
⑲ 殺生時:砍伐適時。殖:繁殖茂盛。
⑳ 政令時:政策法令適時。一:齊心一致。服:心悦誠服。

更法（《商君書》）

【説明】《商君書》又稱《商君》《商子》，戰國時商鞅及其後學著作的彙編。《漢書·藝文志》著録二十九篇，今存二十四篇。書中闡述商鞅對法令制定和實施的認識以及有關變法的主張。《更法》是第一篇，商鞅鮮明地提出"當時而立法，因事而制禮"的立法理念（參《史記·商君列傳》《新序·善謀》）。商鞅（約前390—前338），衞國人，公孫氏，名鞅，又稱衞鞅。後因戰功封於商（在今陝西）十五邑，號商君，因稱商鞅。

選文據諸子集成本《商君書》（中華書局一九五四年版）。

孝公平畫①，公孫鞅、甘龍、杜摯三大夫御於君，慮世事之變，討正法之本②，求使民之道。

君曰："代立不忘社稷③，君之道也；錯法務民主張，臣之行也④。今吾欲變法以治，更禮以教百姓，恐天下之議我也。"公孫鞅曰："臣聞之：'疑行無成⑤，疑事無功。'君亟定變法之慮，殆無顧天下之議之也⑥。且夫有高人之行者，固見負於世⑦；有獨知之慮者，必見驚於民⑧。語曰：'愚者闇於成事，知者見於未萌⑨。民不可與慮始，而可與樂成⑩。'郭偃之法曰⑪：'論至德者不和於俗⑫，成大功者不謀於衆。'法者所以愛民也，禮者所以便事也。是以聖人苟可以彊國，不法其故；苟可以利民，不循其禮。"孝公曰："善。"

甘龍曰："不然。臣聞之：'聖人不易民而教⑬，知者不變法而治。'因民而教者⑭，不勞而功成；據法而治者，吏習而民安⑮。今若變法，不循秦國之故，更禮以教民，臣恐天下之議君，願孰察之。"

公孫鞅曰："子之所言，世俗之言也。夫常人安於故習，學者溺於所聞⑯。此兩者所以居官而守法，非所與論於法之外也⑰。三代不同禮而王，五霸不同法而霸。故知者作法，而愚者制焉⑱；賢者更禮，而不肖者拘焉⑲。拘禮之人，不足與言事；制法之人，不足與論變。君無疑矣。"

杜摯曰："臣聞之：'利不百，不變法；功不十，不易器。'臣聞法古無過，循禮無邪。君其圖之。"

公孫鞅曰："前世不同教，何古之法⑳？帝王不相復㉑，何禮之循？伏羲、神農教而不誅，黃帝、堯、舜誅而不怒㉒。及至文、武，各當時而立法，因事而制禮。禮法以時而定，制令各順其宜，兵甲器備各便其用。臣故曰：'治世不一道，便國不必法古。'湯、武之王也，不脩古而興㉓；夏、殷之滅也，不易禮而亡。然則反古者未可必非，循禮者未足多是也㉔。君無疑矣。"

孝公曰："善。吾聞窮巷多怪，曲學多辨㉕。愚者笑之，智者哀焉；狂夫之樂，賢者喪焉㉖。拘世以議，寡人不之疑矣。"於是遂出《墾草令》㉗。

① 孝公：秦孝公（前381—前338），戰國時秦國國君，前361—前338年在位。平畫：評議謀劃。平：後通作"評"。
② 御：陪侍。討：探討。正：一說"政"。
③ 代立：繼承君位。
④ 錯法務民主張：制定法令要致力於彰顯君主的意圖。錯：通"措"，設置。民：當作"明"。主張：當作"主長"，君主。行：遵行的道理。
⑤ 疑行：行動猶疑。成：一本作"名"。
⑥ 亟(jí)：趕快。殆：副詞，表示祈使，一定(要)；必。
⑦ 高人：超出其他人。見負於世：被世人反對。負：相背。見負：一本作"見非"。
⑧ 鶩：通"謷(áo)"，詆毀。
⑨ 愚昧的人在事成之後仍不明白所以，智者在事情發生之前就能明察。
⑩ 慮始：謀劃事情如何開始。樂成：享受成果。
⑪ 郭偃：春秋時晉國大夫，輔佐晉文公變法。

⑫ 至德:最高道德。和:附和。
⑬ 易民:改變民衆的觀念習慣。教:施行教化。
⑭ 因:順應。
⑮ 習:熟悉;熟練。
⑯ 溺:沉溺;不能擺脱。
⑰ 法之外:法令條文以外的大原則。
⑱ 作:創製。制:(受)制約。
⑲ 拘:拘泥。
⑳ 何古之法:"何古"作動詞"法"的賓語前置。
㉑ 復:因襲。
㉒ 怒:過。指懲罰之重超過罪行。
㉓ 脩:當作"循"。
㉔ 是:疑爲衍文。
㉕ 恔:同"吝",鄙俗;淺陋。曲學:學識範圍狹小。辨:通"辯",巧辯。
㉖ 笑之:當作"之笑"。喪:沮喪;悲哀。
㉗ 墾草令:開墾荒地的法令。

練習十二

一、熟讀本單元講過的文章。
二、閱讀本單元的閱讀文選。
三、給下面句子中加點的字注音:
  1. 故人主欲得善射,射遠中微,則莫若羿、蠭門矣。(《荀子·王霸》)
  2. 其用知甚簡,其爲事不勞而功名致大,甚易處而綦可樂也。(《荀子·王霸》)
  3. 如是,則舜、禹還至,王業還起,功壹天下。(《荀子·王霸》)
  4. 順人之情,必出於争奪,合於犯分亂理而歸於暴。(《荀子·性惡》)
  5. 故枸木必將待檃栝烝矯然後直,鈍金必將待礱厲然後利。(《荀子·性惡》)

6. 故繩直而枉木斲,準夷而高科削,權衡縣而重益輕,斗石設而多益少。(《韓非子·有度》)

四、解釋下面句子中加點的詞:
1. 臣使諸侯,一天下,是又人情之所同欲也。(《荀子·王霸》)
2. 名聲若日月,功績如天地,天下之人應之如景嚮。(《荀子·王霸》)
3. 今之人,化師法、積文學、道禮義者爲君子。(《荀子·性惡》)
4. 故工人斲木而成器,然則器生於工人之僞,非故生於人之性也。(《荀子·性惡》)
5. 今人之性,固無禮義,故彊學而求有之也。(《荀子·性惡》)
6. 先王以三者爲不足,故舍己能而因法數,審賞罰。(《韓非子·有度》)
7. 故矯上之失,詰下之邪,治亂決繆,絀羨齊非,一民之軌,莫如法。(《韓非子·有度》)
8. 王乃使玉人理其璞而得寶焉,遂命曰"和氏之璧"。(《韓非子·和氏》)
9. 主用術,則大臣不得擅斷,近習不敢賣重。(《韓非子·和氏》)
10. 夫古今異俗,新故異備,如欲以寬緩之政治急世之民,猶無轡策而御駻馬。(《韓非子·五蠹》)
11. 海內説其仁,美其義,而爲服役者七十人。(《韓非子·五蠹》)
12. 魯哀公,下主也,南面君國,境內之民莫敢不臣。(《韓非子·五蠹》)

五、把下面的句子譯成現代漢語:
1. 夫貴爲天子,富有天下,名爲聖王,兼制人,人莫得而制也。(《荀子·王霸》)
2. 無卹親疏,無偏貴賤,唯誠能之求。(《荀子·王霸》)
3. 今人之性,生而有好利焉;順是,故爭奪生而辭讓亡焉。(《荀子·性惡》)
4. 今人之性惡,必將待師法然後正,得禮義然後治。(《荀子·性惡》)
5. 凡性者,天之就也,不可學,不可事。(《荀子·性惡》)
6. 孟子曰:"今人之性善,將皆失喪其性故也。"(《荀子·性惡》)
7. 故聖人化性而起僞,僞起而生禮義,禮義生而制法度。(《荀子·

性惡》）

8. 遠在千里外，不敢易其辭；勢在郎中，不敢蔽善飾非。（《韓非子·有度》）
9. 夫人臣之侵其主也，如地形焉，即漸以往，使人主失端。（《韓非子·有度》）
10. 刑過不避大臣，賞善不遺匹夫。（《韓非子·有度》）
11. 吾非悲刖也，悲夫寶玉而題之以石，貞士而名之以誑，此吾所以悲也。（《韓非子·和氏》）
12. 司寇行刑，君爲之不舉樂；聞死刑之報，君爲流涕。（《韓非子·五蠹》）

六、給下面的文獻各列出一種重要的古注：

《詩經》《論語》《左傳》《國語》《墨子》《老子》《莊子》《孟子》《荀子》《韓非子》《楚辭》《漢書》《三國志》《世說新語》

常用詞

備　覆　感　回　就　論　器　情　遂
　　題　天　僞　相　因　制

1. 備

《廣韻·至韻》："備，具也。"（應對的辦法、條件、設施等）具備，完全具有。《荀子·天論》："養備而動時，則天不能病。"（病：損害。）雙音詞有[齊備]。成語有[德才兼備]。引申謂無遺漏的，齊全的。《左傳·僖公二十八年》："險阻艱難，備嘗之矣。"《資治通鑑·班超出使西域》："鄯善王廣奉超禮敬甚備，後忽更疏懈。"成語有[求全責備]。引申爲事先做籌劃安排，準備。《尚書·説命中》："有備無患。"《孫子·計》："攻其無備，出其不意。"轉指應對的辦法、條件、設施等。《韓非子·五蠹》："夫古今異俗，新故異備。"《國語·周語上》："有攻伐之兵，有征討之備。"

2. 覆

《説文》:"覆,覂(fěng)也。"翻轉,顛倒過來。《荀子·王制》:"君者舟也,庶人者水也,水則載舟,水則覆舟。"《莊子·逍遙遊》:"覆杯水於坳堂之上,則芥爲之舟。"成語有[天翻地覆]。由翻倒抽象引申爲敗亡;滅亡。《論語·陽貨》:"惡利口之覆家邦者。"(利口:巧言善辯。)《左傳·哀公八年》:"今子以小惡而欲覆宗國,不亦難乎?"雙音詞有[覆滅]。由翻過來引申爲覆蓋。《莊子·天下》:"天能覆之而不能載之。"《漢書·鄒陽傳》:"故功業覆於天下。"

3. 感

《説文》:"感,動人心也。"感動。《禮記·樂記》:"樂也者,聖人之所樂也,而可以善民心,其感人深。"泛指觸動。《周易·咸卦》:"天地感而萬物化生。"(感:交互觸動産生作用。)《荀子·性惡》:"若夫目好色,耳好聲,口好味,心好利,骨體膚理好愉佚,是皆生於人之情性者也;感而自然,不待事而後生之者也。"雙音詞有[感應]。用作名詞,指受到觸動後引起的心理反應。江淹《別賦》:"是以行子斷腸,百感悽惻。"雙音詞有[感慨][感覺]。

4. 回

《説文》:"回,轉也。"旋轉;回繞。《楚辭·九章·悲回風》:"悲回風之搖蕙兮,心冤結而内傷。"(回風:旋風。)郭璞《江賦》:"圓淵九回以懸騰。"成語有[峰回路轉]。引申爲轉到相反的方向;轉變。《楚辭·離騷》:"回朕車以復路兮,及行迷之未遠。"賈誼《陳政事疏》:"使天下回心而鄉道。"由此引申爲返回。王翰《涼州詞》:"醉臥沙場君莫笑,古來征戰幾人回!"

5. 就

《廣韻·宥韻》:"就,即也。"靠近;去到……位置上。《周易·乾卦》:"同聲相應,同氣相求,水流濕,火就燥。"《史記·封禪書》:"至東萊,言夜見大人,長數丈,就之則不見。"《三國志·吳書·陸遜傳》:"太元元年就都治病。"雙音詞有[就任][就座]。去到一個位置表示到達一個終點,引申爲完成;成就。《荀子·性惡》:"凡性者,天之就也。"蘇軾《留侯論》:"彼其能有所忍也,然後可以就大事。"成語有[功成名就]。

6. 論

《說文》:"論,議也。"研討解析。《尚書·周官》:"立太師、太傅、太保,茲惟三公,論道經邦,燮理陰陽。"(經邦:經理國家。燮理:治理。)《韓非子·五蠹》:"論世之事,因爲之備。"《呂氏春秋·察傳》:"凡聞言必熟論,其於人必驗之以理。"引申爲評論;評定。《商君書·禁使》:"故論功察罪,不可不審也。"《韓非子·和氏》:"和雖獻璞而未美,未爲主之害也,然猶兩足斬而寶乃論,論寶若此其難也!"由此引申爲定罪;判罪。《史記·呂太后本紀》:"其羣臣或竊饋,輒捕論之。"《明史·周新傳》:"聞商語,夜取之。妻與所私皆論死。"用作名詞,指解析的言論;見解。《文子·守弱》:"故士有一定之論,女有不易之行。"雙音詞有[輿論][立論]。

7. 器

《說文》:"器,皿也。"器具;器物。《荀子·性惡》:"故工人斲木而成器。"《老子》五十七章:"民多利器,國家滋昏。"器具都有一定的功用,由此引申爲人的才能,才幹。《周易·繫辭下》:"君子藏器於身,待時而動。"《後漢紀·章帝紀下》:"(陳寵)若以歲月言之,宜蒙受功勞之報;以才量言之,應受器用之賞。"又轉指人才。《三國志·蜀書·蔣琬傳》:"蔣琬,社稷之器,非百里之才也。"成語有[大器晚成]。用作動詞,把……看作器,看重。《三國志·蜀書·諸葛亮傳》:"劉表長子琦亦深器亮。"(琦:人名。)雙音詞有[器重]。器具有尺度,容器有容量,引申爲度量。《論語·八佾》:"管仲之器小哉!"雙音詞有[器量][器局]。

8. 情

"情"指感情。《荀子·正名》:"性之好、惡、喜、怒、哀、樂謂之情。"李賀《金銅仙人辭漢歌》:"天若有情天亦老。"成語有[情不自禁]。情與性密切相關,轉指人的本性。《荀子·性惡》:"今人之性,飢而欲飽,寒而欲煖,勞而欲休,此人之情性也。"又:"夫子之讓乎父,弟之讓乎兄,子之代乎父,弟之代乎兄:此二行者,皆反於性而悖於情也。"(二行:指"讓"和"代"兩種行爲。)由性情的真實引申爲實情;真實的情況。《周易·繫辭下》:"於是始作八卦,以通神明之德,以類萬物之情。"《史記·高祖本紀》:"列侯諸將無敢隱朕,皆言其情。"雙音詞有[情僞][情勢]。

9. 遂

《廣雅・釋詁一》："遂，行也。"行進。《周易・大壯》："羝羊觸藩，不能退，不能遂。"（藩：籬笆。）張鷟《朝野僉載》卷一："（青州刺史劉仁）除名爲民，遂遼東効力。"引申爲到達；通達。《呂氏春秋・圜道》："遂於四方。"《淮南子・精神訓》："能知大貴，何往而不遂？"由通達引申爲完成；成就。《史記・司馬相如列傳》："長卿久宦遊不遂，而來過我。"《資治通鑑・班超出使西域》："今以超爲軍司馬，令遂前功。"成語有［功成名遂］。由通達由又引申爲順暢；順利（成長）。《韓非子・難二》："六畜遂，五穀殖。"《漢書・禮樂志》："青陽開動，根荄（gāi）以遂。"（青陽：春天。荄：草根。）由此引申爲順應；符合。《史記・李斯列傳》："斷而敢行，鬼神避之，後有成功。願子遂之。"《晉書・王羲之傳》："今僕坐而獲逸，遂其宿心，其爲慶幸，豈非天賜！"雙音詞有［遂心］［遂願］。

10. 題

《説文》："題，額也。"額頭。《韓非子・解老》："是黑牛而白題。"引申指物體的前端；物體端頭。《孟子・盡心下》："堂高數仞，榱（cuī）題數尺。"（榱：屋椽。）物體的前端是物體首先顯現的部分，抽象引申指事物的標記。《晉書・郭翻傳》："欲墾荒田，先立表題。"特指起標記作用的文章題目。《宋史・晏殊傳》："臣嘗私習此賦，請試他題。"雙音詞有［標題］。用作動詞：標記爲；評價爲。《韓非子・外儲説右上》："夫馬似鹿者而題之千金。"又《和氏》："吾非悲刖也，悲夫寶玉而題之以石，貞士而名之以誑，此吾所以悲也。"雙音詞有［品題］。特指題署（作標記）。《世説新語・方正》："太極殿始成，王子敬時爲謝公長史，謝送版，使王題之。"

11. 天

《説文》："天，顚也。"人頭；頭頂。《山海經・海外西經》："刑天與帝爭神，帝斷其首。"（刑天：斷其首所以稱刑天。）由頭的至高無上轉指天空。《詩經・唐風・綢繆》："三星在天。"泛指天體；天象；自然。《史記・太史公自序》："命南正重以司天。"（南正：上古官名。重：人名。）《荀子・天論》："天行有常，不以堯存，不以桀亡。"引申謂自然的，天然的。《莊子・秋水》："牛馬四足，是謂天。"又《山木》："此木以不材得終其天年。"雙音詞有[天性][天資]。由天象的變化轉指天時;季節;一晝夜的時間。《孫子·計》:"天者,陰陽、寒暑、時制也。"杜甫《春日憶李白》詩:"渭北春天樹,江東日暮雲。"

12. 偽

《廣雅·釋詁二》:"偽,為也。"人為;人為的。《荀子·性惡》:"不可學、不可事而在人者謂之性,可學而能、可事而成之在人者謂之偽。"又:"人之性惡,其善者偽也。"後天人為而失去本真,引申為虛假的;真相被掩蓋的。《周易·繫辭下》:"情偽相感而利害生。"(情:實情)《漢書·宣帝紀》:"使真偽毋相亂。"《後漢書·隗囂傳》:"(王莽)矯託天命,偽作符書,欺惑衆庶,震怒上帝。"成語有[去偽存真]。由此引申為非正統的;非法的。李密《陳情表》:"臣少事偽朝,歷職郎署。"

13. 相(xiàng)

《說文》:"相,省視也。"察看。《韓非子·說林下》:"伯樂教其所憎者相千里之馬。"《史記·周本紀》:"及為成人,遂好耕農,相地之宜,宜穀則稼穡矣。"由察視的對象轉指形貌;外觀。《荀子·非相》:"術正而心順之,則形相雖惡而心術善,無害為君子也。"《史記·李將軍列傳》:"豈吾相不當侯邪?且固命也?"雙音詞有[長相][月相]。察視是目與所視物的交接,清段玉裁認為由此引申為扶助;輔佐。《左傳·昭公元年》:"樂桓子相趙文子。"王安石《遊褒禪山記》:"至於幽暗昏惑而無物以相之,亦不能至也。"成語有[吉人天相]。用作名詞,指扶助別人的人(如導引盲人的人、贊禮的人等);特指輔佐帝王國君的百官之長。《史記·魏世家》:"家貧則思良妻,國亂則思良相。"

14. 因

"因"的本義是席墊。這個意思《說文》作"茵",解釋為"車重席"。文獻又作"鞇"。席墊是襯墊坐臥的用具,由此引申為憑藉。《孟子·離婁上》:"為高必因丘陵,為下必因川澤。"(為高:築高臺。)蘇軾《超然臺記》:"而園之北,因城以為臺者舊矣。"成語有[因人成事]。由依憑引申為順應;順隨。《商君書·更法》:"及至文、武,各當時而立法,因事而制禮。"《莊子·養生主》:"批大郤,道大窾,因其固然。"順隨而不改變,引申為沿襲;承襲。《論語·為政》:"殷因於夏禮,所損益可知也。"(損益:增減。)

《論衡·書虛》：“二帝之道，相因不殊。”雙音詞有[因襲][因循]，成語有[陳陳相因]。由事情變化憑藉的條件引申指原因。《漢書·王商傳》：“自古無道之國，水猶不冒城郭。今政治和平，世無兵革，上下相安，何因當有大水一日暴至？此必訛言也。”由憑藉虛化爲介詞，因爲。柳宗元《三戒·永某氏之鼠》：“因愛鼠，不畜貓犬。”

15. 制

《說文》：“制，裁也。”（依照一定的形制度量）裁割；裁斷。《戰國策·齊策四》：“夫玉生於山，制則破焉。”《淮南子·主術訓》：“賢主之用人也，猶巧工之制木也。”雙音詞有[裁制]。裁割依照一定的度量規制，引申爲規定。《左傳·襄公二十八年》：“且夫富，如布帛之有幅焉，爲之制度，使無遷也。”（度：法規。）《孟子·梁惠王上》：“是故明君制民之產，必使仰足以事父母，俯足以蓄妻子。”雙音詞有[制定]。又抽象引申爲控制；裁決。《韓非子·功名》：“桀爲天子，能制天下，非賢也，勢重也。”《史記·呂太后本紀》：“不稱元年者，以太后制天下事也。”《後漢書·梁冀傳》：“（孫）壽性鉗忌，能制御冀，冀甚寵憚之。”雙音詞有[制約]。裁割是有目標的加工，引申爲造作，製作。《詩經·豳風·東山》：“制彼裳衣，勿士行枚。”《史記·趙世家》：“因事而制禮。”用作名詞，指具有規定性的法式、形制；抽象引申指制度。《周禮·考工記·弓人》：“弓長六尺有六寸，謂之上制，上士服之；弓長六尺有三寸，謂之中制，中士服之；弓長六尺，謂之下制，下士服之。”范仲淹《岳陽樓記》：“乃重修岳陽樓，增其舊制。”《左傳·鄭伯克段于鄢》：“先王之制，大都不過參國之一。”【提示】《集韻·祭韻》：“製，謂裁衣也。”《楚辭·離騷》：“製芰荷以爲衣兮。”“製”和“制”都有裁割的意思。“制”偏重於限定不越界，“製”側重於製作。二字同源。

古漢語常識

古書的注解（上）

閱讀古書，我們需要參考各種注解。我們看到的注解有兩類：今人作的注和古人作的注。今人作的注是用現代漢語寫的，還加了標點，比較好懂。但只看今注是遠遠不夠的，要真正提高閱讀古書能力，還必須參考古注。因爲從數量上看，中國的古書浩如煙海，加了今注的只是其中的一小部分，而古人對很多古書都是作了注釋的。更重要的是，即使加了今注的古書，閱讀時也離不開古注。因爲今注是在古注的基礎上寫出來的。再說古書中有些地方往往有多種理解，需要我們參考各種注解做出自己的判斷。比如《論語·先進》中一句話：

　　冠者五六人，童子六七人，浴乎沂，風乎舞雩，詠而歸。

句中的"風"字，有的今注說："風，這裏用作動詞。乘涼。"這個解釋來自三國魏何晏的《論語集解》。《集解》說："浴乎沂水之上，風涼於舞雩之下。"後來朱熹的《集注》就直接說："風，乘涼也。"漢代王充在《論衡·明雩篇》裏對這種解釋提出了疑問。他的理由是，暮春那個季節，魯國那個地方"尚寒"，"安得浴而風乾身？"他認爲"風"是"歌（歌詠）"的意思，"詠而歸"是"詠歌饋祭"的意思。這段話描寫的是雩祭的情景。關於"浴"字，又有人說實際上是"沿"字（"浴"和"沿"字形相近），"風"是放的意思（"風"和"放"聲音相近），"放"有至（到）的意思，這又是一種說法。朱熹《集注》："浴乎沂，盥濯也。今上巳祓除是也。"朱熹的解釋可能是本於漢人。《禮記·月令》："天子始乘舟，薦鮪于寢廟。"蔡邕《月令章句》："陽氣和暖，鮪魚時至，將取以薦寢廟，故因是乘舟，禊於名川也。《論語》：'冠者五六人，童子六七人，浴乎沂，風乎舞雩，詠而歸。'自上及下，古有此禮。今三月上巳祓禊於水濱，蓋出於此。"程樹德《論語集釋》認爲這個解釋"說最近理"。可見，我們需要多知道幾種解釋，細心比較，纔能作出恰當的判斷。

一　古注的概況

　　爲什麽古人還要給古書作注釋呢？這是因爲語言在不斷地變化，前人寫的書，有一些後人就讀不懂了。清代學者戴震在《爾雅文字考序》中說：“昔之婦孺聞而輒曉者，更經學大師轉相講授仍留疑義，則時爲之也。”意思是說，古人說的話，當時的婦女小孩都能懂，後來雖然經過學者的講授，仍然有叫人疑惑的地方，這是時代變化造成的。所以從很早時候起，中國的古書裏就有對詞語的解釋。如：

　　（1）季康子問政於孔子。孔子對曰：“政者，正也。子帥以正，孰敢不正？”（《論語·顏淵》）

　　（2）無財謂之貧。（《老子》三十八章）

　　（3）凡師，有鐘鼓曰伐，無曰侵，輕曰襲。（《左傳·莊公二十九年》）

　　（4）老而無妻曰鰥，老而無夫曰寡，老而無子曰獨，幼而無父曰孤。（《孟子·梁惠王下》）

第（1）例，孔子用端正解釋政治（“正”跟“政”讀音相同），這是用一個詞解釋另一個詞；後三例，都是用一個短語解釋一個詞。第（3）（4）例分別解釋了兩組同義詞，辨析得很清楚。

　　上面的例子，都是散見於古書中的一些零星的材料，並不是專門給一部書作的注。中國古代大規模的注釋工作始於漢代，出現了很多有名的注釋家。如毛亨（給《詩經》作注）、孔安國（給《尚書》作注）、馬融（給《周易》《尚書》《毛詩》《論語》《三禮》等作注，今不存）、鄭玄（給《周易》《尚書》《毛詩》《論語》《三禮》等作注）、高誘（給《戰國策》《淮南子》《呂氏春秋》作注）、王逸（給《楚辭》作注）、趙岐（給《孟子》作注）等。他們生活的時代離先秦比較近，所作的注解至今還有很高的參考價值。如果沒有他們的工作，先秦的古書我們很難讀懂。

　　魏晉南北朝時期，玄學盛行，思想比較開放，古書注釋的規模進一步擴大。這一時期，先秦一些著名的子書和史書都有學者進行了注釋。如何晏的《論語集解》、王弼的《周易注》《老子注》、郭象的《莊子注》、杜預的《春秋左氏經傳集解》、韋昭的《國語解》、裴松之的《三國志注》、郭璞的《爾雅注》等。到了唐代，國家統一，經濟發展，在古籍的整理方面學者們也做了大量的工作，其中最著名的是孔穎達。他奉唐太宗之命撰寫《五經正義》(包括《周易》《尚書》《詩經》《禮記》《春秋左傳》)，影響巨大。這一時期，顏師古的《漢書注》、楊倞的《荀子注》、李善的《文選注》、成玄英的《莊子疏》都很有名。宋代成就最大的注釋家是朱熹，他撰寫的《四書章句集注》《詩集傳》《周易本義》《楚辭集注》，簡潔明白，平易暢達，至今仍然有重要的參考價值。

清代是古籍整理的高峰時期，這一時期的特點是學者多、規模大、質量高。有清一代，中國傳統的音韻、文字、訓詁之學發展到了一個前所未有的高度，學者們學有根柢，學風嚴謹，注重證據，不尚空談，涌現出一大批高質量的古籍注釋。我們現在看到的《諸子集成》《新編諸子集成》，相當大的一部分都是清人的著作。

二　古注的名稱

給古書做注，今天常用的名稱是注、注釋；而古人的注名稱很多，如"傳""注""箋""疏""正義""集解""章句""義疏"等。對其中一些常見的名稱，我們要有所了解。

1. 傳(zhuàn)　傳是漢代經師訓釋先秦經典文獻的一種體式。孔穎達說："傳者，傳通其義也。"(《詩經·周南·關雎》篇題"訓詁傳"孔穎達疏)傳是傳述、傳達的意思，也就是以今言傳達古言。漢代把一些儒家經典稱爲經(如《詩經》《尚書》《周易》等)，傳就是對經的解釋，主要在於闡明經義，所謂"博釋經義，傳示後人"。現在看到的傳大致有兩類：(1)以解釋字句爲主(如《毛詩故訓傳》)；(2)以增補歷史事實爲主(如《春秋左氏傳》)。傳作爲注解名稱主要指第(1)類。

2. 解詁　"詁"是以今言解釋古語，"解詁"就是解說的意思。如東漢何休《春秋公羊解詁》，清王聘珍《大戴禮記解詁》。

3. 注(也寫作"註")　注是把對古書的理解標注到原文之下，使原文的意義著明顯豁的意思。注書稱注，是從東漢鄭玄開始的。如鄭玄撰有《周禮注》《儀禮注》《禮記注》，唐李善有《文選注》、清仇兆鰲有《杜詩詳注》。注後來成爲注釋的統稱。

4. 箋、箋注　徐鍇《說文解字繫傳》"箋，今作牋，於書中有所表記之也。"箋原是表明、標記的意思。稱注釋叫箋，是從漢代鄭玄注《詩經》開始的。他稱自己的注釋叫箋，有箋記的意思：以《毛傳》爲基礎，《毛傳》有不够明白的地方就加以進一步說明，如有不認同的地方就標明自己的意見。所以《詩經》就有毛亨的傳，鄭玄的箋。今人龍榆生有《東坡樂府箋》。"箋""注"連用稱"箋注"。如清人馮浩《玉谿生詩箋注》、今人鄧廣銘《稼軒詞編年箋注》。

5. 疏 《說文》："疏，通也。"疏的意思是疏通其義，往往是對注而言；在注的基礎上進一步作解釋，既解釋經文，也解釋注文。常說的《十三經注疏》既有注，也有疏，合起來稱注疏。

6. 義疏、正義 六朝的時候，盛行一種既解釋經典原文，又解釋注文，而特別注重闡發義理的體式，叫作義疏。如南朝梁皇侃《論語義疏》（三國魏何晏注）。漢代的傳注重在字義的訓釋，義疏注重闡發義理。到了唐代，孔穎達等學者對前代的義疏進行整理，有所匡正裁定，叫作正義。如孔穎達等撰寫的《五經正義》、清人劉寶楠的《論語正義》、焦循的《孟子正義》。後人引用的時候也簡稱"疏"。

7. 章句 章句不以解釋詞義爲主，重在逐句逐章地加以串講，總括說明一段文字的大意。如東漢趙岐的《孟子章句》、王逸的《楚辭章句》。《孟子·公孫丑上》說："凡有四端於我者，知皆擴而充之矣。若火之始然，泉之始達。苟能充之，足以保四海；苟不充之，不足以事父母。"趙岐《章句》：

> 擴，廓也。凡有四端在於我者，知皆擴而充大之。若火、泉之始微小，廣大之則無所不至，以喻人之四端也。人誠能充大之，可保安四海之民；誠不充大之，內不足以事父母。言無仁義禮智，何以事父母也。

8. 集解、集釋、集注、集傳 這是把各家對同一部書的解釋匯集在一起的一種體式。古代一些重要的典籍，往往有多家的注釋，把這些注釋按一定的體例匯集在一起並加以評說，便於讀書時比較分析。如三國魏何晏的《論語集解》、宋朱熹的《詩集傳》《論語集注》《孟子集注》、宋蔡沈的《書集傳》、清郭慶藩的《莊子集釋》、王先謙的《荀子集解》。如《論語·學而》中的話："子曰：'學而時習之，不亦說乎？'"何晏《集解》：

> 馬曰：子者，男子之通稱，謂孔子也。王曰：時者，學者以時誦習之。誦習以時，學無廢業，所以爲說懌。

何晏集解中"馬曰"的"馬"指馬融,"王曰"的"王"指王肅。我們怎麽知道"馬"指馬融、"王"指王肅呢？一般説,這類注釋的序中會有説明,或是某人在注中第一次出現時用全名。

以上這些名稱,大致説來都是對字詞、語句的解釋,這是古注的大宗,是我們讀古書必須要參考的。從注釋的内容看,還有幾類也是我們要注意的。第一類是以注釋典故出處爲主,第二類是注重闡發原書的思想,第三類重在爲原書增補相關資料。

古代有些作者爲文字典雅起見,行文往往喜歡引用典故（如駢體文和賦）。如果不了解這些典故的出處,還是不容易讀懂。所以有必要對這些典故的出處作出説明,唐代李善的《文選注》就是這樣。下面是《文選注》對陶淵明《歸去來兮辭》中"攜幼入室,有酒盈罇"兩句話的注釋：

《戰國策》曰："扶老攜幼迎孟嘗君。"嵇康《贈秀才》詩曰："旨酒盈樽。"

對"富貴非吾願,帝鄉不可期"的注釋：

《大戴禮》："孔子曰：所謂賢人者,躬爲匹夫而不願富貴。"《莊子》："華封人謂堯曰：乘彼白雲至於帝鄉。"

我們看到,對"盈""罇""期"這樣一些詞,固然應當加以解釋；但是如果對一些典故的出處不加説明,也會影響到我們對文章的理解和欣賞。

中國有一類講政治、哲學的古書,就是所謂子書（如《老子》《莊子》《荀子》等）。讀這些書的時候,有時候只知道字面的意思,還是不理解作者的思想觀點。古代的注釋家在這方面也下了很大的功夫,著重分析原書的思想哲理,闡述注釋家自己的觀點。如《老子》的第二章："天下皆知美之爲美,斯惡已；皆知善之爲善,斯不善已。故有無相生,難易相成,長短相較,高下相傾,音聲相和,前後相隨。"下面是王弼的注：

美者人心之所樂進也,惡者人心之所惡疾也。美惡猶喜怒也,善不善猶是非也。喜怒同根,是非同門,故不可得而偏舉也。此六者,皆陳自然不可偏舉之明數也。

再如郭象《莊子注》對《逍遥遊》中"之二蟲又何知"的注釋：

二蟲,謂鵬蜩也。對大於小,所以均異趣也。夫趣之所以異,豈知異而異哉？皆不知所以然而然耳。自然耳,不爲也。此逍遥之大義。

閲讀《逍遙遊》一篇，最重要的是對"逍遙"二字的理解。郭象在注釋中就專門談了他對"逍遙之大義"的認識。我們還注意到，對於"二蟲"的解釋，郭象的注也不同於今天的有些注解。

我們説的第三類古注，重在爲原書增補相關資料。這方面有代表性的如酈道元的《水經注》、裴松之的《三國志注》、劉孝標的《世説新語注》等。拿裴松之的《三國志注》來説，他廣採羣書一百四十餘種（很多書今天已經看不到了），注文較《三國志》正文多出三倍，保存了大量珍貴的史料，也爲古代語言的研究提供了寶貴的資料。如《吴書·周瑜傳》講到"（黄蓋）先書報曹公，欺以欲降"，但未載書信的内容。裴注引《江表傳》：

《江表傳》載蓋書曰："蓋受孫氏厚恩，常爲將帥，見遇不薄。然顧天下事有大勢，用江東六郡山越之人以當中國百萬之衆，衆寡不敵，海内所共見也。東方將吏，無有愚智，皆知其不可。惟周瑜、魯肅偏懷淺戆，意未解耳。今日歸命，是其實計。瑜所督領，自易摧破。交鋒之日，蓋爲前部，當因事變化，效命在近。"曹公特見行人，密問之。口敕曰："但恐汝詐耳。蓋若信實，當授爵賞，超於前後也。"

第十三單元

講讀文選

吕氏春秋

《吕氏春秋》又稱《吕覽》。全書二十六卷,分十二紀、八覽、六論,共計一百六十篇。《吕氏春秋》由吕不韋集合門客編著。

吕不韋(?—前235),戰國末期政治家。衛國濮陽(今河南濮陽西南)人。他原是大商人,後來作了秦莊襄王的丞相,封爲文信侯。秦始皇即位,尊爲相國。後將其徙居蜀郡(在今四川),中途自殺身亡。《史記》有傳。

《吕氏春秋》成於衆手,匯合先秦多家學説,所以有雜家之稱。其内容以儒家、道家思想爲主,兼有名家、法家、墨家、農家以及陰陽家的學説,爲統一天下後的秦國治理國家提供了思想武器。書中用大量歷史故事、遺聞軼事説明事理,語言平易暢達。

《吕氏春秋》最早有東漢高誘的注。許維遹《吕氏春秋集釋》、陳奇猷《吕氏春秋校釋》、張雙棣等《吕氏春秋譯注》可資參考。選文據諸子集成本《吕氏春秋》(中華書局一九五四年版)。

去宥

【説明】《去宥》是《吕氏春秋・先識覽》的第七篇。"宥"通"囿"(yòu),意思是局限;"去宥"就是去除認識上的局限蔽塞。文章講了四個故事,説明認識上的偏見蔽塞使人顛倒是非，陷於悖謬，只有"去宥"纔能獲得通達正確的認識。

東方之墨者謝子將西見秦惠王，惠王問秦之墨者唐姑果①。唐姑果恐王之親謝子賢於己也②，對曰："謝子，東方之辯士也，其爲人甚險③，將奮於說以取少主也④。"王因藏怒以待之⑤。謝子至，說王，王弗聽⑥。謝子不說，遂辭而行⑦。凡聽言以求善也⑧，所言苟善，雖奮於取少主，何損⑨？所言不善，雖不奮於取少主，何益⑩？不以善爲之慤，而徒以取少主爲之悖⑪，惠王失所以爲聽矣⑫。用志若是，見客雖勞，耳目雖弊，猶不得所謂也⑬。此史定所以得行其邪也⑭，此史定所以得飾鬼以人、罪殺不辜、羣臣擾亂、國幾大危也⑮。人之老也，形益衰而智益盛⑯。今惠王之老也，形與智皆衰邪？

記述秦惠王不聽謝子的諫言，意在說明君主"聽言"應以善不善爲取捨標準。

① 墨者：信奉墨家學說的人。謝子：姓謝的人。"子"是對人的尊稱。秦惠王：戰國時秦國的國君。唐姑果：秦國的墨家人物。
② 親：親近。一本作"視"。賢：超過，勝過。
③ 辯士：口才好，能說會道的人。險：難以測度，陰險。
④ 奮於說：竭力游說。奮：用力。取少主：取得少主的歡心信任。少主：指秦惠王的太子。
⑤ 因：於是。藏怒：懷怒。
⑥ 說（shuì）：勸說，說服。
⑦ 說（yuè）：高興，這個意義後作"悅"。辭：告別。
⑧ 善：指好的、正確的意見。
⑨ 奮於：後當補"說以"二字。下句同。何損：有什麼損害。
⑩ 益：益處。
⑪ 爲（wèi）之慤（què）：認爲他忠厚老實。爲：通"謂"，認爲。慤：誠

實,忠厚。徒:只。悖:悖逆,違背道理。
⑫ 失所以爲聽:迷失了聽言的目的。
⑬ 用志若是:像這樣用心思。是:這。勞:辛苦。弊:疲憊。猶:仍然。所謂:(進言者)說話的宗旨。
⑭ 史定:秦國的史官,名定。此人史書無記載。所以得行其邪:能行其邪的原因。行其邪:做邪惡的事。指下文的"飾鬼以人""罪殺不辜"。
⑮ 飾鬼以人:用人裝扮成鬼。罪殺不辜:加罪殺害無罪的人。擾亂:騷動不安。幾(jī):接近。
⑯ 形:身體。衰:變弱。智:智力。

  荆威王學書於沈尹華,昭釐惡之①。威王好制②。有中謝佐制者③,爲昭釐謂威王曰:"國人皆曰:王乃沈尹華之弟子也。"王不說,因疏沈尹華④。中謝細人也,一言而令威王不聞先王之術⑤,文學之士不得進⑥,令昭釐得行其私⑦。故細人之言不可不察也。且數怒人主以爲姦人除路⑧;姦路以除而惡壅卻,豈不難哉⑨?夫激矢則遠⑩,激水則旱⑪,激主則悖⑫,悖則無君子矣⑬。夫不可激者,其唯先有度⑭。

  記述荆威王疏遠沈尹華,說明人主對那些挑撥離間的話要仔細考察。

① 荆威王:即楚威王,戰國時楚國的君主。書:文獻典籍。沈尹華:楚威王的臣子。昭釐(xī):楚國的公族。惡(wù):憎惡。
② 制:數術(參高誘注)。這裏似指治國的方法規則。
③ 中謝:官職名,在君主身邊侍奉的近臣。佐:幫助。
④ 說(yuè):高興。因:於是。
⑤ 細人:小人,地位卑微的人。不聞:聽不到。先王之術:先王的治國之道。術:途徑,方法。
⑥ 文學之士:研習通曉古代文獻典籍的人。不得進:不能進用。進:提拔任用。
⑦ 行其私:實現個人的企圖。
⑧ 數(shuò):屢次,多次。怒:使……怒,激怒。爲(wèi)姦人除路:

⑨ 奸人的仕進之路已開通，却又厭惡賢人的仕進之路被阻塞，豈不是很難嗎？以：通"已"。惡（wù）：厭惡。壅（yōng）却：阻塞。却：同"却"。
⑩ 把弓上的箭奮力向後拉箭就射得遠。激：激發，對物體反向用力使向前運動。
⑪ 阻遏水流，水勢就猛。激：水流因受阻而騰涌飛濺。旱：通"悍"，猛烈。
⑫ 鼓動君主，君主就會悖謬。悖：違背常理。
⑬ 無君子：沒有君子輔佐。
⑭ 不受鼓動的，大概是先有準則的人吧。其：副詞，表示測度。唯：副詞。度：法度，準則。

鄰父有與人鄰者，有枯梧樹①。其鄰之父言梧樹之不善也，鄰人遽伐之②。鄰父因請而以爲薪③，其人不説，曰④："鄰者若此其險也，豈可爲之鄰哉⑤？"此有所宥也⑥。夫請以爲薪與弗請，此不可以疑枯梧樹之善與不善也⑦。

把梧桐樹能不能做柴燒作爲梧桐樹好不好的依據，這是認識上的偏頗。

① 鄰父（fǔ）：一説二字當作"人"。父：對老年男子的尊稱。枯梧樹：乾枯的梧桐樹。
② 鄰人：當作"其人"。遽（jù）：趕快。
③ 因：於是。而：疑是衍文。薪：燒的柴。
④ 説（yuè）：高興。
⑤ 若此：像這樣。險：難以測度，陰險。爲之鄰：給他做鄰居。
⑥ 此有所宥：這是有所蔽塞。
⑦ 此不可以疑枯梧樹之善與不善：這不可以作爲猜疑梧桐樹好還是不好的依據。

齊人有欲得金者，清旦被衣冠往鬻金者之所①。見人操金,攫而奪之②。吏搏而束縛之③,問曰:"人皆在焉,子攫人之金何故?"對吏曰:"殊不見人,徒見金耳④。"此真大有所宥也。

講述齊人攫金的故事,指明齊人"徒見金"的荒唐。

① 清旦:早晨。被(pī):穿戴。鬻(yù):賣。
② 攫(jué):抓取。
③ 搏:抓住。束縛:捆綁。
④ 吏:疑是衍文。殊不見人:根本沒有看到人。殊:很,極。徒:只。

夫人有所宥者,固以晝爲昏①,以白爲黑,以堯爲桀,宥之爲敗亦大矣②。亡國之主其皆甚有所宥邪?故凡人必別宥然後知,別宥則能全其天矣③。

強調"別宥"纔能保全自身。

① 固:本來。
② 蔽塞造成的損害真是太大了。
③ 別宥:對蔽塞進行分析。知:(對事物正確地)認識。全其天:保全自身。天:身。

察傳

【説明】《察傳》是《呂氏春秋·慎行論》的第六篇。察傳的意思就是對傳言要審察明辨。文中的故事説明,很多傳聞似是而非,需要緣情循理分清真僞是非,否則會造成國亡身死的大禍。

夫得言不可以不察①。數傳而白爲黑,黑爲白。故狗似玃,玃似母猴②,母猴似人,人之與狗則遠矣。此愚者之所以大過也③。

　　聞而審④，則爲福矣；聞而不審，不若無聞矣。齊桓公聞管子於鮑叔⑤，楚莊聞孫叔敖於沈尹筮⑥，審之也，故國霸諸侯也。吳王聞越王句踐於太宰嚭⑦，智伯聞趙襄子於張武⑧，不審也，故國亡身死也。

　　列舉正反兩方面的事例，説明"得言不可以不察"。

① 得言：聽到傳説的話。一本作"聞言"。察：審察。
② 玃(jué)：一種大猴。母猴：猴的一種，又稱獼猴、沐猴。
③ 所以大過：造成大錯的原因。
④ 而：如果。審：詳查，細究。
⑤ 管子：即管仲(管夷吾)，曾幫助齊公子糾與公子小白(齊桓公)爭奪君位，失敗后作爲罪人被押解回國。齊桓公從鮑叔那裏知道他很有才幹，任用他爲相，稱霸諸侯。聞：聽到。鮑叔：即鮑叔牙，齊國的大夫。
⑥ 孫叔敖：春秋時楚國人，曾隱居海濱。由於沈尹筮(shì)的推薦，楚莊王任用他爲令尹。沈尹筮：楚國大夫。
⑦ 吳王聽信太宰嚭(pǐ)關於越王句踐求和的話。伯嚭是春秋時楚國人，擔任吳王夫差的太宰，稱太宰嚭。吳王打敗越國，太宰嚭接受越人的賄賂，勸説吳王答應越國求和，結果吳國被越王勾踐所滅。
⑧ 智伯聽信張武關於攻打趙襄子的話。智伯名瑶，是晉哀公時的卿，與韓、趙、魏並稱晉國四家。趙襄子：名無恤，晉國的卿。張武：智伯的家臣。智伯聽信張武的話，糾合韓、魏把趙襄子圍困在晉陽，結果韓、趙、魏三家暗中聯合，滅掉了智氏。

　　凡聞言必熟論，其於人必驗之以理①。魯哀公問於孔子曰②："樂正夔一足，信乎③？"孔子曰："昔者舜欲以樂傳教於天下④，乃令重黎舉夔於草莽之中而進之，舜以爲樂正⑤。夔於是正六律，和五聲，以通八風⑥，而天下大服。重黎又欲益求人⑦，舜曰：'夫樂，天地之精也，得失之節也，故唯聖人爲能和⑧。樂之本也⑨。夔能和之以平天下⑩。若夔者一而足矣⑪。'故曰'夔一足'，非'一足'也。"

舉"夔一足"爲例，説明"聞言必熟論"，"必驗之以理"。

① 熟論：深透地研究。驗之以理：用情理加以驗證。
② 魯哀公：春秋時魯國的國君。
③ 樂正：樂官之長。夔(Kuí)：人名，善音律，傳説舜的時候擔任樂正。一足：一只脚。信：確實。
④ 傳教：傳布教化。
⑤ 重(chóng)黎：傳説堯的時候掌管時令，後爲舜臣。草莽：草野，這裏指民間。
⑥ 正：規範。六律：中國古代樂音的標準名。相傳以竹管的長短分別聲音的高低清濁，樂器的音調都以此爲準。樂律分陰陽各六，陽爲律，陰爲吕。和：使配合得當。五聲：中國古代音樂術語。指宮、商、角、徵(zhǐ)、羽五個音階。通：調和。八風：八風(八方之風)之音，泛指音樂。
⑦ 益求人：多找些像夔這樣的人。益：增加。
⑧ 天地之精：天地之氣的精華。得失之節：政治得失的關鍵。唯聖人爲能和：只有聖人纔能做到和諧。
⑨ 這一句應作"和，樂之本也"。本：根本。
⑩ 和之：使音樂和諧。平天下：安定天下。
⑪ 像夔這樣的人一個就够了。

宋之丁氏，家無井而出溉汲，常一人居外①。及其家穿井②，告人曰："吾穿井得一人。"有聞而傳之者曰③："丁氏穿井得一人。"國人道之，聞之於宋君④。宋君令人問之於丁氏⑤，丁氏對曰："得一人之使⑥，非得一人於井中也。"求能之若此⑦，不若無聞也。

講述丁氏穿井的故事,説明不細察傳聞而妄言。

① 出:出家門。溉:灌注,澆灌。汲:打水。這裏"溉""汲"連用指打水。常一人居外:經常專有一個人住在外面(專管打水)。
② 穿井:挖井。
③ 傳之:傳説這件事。
④ 聞之於宋君:讓宋君聽到了這件事。聞:使聽到。
⑤ 問之:問這件事。
⑥ 得一人之使:(挖井)等於得到一個人的使用。
⑦ 能:疑是"聞"字。求聞之若此:像這樣去探求傳聞。

　　子夏之晉①,過衛,有讀史記者曰②:"晉師三豕涉河③。"子夏曰:"非也,是己亥也④。夫'己'與'三'相近,'豕'與'亥'相似⑤。"至於晉而問之,則曰"晉師己亥涉河"也。

記述"晉師三豕涉河"的故事,説明對傳聞要仔細考察。

① 子夏:孔子的弟子卜商,字子夏。
② 史記:記載歷史的書。
③ 豕(shǐ):豬。涉河:渡過黃河。
④ 己亥:己亥這一天。己亥是干支紀日。
⑤ 相近、相似:指在古文字中字形近似。

　　辭多類非而是①,多類是而非。是非之經不可不分②,此聖人之所慎也③。然則何以慎④?緣物之情及人之情以爲所聞則得之矣⑤。

歸納文章的觀點:"緣物之情及人之情以爲所聞。"

① 辭:言辭。類:類似,像。非:不正確。是:正確。
② 經:界限。
③ 這是聖人要慎重對待的。

④ 然則:這樣説來,那麽……。何以慎:怎麽慎重對待呢?
⑤ 緣:順著。物之情及人之情:事物的情理和人的情理。爲所聞:審察聽到的話。爲:動詞,這裏是審察的意思。得之:得到真相。

淮南子

《淮南子》又稱《鴻烈》《淮南鴻烈》,西漢淮南王劉安(漢高祖劉邦之孫)及其門客集體撰寫。《漢書·藝文志》著録内二十一篇,外三十三篇。現只存内二十一篇。《淮南子》内容宏博,以道家思想爲主,糅合了儒家、法家、陰陽五行等學説,也包含了一些自然科學史材料,一般認爲它是雜家著作。《淮南子》最早的注有東漢高誘《淮南鴻烈解》(有許慎的注摻入)。劉文典《淮南鴻烈集解》、何寧《淮南子集釋》、張雙棣《淮南子校釋》可資參考。

選文據《淮南子集釋》(中華書局一九九八年版)。

人閒訓(節選)

【説明】《人閒訓》論列人間的禍福、吉凶、利害、得失等事例,探討其產生的根源。作者認爲"禍與福同門,利與害爲鄰",二者相互依存,且可互相轉化,並提出避禍致福的基本途徑。

衆人皆知利利而病病也①,唯聖人知病之爲利、知利之爲病也。夫再實之木根必傷,掘藏之家必有殃②,以言大利而反爲害也。張武教智伯奪韓、魏之地而禽於晉陽③,申叔時教莊王封陳氏之後而霸天下④。孔子讀《易》至《損》《益》,未嘗不憤然而嘆曰⑤:"益損者,其王者之事與⑥!"

事或欲以利之⑦,適足以害之;或欲害之,乃反以利之。利害之反,禍福之門户⑧,不可不察也。陽虎爲亂於魯⑨,魯君令人閉城門而捕之,得者有重賞,失者有重罪。圍三市,而陽虎將舉劍而伯頤⑩。門者止之曰⑪:"天下探之不窮,我將出子⑫。"陽虎因赴圍而逐⑬,揚劍提戈而走,門者出之。顧反取其出之者,以戈推之⑭,攘袪薄腋⑮。出之者怨之曰:"我非故與子反也⑯,爲之蒙死被罪,而乃反傷我⑰。宜矣其有此難也!"魯君聞陽虎失,大怒,問所出之門,使有司拘之,以爲傷者受大賞,而不傷者被重罪⑱。此所謂害之而反利者也。

舉例說明利與害可以相互轉化。

① 衆人:一般的人。利利:把利益看作有利的。病病:把弊害看作有害的。
② 再實:兩次結果實。掘藏(zàng):盜墓。藏:墓穴。
③ 智伯是春秋末期晉國六卿之一,張武是他的臣子。公元前455年,智伯向韓、魏索要土地,又向趙氏索地,被拒,即圍攻晉陽(在今山西太原)。結果三族聯合擒殺智伯,三分其地。参《韓非子·十過》《史記·晉世家》。
④ 春秋時陳國發生内亂,楚莊王趁機滅陳,以其地設爲楚縣。莊王的臣子申叔時勸他改變主意,莊王於是恢復陳國,立陳成公。事見《左傳·宣公十一年》。
⑤ 《損》《益》是《周易》的卦名。憤然:應爲"喟然"(參王念孫《讀書雜志·淮南内篇第十八》)。
⑥ 《益》卦的《象傳》說:"損上益下,民悦無疆。"意思是統治者減損自己的利益施加於百姓,百姓就歡喜無限。王(wàng)者:以王道治理天下的帝王。
⑦ "以"是衍文(參王念孫《讀書雜志·淮南内篇第十八》)。
⑧ "户"是衍文(參王念孫《讀書雜志·淮南内篇第十八》)。
⑨ 陽虎是魯國貴族季氏的家臣,後專權。魯定公八年(前502),陽虎舉兵叛亂。魯伐陽虎,陽虎逃往齊國。事見《左傳·定公八年》《史記·魯世家》。
⑩ 圉:當作"圍"。帀:周,圈。舉劍而伯頤:指想自殺。伯頤:逼近下巴。伯:通"迫"。
⑪ 門者:守門人。

⑫ 天下探之不窮:意思是天下很大,可以逃生,用不著自殺。一説這一句是衍文(參王念孫《讀書雜志·淮南内篇第十八》)。出子:讓你出城。
⑬ 赴圍:朝包圍圈衝去。逐:馳逐。
⑭ 此句一本作"陽虎既出,顧出之者,以戈推之"。顧:回頭看。推:向外刺。
⑮ 刺穿衣袖,傷及腋部。攘:也是推(刺)的意思。袪(qū):衣袖。薄:逼近。
⑯ 我原本不是與你一同反叛。一説"反"應爲"友",意思是我本不是與你爲友(參王念孫《讀書雜志·淮南内篇第十八》)。
⑰ 爲之蒙死被罪:爲你冒死遭受罪責。乃:你。
⑱ 此句疑有誤。《太平御覽》卷三百五十一:"以爲傷者戰鬭者也,不傷者爲縱之者。傷者受厚賞,不傷者受重罪。"傷者:受傷的人。縱之者:放走陽虎的人。

何謂欲利之而反害之?楚恭王與晉人戰於鄢陵①。戰酣,恭王傷而休②。司馬子反渴而求飲,豎陽穀奉酒而進之③。子反之爲人也,嗜酒而甘之,不能絶於口,遂醉而臥。恭王欲復戰,使人召司馬子反,辭以心痛④。王駕而往視之,入幄中而聞酒臭。恭王大怒曰:"今日之戰,不穀親傷⑤,所恃者司馬也,而司馬又若此,是亡楚國之社稷而不率吾衆也⑥。不穀無與復戰矣⑦!"於是罷師而去之,斬司馬子反爲僇⑧。故豎陽穀之進酒也,非欲禍子反也,誠愛而欲快之也,而適足以殺之。此所謂欲利之而反害之者也。

夫病溼而强之食⑨,病暍而飲之寒⑩,此衆人之所以爲養也,而良醫之所以爲病也⑪。悦於目,悦於心,愚者之所利也⑫,然而有道者之所辟也⑬。故聖人先忤而後合⑭,衆人先合而後忤。

舉例説明主觀上想施利於人而結果反而於人有害。

① 指晉楚鄢陵之戰。鄢陵：在今河南鄢陵西北。事見《左傳·成公十六年》。
② 當時楚恭王被晉軍呂錡射中眼睛。休：休戰。
③ 司馬：官名。子反：楚軍主帥。豎：低級小吏。
④ 心痛：當作"心疾"。
⑤ 不穀：人君自稱。
⑥ 率：當作"䘏"（參王念孫《讀書雜志·淮南內篇第十八》）。䘏：顧念；體恤。
⑦ 無與：沒有人偕同一起。
⑧ 爲僇（lù）：一本作"以爲僇"，作爲懲處。僇：通"戮"。
⑨ 當作"夫病溫而强之餐"（參王念孫《讀書雜志·淮南內篇第十八》）。意思是得了熱病還要勉强病人吃飯。
⑩ 人中暑要讓喝冷水。暍（yē）：中暑。
⑪ 這是一般的人用來調養的辦法。病：傷害。
⑫ 意思是賞心悅目的，就是蠢人認爲有利的。此句《文子·微明》作"快於目，悅於心"。
⑬ 有道者：一本作"有論者"，有識別能力的人。辟（bì）：後作"避"，避開。
⑭ 忤（wǔ）：違逆；牴觸不合。合：符合利，即於事有利。即上文所謂衆人以爲養的而良醫以爲有害加以排斥，其結果於事有利。《文子·微明》："或欲利之，適足以害之；或欲害之，乃足以利之……聖人先迕而後合，衆人先合而後迕。故禍福之門，利害之反，不可不察也。"

　　有功者，人臣之所務也①；有罪者，人臣之所辟也。或有功而見疑，或有罪而益信②，何也？則有功者離恩義③，有罪者不敢失仁心也。魏將樂羊攻中山④，其子執在城中。城中縣其子以示樂羊⑤。樂羊曰："君臣之義，不得以子爲私。"攻之愈急。中山因烹其子，而遺之鼎羹與其首⑥。樂羊循而泣之⑦，曰："是吾子已。"爲使者跪而啜三杯⑧。使者歸報，中山曰："是伏約死節者也，不可忍也⑨。"遂降之。爲魏文矦大開地有功，自此之後，日以不信。此所謂有功而見疑者也。

　　何謂有罪而益信？孟孫獵而得麑，使秦西巴持歸烹之⑩，麑母隨之而啼。秦西巴弗忍，縱而予之。孟孫歸，求麑安在，秦西巴對曰："其母隨而啼，臣誠弗忍，竊縱而予之。"孟孫怒，逐秦西巴。居一年，取以爲子傅⑪。左右曰："秦西巴有罪於君，今以爲子傅，何也？"孟孫曰："夫一麑而不忍，又何況於人乎！"此謂有罪而益信者也。故趨舍不可不審也⑫。此公孫鞅之所以抵罪於秦而不得入魏也⑬。功非不大也，然而累足無所踐者⑭，不義之故也。

　　舉例說明有功的受到懷疑，有罪的却更受信任。

① 務：致力。
② 見疑：遭到懷疑。益信：更受信任。
③ 離：抛棄。
④ 樂羊：戰國時魏文侯的將領。中山：戰國國名。
⑤ 縣(xuán)：後作"懸"。
⑥ 遺(wèi)：送。
⑦ 循：通"揗"，撫摸。
⑧ 爲：向；對。啜(chuò)：吃；飲。三杯：《韓非子·説林上》作"一杯"。
⑨ 伏約：守誓約。死節：爲義節而死。忍：忍心(打下去)。《説苑·貴德》："中山見其誠也，不忍與之戰，果下之。"
⑩ 孟孫：春秋時魯國的貴族孟孫氏。麑(ní)：幼鹿。秦西巴：當是孟孫氏的家臣。
⑪ 傅：負有教導責任的人。
⑫ 趨舍：動止行爲。審：仔細考量。
⑬ 公孫鞅即商鞅。秦孝公時率軍伐魏，誘騙襲擊魏將公子卬，盡破其軍。後封於商，號商君。孝公死，被誣謀叛，欲逃奔魏國，"魏人怨其欺公子卬而破魏師"，不讓入魏。事見《史記·商君列傳》。

抵罪：犯罪受懲處。

⑭ 累足：即重足，兩腳并攏而立。無所踐：無立足之地。

　　事或奪之而反與之，或與之而反取之。智伯求地於魏宣子，宣子弗欲與之①。任登曰②："智伯之強，威行於天下，求地而弗與，是爲諸侯先受禍也。不若與之。"宣子曰："求地不已，爲之奈何？"任登曰："與之使喜，必將復求地於諸侯，諸侯必植耳③。與天下同心而圖之④，一心所得者非直吾所亡也⑤。"魏宣子裂地而授之。又求地於韓康子⑥，韓康子不敢不予。諸侯皆恐。又求地於趙襄子⑦，襄子弗與。於是智伯乃從韓、魏圍襄子於晉陽。三國通謀，禽智伯而三分其國。此所謂奪人而反爲人所奪者也。

　　何謂與之而反取之？晉獻公欲假道於虞以伐虢⑧，遺虞垂棘之璧與屈産之乘⑨。虞公惑於璧與馬而欲與之道。宮之奇諫曰⑩："不可！夫虞之與虢，若車之有輪，輪依於車，車亦依輪。虞之與虢，相恃而勢也⑪。若假之道，虢朝亡而虞夕從之矣。"虞公弗聽，遂假之道。荀息伐虢⑫，遂克之。還反伐虞，又拔之。此所謂與之而反取者也。

　　舉例說明企圖奪人的土地反而土地被人所奪，借道給人反而被人侵占了國土。

① 智伯：晉六卿之一。立晉哀公，專權，後被殺。魏宣子：《史記·韓世家》作"韓桓子"，晉六卿之一。弗欲與之：當作"欲弗與之"。
② 任登：魏人。
③ 植耳：竪起耳朵聽。高誘注："竦耳而聽也。"
④ 圖：謀劃應對。
⑤ "一心"是衍文。此句當作"所得者非直吾所亡也"，意思是得到的就不止是失去的那些了。
⑥ 韓康子：晉六卿之一。

⑦ 趙襄子：晉六卿之一。
⑧ 假道：借道。虞、虢：春秋國名。事見《左傳·僖公二年》《僖公五年》。
⑨ 垂棘：晉國地名，産美玉。屈：晉國地名，産良馬。乘（shèng）：馬匹。
⑩ 宫之奇：虞國大夫。
⑪ 此句一説當作"虞之與虢，相恃之勢也"。恃：依靠。
⑫ 荀息：晉國大夫。

論衡

《論衡》是一部重要的哲學著作，計三十卷，八十五篇，實存八十四篇（缺《招致》一篇）。作者王充（27—約97），東漢著名哲學家。字仲任，會稽上虞（今浙江紹興上虞區）人。

東漢時，宗教神秘主義的讖緯學説和唯心主義的先驗論十分流行。王充捍衛和發展了古代的唯物主義，鮮明地提出氣是萬物的本原，萬物産生於氣本身的運動；"天道"自然無爲，一切的災異是氣變化的結果；人的生命和精神以氣作爲物質基礎。這些觀點唯物主義地解釋了人與自然、精神與肉體的關係。在認識論方面，承認感性認識是知識的來源，同時也重視理性思維的作用，強調"效驗"的重要性。他還反對把儒家的經典變成教條。《論衡》一書觀點鮮明，邏輯性強，語言明暢。劉盼遂《論衡集解》、黄暉《論衡校釋》可資參考。

選文據黄暉《論衡校釋》（中華書局一九九〇年版）。

談天（節選）

【説明】《談天》是討論天的問題。古書記載説，共工怒撞不周山，使支撐天的柱子折斷，繫地的繩子斷絶。文章從自然之理和人事之理兩方面進行分析，論證了這是不可信的虚言，反映了作者的唯物主義自然觀。

儒書言①："共工與顓頊争爲天子②，不勝，怒而觸不周之山③,使天柱折,地維絕④。女媧銷煉五色石以補蒼天⑤,斷鼇足以立四極⑥。天不足西北,故日月移焉⑦;地不足東南,故百川注焉⑧。"此久遠之文,世間是之言也⑨。文雅之人,怪而無以非⑩;若非而無以奪⑪,又恐其實然,不敢正議⑫。以天道人事論之,殆虛言也⑬。

指出"儒書"中"補蒼天"的話是沒有根據的"虛言"。

① 儒書:儒家的著作。
② 共(Gōng)工:傳說中的神話人物。顓頊(Zhuānxū):傳說中古代的部族首領。
③ 觸:撞。不周之山:神話傳說中的山名。
④ 天柱:神話傳說,天的四方有支撐的柱子。地維:神話傳說中繫地的繩子。維:繩子。絕:斷。
⑤ 女媧:傳說中的女神,是創造人類的始祖。銷煉:冶煉。
⑥ 鼇(áo):傳說中海裏的大龜。四極:天四方極遠的地方。極:盡頭。
⑦ 西北方的天向下傾斜,所以日月往那裏移動。焉:代詞,指代西北方。
⑧ 東南方的地向下塌陷,所以河水流向那裏。
⑨ 久遠之文:很久以前的記載。世間是之言也:這一句疑爲"世間是之之言也"。意思是世間認可的說法。是之:認爲這種說法對。
⑩ 文雅之人:有學問的人。怪:感到怪異。無以非:無法加以否定。
⑪ 或者認爲不對,但無法糾正(這種說法)。奪:改變。
⑫ 實然:確實是這樣。正議:秉持公正的立場加以評論。
⑬ 天道:自然的道理。人事:人間的事理。殆:副詞,表示推斷。

　　與人爭爲天子,不勝,怒觸不周之山,使天柱折,地維絕,有力如此,天下無敵。以此之力與三軍戰①,則士卒螻蟻也,兵革毫芒也②,安得不勝之恨,怒觸不周之山乎③?且堅重莫如山④,以萬人之力共推小山,不能動也。如不周之山,大山也。使是天柱乎，折之固難⑤；使非天柱乎，觸不周山而使天柱折，是亦復難⑥。信顓頊與之爭，舉天下之兵，悉海內之眾，不能當也⑦，何不勝之有⑧！

論述"怒觸不周之山"的共工與顓頊爭爲天子而不勝，這在事理上講不通。

① 三軍：軍隊。
② 螻(lóu)蟻：螻蛄（一種昆蟲）和螞蟻。兵革：兵器鎧甲。革：皮革製的甲冑。毫芒：毫毛和芒刺。毫：細而尖的獸毛。芒：草木莖葉和穀類籽實殼上的尖刺。
③ 哪裏會懷著不勝的惱恨，一怒之下去撞不周山呢？安：疑問代詞，哪裏，怎麼。恨：極度的不滿。
④ 堅重：堅固沉重。莫如山：沒有什麼能像山一樣。
⑤ 使是天柱：假使它就是天柱。固：本來。
⑥ 假使不周山不是天柱，撞上它就使得天柱折斷，這也很難。是：這。
⑦ 信：果真。舉：全部發動。悉：全部（調集）。當：對抗。
⑧ 怎麼會有不勝的事呢？句中"不勝"作動詞"有"的前置賓語。

且夫天者，氣邪？體也①？如氣乎，雲煙無異，安得柱而折之②？女媧以石補之，是體也。如審然，天乃玉石之類也③。石之質重，千里一柱，不能勝也④。如五嶽之巔，不能上極天乃爲柱⑤。如觸不周，上極天乎⑥？不周爲共工所折，當此之時，天毀壞也。如審毀壞，何用舉之⑦？"斷鰲之足以立四極"，說者曰："鰲，古之大獸也，四足長大，故斷其足以立四極。"夫不周，山也；鰲，獸也。夫天本以山爲柱，共工折之，代以獸足，骨有腐朽，何能立之久⑧？且鰲足可以柱天⑨，體必長大，不容於天地⑩，女媧雖聖⑪，何能殺之？如能殺之，殺之何用⑫？足可以柱天，則皮革如鐵石，刀劍矛戟不能刺之，彊弩利矢不能勝射也⑬。

論述"天柱折""斷鼇之足以立四極"在事理上講不通。

① 且夫：表示進一層論述。氣邪？體也：是氣呢？還是實體呢？
② 如果是氣，就跟雲煙沒有什麼不同，怎麼能有柱子支撐它而被折斷呢？安：哪裏，怎麼。柱（zhǔ）：支撐。
③ 審然：確實這樣。天乃玉石之類：天就是玉石之類的東西。
④ 質：特性，性質。勝（舊讀 shēng）：承擔，承受。
⑤ 巔（diān）：山頂。上極天乃爲柱：向上頂著天而成爲天柱。極：到達。乃：而。
⑥ （如果真有）共工撞不周山那樣的事，（不周山）是向上頂著天嗎？
⑦ 審：確實。何用：用什麼。"何"作"用"的前置賓語。舉：支撐起來。
⑧ 代以獸足：用獸足代替。立之久：使之長久挺立。
⑨ 且：況且。柱（zhǔ）天：支撐天。
⑩ 不容於天地：天地之間容納不下。
⑪ 聖：神聖。
⑫ 殺之何用：用什麼來殺它呢？"何"作"用"的前置賓語。
⑬ 彊弩（nǔ）：力量大的弓。弩：一種用機械發箭的弓。利矢：利箭。不能勝射：意思是射不穿。一說"射"當作"之"。

　　察當今天去地甚高①，古天與今無異。當共工缺天之時②，天非墜於地也。女媧，人也；人雖長，無及天者③。夫其補天之時，何登緣階據而得治之④？豈古之天若屋廡之形⑤，去人不遠，故共工得敗之、女媧得補之乎⑥？如審然者，女媧多前⑦，齒爲人者，人皇最先⑧。人皇之時，天如蓋乎⑨？

論述"女媧補天"在事理上講不通。

① 去地：離地。
② 缺：（把天）弄殘缺，損毀。

③ 及天：够得著天。及：達到。
④ 何登緣階據而得治之：攀登依靠什麼樣的東西從而能够補天的呢？登緣：攀登。階據：依靠。治：修治。
⑤ 若屋廡(wǔ)之形：像屋頂之形。屋：屋頂。廡：堂下四周的廊屋。
⑥ 敗：毀壞。
⑦ 審然：確實如此。多：當作"已"。"已"通"以"。
⑧ 齒爲人：稱爲人。人皇：傳説中的遠古帝王，三皇(天皇、地皇、人皇)之一。
⑨ 天如蓋乎：天像車蓋一樣離人那麼近嗎？

∴∴∴∴∴∴∴

　　含氣之類，無有不長①。天地，含氣之自然也；從始立以來，年歲甚多，則天地相去，廣狹遠近，不可復計②。儒書之言，殆有所見③。然其言觸不周山而折天柱，絶地維，銷煉五石補蒼天，斷鼇之足以立四極，猶爲虛也④。何則？山雖動⑤，共工之力不能折也。豈天地始分之時，山小而人反大乎？何以能觸而折之⑥？以五色石補天，尚可謂五石若藥石治病之狀⑦。至其斷鼇之足以立四極，難論言也⑧。從女媧以來久矣，四極之立自若，鼇之足乎⑨？

　　進一步申述觸折天柱、"斷鼇之足以立四極"是不合事理的虛言。

① 含氣之類：指包括天地在内的自然萬物。氣：作者認爲氣是構成人和萬物的物質元素。長(zhǎng)：增長變大。
② 始立：開始産生。不可復計：不能再計算。
③ 殆：大概。所見：見於以前的説法。
④ 猶爲虛：也還是没有實在的根據。猶：仍然。
⑤ 雖：當作"難"(前文有"共推之山，不能動也"的話)。
⑥ 何以：憑什麼，怎麼。"何"作介詞"以"的前置賓語。
⑦ 若藥石治病之狀：像藥石治病一樣。藥石：中醫治病的藥物和石針。

⑧ 論言：論説。
⑨ 自若：不改變常態，像本來的樣子。鼇之足乎：（支撐四極的）難道是鼇的脚嗎？

顔氏家訓

《顔氏家訓》七卷二十篇。作者顔之推（531—約590以後），字介，琅邪臨沂（今山東臨沂）人。北齊文學家，歷官梁、北齊、北周和隋。

作者撰寫此書的目的在於訓誡子孫，故名"家訓"。作者生當南北朝動亂時期，政權更迭，變故頻仍，作者歷經四朝，有著豐富的生活經歷。書的内容，大致是叙述作者的涉世經驗，指明立身、治家、處世的行爲規範，以作爲子弟的生活準則；對當時的政治、社會、文化亦多有評論。作者在書中對子弟諄諄告誡，夾叙夾議，娓娓道來，語言質樸平易，懇切動人。王利器《顔氏家訓集解》可資參考。

選文據王利器《顔氏家訓集解》（中華書局一九九六年版）。

涉務（節選）

【説明】"涉務"的"涉"有經歷、接觸、從事的意思，"務"指實際事務。文章尖鋭批評了南朝時期不諳實際、崇尚虚談、養尊處優的士大夫生活和不良世風，主張要"應世經務"，説明只有經歷實踐的磨煉纔能治國理家。

　　士君子之處世，貴能有益於物耳①，不徒高談虚論，左琴右書②，以費人君禄位也③。國之用材，大較不過六事④：一則朝廷之臣，取其鑒達治體，經綸博雅⑤；二則文史之臣，取其著述憲章，不忘前古⑥；三則軍旅之臣，取其斷決有謀，强幹習事⑦；四則藩屏之臣，取其明練風俗，清白愛民⑧；五則使命之臣，取其識變從宜，不辱君命⑨；六則興造之臣，取其程功節費，開略有術⑩，此則皆勤學守行者所能辨也⑪。人性有長短，豈責具美於六塗哉⑫？但當皆曉指趣，能守一職，便無媿耳⑬。

　　從爲官的六類職責説明士君子應具備處理事務的實際能力。

① 士君子：有學問而且品德高尚的人。一本作"夫君子"。貴：可貴。物：事物，事情。
② 徒：徒然，白白的，不起作用。左琴右書：指高雅閒適的生活。
③ 費：耗費。祿位：俸祿官位。
④ 大較：大略，大體上。
⑤ 鑒(jiàn)達：明白通達。治體：治理國家的法度。經綸(lún)：整理絲綫，引申指政治上的謀劃。博雅：博大純正。
⑥ 憲(xiàn)章：典章法制。前古：歷史。
⑦ 斷決有謀：決定事情有謀略。強幹：强悍幹練。習事：熟悉軍務。
⑧ 藩屛之臣：指地方官。藩屛：比喻對朝廷的護衛。藩：籬笆。屛：屛障。明練：通曉熟悉。風俗：風土人情，社會風氣。清白：清廉。
⑨ 使命之臣：奉朝廷之命處理内政、外交事務的臣子。識變從宜：（處理事情）能認識形勢的變化，做出相應恰當的處理。變：形勢的變化。從：順應。宜：合適。辱：辱没。
⑩ 興造之臣：負責建設工程的官員。程功：考量功效。節費：節約費用。開略有術：（對工程的）開發、籌劃有辦法。略：謀劃。
⑪ 守行：持守操行，指在言行上嚴格要求自己。辨：分辨，認識。一本作"辦"。
⑫ 人性：人的天資。責：要求。具：全。美：好（的表現），出色。六塗：上面説的六個方面。塗：通"途"，途徑。
⑬ 但當：只要能做到。但：只。指趣：宗旨，主要的意圖。守：擔當（職責）。一職：一種職責。媿：同"愧"，慚愧。

　　吾見世中文學之士①，品藻古今，若指諸掌②；及有試用，多無所堪③。居承平之世，不知有喪亂之禍④；處廟堂之下，不知有戰陳之急⑤；保俸祿之資，不知有耕稼之苦⑥；肆吏民之上，不知有勞役之勤⑦，故難可以應世經務也⑧。

批評"世中文學之士"對治國理民的實際毫無所知。

① 世中:社會上。文學之士:文人學士。
② 品藻(zǎo):評價。若指諸掌:像指手掌上的東西一樣(明白清楚)。諸:相當於"之於","之"指代所指的東西。
③ 試用:用他做實際的事。試:也是用的意思。堪(kān):承擔。
④ 承平之世:太平安定的社會。喪:亡國。亂:國家動亂不安。
⑤ 處廟堂之下:在朝廷做官。廟堂:朝廷。戰陳(zhèn):指戰爭。陳:後寫作"陣"。
⑥ 保俸祿之資:享有國家的俸祿。保:擁有。資:錢財。耕稼:耕作,農業勞動。稼:種莊稼。
⑦ 肆(sì):踞,處於……地位。勤:辛苦。
⑧ 應世經務:應對社會,處理事情。經:經營,治理。

　　梁世士大夫①,皆尚褒衣博帶,大冠高履②;出則車輿,入則扶侍③;郊郭之內④,無乘馬者。周弘正爲宣城王所愛⑤,給一果下馬,常服御之,舉朝以爲放達⑥。至乃尚書郎乘馬,則糾劾之⑦。及侯景之亂⑧,膚脆骨柔,不堪行步⑨,體羸氣弱,不耐寒暑⑩,坐死倉猝者往往而然⑪。建康令王復性既儒雅⑫,未嘗乘騎,見馬嘶歕陸梁,莫不震懾⑬,乃謂人曰:"正是虎⑭,何故名爲馬乎?"其風俗至此。

批評"梁世士大夫"平時養尊處優,應對事變則一無所能。

① 梁世:指南朝梁(502—557)。
② 尚:崇尚,流行。褒(bāo)衣博帶:寬大的衣服。褒、博:寬大。褒:同"裒"。帶:衣帶。高履:一種裝有高齒的木底鞋。
③ 輿:車箱,泛指車。入則扶侍:回家有人服侍。
④ 郊郭:近郊和城裏。郭:外城。
⑤ 周弘正:梁時擔任太學博士、國子博士,善於講論玄理。宣城王:

梁簡文帝的太子蕭大器,封於宣城。
⑥ 果下馬:一種矮種馬,據說只有三尺高,騎著可在果樹下行走。服御:用,這裏指騎。舉朝:整個朝廷的人。放達:放縱任情,不拘禮俗。
⑦ 至乃:至於。尚書郎:官職名。糺劾(jiūhé):彈劾。上書皇帝揭發罪狀,請予處分。糺:同"糾",督察。劾:揭發檢舉。
⑧ 侯景之亂:侯景是北朝的降將,他在梁武帝太清二年(548)發動叛亂,攻破國都建康(今江蘇南京),梁武帝被困而死。
⑨ 膚脆骨柔:形容身體十分虛弱。脆:弱。堪:承受。
⑩ 羸(léi):瘦弱。耐:受得住。
⑪ 坐死:坐以待斃。倉猝(cù):突然的事變。往往:處處。
⑫ 儒雅:氣度文雅。這裏是說沒有勇武的氣質。
⑬ 歕(pēn):同"噴",噴氣。陸梁:跳躍。震懾:震驚恐懼。
⑭ 正是:(這)就是。

古人欲知稼穡之艱難①,斯蓋貴穀務本之道也②。夫食爲民天,民非食不生矣③;三日不粒,父子不能相存④。耕種之,苁鉏之⑤,刈穫之,載積之⑥,打拂之,簸揚之⑦,凡幾涉手而入倉廩⑧,安可輕農事而貴末業哉⑨?江南朝士,因晉中興,南渡江⑩,卒爲羇旅⑪,至今八九世,未有力田,悉資俸祿而食耳⑫。假令有者,皆信僮僕爲之⑬,未嘗目觀起一墢土,耘一株苗⑭;不知幾月當下,幾月當收,安識世間餘務乎⑮?故治官則不了,營家則不辦,皆優閑之過也⑯。

指出江南朝士不能"治官""營家"的原因是生活太過優裕閒適。

① 稼穡(sè):農業勞動。稼:種莊稼。穡:收割莊稼。《尚書·無逸》:"先知稼穡之艱難。"
② 斯:這。蓋:副詞,表示推斷。貴穀:使穀物貴重。意思是把糧食生產放在重要的地位。務本:致力於根本之事。本:指農業生產。道:途徑。

③ 天:至高無上的。《漢書·酈食其傳》:"王者以民爲天,而民以食爲天。"生:存活。
④ 不粒:不進食。粒:穀食。相存:讓對方活著。
⑤ 茠(hāo):同"薅",拔草。鉏(chú):同"鋤",用鋤鬆土除草。
⑥ 刈(yì)穫:割穀物。載:用車裝。積:集中放在一起。
⑦ 打拂:用工具擊打穀物,使籽實脫離莖稈。簸(bǒ)揚:用簸(bò)箕揚去穀粒的殼和米糧中的塵土。
⑧ 凡幾涉手:總共要經過幾道手。涉:經歷。倉廩(lǐn):穀倉。廩:同"廩"。
⑨ 安可:怎麼能。貴:看得貴重,重視。末業:不重要的事(如商業活動)。業:事。
⑩ 朝士:在朝廷做官的人。因:趁著。晉中興:指西晉(265—317)亡後,在江南又建立了東晉(317—420)政權。中興:王朝中途轉衰爲盛。
⑪ 羈(jī)旅:寄居在異鄉。
⑫ 未有力田:沒有耕種田地的事。力田:致力於種田。資:依靠。
⑬ 假令:假使。信:任憑。僮僕:僕人。
⑭ 起一墢(bō)土:翻起一塊土。墢:耦耕一次翻起的土塊。耘:鋤草。
⑮ 下:下種。收:收穫。餘務:其他的事。務:事。
⑯ 不了:不明白。營家:經營家事。不辦:做不好。辦:治理。

閱讀文選

審己①(《呂氏春秋》)

【說明】文中的兩個故事說明,對事情的考察,最重要的不在於它的結果,而在於它內在的動因。

子列子常射中矣,請之於關尹子②。關尹子曰:"知子之所以中乎③?"答曰④:"弗知也。"關尹子曰:"未可。"退而習之三年,又請。關尹子曰:"子知子之所以中乎?"子列子曰:"知之矣。"關尹子曰:"可矣,守而勿失。"非獨射也,國之存也,國之亡也,身之賢也,身之不肖也,亦皆有以⑤。聖人不察存亡賢不肖,而察其所以也。

① 文章爲節選,見《季秋紀》。
② 子列子:即列禦寇,戰國時鄭國人。常:通"嘗"。請之:請教射箭這件事。關尹子:傳說是春秋末年道家人物,曾爲函谷關尹。一說姓尹名喜。
③ 所以中:射中的原因。
④ 答:對答,後作"答"。
⑤ 有以:有原因。

··········

　　齊湣王亡居於衛,晝日步足①,謂公玉丹曰②:"我已亡矣,而不知其故。吾所以亡者果何故哉?我當已③。"公玉丹答曰:"臣以王爲已知之矣,王故尚未之知邪④?王之所以亡也者以賢也。天下之王皆不肖,而惡王之賢也,因相與合兵而攻王,此王之所以亡也。"湣王慨焉太息曰:"賢固若是其苦邪⑤?"此亦不知其所以也,此公玉丹之所以過也⑥。

① 齊湣(mǐn)王:戰國時齊國的國君。亡:逃亡。步足:散步。
② 公玉丹:齊湣王的臣子。
③ 果:究竟。已:止。意思是使不再發生。
④ 故:乃。
⑤ 若是其苦:意思是遭受這樣的苦。若是:像這樣。
⑥ 所以:原因。過:過失,這裏是誤導對方的意思。

任數①（《吕氏春秋》）

【説明】孔子誤解顔回的故事説明僅靠耳目了解事情的真相是不可靠的。

孔子窮乎陳、蔡之閒②，藜羹不斟③，七日不嘗粒，晝寢。顔回索米，得而爨之，幾熟④。孔子望見顔回攫其甑中而食之⑤。選閒食熟⑥，謁孔子而進食。孔子佯爲不見之。孔子起曰："今者夢見先君，食潔而後饋⑦。"顔回對曰："不可。嚮者煤炱入甑中⑧，棄食不祥，回攫而飯之。"孔子歎曰："所信者目也，而目猶不可信；所恃者心也，而心猶不足恃。弟子記之：知人固不易矣。"故知非難也，孔子之所以知人難也⑨。

① 文章爲節選，見《審分覽》。
② 窮：受困。陳、蔡：春秋時諸侯國名。
③ 藜羹：帶汁的野菜。斟：當作"糂（sǎn）"，用米粒和羹。
④ 爨（cuàn）：燒火做飯。幾（jī）：接近。
⑤ 甑（zèng）：蒸飯的一種器具。
⑥ 選閒：一會兒。
⑦ 饋：送給人食物，這裏指獻給鬼神祭品。
⑧ 炱（tái）：凝聚的煙塵。
⑨ 孔子之：三字是衍文。

疑似①（《吕氏春秋》）

使人大迷惑者，必物之相似也。玉人之所患，患石之似玉者；相劍者之所患，患劍之似吴干者②；賢主之所患，患人之博聞辯言而似通者③。亡國之主似智，亡國之臣似忠。相似之物，此愚者之所大惑而聖人之所加慮也。故墨子見歧道而哭之④。

指出"使人大迷惑"的是"物之相似"。

① 本篇節選自《慎行論》。
② 吳干：寶劍名。傳說是春秋時吳人干將所鑄，又名"干將"。
③ 辯言：動聽的言辭。
④《淮南子·説林訓》《列子·説符》都説是楊朱見到歧路而哭泣。

周宅酆鎬①，近戎人，與諸侯約：爲高葆禱於王路②，置鼓其上，遠近相聞。即戎寇至，傳鼓相告，諸侯之兵皆至救天子。戎寇當至，幽王擊鼓，諸侯之兵皆至，褒姒大説，喜之③。幽王欲褒姒之笑也，因數擊鼓④，諸侯之兵數至而無寇至。於後戎寇真至，幽王擊鼓，諸侯兵不至。幽王之身乃死於麗山之下⑤，爲天下笑。此夫以無寇失真寇者也。賢者有小惡以致大惡⑥。褒姒之敗，乃令幽王好小説以致大滅⑦。故形骸相離，三公九卿出走，此褒姒之所用死而平王所以東徙也⑧，秦襄、晉文之所以勞王勞而賜地也⑨。

周幽王數擊鼓招諸侯以博取褒姒歡笑，終致亡國。

① 宅：居。酆(Fēng)：周文王時國都，在今陝西西安市西南灃河以西。鎬(Hào)：周武王時國都，在今陝西西安市西南灃河以東。
② 葆禱：一説即"堡壔(dǎo)"，高的土臺。王路：大路。
③ 當至：一本作"嘗至"。幽王：周幽王（前781—前771在位）。褒姒：周幽王寵妃。褒國女子，姒姓。此句一本作"褒姒大悦笑之"。
④ 數(shuò)：多次。
⑤ 麗(Lí)山：又作"驪山"，在今陝西省臨潼東南。
⑥ 小惡：小的過失。致：招致；造成。大惡：大的惡果。此句疑有誤。
⑦ 好小説(yuè)：喜好無足輕重的歡樂。

⑧ 所用:所以。平王:周平王(前770—前720在位),幽王太子,前770年東遷洛邑。
⑨ 秦襄、晉文:秦襄公(前777—前766在位)和晉文侯(前780—前746在位)。勞王勞:後一個"勞"是衍文。"勞王"即勤王,爲王事辛勞盡力。秦襄公和晉文侯都曾護衛周平王東遷,有功於周王室。

梁北有黎丘部①,有奇鬼焉,喜効人之子姪昆弟之狀②。邑丈人有之市而醉歸者③,黎丘之鬼効其子之狀,扶而道苦之④。丈人歸,酒醒而誚其子曰⑤:"吾爲汝父也,豈謂不慈哉?我醉,汝道苦我,何故?"其子泣而觸地曰:"孽矣⑥!無此事也。昔也往責於東邑人⑦,可問也。"其父信之,曰:"譆⑧!是必夫奇鬼也,我固嘗聞之矣。"明日端復飲於市⑨,欲遇而刺殺之。明旦之市而醉,其真子恐其父之不能反也,遂逝迎之⑩。丈人望其真子,拔劍而刺之。丈人智惑於似其子者而殺其真子。夫惑於似士者而失於真士,此黎丘丈人之智也。

疑似之迹不可不察,察之必於其人也⑪。舜爲御,堯爲左,禹爲右⑫,入於澤而問牧童,入於水而問漁師,奚故也?其知之審也⑬。夫孽子之相似者,其母常識之,知之審也。

丈人未能辨識"奇鬼"與"真子"而釀成慘劇。

① 梁:周時諸侯國。部:一本作"鄉"。
② 喜:當作"善"。子姪:當作"子姓",子孫。
③ 丈人:對老年男子的尊稱。
④ 苦之:使受苦,折磨的意思。
⑤ 誚(qiào):責備。
⑥ 孽:妖怪害人。
⑦ 責:討債。
⑧ 譆(xī)。嘆詞。

⑨ 端：特地；故意。
⑩ 逝：往。
⑪ 其人：那一類人，指明了情況的人。
⑫ 御：駕車的人。左：居於車左的尊者。右：車右，有護衛之責。
⑬ 審：詳明。

練習十三

一、熟讀本單元講過的文章。
二、閱讀本單元的閱讀文選。
三、給下面句子中加點的字注音：
  1. 不以善爲之愬，而徒以取少主爲之悖。(《呂氏春秋·去宥》)
  2. 姦路以除而惡壅卻，豈不難哉？(《呂氏春秋·去宥》)
  3. 孟孫獵而得麑，使秦西巴持歸烹之，麑母隨之而啼。(《淮南子·人間訓》)
  4. 晉獻公欲假道於虞以伐虢，遺虞垂棘之璧與屈產之乘。(《淮南子·人間訓》)
  5. 共工與顓頊爭爲天子。(《論衡·談天》)
  6. 耕種之，茠鉏之，刈穫之，載積之。(《顏氏家訓·涉務》)
四、解釋下面句子中加點的詞：
  1. 謝子，東方之辯士也，其爲人甚險，將奮於說以取少主也。(《呂氏春秋·去宥》)
  2. 陽虎因赴圍而逐，揚劍提戈而走，門者出之。(《淮南子·人間訓》)
  3. 子反之爲人也，嗜酒而甘之，不能絕於口，遂醉而臥。(《淮南子·人間訓》)
  4. 有功者，人臣之所務也；有罪者，人臣之所辟也。(《淮南子·人間訓》)
  5. 文雅之人，怪而無以非；若非而無以奪。(《論衡·談天》)
  6. 信顓頊與之爭，舉天下之兵，悉海內之衆，不能當也。(《論衡·談

7. 如審然，天乃玉石之類也。石之質重，千里一柱，不能勝也。(《論衡・談天》)
8. 六則興造之臣，取其程功節費，開略有術。(《顏氏家訓・涉務》)
9. 品藻古今，若指諸掌；及有試用，多無所堪。(《顏氏家訓・涉務》)
10. 故治官則不了，營家則不辦。(《顏氏家訓・涉務》)

五、把下面的句子譯成現代漢語：
1. 凡聽言以求善也，所言苟善，雖奮於取少主，何損？(《吕氏春秋・去宥》)
2. 夫請以爲薪與弗請，此不可以疑枯梧樹之善與不善也。(《吕氏春秋・去宥》)
3. 聞而審，則爲福矣；聞而不審，不若無聞矣。(《吕氏春秋・察傳》)
4. 然則何以慎？緣物之情及人之情以爲所聞，則得之矣。(《吕氏春秋・察傳》)
5. 事或欲以利之，適足以害之；或欲害之，乃反以利之。(《淮南子・人閒訓》)
6. 故豎陽穀之進酒也，非欲禍子反也，誠愛而欲快之也，而適足以殺之。(《淮南子・人閒訓》)
7. 夫一麑而不忍，又何況於人乎！(《淮南子・人閒訓》)
8. 天不足西北，故日月移焉；地不足東南，故百川注焉。(《論衡・談天》)
9. 如五嶽之巔，不能上極天乃爲柱。如觸不周，上極天乎？(《論衡・談天》)
10. 豈古之天若屋廡之形，去人不遠，故共工得敗之、女媧得補之乎？(《論衡・談天》)
11. 梁世士大夫，皆尚褒衣博帶，大冠高履；出則車輿，入則扶侍。(《顏氏家訓・涉務》)
12. 體羸氣弱，不耐寒暑，坐死倉猝者往往而然。(《顏氏家訓・涉務》)

六、給《論語注疏》和《孟子集注》中的兩段古注加上標點。
1. 子曰賢哉回也一簞食一瓢飲孔曰簞笥也在陋巷人不堪其憂回也不改其樂賢哉回也孔曰顏淵樂道雖簞食在陋巷不改其所樂【疏】子曰至回也〇正義曰此章歎顏回之賢故曰賢哉回也云一簞食一瓢飲者簞竹器食飯也瓢

瓠也言回家貧唯有一簞飯一瓠瓢飲也在陋巷人不堪其憂回也不改其樂者言回居處又在隘陋之巷他人見之不任其憂唯回也不改其樂道之志不以貧爲憂苦也歎美之甚故又曰賢哉回也○注孔曰簞笥也○正義曰案鄭注曲禮云圓曰簞方曰笥然則簞與笥方圓異而此云簞笥者以其俱用竹爲之舉類以曉人也

2. 所以謂人皆有不忍人之心者今人乍見孺子將入於井皆有怵惕惻隱之心非所以內交於孺子之父母也非所以要譽於鄉黨朋友也非惡其聲而然也怵音黜內讀爲納要平聲惡去聲下同○乍猶忽也怵惕驚動貌惻傷之切也隱痛之深也此即所謂不忍人之心也內結要求聲名也言乍見之時便有此心隨見而發非由此三者而然也程子曰滿腔子是惻隱之心謝氏曰人須是識其真心方乍見孺子入井之時其心怵惕乃真心也非思而得非勉而中天理之自然也內交要譽惡其聲而然即人欲之私矣由是觀之無惻隱之心非人也無羞惡之心非人也無辭讓之心非人也無是非之心非人也惡去聲下同○羞恥己之不善也惡憎人之不善也辭解使去己也讓推以與人也是知其善而以爲是也非知其惡而以爲非也人之所以爲心不外乎是四者故因論惻隱而悉數之言人若無此則不得謂之人所以明其必有也

常用詞

穿　典　奮　關　激　極　經　逝　特
　　體　務　秀　業　益　已

1. 穿

《說文》：“穿，通也。”穿透；貫通。《詩經·召南·行露》：“誰謂鼠無角，何以穿我墉？”(墉：牆。)《三國志·蜀書·諸葛亮傳》：“強弩之末，勢不能穿魯縞。”(魯縞：魯地出的一種生絹。)轉指開鑿。《呂氏春秋·察傳》：“及其家穿井，告人曰：‘吾穿井得一人。’”《漢書·地理志下》：“鄭國穿渠，引涇水以溉田。”穿衣如同四肢通過衣褲，轉指穿戴衣物。《世說新語·雅量》：“庾時頹然已醉，幘墜几上，以頭就穿取。”(庾：庾子嵩。)用作名詞，孔洞。《宋書·劉秀之傳》：“廳事柱有一穿。毅之謂子弟及秀之曰：‘汝等試以栗遥擲此柱,若能入穿,後必得此郡。'"

2. 典

《説文》:"莊都説:'典,大册也。'"可以作爲典則的重要文獻。典册;經籍。《尚書·多士》:"惟殷先人有册有典。"又《五子之歌》:"明明我祖,萬邦之君,有典有則,貽厥子孫。"雙音詞有[經典]。引申指(永遠遵循的不可改變的)法則;準則。《周禮·天官·大宰》:"大宰之職,掌建邦之六典,以佐王治邦國。"(六典:六個方面的治國法則。)《史記·禮書》:"定宗廟百官之儀,以爲典常。"雙音詞有[典則]。特指法規制度。《吕氏春秋·孟春紀》:"迺命太史,守典奉法。"雙音詞有[重典][典章]。轉指具有禮法性的重大儀式。《南齊書·王儉傳》:"時大典將行,儉爲佐命,禮儀詔策,皆出於儉。"雙音詞有[典禮][盛典]。

3. 奮

《廣雅·釋言》:"奮,振也。"奮發有力。《詩經·邶風·柏舟》:"静言思之,不能奮飛。"柳宗元《段太尉逸事狀》:"日羣行丐取於市,不嗛,輒奮擊折人手足。"《宋史·吳挺傳》:"金人捨騎操短兵奮鬥。"熟語有[奮筆直書]。抽象引申爲精神昂揚振作。《孟子·盡心下》:"奮乎百世之上,百世之下聞者莫不興起矣。"《史記·陳涉世家》:"及至始皇,奮六世之餘烈,振長策而御宇内。"雙音詞有[奮心][奮勉],成語有[奮不顧身]。

4. 關

《説文》:"關,以木横持門户也。"指門閂。《左傳·襄公二十三年》:"臧孫斬鹿門之關以出奔邾。"(鹿門:城門名。)《漢書·楊惲傳》:"聞前有犇車抵殿門,門關折。"關門時用門閂,轉指閉合。《淮南子·覽冥訓》:"城郭不關。"陶淵明《歸去來兮辭》:"門雖設而常關。"由門閂轉指門。《周易·復卦》:"先王以至日閉關,商旅不行。"(至日:夏至、冬至。)蘇軾《書上元夜游》:"舍中掩關熟睡。"由門户轉指出入口;關口要塞。《孟子·盡心下》:"古之爲關也,將以禦暴。"《漢書·高帝紀上》:"所以守關者,備他盗也。"門閂是控制門户開閉的部件,引申指事物的要害部分。《淮南子·主術訓》:"夫目妄視則淫,耳妄聽則惑,口妄言則亂。夫三關者,不可不慎守也。"雙音詞有[關鍵]。由牽連兩門閉合,抽象引申爲牽繫;牽涉。陳琳《飲馬長城窟行》:"結髮行事君,慊慊心意關。"司馬遷《報任少卿書》:"夫中材之人,事關於宦豎,莫不傷氣,況忼慨之士乎!"雙音詞有[關涉][相關][關係]。

5. 激

《說文》:"激,水礙衺疾波也。"水流受阻而疾速騰涌。《孫子·勢》:"激水之疾至於漂石者,勢也。"《孟子·告子上》:"今夫水,搏而躍之,可使過顙;激而行之,可使在山。"(顙:額。)由水流疾速騰涌引申爲迅疾;猛烈。《史記·游俠列傳》:"比如順風而呼,聲非加疾,其埶激也。"王羲之《蘭亭集序》:"此地有崇山峻嶺,茂林修竹,又有清流激湍,映帶左右。"抽象引申爲情緒過激,激烈。《荀子·不苟》:"(君子)察而不激。"(察:明察。)柳宗元《貞符序》:"臣不勝憤激。"雙音詞有[激昂][激憤]。由水流向上騰涌引申爲使(情緒等)高漲;激發。《吕氏春秋·去宥》:"夫激矢則遠,激水則旱,激主則悖。"《史記·張儀列傳》:"吾恐其樂小利而不遂,故召辱之,以激其意。"雙音詞有[刺激][激怒]。

6. 極

《說文》:"極,棟也。"徐鍇《說文解字繫傳》:"極,屋脊之棟也。"房屋的脊檩,最高處的中梁。《莊子·則陽》:"其鄰有夫婦臣妾登極者。"《後漢書·蔡茂傳》:"(蔡茂)夢坐大殿,極上有三穗禾。"引申指最高點;最遠處。《莊子·逍遥遊》:"天之蒼蒼,其正色邪?其遠而無所至極邪?"《史記·禮書》:"天者,高之極也;地者,下之極也;日月者,明之極也。"雙音詞有[極點],成語有[登峰造極]。用作動詞:到達極點;到達。《吕氏春秋·大樂》:"天地車輪,終則復始,極則復反,莫不咸當。"《論衡·談天》:"如五嶽之巔,不能上極天乃爲柱。"《後漢書·梁冀傳》:"西至弘農,東界滎陽,南極魯陽,北達河、淇。"成語有[物極必反]。

7. 經

《說文》:"經,織從(zòng)絲也。"紡織的縱綫(與"緯"相對)。《論衡·量知》:"恒女之手,紡績織經。"(恒女:普通女子。)《文心雕龍·情采》:"經正而後緯成。"經綫在紡織中最重要,引申指遵循的根本準則。《國語·周語下》:"國無經,何以出令?"《管子·牧民》:"順民之經在明鬼神、祇山川、敬宗廟、恭祖舊。"轉指具有指導作用的根本性的文獻。《荀子·勸學》:"其數則始乎誦經,終乎讀禮。"雙音詞有[經典]。經綫用來劃分定位,引申指界限。《呂氏春秋·察傳》:"是非之經,不可不分。"用作動詞,度量劃界。《淮南子·要略》:"經山陵之形,區川谷之居。"泛指規劃治理。《周禮·天官·大宰》:"以經邦國,以治官府。"《顏氏家訓·涉務》:"肆吏民之上,不知有勞役之勤,故難可以應世經務也。"雙音詞有[經營][經理]。

8. 逝

《爾雅·釋詁上》:"逝,往也。"去往。《詩經·大雅·公劉》:"逝彼百泉。"(百泉:地名。)《呂氏春秋·疑似》:"明旦之市而醉,其真子恐其父之不能反也,遂逝迎之。"常指往而不返。《論語·子罕》:"子在川上曰:'逝者如斯夫!不舍晝夜。'"陸機《折楊柳》:"日落似有竟,時逝恆若催。"引申指死。《楚辭·九章·悲回風》:"寧逝死而流亡兮,不忍為此之常愁。"曹丕《又與吳質書》:"徐、陳、應、劉,一時俱逝。"雙音詞有[長逝]。

9. 特

《說文》:"特,朴特,牛父也。"公牛。《史記·秦本紀》:"(文公)二十七年,伐南山大梓,豐大特。"(豐大特:有大公牛從豐水出來。)泛指雄性的牲畜。《周禮·夏官·校人》:"凡馬,特居四之一。"《史記·封禪書》:"祭日以牛,祭月以羊、彘特。"司馬貞索隱引樂產:"特,不用牝也。"又引小顏:"牛羊若彘止一牲,故云特也。"王筠認為祭天用一牛,引申指一頭牲。《國語·晉語二》:"子爲我具特羊之饗,吾以從之飲酒。"泛指單個;單獨。《韓非子·孤憤》:"處勢卑賤,無黨孤特。"成語有[特立獨行]。抽象引申為無可匹配的;傑出的。《漢書·劉向傳》:"孝昭時有泰山臥石自立,上林僵柳復起,大星如月西行,衆星隨之,此為特異。"《詩經·秦風·黃鳥》:"百夫之特。"雙音詞有[特殊][奇特]。由單個義虛化為副詞:僅;只。《呂氏春秋·適音》:"故先王之制禮樂也,非特以歡耳目極口腹之欲也。"

10. 體

《說文》:"體,總十二屬也。"身體的各部分。《論語·微子》:"四體不勤,五穀不分。"《史記·范雎蔡澤列傳》:"夫人生百體堅彊,手足便利,耳目聰明而心聖智,豈非士之願與?"成語有[五體投地]。統指身體。《禮記·祭義》:"身也者,父母之遺體也。"引申指事物的主體;本體;實體。《莊子·大宗師》:"以刑爲體,以禮爲翼。"《論衡·自然》:"地以土爲體。"

又引申指形體;外形。《周易·繫辭下》:"陰陽合德,而剛柔有體。"《荀子·富國》:"萬物同宇而異體。"體是部分,用作動詞:區分;劃分。《周禮·天官·序官》:"惟王建國,辨方正位,體國經野,設官分職。"(體國經野:對王都和郊野進行區分規劃。)《孔子家語·問禮》:"然後退而合烹,體其犬豕牛羊。"

11. 務

《説文》:"務,趣也。"致力於;努力從事於。《國語·周語上》:"三時務農而一時講武。"(一時:指冬季。)《管子·牧民》:"不務天時則財不生,不務地利則倉廩不盈。"熟語有[不務正業]。引申爲努力追求。《韓非子·五蠹》:"糟糠不飽者不務粱肉。"《戰國策·魏策二》:"且楚王之爲人也,好用兵而甚務名。"成語有[貪多務得]。用作名詞:從事的事;事務。《史記·孝文本紀》:"農,天下之本,務莫大焉。"《顏氏家訓·涉務》:"不知幾月當下,幾月當收,安識世間餘務乎?"雙音詞有[任務][公務]。

12. 秀

《正字通》:"秀,禾吐華也。"穀物抽穗開花。《論語·子罕》:"苗而不秀者有矣夫!秀而不實者有矣夫!"聶夷中《田家》詩:"六月禾未秀,官家已修倉。"轉指草木開花;草木的花。漢武帝《秋風辭》:"蘭有秀兮菊有芳,攜佳人兮不能忘。"杜甫《九日寄岑參》:"是節東籬菊,紛披爲誰秀。"用作修飾語:美麗;清秀。《楚辭·大招》:"容則秀雅。"《世説新語·言語》:"千巖競秀,萬壑爭流。"成語有[山清水秀][眉清目秀]。由抽穗開出花又抽象引申爲高出;優異出衆。李康《運命論》:"木秀於林,風必摧之。"《世説新語·言語》:"(會稽賀生)不徒東南之美,實爲海内之秀。"

13. 業

《説文》:"業,大版也。"古代懸挂鐘鼓等的樂器架,橫木上有鋸齒形的大板,是一種裝飾物。《詩經·周頌·有瞽》:"設業設虡(jù)。"(虡:樂器架兩側的立柱。)轉指寫字用的木板;書版。《禮記·玉藻》:"手執業,則投之。"轉指學業。《孟子·告子下》:"願留而受業於門。"韓愈《進學解》:"業精於勤,荒於嬉。"雙音詞有[結業]。泛指各項事業;職業。《國語·周語上》:"庶人、工、商各守其業,以共其上。"《顏氏家訓·涉務》:"安可輕農事而貴末業哉?"特指功業。《周易·繫辭上》:"盛德大業,至矣哉!"成語有

［建功立業］。

14. 益

"益"的本義是水滿溢出（這個意思後作"溢"）。《吕氏春秋·察今》："灉水暴益。"由此引申爲多；富饒。《戰國策·齊策三》："可以益割於楚。"（大意：可以向楚國多多割取土地。）《吕氏春秋·貴當》："如此者，其家必日益，身必日榮矣。"益是水漲，用作動詞，增加。《韓非子·定法》："五年而秦不益一尺之地。"成語有［延年益壽］。由增加轉作名詞：益處，好處。《尚書·大禹謨》："滿招損，謙受益。"李翶《楊烈婦傳》："得吾城不足以威，不如亟去；徒失利，無益也。"虚化爲副詞，更加。《史記·吕太后本紀》："吕后年長，常留守，希見上，益疏。"成語有［精益求精］。

15. 已

《廣韻·止韻》："已，止也。"停止；使停止。《荀子·勸學》："學不可以已。"《淮南子·人間訓》："求地不已，爲之奈何？"柳宗元《段太尉逸事狀》："公誠以都虞候命某者，能爲公已亂。"成語有［鞠躬盡瘁，死而後已］。虚化爲副詞表示完成：已經。《論語·微子》："道之不行，已知之矣。"《史記·蒙恬列傳》："扶蘇已死。"

古漢語常識

古書的注解（下）

一　古注舉例

今人的注好懂，讀古人的注解就比較難，主要有三個原因：一，注文本身是用文言寫的；二，很多注解寫得比較簡略，不像今天的注釋那麼詳盡；

三，注解的體例和術語跟今天不一樣，讀起來感到很生疏。想要讀懂古注，一定要對它的體例和術語有所了解。下面以《十三經注疏》中的《詩經·鄘風·相鼠》爲例對古注的體例作簡要説明。

　　相鼠刺無禮也衛文公能正其羣臣而刺在位承先君之化無禮儀也○相息亮反篇內同【疏】相鼠三章章四句至禮儀○正義曰作相鼠詩者刺無禮也由衛文公能正其羣臣使有禮儀故刺其在位有承先君之化無禮儀者由文公能化之使有禮而刺其無禮者所以美文公也凱風美孝子而反以刺君此刺無禮而反以美君作者之本意然也在位無禮儀文公不黜之者以其承先君之化弊風未革身無大罪不可廢之故也相鼠有皮人而無儀相視也無禮儀者雖居尊位猶爲闇昧之行箋云儀威儀也視鼠有皮雖處高顯之處偷食苟得不知廉恥亦與人無威儀者同○行下孟反之處昌慮反人而無儀不死何爲箋云人以有威儀爲貴今反無之傷化敗俗不如其死無所害也【疏】相鼠至何爲○正義曰文公能正其羣臣而在位猶有無禮者故刺之視鼠有皮猶人之無儀何則人有皮鼠亦有皮鼠猶無儀故可恥也人無禮儀何異於鼠乎人以有威儀爲貴人而無儀則傷化敗俗此人不死何爲若死則無害也○箋視鼠至者同○正義曰大夫雖居尊位爲闇昧之行無禮儀而可惡猶鼠處高顯之居偷食苟得不知廉恥鼠無廉恥與人無禮儀者同故喻焉以傳曰雖居尊位故箋言雖處高顯之居以對之相鼠有齒人而無止止所止息也箋云止容止孝經曰容止可觀無止韓詩止節無禮節也人而無止不死何俟俟待也相鼠有體體支體也【疏】傳體支體○正義曰上云有皮有齒已指體言之明此言體非偏體也故爲支體○人而無禮人而無禮胡不遄死遄速也○遄市專反

　　《相鼠》正文前有一段説明文字，這在《詩經》中叫"小序"，意在説明各首詩的主題。需要注意的是，爲了宣揚儒家思想，《詩經》的"小序"常常有曲解詩意的地方。

　　《詩經》的注解包括三部分：一是毛亨的傳（毛傳），二是鄭玄的箋（鄭箋），三是孔穎達的疏（孔疏）。《詩經》正文之下直接加注没有"箋云"兩個字的就是毛傳。如："相，視也。無禮儀者雖居尊位，猶爲闇昧之行。""止，所止息也。""俟，待也。""體，支體也。"注解中注明"箋云"兩個字的後面就是鄭玄的箋。如對《詩經》正文"相鼠有皮，人而無儀"的箋注是："箋云：儀，威儀也。視鼠有皮，雖處高顯之處，偷食苟得，不知廉恥，亦與人無威儀者同。"對正文"人而無儀，不死何爲"的箋注是："箋云：人以有威儀爲貴，今反無之，傷化敗俗，不如其死無所害也。"

　　用方括號注明【疏】的後面是孔穎達的疏。需要説明的是，"疏"既有對正文的解釋（一般先疏正文），也有對毛傳、鄭箋的解釋，需要分辨清楚。

我們看到，在正文"人而無儀，不死何爲"之後的疏有"'相鼠'至'何爲'"幾個字，這是指明下面一段文字是對《詩經》正文從"相鼠有皮"到"不死何爲"這四句話的解釋。孔疏的這一段文字是（用○隔開）："正義曰：文公能正其羣臣，而在位猶有無禮者，故刺之。……若死則無害也。"這一段文字後，圓圈（○）後又有"箋'視鼠'至'者同'"幾個字，這是指明下面一段文字是對鄭箋從"視鼠有皮"到"亦與人無威儀者同"這段話的解釋。孔疏的這一段文字是（用○隔開）："正義曰：大夫雖居尊位……以傳曰雖居尊位，故箋言雖處高顯之居以對之。"

我們注意到，毛傳、鄭箋、孔疏的內容，既有對字詞的解釋，也有對《詩經》一段話的串講。讀完之後，我們對這首詩的內容就有了一個大致的了解。要注意的是，注疏對正文字句的意思有時會有不同的看法。比如"人而無止"的"止"：(1)毛傳："止，所止息也。"(2)鄭箋："止，容止。"這需要我們比較分析，決定取捨。

注疏中還有對字的注音。比如正文"相鼠有皮，人而無儀"之後是毛傳，再後是鄭箋。我們注意到鄭箋的後面有一個圓圈（○），圓圈後的文字是："行，下孟反。之處，昌慮反。"這是唐代學者陸德明《經典釋文》的注音①。"行"就是毛傳"猶爲闇昧之行"的"行"字，它的反切是"下孟反"。鄭箋的解釋裏有"雖處高顯之處"的話，這句話中有兩個"處"字，《釋文》的注音是"之處，昌慮反"，可見這是對第二個"處"字的注音。最後一句正文"胡不遄死"，毛傳："遄，速也。"圓圈後的注音是："遄，市專反。"這是《釋文》對正文中"遄"字的注音。

二　古注的術語

閱讀古注，除了了解古注的體例，還要熟悉古注的一些術語。下面介紹一些常見的術語。

1. 曰、爲、謂之　使用這三個術語的時候，注釋的文字在"曰""爲""謂之"的前面，被注釋的詞在"曰""爲""謂之"的後面。這三個術語不僅

---

① 《經典釋文》是唐代學者陸德明撰寫的一部音義書。採集了漢魏以後二百三十多家對十四部典籍的注音資料（以注音爲主，也兼有釋義）。既有對正文的注音，也有對注文的注音。

解釋詞義,還常常用來辨析同義詞、類義詞之間的細微差别。三個術語的意思,大致相當於現代漢語的"叫作""稱作"。如:

（1）《詩經·衛風·氓》:"三歲爲婦,靡室勞矣。"鄭箋:"有舅姑曰婦。"

（2）《詩經·衛風·氓》:"爾卜爾筮,體無咎言。"毛傳:"龜曰卜,蓍曰筮。"

（3）《詩經·豳風·七月》:"言私其豵,獻豜于公。"毛傳:"豕一歲曰豵,三歲曰豜。"

（4）《詩經·豳風·七月》:"九月築場圃,十月納禾稼。"毛傳:"春夏爲圃,秋冬爲場。"

（5）《莊子·逍遥遊》:"朝菌不知晦朔。"成玄英疏:"月終謂之晦,月旦謂之朔。"

（6）《荀子·勸學》:"行衢道者不至。"王先謙《荀子集解》:"王念孫曰:《爾雅》'四達謂之衢'。"

第（1）例的意思是女子有舅姑叫作婦。第（2）例"卜"和"筮"是同義詞,用"曰"加以辨析。第（5）例"晦"和"朔"是類義詞,用"謂之"加以辨析。

2. 謂　使用"謂"的時候,被注釋的詞放在"謂"的前面,注釋的文字在"謂"的後面。注釋的話常常説明被釋詞所指的對象或範圍。"謂"的意思,大致相當於現代漢語的"是指""是説""説的是"。如:

（1）《孟子·梁惠王上》:"彼奪其民時,使不得耕耨以養其父母。"趙岐注:"彼,謂齊、秦、楚也。"

（2）《莊子·逍遥遊》:"覆杯水於坳堂之上。"成玄英疏:"坳,污陷也,謂堂庭坳陷之地也。"

（3）《楚辭·九歌·山鬼》:"子慕予兮善窈窕。"王逸注:"子,謂山鬼也。"

（4）《楚辭·九歌·山鬼》:"折芳馨兮遺所思。"王逸注:"所思,謂清潔之士,若屈原者也。"

爲了明確第（1）（3）（4）例"彼""子""所思"所指的對象,分别用"齊、秦、楚""山鬼""清潔之士"來説明。第（2）例"坳堂"不好懂,用"堂庭坳陷之地"來解釋。

3. 貌、之貌　"貌""之貌"的意思就是"……的樣子",主要用來解釋

形容詞,是對形貌、狀態、性質的一種說明。被釋詞在前,解釋的內容在後。如:

(1)《莊子·逍遙遊》:"夫列子御風而行,泠然善也。"郭象注:"泠然,輕妙之貌。"

(2)《詩經·衛風·氓》:"淇水湯湯,漸車帷裳。"毛傳:"湯湯,水盛貌。"

(3)《楚辭·九歌·山鬼》:"東風飄兮神靈雨。"王逸注:"飄,風貌。"

(4)《詩經·衛風·氓》:"氓之蚩蚩,抱布貿絲。"毛傳:"氓,民也。蚩蚩者,敦厚之貌。"

4. 猶　"猶"的意思是"好像""相當於""等於說"。被解釋的詞在前,解釋的話在後。解釋的話往往是一個詞,被解釋的詞同解釋的詞意義相近。如:

(1)《莊子·逍遙遊》:"翱翔蓬蒿之間。"成玄英疏:"翱翔,猶嬉戲也。"

(2)《莊子·逍遙遊》:"彼其於世,未數數然也。"成玄英疏:"數數,猶汲汲也。"

(3)《詩經·衛風·氓》:"桑之未落,其葉沃若。"毛傳:"沃若,猶沃沃然。"

(4)《詩經·豳風·七月》:"同我婦子,饁彼南畝。"鄭箋:"同,猶俱也。"

5. 渾言、析言、散文、對文　這幾個術語是用來辨析同義詞的。"渾言""散文"就是籠統不加區別地說,"析言""對文"就是區別開來說。如段玉裁《說文解字注》(下稱《段注》):

(1)《說文》:"視,瞻也。"《段注》:"《目部》曰:'瞻,臨視也。'視不必皆臨,則瞻與視小別矣。渾言不別也。"

(2)《說文》:"領,項也。"《段注》:"按'項'當作'頸'。《碩人》《桑扈》傳曰:'領,頸也。'此許所本也。《釋名》《國語》注同。'領'字以全頸言之,不當釋以頭後。若《廣雅》'領、頸,項也',合宜分別者渾言之。其全書之例類皆然矣。"

(3)《說文》:"見,視也。"《段注》:"析言之有視而不見者,聽而不聞者。渾言之則'視'與'見'、'聞'與'聽'一也。《耳部》曰:'聽,聆也。''聞,知聲也。'此析言之。"

（4）《説文》:"息,喘也。"《段注》:"《口部》曰:'喘,疾息也。'喘爲息之疾者,析言之。此云'息者喘也',渾言之。人之氣急曰喘,舒曰息。"

（5）《説文》:"踣,僵也。"《段注》:"僵,卻偃也。……然則'踣'與'仆'音義皆同。孫炎曰'前覆曰仆',《左傳正義》曰'前覆謂之踣'。對文則'偃'與'仆'別,散文則通也。"

（6）《説文》:"革,獸皮治去其毛曰革。"《段注》:"'皮'與'革'二字對文則分別,如'秋斂皮,冬斂革'是也。散文則通用,如《司裘》之'皮車'即革路,《詩·羔羊》傳'革猶皮也'是也。"

6. 讀爲、讀曰　"讀爲""讀曰"是用本字來説明假借字（假借字的讀音跟本字的讀音相同或相近）。注解中"讀爲""讀曰"的前面是假借字,後面是本字。如:

（1）《荀子·勸學》:"君子生非異也,善假於物也。"王先謙《荀子集解》:"王念孫曰:生讀爲性。《大戴記》作'性'。"

（2）《荀子·勸學》:"强自取柱,柔自取束。"王先謙《荀子集解》:"王引之曰:柱當讀爲祝。……此言物强則自取斷折,所謂太剛則折也。"

（3）《詩經·衛風·氓》:"淇則有岸,隰則有泮。"鄭箋:"泮,讀爲畔。畔,涯也。"

（4）《尚書·堯典》:"播時百穀。"鄭玄注:"時讀曰蒔。"

第(1)例"生"借作"性"（"性"是先天的質性）。第(2)例,王引之認爲"柱"是假借字,"祝"是本字（"祝"有斷的意思,但"祝"的本義並非斷）。第(3)例"泮"借作"畔",邊界的意思。第(4)例"時"借作"蒔",移植的意思。

7. 讀若、讀如　"讀若"和"讀如"主要是用來注音,説明注釋的字同被注釋的字讀音相同或相近。如:

（1）《説文》:"譠(zhuān),數也。一曰相讓也。……讀若專。"

（2）《説文》:"嗷,又卑也。"《段注》:"今俗語讀如渣。"

（3）《吕氏春秋·大樂》:"渾渾沌沌,離則復合,合則復離。"高誘注:"'渾'讀如衮冕之'衮'。"

有時候，"讀若"和"讀如"也用來説明假借字：

(1)《禮記·儒行》："雖危，起居竟信其志。"鄭玄注："信，讀如屈伸之伸。假借字也。"

(2)《楚辭·九歌·國殤》："霾兩輪兮繫四馬。"洪興祖補注："霾，讀若埋。"

第(1)例"信"借作"伸"，伸展的意思。第(2)例"霾"借作"埋"，指車輪陷入泥土中。

8. 之言、之爲言　"之言""之爲言"是通過聲音的聯繫用一個詞去解釋另一個詞。被解釋的詞在前，用來解釋的詞在後，中間用"之言""之爲言"表示兩個詞的聯繫。解釋的詞同被解釋的詞在讀音上相同或相近，這在傳統的訓詁學上叫"聲訓"。如：

(1)《莊子·逍遙遊》："故九萬里則風斯在下矣，而後乃今培風。"郭慶藩《莊子集釋》引王念孫："培之言馮也。馮，乘也。"

(2)《詩經·豳風·七月》："春日載陽，有鳴倉庚。"鄭箋："載之言則也。"

(3)《爾雅·釋訓》："鬼之爲言歸也。"

(4)《論語·爲政》："爲政以德，譬如北辰，居其所而衆星共之。"朱熹《集注》："政之爲言正也，所以正人之不正也。德之爲言得也，得於心而不失也。"

我們注意到，"培"和"馮(píng)"是雙聲，"載"和"則"也是雙聲。"鬼"和"歸"聲母、韻母都一樣，只是聲調有差別。"政""正"同音，"德"和"得"同音。聲訓是古人訓釋詞義的一種重要方式，可以幫助我們破除字形的限制，通過讀音的聯繫去探求詞的意義。不過古代有的聲訓帶有主觀隨意性，有牽強附會的地方，這是我們要注意的。

9. 當爲、當作　"當爲""當作"用來糾正文字的訛誤。如：

(1)《禮記·樂記》："武王克殷，反商。"鄭玄注："'反'當爲'及'，字之誤也。及商，謂至紂都也。"

(2)《韓非子·有度》："夫人臣之侵其主也，如地形焉，即漸以往，使人主失端，東西易面而不自知。"王先慎《韓非子集解》："'即'當作'積'，聲之誤也。"

鄭玄認爲"反"是一個錯字，應當改成"及"字。王先慎認爲"即"應當改作

"積"。

10. 衍文、脫文　"衍文"簡稱"衍",説明文字是誤增。"脫文"簡稱"脫"(也寫作"奪"),説明文字有脫漏。如:

(1)《淮南子·人閒訓》:"事或欲以利之,適足以害之;或欲害之,乃反以利之。"王念孫《讀書雜志·淮南內篇十八》:"'或欲利之''或欲害之'相對爲文,'利之'上不當有'以'字,此因下句'以'字而誤衍也。《太平御覽·學部三》引此無'以'字。"

(2)《荀子·王制》:"夫是之謂天德,王者之政也。"《讀書雜志·荀子第二》:"'王者'上當有'是'字。'是王者之政也'乃總承上文之詞。下文'是王者之人也''是王者之制也''是王者之論也'皆與此文同一例。今本脫'是'字,則語意不完。《韓詩外傳》有'是'字。"

閲讀古書要參考古注,對此我們一定要充分地重視。另一方面也要知道,古注畢竟是古人作的,在思想上不可避免會有這樣那樣的局限,甚至嚴重地歪曲原書的意思;就是在語言文字的解釋上,也不可能百分之百正確。所以閲讀古注的時候還是要具體問題具體分析。古人的注不好懂,我們只要選擇好的注本,由淺入深,多讀多看,持之以恒,閲讀能力就一定會不斷地提高。

第十四單元

講讀文選

賈誼

賈誼(前200—前168)，西漢著名政論家、文學家。洛陽(今屬河南)人。漢文帝初年召爲博士，不久升爲太中大夫。後來貶爲長沙王太傅，又爲梁懷王太傅。任職期間曾多次上書評論時政，對治國理民提出了不少建議，但終究不能實現自己的抱負，抑鬱而死。賈誼的著述，以政論文最爲有名，議論風發，情辭激切，氣勢充沛。著作有《新書》十卷。

論積貯疏

【説明】"疏"也稱"奏疏"，是古代的一種文體，是臣子上給皇帝條陳自己意見的奏議。漢文帝時，生產力尚未得到完全恢復，很多農民放棄農業生產轉而從事工商業活動，農業生產受到影響。賈誼的這篇奏疏，指明蓄積不足的極大危害，闡述發展農業生產、儲備糧食對治國安邦的重要性，意在引起皇帝的警覺。

選文據校點本《漢書·食貨志》(中華書局一九六二年版)。

筦子曰①："倉廩實而知禮節②。"民不足而可治者，自古及今未之嘗聞③。古之人曰:"一夫不耕,或受之飢④;一女不織,或受之寒。"生之有時而用之亡度,則物力必屈⑤。古之治天下,至孅至悉也,故其畜積足恃⑥。今背本而趨末⑦,食者甚眾,是天下之大殘也⑧;淫侈之俗日日以長,是天下之大賊也⑨。殘賊公行,莫之或止⑩;大命將泛,莫之振救⑪。生之者甚少而靡之者甚多,天下財產何得不蹷⑫?漢之爲漢幾四十年矣,公私之積猶可哀痛⑬。失時不雨,民且狼顧⑭;歲惡不入,請賣爵子⑮。既聞耳矣,安有爲天下阽危者若是而上不驚者⑯!

指出古代治理天下"其畜積足恃";分析當時的形勢,指出國家和個人都缺乏充足的蓄積。

① 筦(Guǎn)子:即管子。筦:同"管"。
② 語見《管子·牧民》。實:充實,充滿。知禮節:能樹立禮法觀念。
③ 不足:指生活用度不足。未之嘗聞:沒有聽說過。代詞"之"作動詞"聞"的前置賓語。
④ 古之人曰:語見《管子·輕重甲》。夫:成年男子。或:有的人。
⑤ 生之有時:物資的生產有一定的時間限制。亡(wú)度:沒有限度。物力:可供使用的物資。屈(jué):盡,竭盡。
⑥ 至孅(xiān)至悉:極爲細緻,極爲周備。至:達到極點。畜積:指物資的儲備。恃:依靠。
⑦ 本:指農業生產。末:指工商活動。
⑧ 殘:傷害。
⑨ 淫侈(chǐ):奢侈,過度消費。俗:社會風氣。賊:傷害。
⑩ 莫之或止:沒有誰能够制止它。莫:沒有什麼人。之:代詞,作動詞"止"的前置賓語,指代"殘賊公行"。或:語氣詞,用在否定句中加強否定語氣。
⑪ 大命:國家的命脈,國運。泛(fěng):通"覂",翻倒。振救:挽救。振:救濟。
⑫ 靡(mí):過度耗費。蹷(jué):同"蹶",盡。

⑬ 漢之爲漢:漢朝建國以來。爲:成爲。幾(jī):接近。公私之積:國家和個人兩方面的蓄積。猶:仍然。
⑭ 失時:違背農時(該下雨的時候不下雨)。狼顧:據説狼走路時常常回頭看,以防襲擊。這是形容人們看到不下雨恐懼不安的樣子。顧:回頭看。
⑮ 歲惡:災荒年。歲:收成。不入:穀物收不進來。賣爵子:(朝廷)出賣爵位,(百姓)出賣兒女。
⑯ (這樣的事)傳到朝廷耳朵裏,哪裏有治理天下像這樣的危險而天子還不震驚呢?既:已經。安:哪裏,怎麼。爲:治理。阽(diàn)危:危險。上:指皇帝。

世之有飢穰,天之行也①,禹、湯被之矣②。即不幸有方二三千里之旱,國胡以相恤③?卒然邊境有急④,數十百萬之衆,國胡以餽之⑤?兵旱相乘,天下大屈⑥,有勇力者聚徒而衡擊⑦,罷夫羸老易子而齩其骨⑧。政治未畢通也⑨,遠方之能疑者並舉而争起矣⑩,乃駭而圖之,豈將有及乎⑪?

分析一旦有戰争或自然災害,就會有動亂發生,難以應對。

① 飢:通"饑",災荒。穰(ráng):穀物豐收。天之行:自然的運行規律。行:運行。
② 禹、湯:夏禹和商湯。被:遭受。傳説夏禹的時候遭受九年水災,商湯的時候遭受七年旱災。
③ 即:如果。方二三千里:是説面積大。方:縱橫,方圓。胡以相恤(xù):用什麼來救濟呢?胡以:用什麼。胡:何。恤:救濟。
④ 卒(cù)然:突然。卒:後作"猝"。急:緊急的事,指戰争。
⑤ 餽(kuì):同"饋",送(糧食)。
⑥ 兵旱:戰争和自然災害。乘:接續。屈(jué):(物資)窮盡。
⑦ 徒:徒黨,同類的人。衡擊:使用強力劫掠攻擊別人。衡:通"橫",凶暴。
⑧ 罷(pí)夫羸(léi)老:老弱的人。罷:通"疲"。羸:瘦弱。易:交換。齩(yǎo):同"咬"。

⑨ 朝廷對國家的管理還沒有能够暢達全國的範圍。政治：對國家的管理。通：通達。
⑩ 邊遠地方那些有力量與朝廷比擬的人就會一同起來作亂。能：衍文。疑(nǐ)：通"擬"，比擬，比照……做。並舉：一同行動。
⑪ 乃：纔。駭(hài)：吃驚害怕。圖：謀劃(對付)。

　　夫積貯者，天下之大命也①。苟粟多而財有餘，何爲而不成②！以攻則取，以守則固③，以戰則勝；懷敵附遠，何招而不至④！今敺民而歸之農⑤，皆著於本⑥，使天下各食其力，末技游食之民轉而緣南畮⑦，則畜積足而人樂其所矣⑧。可以爲富安天下，而直爲此廩廩也⑨，竊爲陛下惜之⑩。

　　指明糧食儲備關係到國家的生死存亡，應鼓勵農業生產，"畜積足"就可以"爲富安天下"。

① 大：最重要的，根本的。命：命脈。
② 何爲而不成：怎麼能不成功呢？
③ 固：牢固不可破。
④ 安撫敵對的人，讓遠方的人歸附，怎麼能招而不至呢？顏師古注："懷，來也，安也。"招：招來。
⑤ 敺(qū)：通"驅"，驅使。歸之農：讓他們歸向農業生產。之：指代民。
⑥ 著(zhuó)：附著，不離開。本：指農業生產。
⑦ 末技：不重要的技藝。指工商業活動。游食：沒有固定的居住地，到處遊走謀食。緣南畮(mǔ)：走向田間，指務農。緣：順著……走。南畮：農田。畮：同"畝"。
⑧ 所：居住的地方。
⑨ 本來可以使天下富足安定，却竟然造成了這樣令人恐懼的情勢。爲(富)：成爲，形成。安：安定。直：竟。爲(此)：造成。廩廩：危懼的樣子。廩：通"懍"。
⑩ 竊：謙辭，私下。惜：哀傷。

韓愈

韓愈(768—824)，唐代著名文學家、哲學家。字退之，河陽(今河南孟州南)人。唐德宗貞元間進士，累官至吏部侍郎，故稱韓吏部。謚曰文，世稱韓文公。韓氏爲昌黎(治所在今遼寧義縣)望族，又稱韓昌黎。韓愈在政治上反對藩鎮割據，思想上尊儒道排佛老，文學上反對六朝以來的駢偶文風，力倡散體，與柳宗元同爲古文運動的倡導者。其散文創作在繼承先秦兩漢古文的基礎上推陳出新，氣勢雄健，影響很大。蘇軾説他是"文起八代之衰"，舊時被列爲唐宋八大家之首。有《昌黎先生集》。

選文據屈守元、常思春主編《韓愈全集校注》(四川大學出版社一九九六年版)。

原道

【説明】"原道"的意思是推究儒道的本原。崇儒道、鬭佛老是韓愈一貫的主張。此文闡述儒學的核心理念及道統傳承，激烈抨擊佛老的謬説及危害。文章布局謹嚴，多用排句，氣勢磅礴，最能代表韓文的特色。

博愛之謂仁，行而宜之之謂義①，由是而之焉之謂道②，足乎己無待於外之謂德③。仁與義爲定名④，道與德爲虛位⑤，故道有君子小人，而德有凶有吉⑥。老子之小仁義，非毁之也，其見者小也⑦。坐井而觀天，曰天小者，非天小也；彼以煦煦爲仁，孑孑爲義，其小之也則宜⑧。其所謂道，道其所道，非吾所謂道也⑨；其所謂德，德其所德，非吾所謂德也⑩。凡吾所謂道德云者，合仁與義言之也，天下之公言也⑪；老子之所謂道德云者，去仁與義言之也，一人之私言也⑫。

開宗明義，揭示儒家仁義道德的真正含義，劃清與老子道德學説的界限。

① 博愛叫作仁,踐行仁而且在行動中恰當地體現仁叫作義。(宜)之:指仁。《論語·顏淵》:"樊遲問仁。子曰:'愛人。'"《禮記·中庸》:"義者,宜也。"《孟子·離婁上》:"義,人之正路也。"
② 遵循仁義前進叫作道。是:指仁和義。之:前往。道:途徑,指行動的根本準則。
③ 德是禀受的天性,天性中已經充滿而不需要憑藉外在的影響。待:憑藉。《淮南子·齊俗訓》:"得其天性謂之德。"
④ 仁與義是有確定內涵的名稱概念。
⑤ 道與德如同空置的位置。意思是道和德的範疇,其中的內涵可以是仁義,也可以離開仁義而有不同的內容。
⑥ 意思是道有君子之道和小人之道,德也有善和惡的區別。《禮記·中庸》:"故君子之道闇然而日章,小人之道的然而日亡。"《左傳·文公十八年》:"孝敬忠信爲吉德,盜賊藏姦爲凶德。"
⑦ 小仁義:輕視仁義。非毀:誹謗。小:狹小。《老子》十八章:"大道廢,有仁義。"
⑧ 彼:指老子。煦煦:一説小惠小愛的樣子。孑孑:一説瑣屑細小的樣子。其小之也則宜:他這樣輕視仁義是理所當然的了。
⑨ 他所謂的道,是把他所行的道看作道,不是我説的道。道(其所道):用作意動,看作道。
⑩ 他所謂的德,是把他所行的德看作德,不是我説的德。德(其所德):用作意動,看作德。
⑪ 公言:公論;普遍認可的説法。
⑫ 這是説老子所謂的道德是不講仁義的。去:離開。私言:個人的説法。《老子》三十八章:"故失道而後德,失德而後仁,失仁而後義,失義而後禮。"

　　周道衰,孔子没,火于秦①,黄老于漢②,佛于晉、魏、梁、隋之間③。其言道德仁義者,不入于楊,則入於墨④;不入于老,則入于佛⑤。入于彼,必出于此⑥。入者主之,出者奴之⑦;入者附之,出者汙之⑧。噫!後之人其欲聞仁義道德之説,孰從而聽之⑨?老者曰:孔子,吾師之弟子也⑩。佛者曰:孔子,吾師之弟子也⑪。爲孔子者,習聞其説,樂其誕而自小也⑫,亦曰:吾師亦嘗師之云爾⑬。不惟舉之于其口,而又筆之于其書⑭。噫!後之人雖欲聞仁義道德之説,其孰從而求之?甚矣,人之好怪也⑮!不求其端,不訊其末,惟怪之欲聞⑯。

回顧歷史,説明人們迷惑於種種邪説而不明原委。

① 周道:指文王、武王、周公之道。没:死,後作"殁"。火于秦:指秦始皇焚書。火:火燒。
② 指黄老之學盛行於漢初。黄老:黄帝和老子,後來被道家奉爲始祖。
③ 指晉代以後至隋佛教盛行。魏:指北魏。兩句中"黄老""佛"都用作動詞,即黄老之學盛行、佛教盛行的意思。
④ 這是説戰國時楊墨之學盛行(楊朱主張爲我,墨翟主張兼愛)。入:歸入。《孟子・滕文公下》:"楊朱、墨翟之言盈天下。天下之言不歸楊,則歸墨。"
⑤ 這是説漢以後黄老之學與佛教交互盛行。
⑥ 歸入那一家,就會出離於這一家。
⑦ 歸入那一家,就奉那一家爲主(惟命是從);背離這一家,就以這一家爲奴(鄙薄賤視)。主之:以之爲主。奴之:以之爲奴。
⑧ 附:依附。汙:污衊。
⑨ 孰從而聽之:從誰那裏學習呢?孰從:疑問代詞"孰"作介詞"從"的賓語前置。
⑩ 老者:信奉老子學説的人。《莊子》中《德充符》和《天運》記載有孔子向老子學習的事。
⑪ 佛教文獻中有佛派遣弟子教化孔子的説法。
⑫ 信奉孔子學説的人聽慣了這種言論,喜好這種荒誕的説法而自卑。
⑬ 此句"師之"依別本補。《史記・老子韓非列傳》《孔子家語・觀周》以及韓愈《師説》都有孔子以老子爲師的話。師之:以他們爲

師。云爾：如此等等。
⑭ 不惟：不僅。舉：稱說。筆：寫。
⑮ 怪：怪異。
⑯ 求：探求。其：指仁義道德學說。端：開端；本始。訊：問；考察。末：演變的結果。惟怪之欲聞："怪"作"欲聞"的賓語前置。

古之爲民者四①，今之爲民者六②；古之教者處其一，今之教者處其三③。農之家一，而食粟之家六；工之家一，而用器之家六④；賈之家一，而資焉之家六⑤：奈之何民不窮且盜也⑥！

古今對比，說明佛老學說盛行造成的危害。

① 古代稱爲民的有四類人。《穀梁傳・成公元年》："古者有四民：有士民，有商民，有農民，有工民。"
② 六：四民之外，加僧、道。
③ (古之)教者：教人者，指士。處其一：於四民中居其一。處其三：士、僧、道於六民中居其三。
④ 器：器物。
⑤ 賈(gǔ)：做買賣，從事商業活動。資焉：依靠於此。焉：代詞，代商賈。
⑥ 奈之何：奈何；如何。窮：陷於困境。

古之時①，人之害多矣。有聖人者立，然後教之以相生養之道②。爲之君，爲之師③，驅其蟲蛇禽獸而處之中土④。寒，然後爲之衣；飢，然後爲之食；木處而顚，土處而病也，然後爲之宮室⑤。爲之工，以贍其器用⑥；爲之賈，以通其有無；爲之醫藥，以濟其夭死⑦；爲之葬埋祭祀，以長其恩愛⑧；爲之禮，以次其先後⑨；爲之樂，以宣其壹鬱⑩；爲之政，以率其怠勌⑪；爲之刑，以鋤其强梗⑫。相欺也，爲之符璽、斗斛、權衡以信之⑬；相奪也⑭，爲之城郭、甲兵以守之。害至而爲之備,患生而爲之防。今其言曰:"聖人不死,大盜不止;剖斗折衡,而民不争⑮。"嗚呼!其亦不思而已矣。如古之無聖人,人之類滅久矣。何也?無羽毛鱗介以居寒熱也⑯,無爪牙以争食也。是故君者,出令者也;臣者,行君之令而致之民者也⑰;民者,出粟米麻絲,作器皿,通貨財,以事其上者也。君不出令,則失其所以爲君⑱;臣不行君之令而致之民,民不出粟米麻絲,作器皿,通貨財,以事其上,則誅。今其法曰:必棄而君臣,去而父子⑲,禁而相生養之道,以求其所謂清净寂滅者⑳。嗚呼!其亦幸而出于三代之後,不見黜于禹、湯、文、武、周公、孔子也㉑;其亦不幸而不出于三代之前,不見正於禹、湯、文、武、周公、孔子也㉒。

進一步抨擊佛老教義的荒謬,强調人類社會的延續乃是聖人之功。

① 指遠古時期。
② 生養:養育。道:途徑;方法。
③ 爲之君:給人們設置了君長。此句動詞"爲"後面有兩個賓語:"之"是間接賓語,指"人";"君"是直接賓語。"爲"有設置安排的意思。師:古代負有輔佐王室、教育貴族子弟之責的官。《孟子·梁惠王下》:"《書》曰:'天降下民,作之君,作之師。'"
④ 驅其蟲蛇禽獸:《孟子·滕文公上》:"禽獸偪人,獸蹄鳥跡之道交於中國。堯獨憂之,舉舜而敷治焉。舜使益掌火,益烈山澤而焚之,禽獸逃匿。"處之中土:讓他們居住在天下之中。古人認爲中原之地居天下之中。
⑤ 木處而顛:居住在樹上有墜落的危險。顛:墜落。土處:指穴居。《周易·繫辭下》:"上古穴居而野處,後世聖人易之以宫室。"
⑥ 贍:充分供給。
⑦ 濟:救助。夭死:少壯而死,指病害造成的非正常死亡。
⑧ 葬埋祭祀:指喪葬制度。長:增進;延續。
⑨ 次:排序。先後:指尊卑、貴賤、少長等。
⑩ 宣:疏解。壹鬱:即"抑鬱",憂愁煩悶鬱結不暢。

⑪ 政:政令。率:督促;勸勉。怠勌:懶惰(之人)。勌:同"倦"。
⑫ 強梗:強橫(之人)。
⑬ 符:古代取信的證物。璽:印。斗斛(hú):兩種量器。十斗爲斛。"斗斛"泛指量器。權衡:秤錘和秤桿。信之:使人們講誠信。
⑭ 奪:爭奪。
⑮ 剖:破開。《莊子·胠篋》:"故絕聖棄知,大盜乃止;擿玉毀珠,小盜不起;焚符破璽,而民樸鄙;掊斗折衡,而民不爭。"
⑯ 鱗介:(像龜鱉那樣的)鱗甲。
⑰ 致之民:把政令傳達給民。致:送達;送給。之:政令。
⑱ 則失其所以爲君:就失去賴以爲君的資格。所以:憑藉的條件。
⑲ 法:指佛法。棄而君臣,去而父子:拋棄你們的君臣關係,斷絕你們的父子親情。而:你;你們。
⑳ 清净:佛家語,指遠離惡行與煩惱。寂滅:"涅槃"的意譯,佛教指超脫生死輪迴的最高理想境界。
㉑ 從佛老的立場講,"出于三代之後"而不被貶斥廢黜故能繁盛于一時是慶幸。出:產生。見:被。三代:夏、商、周。
㉒ 從儒家立場看,佛老"不出于三代之前"而不被矯正故能擾亂華夏是"不幸"。

　　帝之與王,其號名殊,其所以爲聖一也①。夏葛而冬裘②,渴飲而飢食,其事殊,其所以爲智一也。今其言曰:曷不爲太古之無事③?是亦責冬之裘者曰:曷不爲葛之之易也④?責飢之食者曰:曷不爲飲之之易也?傳曰⑤:"古之欲明明德於天下者,先治其國;欲治其國者,先齊其家;欲齊其家者,先修其身;欲修其身者,先正其心;欲正其心者,先誠其意。"然則,古之所謂正心而誠意者,將以有爲也。今也欲治其心而外天下國家,滅其天常⑥;子焉而不父其父⑦,臣焉而不君其君⑧,民焉而不事其事⑨。孔子之作《春秋》也,諸侯用夷禮則夷之⑩,進於中國則中國之⑪。經曰:"夷狄之有君,不如諸夏之亡⑫。"《詩》曰:"戎狄是膺,荆舒是懲⑬。"今也舉夷狄之法而加之先王之教之上⑭,幾何其不胥而爲夷也⑮!

闡明儒家正心誠意積極用世的理想,斥責佛教"外天下國家"是"滅其天常"。

① 帝之與王:指五帝與三王。爲聖一:成爲聖人的道理是一樣的(有功德於民)。《白虎通·號》:"帝王者何?號也。號者,功之表也,所以表功明德,號令臣下者也。德合天地者稱帝,仁義合者稱王。"道家尊五帝而輕三王,所以對此加以批判。
② 葛:(穿)葛布。裘:(穿)皮衣。
③ 其(言):指老子。曷不:爲什麼不。爲太古之無事:指道家主張無爲的理念。太古:遠古時期。《老子》八十章:"小國寡民,使有什伯之器而不用,使民重死而不遠徙。雖有舟輿無所乘之,雖有甲兵無所陳之。使民復結繩而用之。甘其食,美其服,安其居,樂其俗。鄰國相望,雞犬之聲相聞,民至老死不相往來。"
④ 這就是責備冬天穿皮衣的人說:爲什麼不穿葛布衣,那不是更簡便易做嗎?"葛之之易"作動詞"爲"的賓語。葛之:讓人穿葛衣。易:簡易。
⑤ 傳:指《禮記·大學》。
⑥ 外:置於外,遺棄。天常:自然常規,這裏指儒家所謂的倫常。儒家認爲倫常如天常,亙古不變。
⑦ 依佛教,出家之後不拜父母。焉:句中語氣詞。父其父:把父親作爲父親對待。
⑧ 依佛教,佛教徒不拜帝王。
⑨ 不事其事:不做他們該做的事。
⑩ 中原諸侯國如果用蠻夷禮俗的,就把他們當蠻夷看待。夷(之):作蠻夷看待。
⑪ 蠻夷各國如果進化而接受中原文化,就把他們當中原禮義之國看待。這兩句是說儒家強調華夷之辨。進於中國:一本作"夷而進於中國"。
⑫ 語見《論語·八佾》。意思是說即使蠻夷各國有君主,還是不如中原各國無君主;中原各國有時雖無君主,但禮義不廢(參邢昺疏)。
⑬ 語見《詩經·魯頌·閟宮》。意思是打擊懲創蠻夷各國。膺:擊。荆:楚國。舒:周代諸侯國名。

⑭ 舉：稱舉；擡高地位。夷狄之法：異族宗教。
⑮ 還能要多久，不都淪爲蠻夷了嗎？幾何：多久。胥：皆，都。

　　夫所謂先王之教者何也？博愛之謂仁，行而宜之之謂義，由是而之焉之謂道，足乎己無待於外之謂德。其文《詩》《書》《易》《春秋》，其法禮、樂、刑、政①，其民士、農、工、賈，其位君臣、父子、師友、賓主、昆弟、夫婦，其服麻絲，其居宮室，其食粟米、果蔬、魚肉；其爲道易明，而其爲教易行也②。是故以之爲己，則順而祥；以之爲人，則愛而公；以之爲心，則和而平；以之爲天下國家，無所處而不當③。是故生則得其情④，死則盡其常⑤；郊焉而天神假⑥，廟焉而人鬼饗⑦。曰：斯道也⑧，何道也？曰：斯吾所謂道也，非向所謂老與佛之道也。堯以是傳之舜，舜以是傳之禹，禹以是傳之湯，湯以是傳之文、武、周公，文、武、周公傳之孔子，孔子傳之孟軻；軻之死，不得其傳焉。荀與揚也⑨，擇焉而不精⑩，語焉而不詳⑪。由周公而上，上而爲君，故其事行⑫；由周公而下，下而爲臣，故其說長⑬。然則如之何而可也⑭？曰：不塞不流，不止不行⑮。人其人⑯，火其書⑰，廬其居⑱，明先王之道以道之⑲，鰥寡孤獨廢疾者有養也⑳，其亦庶乎其可也㉑？

　　進一步申明作者所謂的道是先王之教，不是"老與佛之道"；欲傳承先王之道，必須摒棄佛老。

① 法：法度。
② 道：治世的原則。教：教化。
③ 處：處置。當：恰當。
④ 得其情：合乎人之常情（指對養生的各種需求）。
⑤ 盡其常：盡到喪葬的常禮。《孟子·梁惠王上》："養生喪死無憾，王道之始也。"
⑥ 郊：祭天。假(gé)：來到；降臨。

⑦ 廟:祭祖廟。人鬼饗:祖先的神靈享用祭品。
⑧ 斯:這。
⑨ 荀:荀子。揚:揚雄(前53—18),一作楊雄。字子雲,蜀郡成都人。西漢哲學家、文學家、語言學家。著有《法言》《太玄》《方言》等。
⑩ 對聖人的學説有揀擇但不精審。
⑪ 對聖人的學説有闡述但不詳明。韓愈《讀荀子》:"荀與揚,大醇而小疵。"
⑫ 由周公而上:指堯、舜、禹、湯、文王、武王。上而爲君:都是居於上做君主的人。其事行:禮、樂、刑、政等舉措得以推行。
⑬ 由周公而下:指孔子、孟軻。其説長:其學説流傳長久。
⑭ 可:可以傳道。
⑮ 塞:堵塞。流:流傳。止:阻止。行:通行。
⑯ 使僧道還俗爲民。第一個"人"爲"民"之諱。用作使動,使成爲民。
⑰ 火:用作動詞,焚燒。
⑱ 使寺院、道觀成爲普通民居。廬:用作使動。
⑲ (以)道(dǎo):引導。
⑳ 《禮記·禮運》:"矜寡孤獨廢疾者皆有所養。"
㉑ 庶乎:相當於"庶幾乎",差不多。可:可以。

柳宗元

賀進士王參元失火書①

【説明】朋友家失火,不弔反賀。文章名爲"賀",看似有違常理,實則是對嫉賢妒能、壓制人才的社會環境的激烈抨擊。文章筆鋒辛辣,又入情入理。

選文據《柳宗元集》卷三十三(中華書局一九七九年版)。

得楊八書②,知足下遇火災,家無餘儲。僕始聞而駭,中而疑,終乃大喜,蓋將弔而更以賀也③。道遠言略,猶未能究知其狀④,若果蕩焉泯焉而悉無有⑤,乃吾所以尤賀者也⑥。

得知王參元家失火,不弔反賀。

① 王參元:濮陽(在今河南)人,與楊敬之同爲唐憲宗元和二年進士,與李賀、柳宗元等交游。
② 楊八:名敬之("八"是按同曾祖兄弟的長幼排序),字茂孝。官至工部尚書。柳宗元的親戚,王參元的朋友。
③ 更:換成,改爲。
④ 道遠:其時作者在永州。究:詳盡;徹底。
⑤ 蕩焉泯焉:蕩然無存。蕩:清除。泯:消除;消失。焉:相當於"然"。
⑥ 尤賀:尤其要祝賀。

足下勤奉養,寧朝夕①,唯恬安無事是望也②。乃今有焚煬赫烈之虞以震駭左右③,而脂膏滫瀡之具或以不給④,吾是以始而駭也。

説明爲什麽"始而駭"。

① 寧朝夕:終日安寧。一本作"樂朝夕"。
② "恬安無事"作動詞"望"的賓語前置。恬安:安寧。
③ 煬(yàng):焚燒。赫烈:形容火勢猛烈。虞:憂患。乃今:一本作"今乃"。
④ 脂膏:烹調用的油脂。滫瀡(xiǔsuǐ):古時用植物澱粉拌和食物,使柔軟滑爽。這裏指調和飲食。《禮記·内則》:"……滫、瀡以滑之。"不給:供應不上。

凡人之言皆曰:盈虛倚伏,去來之不可常①。或將大有爲也,乃始厄困震悸②,於是有水火之孽③,有羣小之愠④,勞苦變動,而後能光明⑤,古之人皆然。斯道遼闊誕漫⑥,雖聖人不能以是必信⑦,是故中而疑也。

説明爲什麽"中而疑"。

① 盈虚倚伏:指禍福盛衰的轉化。倚伏:《老子》五十八章:"禍兮福之所倚,福兮禍之所伏。"去來:禍福盛衰的來去。常:恒常不變。
② 大有爲:大有作爲。震悸:震驚恐懼。悸:受驚心跳。
③ 孽:災。
④ 遭到小人的怨恨。慍:怨怒。《詩經·邶風·柏舟》:"憂心悄悄,慍於羣小。"
⑤ 光明:指成就的輝煌。
⑥ 斯道:這種事理。遼闊:迂闊。誕漫:荒誕。
⑦ 信:確實可信。

　　以足下讀古人書,爲文章,善小學①,其爲多能若是,而進不能出羣士之上以取顯貴者,無他故焉。京城人多言足下家有積貨②,士之好廉名者皆畏忌③,不敢道足下之善,獨自得之,心蓄之④,衒忍而不出諸口⑤,以公道之難明而世之多嫌也⑥。一出口,則嗤嗤者以爲得重賂⑦。

　　僕自貞元十五年見足下之文章,蓄之者蓋六七年未嘗言⑧。是僕私一身而負公道久矣⑨,非特負足下也⑩。及爲御史、尚書郎⑪,自以幸爲天子近臣,得奮其舌⑫,思以發明天下之鬱塞⑬。然時稱道於行列⑭,猶有顧視而竊笑者⑮。僕良恨修己之不亮,素譽之不立⑯,而爲世嫌之所加⑰,常與孟幾道言而痛之⑱。

　　乃今幸爲天火之所滌蕩,凡衆之疑慮舉爲灰埃⑲。黔其廬,赭其垣⑳,以示其無有,而足下之才能乃可顯白而不汙㉑。其實出矣,是祝融、回祿之相吾子也㉒。則僕與幾道十年之相知,不若茲火一夕之爲足下譽也㉓。宥而彰之㉔,

使夫蓄於心者咸得開其喙㉕，發策決科者授子而不慄㉖；雖欲如向之蓄縮受侮，其可得乎㉗？於茲吾有望乎爾㉘，是以終乃大喜也。

　　古者列國有災，同位者皆相弔㉙；許不弔災，君子惡之㉚。今吾之所陳若是，有以異乎古㉛，故將弔而更以賀也。顔、曾之養，其爲樂也大矣，又何闕焉㉜？

說明爲什麽"終乃大喜"，不弔反賀。

① 小學：舊指音韻、文字、訓詁方面的學問。
② 貨：財物。
③ 廉名：清廉的名聲。畏忌：（對你家有積貸的傳言）有所畏懼忌憚。
④ 自得：自己心中明白。心蓄：藏在心裏。
⑤ 銜：含，指藏在心裏。忍：抑制。
⑥ 公道：公正的道理。嫌：嫌猜；疑忌。
⑦ 嗤嗤者：譏笑者。
⑧ 貞元：唐德宗年號。蓄之：贊許之意藏在心裏。
⑨ 私一身：看重一己私利。
⑩ 特：只。
⑪ 御史：柳宗元於貞元十九年（803）爲監察御史裏行。尚書郎：又於貞元二十一年（805）任禮部員外郎（屬尚書省）。
⑫ 奮其舌：指大膽進言。奮：有力地。
⑬ 天下：一本作"足下"。意思是讓足下埋没的才學能够揭示顯現。鬱：鬱積。塞：堵塞。
⑭ 行列：指同僚。
⑮ 顧視：扭頭看。
⑯ 良恨：極其遺憾。亮：顯露（指爲人所知）。素譽：平素的名聲。立：樹立。
⑰ 被世俗的嫌猜强加於身。
⑱ 孟幾道：孟簡，字幾道，工詩，是柳宗元的摯友。
⑲ 衆之疑慮：衆人的疑忌。舉：全部。
⑳ 黔其廬：（大火）使房屋變成黑色。黔：用作使動，使變黑。赭

(zhě)其垣:使牆壁變成紅褐色。赭:用作使動。
㉑ 顯白:顯現。汙:玷污。
㉒ 實:真才實學。祝融、回禄:傳説中的火神。相:幫助。
㉓ 我和孟幾道十年來對你的了解,還不如這把火一個晚上給你帶來的名聲。
㉔ 保祐你,使你的才學得以彰顯。宥:通"祐"。
㉕ 夫:那,那些。開其喙:張開他們的嘴,即開口爲你説話。喙:鳥獸的嘴。
㉖ 發策決科者:指主持命題考試取士的人。"發策決科"語出揚雄《法言·學行》。授子而不慄:授給你官職而不再害怕。
㉗ 向:向來。蓄縮:畏縮不能前,這裏指畏忌世嫌。受侮:這裏指遭人譏笑。其可得乎:還能做到嗎?
㉘ 在此我對你寄有很大的希望。乎爾:一本作"於子"。
㉙ 列國:指春秋時各諸侯國。同位者:同等地位的諸侯國。
㉚ 《左傳·昭公十八年》記載,公元前520年,宋、衛、陳、鄭等國發生火災,許國不慰問。當時有識之士推測許將亡國。
㉛ 現在我説的這些跟古時有所不同。
㉜ 能像顏回、曾參那樣奉養父母,其樂融融,你還缺少什麼呢?顏、曾之養:孔子的學生顏回、曾參以德行孝悌著稱。何闕:疑問代詞"何"作動詞闕"的賓語前置。闕:通"缺"。這一句照應前文"足下勤奉養,樂朝夕"。

足下前要僕文章古書,極不忘,候得數十幅乃併往耳①。吴二十一武陵來②,言足下爲《醉賦》及《對問》,大善,可寄一本。僕近亦好作文,與在京城時頗異。思與足下輩言之,桎梏甚固,未可得也③。因人南來,致書訪死生④。不悉⑤。宗元白。

結尾説明期待有文章交流。

① 併:一起。
② 吴二十一武陵:吴武陵,本名侃。柳宗元的好友,其時被貶永州。

③ 桎梏:指種種束縛。得:實現。
④ 訪:探問。
⑤ 不悉:不一一盡言(舊時書信結尾的套語)。

蘇軾

留侯論①

【説明】文章以一個"忍"字貫穿全篇,論説張良之所以成爲真正的"豪傑之士",其"過人之節"在於能忍人情之"所不能忍",所以最終能輔佐劉邦成就大業。

選文據《蘇軾文集》卷四(中華書局一九八六年版)。

　　古之所謂豪傑之士者,必有過人之節②。人情有所不能忍者③,匹夫見辱④,拔劍而起,挺身而鬥,此不足爲勇也。天下有大勇者,卒然臨之而不驚⑤,無故加之而不怒,此其所挾持者甚大⑥,而其志甚遠也。

開宗明義説明何爲"大勇"。

① 留侯:張良(?—前186),字子房。西漢大臣。漢朝建立封爲留侯。《史記》有傳。留:古地名,在今江蘇徐州北。
② 節:節操。
③ 忍:忍受。
④ 匹夫:一般的人。見:遭遇。
⑤ 卒(cù)然:突然。卒:後作"猝"。臨之:降臨到他身上。
⑥ 挾持:抱負。

　　夫子房受書於圯上之老人也①,其事甚怪②,然亦安知其非秦之世有隱君子者出而試之③?觀其所以微見其意者④，皆聖賢相與警戒之義⑤；而世不察，以爲鬼物⑥，亦已過矣。且其意不在書⑦。當韓之亡，秦之方盛也，以刀鋸鼎鑊待天下之士⑧，其平居無罪夷滅者不可勝數⑨，雖有賁、育無所復施⑩。夫持法太急者，其鋒不可犯，而其末可乘⑪。子房不忍忿忿之心，以匹夫之力而逞於一擊之間⑫。當此之時，子房之不死者，其間不能容髮⑬，蓋亦已危矣。千金之子不死於盜賊⑭，何者？其身之可愛，而盜賊之不足以死也⑮。子房以蓋世之才，不爲伊尹、太公之謀⑯，而特出於荆軻、聶政之計⑰，以僥倖於不死，此固圯上之老人所爲深惜者也⑱。是故倨傲鮮腆而深折之⑲。彼其能有所忍也，然後可以就大事⑳，故曰"孺子可教也"㉑。

揭示黃石老人授書前"深折"張良的真意在於使其"能有所忍"而終成大事。

① 圯(yí)：橋。《史記·留侯世家》記載，張良游下邳一橋上，有一個老人叫他給自己拾鞋穿鞋，經反復考驗，後授他《太公兵法》一書。《留侯世家》謂老人即黃石的化身。
② 《留侯世家》："至如留侯所見老父予書，亦可怪矣。"
③ 隱君子：隱居的高人。
④ 觀察他用來隱約顯示自己意圖的做法。微：隱藏而不清晰。見(xiàn)：後通作"現"。
⑤ 都是聖賢相警戒的道理。
⑥ 《論衡·自然》："蓋天佐漢誅秦，故命令神石爲鬼書授人。""黃石授書，亦漢且興之象也。妖氣爲鬼，鬼象人形。"
⑦ 老人真實的用意不在授書。
⑧ 刀鋸鼎鑊(huò)：比喻殘忍的鎮壓手段。鼎鑊：鼎和鑊是兩種烹飪器，酷刑用以烹人。
⑨ 平居：平日。夷滅：指殺害。
⑩ 即使有孟賁、夏育那樣的勇士也無法施展他們的本領。賁、育：孟賁和夏育，傳說中古代的勇士。

⑪ 其鋒芒不可觸犯，而其力量最後衰竭的時候則可以借助利用。後一句一本作"而其勢未可乘"。
⑫ 忍：抑制。逞：快意；得到滿足。《留侯世家》記載，張良爲韓國貴族，秦滅韓，張良爲報仇曾趁秦始皇東游時在博浪沙（在今河南）與力士刺殺秦始皇，但未成功。
⑬ 其間(jiàn)不能容髮：這是形容離死已很近。當時秦始皇大肆搜捕，張良更換姓名逃匿下邳。
⑭ 千金之子：富貴人家的子弟。張良的祖父、父親都做過韓國的相，所以這樣説。
⑮ 這是因爲自家生命值得珍惜，不值得爲了與盜賊相鬥而死。可愛：值得珍愛。
⑯ 不爲伊尹、太公之謀：不去策劃伊尹、姜太公那樣的大謀略。伊尹：商初大臣，助商湯滅夏。太公：即呂尚，助周武王滅商。
⑰ 而採用荆軻、聶政那樣的小計策。荆軻、聶政：都是戰國時有名的刺客。荆軻曾謀刺秦王政，聶政曾謀刺韓相俠累。事見《史記·刺客列傳》。
⑱ 惜：惋惜。
⑲ 鮮腆(xiǎntiǎn)：無禮。折：使受挫。
⑳ 就：成就。
㉑ 這是黃石老人讓張良給他穿鞋後説的一句話。孺子：稱孺子猶稱年輕人爲小子。

　　楚莊王伐鄭，鄭伯肉袒牽羊以逆①。莊王曰："其君能下人，必能信用其民矣②。"遂捨之。勾踐之困於會稽而歸，臣妾於吳者三年而不倦③。且夫有報人之志而不能下人者，是匹夫之剛也④。夫老人者，以爲子房才有餘而憂其度量之不足，故深折其少年剛鋭之氣，使之忍小忿而就大謀。何則？非有平生之素⑤，卒然相遇於草野之間而命以僕妾之役⑥，油然而不怪者⑦，此固秦皇之所不能驚而項籍之所不能怒也⑧。

引述史實，説明"忍小忿"方能"就大謀"。

① 事見《左傳·宣公十二年》。鄭伯：鄭襄公。肉袒：去衣露體。逆：迎接。
② 下人：居人之下；屈己尊人。信用其民：使其民信服爲己所用。
③ 公元前494年越王勾踐爲吴王夫差所敗，困於會稽山，屈服求和，到吴國做奴僕，三年後回國。臣妾：用作動詞，做臣妾。《國語·越語下》："（勾踐）與范蠡入宦（做臣隸）於吴，三年而吴人遣之。"《史記·越王勾踐世家》："君王亡臣勾踐使陪臣種敢告下執事：勾踐請爲臣，妻爲妾。"
④ 報人：向人復仇。匹夫之剛：平常人的剛强。
⑤ 素：素常的交往。
⑥ 卒(cù)然：突然。卒：後作"猝"。僕妾之役：指給老人拾鞋穿鞋。
⑦ 油然：安然。怪：怪怨。
⑧ 這正是秦始皇不能使之驚懼、項羽也不能激怒他的原因。此：指張良的能够"忍小忿而就大謀"。

　　觀夫高祖之所以勝而項籍之所以敗者，在能忍與不能忍之間而已矣。項籍唯不能忍，是以百戰百勝而輕用其鋒①；高祖忍之，養其全鋒而待其斃②，此子房教之也。當淮陰破齊而欲自王，高祖發怒見於詞色③。由此觀之，猶有剛强不忍之氣，非子房其誰全之④？

　　太史公疑子房以爲魁梧奇偉，而其狀貌乃如婦人女子，不稱其志氣⑤。嗚呼，此其所以爲子房歟⑥！

結尾進一步强調劉邦的大業得以完成，全賴張良之能忍。

① 輕用其鋒：指項羽輕易用兵氣盛逞强。鋒：比喻進擊的軍隊鋭不可當。
② 養其全鋒：蓄養其進擊的力量使不受損。全：完整；不受損。其斃：指項羽軍隊疲憊不振。
③ 《史記·淮陰侯列傳》記載，公元前203年，韓信破齊，求立爲假王

（非正式受封的王號）。韓信使者來到，打開書信，劉邦大怒而罵。"張良、陳平躡漢王足"，提醒劉邦不可激怒韓信。後立韓信爲齊王。見(xiàn)：後作"現"。
④ 全：成全（其功業）。
⑤《留侯世家》："余以爲其人計魁梧奇偉，至見其圖，狀貌如婦人好女。"稱(chèn)：相稱。
⑥ 柔弱的外貌正是張良所以爲張良的原因。意思是如"婦人女子"的狀貌顯示其能忍的大志節。

顧炎武

顧炎武(1613—1682)，明清之際思想家，著名學者。初名絳，字寧人，明亡改名爲炎武。江蘇崑山人。學者稱亭林先生。清兵南下，參加抗清鬥爭，失敗後奔走大江南北，不忘復興。顧炎武學問賅博，著述宏富，治學注重"經世致用"，有多方面的成就。著作有《天下郡國利病書》《日知錄》《亭林詩文集》《音學五書》等。

選文據《顧亭林詩文集·亭林文集卷之三》（中華書局一九八三年版）。

與友人論學書

【説明】這是一篇書信體的論文。作者鮮明地提出君子治學之要在於"博學於文""行己有恥"，激烈抨擊明中期以後一些文人空談心性、"置四海之困窮不言"的"空虛之學"，集中體現了作者"經世致用"的治學思想。

比往來南北①，頗承友朋推一日之長，問道於盲②。竊歎夫百餘年以來之爲學者，往往言心言性而茫乎不得其解也③。

命與仁，夫子之所罕言也④；性與天道，子貢之所未得聞也⑤。性命之理，著之《易傳》⑥，未嘗數以語人⑦。其答問士也，則曰"行己有恥"⑧；其爲學，則曰"好古敏求"⑨；其與門弟子言，舉堯、舜相傳所謂"危微精一"之説一切不道⑩，而但曰："允執其中，四海困窮，天祿永終。"⑪嗚呼！聖人之所以爲學者，何其平易而可循也⑫，故曰："下學而上達⑬。"顔子之幾乎聖也，猶曰："博我以文⑭。"其告哀公也，明善之功，先之以博學⑮。自曾子而下，篤實無若子夏⑯，而其言仁也，則曰："博學而篤志，切問而近思⑰。"今之君子則不然，聚賓客門人之學者數十百人，"譬諸草木，區以別矣"⑱，而一皆與之言心言性⑲，舍多學而識以求一貫之方⑳，置四海之困窮不言而終日講"危微精一"之説㉑，是必其道之高於夫子，而其門弟子之賢於子貢，祧東魯而直接二帝之心傳者也㉒。我弗敢知也㉓。

批評百餘年以來之爲學者一味空談心性，違背先聖治學的根本原則。

① 比：近來。南北：抗清鬥爭失敗後作者往來於江蘇、山東、河北、山西、陝西一帶。
② 推一日之長(zhǎng)：指被朋友敬重。推：推重；敬重。一日之長：指年齡稍大。《論語·先進》："子曰：'以吾一日長乎爾，毋吾以也。'"問道於盲：語出韓愈《答陳生書》："是所謂借聽於聾，求道於盲。"
③ 百餘年以來之爲學者：指明代哲學家王守仁以後的一些學者。言心言性：指空談心性。心、性：中國古代哲學的兩個概念，這是宋明一些哲學家討論的中心話題。心指人的主觀意識和認知能力，性指人和物天生的質性。王守仁的學説稱爲"心學"，他認爲一切皆在心內，無心則無一切，心是天地萬物的主宰。
④ 《論語·子罕》："子罕言利與命與仁。"命：人稟受於天的命運（如貴賤禍福壽夭等）。
⑤ 《論語·公冶長》："子貢曰：'夫子之文章，可得而聞也；夫子之言性與天道，不可得而聞也。'"天道：天理；上天依據的法則。
⑥ 有關性和命的道理，已經寫在《易傳》中。《周易·乾·彖傳》："乾道變化，各正性命。"又《説卦》："昔者聖人之作《易》也……窮理盡

性以至於命。"

⑦ 數(shuò)以語(yù)人：常常以此告誡人。數：屢次。
⑧ 問士：詢問士人的標準。行己有恥：自身立身行事有羞恥之心。《論語·子路》："子貢問曰：'何如斯可謂之士矣？'子曰：'行己有恥，使於四方，不辱君命，可謂士矣。'"皇侃《論語義疏》："李充云：'言自行己身，恒有可恥之事，故不爲也。'"
⑨ 爲學：治學。好古敏求：愛好古代的文化，努力地去求得知識。敏：勤勉。《論語·述而》："子曰：'我非生而知之者，好古敏以求之者也。'"
⑩ 意思是孔子教導弟子時，凡是堯、舜相傳的所謂"危微精一"的説法都沒有講。危微精一：《尚書·大禹謨》記載帝舜説："人心惟危，道心惟微，惟精惟一，允執厥中。"意思是人心容易爲物欲所蒙蔽，難以安穩寧帖；道心（以義理爲根基的意識）幽微難明；只有精研專一，誠信地遵守中道（無過無不及）。"宋代理學家把這十六字看作堯、舜、禹心心相傳的個人道德修養和治理國家的原則，稱爲"十六字心傳"（參朱熹《〈中庸章句〉序》）。
⑪ 而只是説："允執其中，四海困窮，天禄永終。"《論語·堯曰》："堯曰：'咨！爾舜！天之曆數在爾躬，允執其中。四海困窮，天禄永終。'舜亦以命禹。"這是堯禪位給舜時説的話。大意是，依次登位的天命已經降臨到你身上，要誠實地持守中道。如果天下困窮，天賜的大命就要永遠終結。
⑫ 所以爲學者：用來治學的原則。循：遵循實行。
⑬ 語見《論語·憲問》。大意是既學習普通切近的知識，而又能通曉高深的道理。
⑭ 顏子：孔子的子弟顏回，品學兼優。幾乎：接近於。博我以文：語見《論語·子罕》。意思是用各種文獻來豐富我的知識。
⑮ 孔子告誡魯哀公，欲明辨善惡，要以豐富學識爲先。《禮記·中庸》："哀公問政，子曰：'……誠身有道，不明乎善，不誠乎身矣。'"又："博學之，審問之，慎思之，明辨之，篤行之。"作者認爲這五者以"博學"爲先。
⑯ 曾子：孔子的學生曾參，以孝著稱。篤實：修養誠厚切實。子夏：孔子的學生卜商字子夏。
⑰ 篤志：牢記在心。篤：固。志：記。切問：切實地求教問題。切：切

實;不空泛。近思:就自身所及思考問題。《論語·子張》:"子夏曰:'博學而篤志,切問而近思,仁在其中矣。'"
⑱ 譬諸草木,區以別矣:這是說學者的情況不同,就像草木種類不同需要區別對待。《論語·子張》:"君子之道,孰先傳焉?孰後倦焉?譬諸草木,區以別矣。"
⑲ 一:不加區別。
⑳ 舍:捨棄。多學而識(zhì):多方面地學習而一一記住。識:記。一貫之方:以一種基本的理念貫穿所學的東西。《論語·衛靈公》:"子曰:'賜也,女以予爲多學而識之者與?'對曰:'然,非與?'曰:'非也,予一以貫之。'"作者引用孔子這段話,意在說明首先必須多學而識,然後纔能一以貫之。
㉑ 置:擱置。
㉒ 這是認定自己的理念一定高過孔子,自己的弟子也一定比子貢優秀,跳過孔子而直接上承堯舜二帝的"十六字心傳"。是:代指"一皆與之言心言性……而終日講'危微精一'之說"。賢:超過。祧(tiāo):遷移神主,這裏是超越的意思。東魯:指孔子(孔子是魯國人)。心傳:即上文說的"十六字心傳"。
㉓ 弗敢知:不敢接受。

《孟子》一書,言心言性亦諄諄矣①,乃至萬章、公孫丑、陳代、陳臻、周霄、彭更之所問與孟子之所答者②,常在乎出處、去就、辭受、取與之間③。以伊尹之元聖④,堯舜其君其民之盛德大功⑤,而其本乃在乎千駟一介之不視不取⑥。伯夷、伊尹之不同於孔子也⑦,而其同者,則以"行一不義,殺一不辜而得天下不爲"⑧。是故性也、命也、天也,夫子之所罕言,而今之君子之所恒言也⑨;出處、去就、辭受、取與之辨,孔子、孟子之所恒言,而今之君子所罕言也。謂忠與清之未至於仁⑩,而不知不忠與清而可以言仁者,未之有也⑪;謂不伎不求之不足以盡道⑫,而不知終身於伎且求而可以言道者,未之有也。我弗敢知也。

引述經典，指出孔子、孟子常常教導的正是"今之君子"避而不談的，孔子罕言的正是"今之君子"所反復講論的。

① 言心言性：《孟子》一書曾講盡心知性、存心養性。諄諄：反復講述。
② 萬章、公孫丑、陳代、陳臻、彭更：都是孟子的弟子。周霄：魏國人。答問的内容見《萬章》《公孫丑》《滕文公》諸篇。
③ 出處：出仕和隱退。去就：辭官和接受官職。辭受：拒絕和接受。取與：獲取和給予。
④ 伊尹：商初大臣，輔佐商湯滅夏。元聖：大聖。
⑤ 伊尹建立了"堯舜其君其民"的偉大功德。堯舜其君其民：使其君成爲堯舜那樣的君主，使其民成爲堯舜時代一樣的百姓。堯舜：名詞用作使動，使（其君其民）成爲堯舜那樣的君民。《孟子·萬章上》："與我處畎畝之中，由是以樂堯舜之道，吾豈若使是君爲堯舜之君哉？吾豈若使是民爲堯舜之民哉？吾豈若於吾身親見之哉？"
⑥ 伊尹處事的根本原則在於，如果不合道義，無論是千輛車的大利益還是毫末之微的小利益都不看重不苟取。駟：一車四馬爲駟。介：通"芥"，小草。《孟子·萬章上》："伊尹耕於有莘之野，而樂堯舜之道焉。非其義也，非其道也，禄之以天下，弗顧也；繫馬千駟，弗視也。非其義也，非其道也，一介不以與人，一介不以取諸人。"
⑦ 《孟子·公孫丑上》："（公孫丑）曰：'伯夷、伊尹何如？'曰：'不同道。非其君不事，非其民不使；治則進，亂則退，伯夷也。何事非君？何使非民？治亦進，亂亦進，伊尹也。可以仕則仕，可以止則止，可以久則久，可以速則速，孔子也。皆古聖人也。'"又《萬章下》："孟子曰：'伯夷，聖之清者也；伊尹，聖之任者也；柳下惠，聖之和者也；孔子，聖之時者也。'"伯夷：商末孤竹君之子，武王滅商，義不食周粟而死。
⑧ 《孟子·公孫丑上》："（公孫丑）曰：'然則有同與？'曰：'有。得百里之地而君之，皆能以朝諸侯，有天下；行一不義，殺一不辜而得天下，皆不爲也。是則同。'"
⑨ 恒言：常言。
⑩ 孔子認爲：楚國的令尹子文做官不計較升降得失，這是忠；齊國大

夫陳文子亂邦不居,這是清;但忠與清還沒有達到仁。清:潔身自好。語見《論語·公冶長》。
⑪ 意思是如果對君不忠,又不能潔身自好,那就更談不上仁了。
⑫ 認爲不妒恨、不貪求還不足以完全體現道。忮(zhì):嫉妒;忌恨。《論語·子罕》:"子曰:'衣敝緼袍,與衣狐貉者立而不恥者,其由也與!"不忮不求,何用不臧?'子路終身誦之。子曰:'是道也,何足以臧?'"

　　愚所謂聖人之道者如之何? 曰"博學於文"①,曰"行己有恥"。自一身以至於天下國家,皆學之事也;自子臣弟友以至出入、往來、辭受、取與之間,皆有恥之事也。恥之於人大矣②!不恥惡衣惡食③,而恥匹夫匹婦之不被其澤④,故曰:"萬物皆備於我矣,反身而誠⑤。"

　　嗚呼!士而不先言恥,則爲無本之人;非好古而多聞,則爲空虛之學。以無本之人而講空虛之學,吾見其日從事於聖人而去之彌遠也⑥。雖然,非愚之所敢言也,且以區區之見私諸同志而求起予⑦。

　　點明"博學於文""行己有恥"是自己心中的聖人之道,這是文章的核心觀點。

① 博學於文:即"博我以文"。《日知錄》卷七:"君子博學於文,自身而至於家、國、天下,制之爲度數,發之爲音容,莫非文也。"
② 語出《孟子·盡心上》。大:極端重要。《日知錄》卷十三:"(禮義廉恥)然而四者之中,恥尤爲要,故夫子論之曰'行己有恥'。"
③ 意思是不以貧賤爲恥。恥:以……爲恥。《論語·里仁》:"士志於道而恥惡衣惡食者,未足與議也。"
④ 而以普通百姓不能受其恩惠爲恥。被:承受。《孟子·萬章上》:"(伊尹)思天下之民匹夫匹婦有不被堯舜之澤者,若己推而内(nà)之溝中。"
⑤ 《孟子·盡心上》:"萬物皆備於我矣。反身而誠,樂莫大焉。"意思

是萬物萬事之理我都具備了。反躬自省自己是真誠無愧於心的，這便是最大的快樂。
⑥ 從事於聖人：致力於聖人之學。去之彌遠：離聖人之學更加遠。
⑦ 區區之見：小小的見解。私：不公開。同志：志同道合的人。起予：啓發我。《論語·八佾》："子曰：'起予者商也。'"

閱讀文選

道學①（周密）

【說明】文章對宋時道學君子言行不一、欺世盜名的醜行進行了辛辣諷刺，抨擊當權者爲一己私利而將其"列之要路"的可恥行徑。

嘗聞吳興老儒沈仲固先生云：道學之名起於元祐，盛於淳熙②。其徒有假其名以欺世者，真可以噓枯吹生③。凡治財賦者，則目爲聚斂；開閫扞邊者，則目爲麄材④；讀書作文者，則目爲玩物喪志；留心政事者，則目爲俗吏。其所讀者止四書、《近思錄》、《通書》、《太極圖》、《東西銘》、語錄之類⑤。自詭其學爲"正心、修身、齊家、治國、平天下"⑥。故爲之說曰："爲生民立極，爲天地立心，爲萬世開太平，爲前聖繼絕學⑦。"其爲太守，爲監司⑧，必須建立書院，立諸賢之祠；或刊註四書，衍輯語錄⑨。然後號爲賢者，則可以釣聲名，致膴仕⑩。而士子場屋之文⑪，必須引用以爲文，則可以擢巍科⑫，爲名士。否則立身如溫國，文章氣節如坡仙，亦非本色也⑬。於是天下競趨之，稍有議及，其黨必擠之爲小人，雖時君亦不得而辨之矣⑭。其氣燄可畏如此。然夷考其所行，則言行了不相顧⑮，卒皆不近人情之事，異時必將爲國家莫大之禍，恐不在典午清談之下也⑯。

辛辣諷刺當時道學君子言行不一、欺世盜名的醜行。

① 道學是宋儒的哲學思想。"道學"一詞始見於北宋張載《答范巽之書》。《宋史》傳記專列有"道學"一類。後來道學即指理學。選文據《癸辛雜識·續集下》（中華書局一九八八年版）。周密（1232—約1298），南宋詞人。字公謹，號草窗。先世濟南人。宋亡不仕，流寓杭州。
② 元祐：宋哲宗年號。淳熙：南宋孝宗年號。
③ 噓枯吹生：枯乾的吹氣使之活，活著的吹氣使之死。語出《後漢書·鄭太傳》。這裏指道學家信口褒貶以欺世盜名。
④ 開閫（kǔn）：設置府署，處置一方軍務。閫：將帥的官署。扞（hàn）邊：衛戍邊防。扞：通作"捍"。麄材：沒有文化的粗人。麄：同"粗"。
⑤ 《近思錄》：語錄體理學著作，南宋朱熹、呂祖謙合編。《通書》《太極圖》：宋代理學家周敦頤著。《太極圖》即《太極圖說》。《東西銘》：即《東銘》《西銘》，宋代哲學家張載著。語錄：宋代理學家講學時學生作的記錄。
⑥ 詭：詭稱。
⑦ 這四句是張載的話。意思是爲萬民樹立標準，爲天地樹立養育萬物之心，開創永久的太平盛世，把堯、舜、禹、湯、文、武、周公、孔子中斷的學術傳承接續起來。
⑧ 太守：指宋代的知府、知州。監司：負有監察責任的官員。
⑨ 刊註：雕板印刷和注釋。衍輯：廣泛搜羅編輯。
⑩ 膴（wǔ）仕：高官厚祿。
⑪ 場屋：考場。
⑫ 擢巍科：科舉考試取得很高的等級。
⑬ 溫國：司馬光追封溫國公。坡仙：蘇軾號東坡居士。本色：原本應有的品性。
⑭ 時君：當時的君主。

⑮ 夷考:考察。《孟子·盡心下》:"夷考其行而不掩焉者也。"顧:顧及。《禮記·中庸》:"言顧行,行顧言。"
⑯ 典午:"司馬"的隱語(午十二生肖屬馬),因以指司馬氏的晉朝。清談:晉代一些人不務實際,空談玄理。

余時年甚少,聞其說如此,頗有"嘻其甚矣"之嘆①。其後至淳祐間②,每見所謂達官朝士者,必憒憒冬烘③,弊衣菲食,高巾破履,人望之知爲道學君子也。清班要路④,莫不如此。然密而察之,則殊有大不然者,然後信仲固之言不爲過。蓋師憲當國⑤,獨握大柄,惟恐有分其勢者,故專用此一等人,列之要路;名爲尊崇道學,其實幸其不才憒憒⑥,不致掣其肘耳。以致萬事不理,喪身亡國。仲固之言,不幸而中。嗚呼,尚忍言之哉!

抨擊當權者爲一自己私利而將道學君子"列之要路"的可恥行徑。

① 嘻其甚矣:《禮記·檀弓上》:"嘻!其甚也!"嘻:嘆詞。甚:過分。
② 淳祐:南宋理宗年號。
③ 憒(kuì)憒:頭腦混亂;糊塗。冬烘:迂腐淺陋。
④ 清班:清貴的官位(如文學侍臣)。要路:重要的官位。
⑤ 師憲:賈似道(1213—1275),南宋末年台州(今屬浙江)人,字師憲。官至太師,專權多年。
⑥ 幸:慶幸。

明良論二①(龔自珍)

【説明】《明良論》共四篇,作於1813—1814年(嘉慶十八年至十九年),是作者直言時政的一組著名政論文章。"明良"取君明臣良的意思。這裏選的第二篇直言不諱地揭露了當時的政要之臣因循苟且、毫無廉恥之心的可恥行徑,指出其根源在於君待臣如犬馬而臣下無以振作知恥的精神，提出君有禮、臣有節的全恥之道。

　　士皆知有恥，則國家永無恥矣；士不知恥，爲國之大恥。歷覽近代之士，自其敷奏之日，始進之年②，而恥已存者寡矣！官益久，則氣愈媮③；望愈崇，則諂愈固；地益近，則媚亦益工④。至身爲三公，爲六卿，非不崇高也，而其於古者大臣巍然岸然師傅自處之風⑤，匪但目未覩⑥，耳未聞，夢寐亦未之及。臣節之盛，掃地盡矣；非由他，由於無以作朝廷之氣故也⑦。何以作之氣？曰：以教之恥爲先。《禮·中庸》篇曰："敬大臣則不眩⑧。"郭隗説燕王曰⑨："帝者與師處，王者與友處，伯者與臣處，亡者與役處。憑几其杖⑩，顧盼指使，則徒隸之人至⑪。恣睢奮擊，呴籍叱咄，則廝役之人至⑫。"賈誼諫漢文帝曰："主上之遇大臣如遇犬馬，彼將犬馬自爲也⑬；如遇官徒⑭，彼將官徒自爲也。"凡茲三訓，炳若日星，皆聖哲之危言⑮，古今之至誠也。

　　近代之士羞恥之心蕩然無存，根源在於"無以作朝廷之氣"。

　①　選文據《龔自珍全集》第一輯（上海人民出版社一九七五年版）。龔自珍（1792—1841），清思想家、文學家。字璱人，號定盦。浙江仁和（今杭州）人。有《龔自珍全集》。明良：君主賢明臣子忠良。語本《尚書·益稷》："元首明哉，股肱良哉，庶事康哉！"
　②　敷奏：向君主陳述意見。敷：陳。奏：進言。始進：開始進用做官。
　③　媮：通"偷"，苟且；怠惰。
　④　地益近：官位離皇帝越近。工：精巧。
　⑤　三公：帝王身邊最高輔弼大臣，清代爲最高榮銜。六卿：清代稱六部尚書爲六卿。這里指高官。師傅自處：把自己放在帝王師傅的地位，即能盡教導之責。風：風範。
　⑥　匪：通作"非"，不。
　⑦　並非由於別的原因，乃是由於没有什麼舉措來振作朝廷正氣的緣故。

⑧ 尊重大臣做事就不會迷惑。
⑨ 郭隗（wěi）：戰國時燕昭王的臣子。下面的話見《戰國策·燕策一》。
⑩ 憑几其杖：靠著几案，拄著手杖。其：當作"據"。《戰國策·燕策一》："馮几據杖，眄視指使。"
⑪ 徒隸：服勞役的罪犯。
⑫ 恣睢：放縱暴戾。奮擊：粗暴打擊。呴籍：一説當作"跔藉（jūjí）"，暴跳。叱咄（duō）：呵斥。厮役：僕役。
⑬ 自爲：自處。
⑭ 官徒：官府的徒隸。賈誼的話見《漢書·賈誼傳》。
⑮ 危言：正言。《論語·憲問》："邦有道，危言危行。"

嘗見明初逸史，明太祖訓臣之語曰："汝曹輒稱堯、舜主①，主苟非聖，何敢諛爲聖②？主已聖矣，臣願已遂矣，當加之以吁咈③，自居皋、契之義④。朝見而堯舜之，夕見而堯舜之，爲堯舜者，豈不亦厭於聽聞乎⑤？"又曰："幸而朕非堯舜耳。朕爲堯舜，烏有汝曹之皋、夔、稷、契哉⑥？其不爲共工、驩兜，爲堯、舜之所流放者幾希⑦！"此真英主之言也。坐而論道，謂之三公⑧。唐、宋盛時，大臣講官⑨，不輟賜坐、賜茶之舉，從容乎便殿之下⑩，因得講論古道，儒碩興起⑪。及據季也，朝見長跪、夕見長跪之餘無此事矣⑫。不知此制何爲而輟，而殿陛之儀漸相懸以相絶也⑬？

引述朱元璋的話，説明有明君纔能有直臣。

① 輒稱：動輒就稱頌。
② 諛：阿諛奉承。
③ 遂：實現；如願。吁咈（xūfú）：語出《尚書·堯典》，表示不以爲然，這裏指提出不同的意見。
④ 以皋和契那樣輔佐大臣的爲臣之道自居。皋（Gāo）：皋陶（Yáo），舜時掌刑法的大臣。契（Xiè）：舜時掌教化的大臣。據説二人都

直言敢諫。
⑤ 厭：厭煩。
⑥ 我如果真是堯舜，哪有你們這樣的皋、夔、稷、契的賢臣？夔（Kuí）：舜時掌音樂的大臣。稷（Jì）：后稷，舜時掌管農事的大臣。烏：哪里。
⑦ 不被當成共工、驩兜被堯舜流放的恐怕就很少了。共（Gōng）工、驩（Huān）兜：傳說爲堯時的大臣，因作惡被流放。
⑧ 三公：這裏指陪侍帝王議論政事的王公大臣。《周禮·考工記序》："坐而論道，謂之王公；作而行之，謂之士大夫。"
⑨ 講官：爲皇帝講論經史的官員。
⑩ 從容：沒有拘束。便殿：正殿以外的別殿，是帝王休息消閒的地方。
⑪ 儒碩：學問博通的學者。
⑫ 據：當作"其"。季：末世。長跪：直身而跪。無此事：意思是只剩下長跪一事。
⑬ 懸：懸隔，距離加大。

　　農工之人、肩荷背負之子則無恥①，則辱其身而已；富而無恥者，辱其家而已；士無恥，則名之曰辱國；卿大夫無恥，名之曰辱社稷。由庶人貴而爲士，由士貴而爲小官，爲大官，則由始辱其身家，以延及於辱社稷也。厥災下達上，象似火②。大臣無恥，凡百士大夫法則之，以及士庶人法則之；則是有三數辱社稷者③，而令合天下之人，舉辱國以辱其家、辱其身，混混沄沄而無所底④。厥咎上達下⑤，象似水。上若下胥水火之中也⑥，則何以國？

　　無論是下民百姓還是達官顯貴，無羞恥之心都足以禍國。

① 則：如果。
② 其災禍由下至上蔓延，就像火。
③ 三數：爲數不多。

④ 混(gǔn)混沄(yún)沄：形容水勢滔滔不絕的樣子。厎：止。
⑤ 咎：災禍。
⑥ 若：和。胥：皆。

　　竊窺今政要之官，知車馬、服飾、言詞捷給而已①，外此非所知也。清暇之官②，知作書法、賡詩而已③，外此非所問也。堂陛之言④，探喜怒以爲之節⑤。蒙色笑⑥，獲燕閒之賞⑦，則揚揚然以喜，出誇其門生、妻子。小不霽，則頭搶地而出⑧，別求夫可以受眷之法⑨。彼其心豈真敬畏哉？問以大臣應如是乎，則其可恥之言曰：我輩祗能如是而已。至其居心又可得而言。務車馬、捷給者，不甚讀書，曰：我早晚直公所，已賢矣⑩，已勞矣。作書、賦詩者，稍讀書，莫知大義，以爲苟安其位一日，則一日榮；疾病歸田里，又以科名長其子孫⑪，志願畢矣。且願其子孫世世以退縮爲老成⑫，國事我家何知焉？嗟乎哉！如是而封疆萬萬之一有緩急⑬，則紛紛鳩燕逝而已⑭，伏棟下求俱壓焉者尟矣⑮。

　　揭露"今政要之官"寡廉鮮恥的種種醜態。

① 捷給(jǐ)：敏捷。
② 清暇之官：指像翰林院裏那樣的文學侍從之臣。
③ 賡詩：和詩。皇帝作詩，文學侍從之臣紛紛和詩。賡：續。
④ 臣子和皇帝在殿堂上的談話。
⑤ 探測皇帝的喜怒作爲自己應對的準則。
⑥ 受到皇帝和顏悦色的對待。蒙：蒙受。《詩經·魯頌·泮水》："載色載笑，匪怒伊教。"
⑦ 指皇帝閒暇時招臣下賦詩閒談遊玩等活動。燕閒：安閒。
⑧ 小不霽(jì)：皇帝的臉色稍顯不悦。霽：雨止天晴。搶(qiāng)：碰撞。
⑨ 受眷：受寵愛。
⑩ 賢：(做事)多；勞苦。《詩經·小雅·北山》："大夫不均，我從事

獨賢。"
⑪ 科名:各類科舉的名目。長(zhǎng):培養。
⑫ 退縮:畏難不前。老成:閱歷多而精明練達。
⑬ 緩急:偏義複詞,指危急之事。
⑭ 鳩燕逝:如鳥獸逃離。
⑮ 甘願伏於屋棟之下被壓的人太少了。伏棟下求俱壓:語本《左傳·襄公三十一年》,這裏比喻與國家共存亡。尟(xiǎn):少。

昨者,上諭至①,引臥薪嘗膽事自況比②。其聞之而肅然動於中歟?抑弗敢知!其竟憺然無所動於中歟③?抑更弗敢知!然嘗徧覽人臣之家,有緩急之舉,主人憂之,至戚憂之,僕妾之不可去者憂之;至其家求寄食焉之寓公④,旅進而旅豢焉之僕從⑤,伺主人喜怒之狎客⑥,試召而詰之,則豈有爲主人分一夕之愁苦者哉?故曰:厲之以禮出乎上⑦,報之以節出乎下⑧。非禮無以勸節,非禮非節無以全恥⑨。古名世才起⑩,不易吾言矣。

歸結文章觀點:欲保全羞恥之心,君須有禮臣須有節。

① 上諭:皇帝的命令。這裏指嘉慶十八年的一道諭旨。
② 這是説嘉慶皇帝以臥薪嘗膽的勾踐自比。上諭中有"此正我君臣臥薪嘗膽之日"的話。
③ 憺(dàn)然:安然;不爲所動的樣子。
④ 寓公:寄居在別人家裏有一定地位的人。
⑤ 旅進:跟衆人一起進入主人家。旅豢(huàn):跟衆人一樣被主人家僱傭養著。旅:俱;共同。
⑥ 狎客:在身邊陪伴主人談笑嬉戲取樂的人。
⑦ 皇帝以禮敬激勵臣下。
⑧ 臣下以節操報答皇帝。
⑨ 全恥:保全羞恥之心。
⑩ 名世:名顯於當世。

練習十四

一、熟讀本單元講過的文章。

二、閱讀本單元的閱讀文選。

三、給下面句子中加點的字注音：
1. 生之者甚少而靡之者甚多，天下財產何得不蹶？（賈誼《論積貯疏》）
2. 有勇力者聚徒而衡擊，罷夫羸老易子而齩其骨。（賈誼《論積貯疏》）
3. 今敺民而歸之農，皆著於本，使天下各食其力。（賈誼《論積貯疏》）
4. 相欺也，爲之符璽、斗斛、權衡以信之。（韓愈《原道》）
5. 乃今有焚煬赫烈之虞，以震駭左右。（柳宗元《賀進士王參元失火書》）
6. 而脂膏滫瀡之具，或以不給。（柳宗元《賀進士王參元失火書》）
7. 黔其廬，赭其垣，以示其無有。（柳宗元《賀進士王參元失火書》）

四、解釋下面句子中加點的詞：
1. 歲惡不入，請賣爵子。（賈誼《論積貯疏》）
2. 世之有飢穰，天之行也，禹、湯被之矣。（賈誼《論積貯疏》）
3. 兵旱相乘，天下大屈。（賈誼《論積貯疏》）
4. 入者主之，出者奴之；入者附之，出者汙之。（韓愈《原道》）
5. 不求其端，不訊其末，惟怪之欲聞。（韓愈《原道》）
6. 子焉而不父其父，臣焉而不君其君，民焉而不事其事。（韓愈《原道》）
7. 人其人，火其書，廬其居，明先王之道以道之。（韓愈《原道》）
8. 自以幸爲天子近臣，得奮其舌，思以發明天下之鬱塞。（柳宗元《賀進士王參元失火書》）
9. 子房不忍忿忿之心，以匹夫之力而逞於一擊之間。（蘇軾《留侯論》）
10. 故深折其少年剛銳之氣，使之忍小忿而就大謀。（蘇軾《留侯論》）
11. 顏子之幾乎聖也，猶曰："博我以文。"（顧炎武《與友人論學書》）

12. 以伊尹之元聖，堯舜其君其民之盛德大功，而其本乃在乎千駟一介之不視不取。（顧炎武《與友人論學書》）

五、把下面的句子譯成現代漢語：

1. 今背本而趨末，食者甚衆，是天下之大殘也。（賈誼《論積貯疏》）
2. 夫積貯者，天下之大命也。苟粟多而財有餘，何爲而不成！（賈誼《論積貯疏》）
3. 凡吾所謂道德云者，合仁與義言之也，天下之公言也。（韓愈《原道》）
4. 後之人雖欲聞仁義道德之説，其孰從而求之？（韓愈《原道》）
5. 君不出令，則失其所以爲君。（韓愈《原道》）
6. 孔子之作《春秋》也，諸侯用夷禮，則夷之；進於中國，則中國之。（韓愈《原道》）
7. 是僕私一身而負公道久矣，非特負足下也。（柳宗元《賀進士王參元失火書》）
8. 天下有大勇者，卒然臨之而不驚，無故加之而不怒，此其所挾持者甚大，而其志甚遠也。（蘇軾《留侯論》）
9. 非有生平之素，卒然相遇於草野之間而命以僕妾之役，油然而不怪者，此固秦皇之所不能驚而項籍之所不能怒也。（蘇軾《留侯論》）
10. 聖人之所以爲學者，何其平易而可循也。（顧炎武《與友人論學書》）
11. 舍多學而識以求一貫之方，置四海之困窮不言而終日講危微精一之説。（顧炎武《與友人論學書》）
12. 以無本之人而講空虛之學，吾見其日從事於聖人而去之彌遠也。（顧炎武《與友人論學書》）

六、推薦閱讀：褚斌杰《中國古代文體概論》、吳承學《中國古代文體學研究》、郭英德《中國古代文體學論稿》。

常用詞

殘 的 機 廉 練 歲 偷 幸 宣
訊 要 英 折 主 資

1. 殘

《說文》：“殘,賊也。”傷害；毀壞。《孟子·梁惠王下》：“凶年饑歲,君之民老弱轉乎溝壑,壯者散而之四方者幾千人矣；而君之倉廩實,府庫充,有司莫以告,是上慢而殘下也。”(慢:驕慢。)《莊子·胠篋》：“殫殘天下之聖法。”賈誼《論積貯疏》：“今背本而趨末,食者甚衆,是天下之大殘也。”雙音詞有[摧殘]。用作修飾語,凶暴。《漢書·雋不疑傳》：“不疑爲吏,嚴而不殘。”雙音詞有[殘暴][殘忍]。由毀傷至殘缺引申爲不再完整。《漢書·劉歆傳》：“孝成皇帝閔學殘文缺,稍離其真,乃陳發祕臧,校理舊文。”劉長卿《感懷》詩：“秋風落葉正堪悲,黃菊殘花欲待誰?”雙音詞有[殘缺]。由此引申爲剩餘的部分,殘餘。《列子·湯問》：“以殘年餘力,曾不能毀山之一毛。”賈島《寄胡遇》詩：“一自殘春別,經炎復到涼。”雙音詞有[殘敵]。

2. 的(dì)

《說文》：“旳(dì),明也。”明；鮮明。這個意思文獻通作“的”,“的”是“旳”的異體。《禮記·中庸》：“故君子之道,闇然而日章；小人之道,的然而日亡。”宋玉《神女賦》：“朱脣的其若丹。”又謂箭靶。《集韻·錫韻》：“旳,射質也。通作‘的’。”指箭靶；箭靶的中心。《韓非子·外儲說左上》：“設五寸之的,引十步之遠。”《晉書·王濟傳》：“一發破的。”成語有[衆矢之的]。泛指目標。《韓非子·外儲說左上》：“人主之聽言也,不以功用爲的。”《梁書·鍾嶸傳》：“誼譁競起,准的無依。”雙音詞有[目的]。

3. 機

《說文》：“機,主發謂之機。”弓弩上發射箭的機件。《韓非子·說林下》：“操弓關機。”(關:拉動。)《續資治通鑑·宋太宗雍熙三年》：“兹所謂以明珠而彈雀,爲鼷鼠而發機,所失者多,所得者少。”引申指各種機械裝置。《戰國策·宋衛策》:"公輸般爲楚設機。"《史記·循吏列傳》:"(公儀休)見其家織布好,而疾出其家婦,燔其機。"(機:織布機。)又抽象引申指制約變化的動因;事物的關鍵。《禮記·大學》:"一家仁,一國興仁;一家讓,一國興讓;一人貪戾,一國作亂:其機如此。"《潛夫論·本政》:"故國家存亡之本,治亂之機,在於明選而已矣。"雙音詞有[轉機]。由機關裝置的靈巧變化引申爲機變;機巧。《莊子·天地》:"功利機巧,必忘夫人之心。"又《天地》:"吾聞之吾師,有機械者必有機事,有機事者必有機心。機心存於胸中,則純白不備。"(機心:巧詐之心。)雙音詞有[機敏]。

4. 廉

《玉篇》:"廉,堂廉也。"指堂的側邊。《儀禮·鄉飲酒禮》:"設席於堂廉東上。"《漢書·賈誼傳》:"故陛九級上,廉遠地,則堂高。"引申爲有棱角。《禮記·聘義》:"廉而不劌(guì)。"(大意:玉體有棱角但不傷人。)抽象引申爲人品方正不苟;廉潔。《論語·陽貨》:"古之矜也廉,今之矜也忿戾。"(矜:矜持。)《禮記·儒行》:"砥厲廉隅。"《史記·酷吏列傳贊》:"其廉者足以爲儀表,其污者足以爲戒。"雙音詞有[廉正][清廉]。

5. 練

朱駿聲《說文通訓定聲》:"湅之曰練,故已湅之帛即曰練。""練"的本義是把生絲或生絲織品煮得柔軟潔白。《淮南子·說林》:"墨子見練絲而泣之,爲其可以黃,可以黑。"用作名詞,指經練製的白色熟絹。《論衡·累害》:"青蠅所污,常在練素。"謝朓《晚登三山還望京邑》詩:"餘霞散成綺,澄江靜如練。"練絲是一個反覆以至於成熟的過程,引申爲訓練;練習。《戰國策·楚策一》:"練士厲兵,在大王之所用之。"《三國志·魏書·張範傳》:"兵不練習,難以成功。"用作形容詞:精良;熟練。陸機《辨亡論下》:"其野沃,其兵練,其器利。"雙音詞有[老練][幹練]。

6. 歲

《說文》:"歲,木星也。"木星也叫歲星,約十二年在空中繞行一周,每年移動周天的十二分之一,稱"星次"。《國語·周語下》:"昔武王伐殷,歲在鶉火。"(鶉火:星次名。)轉指年。《詩經·王風·采葛》:"一日不見,如三歲兮。"泛指光陰。《論語·陽貨》:"日月逝矣,歲不我與。"又表示年齡的單位。《莊子·盜跖》:"人上壽百歲,中壽八十,下壽六十。"由年又轉指收成；年景。賈誼《論積貯疏》："歲惡不入，請賣爵子。"雙音詞有［豐歲］［歉歲］。

7. 偷

"偷"較早的意思是輕薄；輕浮；不厚道。《論語·泰伯》："（君子）故舊不遺，則民不偷。"（遺：遺棄。偷：薄情寡義。）張衡《東京賦》："示民不偷。"雙音詞有［偷薄］。引申爲苟且；怠惰。《孫臏兵法·將失》："令數變，衆偷，可敗也。"《商君書·農戰》："善爲國者，倉廩雖滿，不偷於農。""偷"後來又有盜竊義。《淮南子·道應訓》："楚將子發好求技道之士，楚有善爲偷者往見曰：'聞君求技道之士。臣，偷也，願以技賫一卒。'子發聞之，衣不給帶，冠不暇正，出見而禮之。左右諫曰：'偷者，天下之盜也。何爲之禮！'"（賫：充當。）

8. 幸

《說文》："幸，吉而免凶也。"僥幸，偶然的原因而免禍得福。《左傳·宣公十六年》："善人在上則國無幸民。"《荀子·議兵》："故四世而勝，非幸也。"雙音詞有［幸免］［幸存］。由意外得福引申爲幸運；慶幸。《論語·述而》："丘也幸，苟有過人必知之。"《左傳·鞌之戰》："下臣不幸，屬當戎行，攝官承乏。"韓愈《原道》："其亦幸而出於三代之後，不見黜於禹、湯、文、武、周公、孔子也；其亦不幸而不出於三代之前，不見正於禹、湯、文、武、周公、孔子也。"君王的寵愛是一種幸運，轉指寵幸；得寵。《史記·蒙恬列傳》："（趙高）雅得幸於胡亥。"（雅：平素。）《史記·滑稽列傳》："朝奏入，有詔使幸臣馬游卿以帛五十匹賜乳母。"雙音詞有［恩幸］。

9. 宣

"宣"的基本義是寬大。《易林·井之恒》："方喙宣口。"引申爲普遍；周遍。《管子·小匡》："公宣問其鄉里而有考驗。"（大意：普遍征求鄉里的意見加以驗證。）《楚辭·九懷·通路》："宣遊兮列宿。"用作動詞，大範圍地傳布。《詩經·大雅·江漢》："王命召虎，來旬來宣。"（旬：巡示。）《三國志·蜀書·馬忠傳》："宣傳詔旨，加拜鎮南大將軍。"雙音詞有［宣布］［宣言］［宣揚］。用作動詞，使範圍擴大，易於通暢疏解。《左傳·昭公元年》："宣汾、洮，障大澤。"（汾、洮：水名。）《國語·邵公諫厲王弭謗》："川壅而潰，傷人必多，民亦如之。是故爲川者決之使導，爲民者宣之使言。"

韓愈《原道》："爲之樂，以宣其壹鬱。"雙音詞有[宣泄]。

10. 訊

《説文》："訊，問也。"問；詢問。《公羊傳·僖公十年》："君嘗訊臣矣。"《三國志·吳書·呂蒙傳》："羽人還，私相參訊，咸知家門無恙。"（羽：人名。）抽象引申爲探詢；考察。韓愈《原道》："不求其端，不訊其末，惟怪之欲聞。"特指審訊。《周禮·秋官·小司寇》："以五刑聽萬民之獄訟。附于刑，用情訊之。"《明史·周新傳》："且往求金不得，訴於新。新召商妻訊之，果商妻有所私。"雙音詞有[刑訊]。用作名詞，(得到的)信息；音信。《荀子·賦》："行遠疾速而不可託訊者與？"（託訊：捎信。）楊萬里《遣騎迎家父稽來信》詩："皈帆扣惠山，良訊傳荊涯。"（皈：返回。）雙音詞有[簡訊][喜訊]。

11. 要

《説文》："要，身中也。""要"是"腰"的古字，指身體的腰部（讀 yāo）。《墨子·兼愛中》："昔者楚靈王好士細要，故靈王之臣皆以一飯爲節。"用作動詞，繫在腰間。曹植《洛神賦》："願誠素之先達兮，解玉佩以要之。"腰在身體中部，用作動詞：(中途)攔截；截取。《孟子·公孫丑下》："(孟仲子)使數人要於路。"《後漢書·班超傳》："(班超)乃遣兵數百東界要之。"攔截而有所求，引申爲求取；求得。《孟子·告子上》："今之人修其天爵以要人爵。"（天爵：指道德修養。人爵：祿位。）《淮南子·原道訓》："射者扞烏號之弓，彎蜚衛之箭，重之羿、逢蒙子之巧以要飛鳥，猶不能與羅者競多。"雙音詞有[要求]。腰部居中，引申指最重要的部分，關鍵部分（讀 yào）。《管子·牧民上》："故省刑之要在禁文巧，守國之度在飾四維。"《韓非子·揚權》："聖人執要，四方來效。"雙音詞有[綱要][機要]。用作修飾語，重要的。《孝經·開宗明義章》："先王有至德要道以順天下。"劉禹錫《偶作》詩："萬里長江水，征夫渡要津。"雙音詞有[要點][要職]。

12. 英

《爾雅·釋草》："榮而不實者謂之英。"指花。《詩經·鄭風·有女同車》："有女同行，顏如舜英。"（舜：植物名。）陶淵明《桃花源記》："芳草鮮美，落英繽紛。"引申指精華。《越絶書·記寶劍》："取鐵英，作爲寶劍三枚。"《吳越春秋·闔閭内傳》："干將作劍，采五山之鐵精，六合之金英。"轉指傑出的人物。《荀子·正論》:"堯舜者,天下之英也。"《禮記·禮運》:"大道之行也,與三代之英,丘未之逮也。"雙音詞有[英傑]。

13. 折

《説文》:"折,斷也。"折斷。《荀子·勸學》:"鍥而舍之,朽木不折。"《古詩十九首·庭中有奇樹》:"攀條折其榮,將以遺(wèi)所思。"抽象引申爲裁斷;判斷。《論語·顏淵》:"片言可以折獄者,其由也與?"(片言:一面之辭。由:人名。)《宋史·歐陽脩傳》:"其言簡而明,信而通,引物連類,折之於至理,以服人心。"由折彎又抽象引申爲使受挫;使屈服。《漢書·遊俠傳》:"權行州域,力折公侯。"蘇軾《留侯論》:"夫老人者,以爲子房才有餘而憂其度量之不足,故深折其少年剛鋭之氣,使之忍小忿而就大謀。"雙音詞有[挫折]。

14. 主

主謂死者的牌位,神主。《公羊傳·文公二年》:"丁丑,作僖公主。"《史記·周本記》:"爲文王木主,載以車。"主是神位,是尊祀的對象,轉指地位至高無上的人。《史記·楚世家》:"西周之地,絶長補短不過百里。名爲天下共主,裂其地不足以肥國,得其衆不足以勁兵。"泛指居於首位的人;有主導地位的人:君主、公卿大夫及其正妻、家長等。《韓非子·主道》:"臣閉其主則主失位,臣制財利則主失德。"《周禮·天官·大宰》:"一曰牧,以地得民……六曰主,以利得民。"(主:指公卿大夫)。特指主人(與"賓"或"奴"相對)。《禮記·檀弓下》:"賓爲賓焉,主爲主焉。"《史記·外戚世家》:"(少君)爲其主入山作炭。"用作動詞:主導;掌管。《孟子·萬章上》:"使之主事而事治,百姓安之。"

15. 資

《説文》:"資,貨也。"財貨。《周易·旅卦》:"旅即次,懷其資。"(次:旅舍。)《國語·齊語》:"無受其資。"雙音詞有[資財][投資]。由財貨的用途引申用作動詞:資助;供給。《韓非子·説疑》:"資之以幣帛。"《三國志·吳書·諸葛亮傳》:"此殆天所以資將軍,將軍豈有意乎?"熟語有[可資借鑒]。財貨爲生活所依靠,由此引申用作動詞,憑藉。《三國志·魏書·荀攸傳》:"董卓無道,甚於桀紂,天下皆怨之,雖資彊兵,實一匹夫耳。"韓愈《原道》:"工之家一,而用器之家六;賈之家一,而資焉之家六。"

古漢語常識

古代的文體

　　文體就是文章的體裁或樣式，它是表現作品思想內容的外部形式。文言文有各種各樣的文體，文體的差別跟語音、詞彙、句式、修辭風格的運用以及文章的結構特點等都有密切的關係。了解一些常見文體的主要特點（特別是語言方面的）以及演變的情況，有助於提高我們閱讀文言文的能力。

　　文體的發展有著悠久的歷史，很早就引起人們的關注。三國時期，曹丕在他的《典論·論文》中就把文體分爲四類（奏議、書論、銘誄、詩賦）。到了晉代，就有研究文體的專著出現。南朝梁劉勰的文學理論名著《文心雕龍》用近一半的篇幅評述各類作品的特點與演變。南朝梁蕭統編選的詩文總集《文選》將所收的作品分爲三十七類之多（不包括經、史、子幾類的作品），清代散文家姚鼐編選的《古文辭類纂》將所選文章分爲十三類（論辨、序跋、奏議、書說、贈序、詔令、傳狀、碑誌、雜記、箴銘、頌贊、辭賦、哀祭），對後代文體分類的研究都有不小的影響。

　　這些分類角度不同，繁簡有別，就我們學習古代漢語來說，特別要關注的是各類文體語言形式的不同。據此，可以把古代的文體大致分爲三類：散文、韻文和駢文。韻文是押韻的，包括詩辭歌賦等。駢文講究平仄對仗，是一種比較特殊的文體，另列一類。下面先談散文，再談辭賦和駢體文。

一　散文

　　散文大致可以分爲四類：史傳文、論說文、雜記文、應用文。

（一）史傳文

史傳文就是歷史散文，主要有三種體裁：編年體、紀傳體、紀事本末體。編年體是依照時間順序把歷史事件按年月編排在一起。《春秋》是最早的編年體史書，宋代司馬光的史學巨著《資治通鑑》也是編年體。開創紀傳體的是司馬遷的《史記》。《史記》的"本紀"（如《項羽本紀》）、"世家"（如《孔子世家》）、"列傳"（如《孟嘗君列傳》）以人物爲中心，創造了衆多鮮活生動的人物形象，後來的正史（參見《漢書》《後漢書》《三國志》《明史》的選文篇目）基本上都沿襲了這一體例，可見其影響巨大。紀事本末體以歷史事件的發展爲主綫，將有關材料集中在一起，使讀者能够了解某一事件的來龍去脈。宋代袁樞的《通鑑紀事本末》、清代高士奇的《左傳紀事本末》就是這樣的史書。

現代的所謂自傳古代有不同的名稱。比如《史記》的《太史公自序》就可以看作是司馬遷的自傳。教材選有《漢書》《論衡》的文章，《漢書》的《叙傳》、《論衡》的《自紀》既是全書的序言，也帶有自傳的内容，閱讀全書之前，應當先有所了解。

單篇的人物傳記（可能只是片斷）也可以歸入史傳文。李翱的《楊烈婦傳》就是一篇優秀的人物傳記。

（二）論説文

論説文要講明道理，又叫説理文。從内容看，有論説政治問題的政論，有論説思想觀點的哲學論文，有論説歷史問題的史論，還有學術論文等。先秦諸子的文章，很多就是論説文。像《論語》這樣的語録體，片言隻語中閃耀著理論的光輝。長篇的論説（如《墨子》《莊子》《孟子》《荀子》《韓非子》）各抒己見，觀點鮮明，在説理上各具特色，對後世有深遠的影響。值得注意的是，先秦諸子的説理散文中有不少寓言故事。這些寓言言簡意深，機趣橫生，看似信手拈來，揭示的道理很深刻。

古代的論説文有種種不同的名稱，常見的如"論""辯""原""説"等。"論"就是論説一個道理、一個人物或一件事情，以正面的論説爲主。西漢賈誼的名篇《過秦論》推究論證秦的過失和滅亡的原因，是最早的單篇論説文。蘇軾的《留侯論》以一個"忍"字貫穿全篇，論説張良之所以成爲真正的"豪傑之士"，其"過人之節"在於能忍人情之"所不能忍"。"辯"取辯駁、辯論的意思，駁斥一個錯誤的觀點或不可信的事實。韓愈有一篇

《諱辯》，就是與當時的某些人辯論避諱問題。柳宗元有一篇《桐葉封弟辯》，辯明史書記載的周公賀周成王"桐葉封弟"一事不可信。"原"是推求本原的意思，對一種觀點、一件事情從根本上加以探討剖析。韓愈的《原道》就是推原儒道的本原。清黃宗羲《原君》一文以激烈犀利的言辭抨擊封建君主專制。"說"就是申說、解說。韓愈的《師說》申說爲師的職責和從師學習的必要性。"說"往往有感而發，抒發某種感觸。有的文章帶有雜感的性質。如韓愈的《雜說四首》就是一組雜感，其中的《馬說》一文寄寓強烈的感慨。

（三）雜記文

雜記文常常以"記"名篇，重在記，不在論。很多記敘文内容雜，範圍廣，不好分類，都歸入了雜記文。廣義地說，記事、記物、記人、抒情的文章都可以稱爲雜記文，是文言文中特別重要的一類。很多雜記文文字優美，啓迪心智，成爲長期傳誦的名篇。從表達來看，有的重在記述，有的不乏抒情，有的間有議論，有的偏重描寫；往往夾敘夾議，寄情寓理於記事、狀物、寫景之中。白居易的《養竹記》、歐陽修的《相州晝錦堂記》、蘇軾的《超然臺記》都是雜記文。有的記已經成爲歷代傳誦的名篇。如陶淵明《桃花源記》、柳宗元的《永州八記》、歐陽修的《醉翁亭記》、范仲淹的《岳陽樓記》。

雜記文有單篇的散文，也有成本的著作。歷代的所謂筆記雜著，很多可歸入雜記文。這類著作記述的内容可以說無所不包：有遺聞故實、文藝隨筆、人物評論、讀書心得、科學小品、志怪傳異等等，不一而足。劉義慶的《世說新語》、沈括的《夢溪筆談》和清代紀昀的《閱微草堂筆記》都可以歸入雜記類著作。

（四）應用文

應用文是從文章應用功能的角度給散文分的類。比如寫一封信，是給收信人閱讀了解情況的，這就是書信的應用功能。

古人對應用文的類別分得很細，有很多不同的名目，如奏議、詔令、書說、碑志、哀祭、贈序、箴銘、頌贊等。奏議是臣下給皇帝的上書；詔令是皇帝給臣下的文書命令；書說的書指書信，說多指策士的游說之辭；碑志是刻在碑石上的記述紀念文字；哀祭包括哀辭和祭文，是哀悼死者的文字；贈序是送給親友的文字；箴銘是用來規戒的文章；頌贊是對人的表彰和贊揚。我們要關注古代的書信類作品。要特別提出的是，古人的很多書信，或論說事理，或記述形跡，或抒發情懷，文辭精美，感情真摯，其實就是優美的散文作品。

上面簡略介紹古代的散文，目的是引起大家對這個問題的注意。要說明的是，角度不同，劃分的類別就不一樣。比如《論積貯疏》，從應用功能看，它是一篇應用文；從行文表達看，它就是一篇論說文。王士禛的《女俠》，像是一篇記人的傳記，從另一個角度看，又是一篇雜記文。了解文章的體裁，目的是幫助我們閱讀欣賞，所以看待文體的分類不要太機械。

二　辭賦和駢體文

（一）辭賦

辭和賦　辭和賦都是韻文，是緊密聯繫的兩種文體，合稱辭賦。

楚辭這一名稱最早見於漢代，最初的意思是"楚地的歌辭"，這是繼《詩經》之後一種新的詩歌形式。到了漢代，有學者把屈原、宋玉等人的作品編輯起來，就成爲《楚辭》。楚辭最鮮明的特點是，從所記事物到語言的表達形式都具有濃厚的地方色彩。宋代學者黃伯思就說："屈、宋諸騷，皆書楚語，作楚聲，紀楚地，名楚物，故可謂之楚辭。"漢代的時候，把楚辭體作品也稱作賦（如《漢書·藝文志》稱"《屈原賦》二十五篇"），那是不恰當的。

賦作爲一種文體，性質在詩歌與散文之間，有的地方押韻，有的地方不押韻，句式也比較自由。"賦"原有鋪陳的意思，"鋪采摛文，體物寫志"，對事物的鋪陳渲染是它的主要特點。作爲文章的名稱，最早有《荀子》中的《賦篇》。作爲一種文體，劉勰在《文心雕龍·詮賦》中說它的產生是"受命於詩人，拓宇於楚辭"，就說賦是由《詩經》《楚辭》發展而來的，《詩經》是賦的遠源，《楚辭》是賦的近源。有學者認爲，戰國末年的宋玉是賦體作品的先導者。漢初以後，文人在創作中吸收了楚辭的表達手法，賦逐漸形成自己的文體特色。之後，辭逐漸被賦替代。

從內容上看，辭偏於抒發感情，賦偏於狀物敘事。不過到了漢代，賦也有抒情的。從句式上看，辭和賦有所區別。就《楚辭》來看，從四字句到十字句都有,但基本上没有散句;一般多用六字句,加上"兮"是七字句,兩句構成一聯,這是一種主要的句式類型。賦的字數不拘,句式比較自由;但多以四字句和六字句爲主,夾雜有散文的句式。

辭賦的押韻 同詩歌一樣,辭和賦都是押韻的。最常見的押韻格式是奇句不押韻,偶句押韻。如陶淵明《歸去來兮辭》:

歸去來兮,請息交以絶遊。世與我而相違,復駕言兮焉求?悅親戚之情話,樂琴書以消憂。

如果句尾是語氣詞,常常是語氣詞的前一個字押韻。如蘇軾《赤壁賦》:

逝者如斯,而未嘗往也;盈虛者如彼,而卒莫消長也。蓋將自其變者而觀之,則天地曾不能以一瞬(換韻);自其不變者而觀之,則物與我皆無盡也。

有一些賦,押韻比較自由:有句句押韻的,也有隔句押韻的,也有散文與韻文並行的(有的地方押韻,有的地方不押韻)。比如《赤壁賦》的開頭就不押韻:

壬戌之秋,七月既望,蘇子與客泛舟遊於赤壁之下。清風徐來,水波不興。舉酒屬客,誦明月之詩,歌窈窕之章。

辭賦的句式 《楚辭》一般是六字句;句中常用"兮",加上"兮"就成了七字句。"兮"字常用在句末。如《離騷》:

日月忽其不淹兮,春與秋其代序。
惟草木之零落兮,恐美人之遲暮。
不撫壯而棄穢兮,何不改乎此度?
乘騏驥以馳騁兮,來吾道夫先路。

"兮"字也有用在句中的。如《九歌·國殤》:

出不入兮往不反,平原忽兮路超遠。
帶長劍兮挾秦弓,首身離兮心不懲。

賦的句式大多以四字句、六字句爲主。如蕭繹《採蓮賦》:

菊澤未反,梧臺迥見。
荇濕霑衫,菱長繞釧。
泛柏舟而容與,歌採蓮於江渚。

賦的句式並不拘字數，有字數長短不一的散句。特別是漢賦，首尾很多用散句，中間部分用韻文。

賦體的演變 從賦體作品的發展看，可以分爲四類：騷賦、古賦、駢賦和文賦。騷賦是漢代及漢以後模擬楚辭體式並以賦名篇的一種賦體作品（如西漢賈誼的《吊屈原賦》），在形式上同楚辭體沒有太大的區別。

古賦指騷賦以外漢代的賦體作品，即漢賦。典型的漢賦，很多是篇幅宏大，辭彩鋪張華麗，多採用問答形式，韻文中夾雜散文，是一種散體賦（如班固《兩都賦》）。

駢賦（又稱"俳賦"）始於魏晉，盛行於南北朝。以四字句六字句爲主，講究駢偶對仗，注重平仄，堆砌典故，很像是一種有韻的駢體文（如鮑照的《蕪城賦》）。唐宋時期，科舉考試用賦體，要求平仄對仗，限定韻字，又叫"律賦"。

文賦是在古文運動的影響下產生的。唐宋的一些古文家擺脫對偶、平仄、押韻對寫作的束縛，賦體趨向散文化。其中優秀的賦體作品，不再一味講究辭彩藻飾，注重使用自然清新的語句表達真實的感情。蘇軾的《赤壁賦》就是一篇有名的文賦。

（二）駢體文

駢體文 駢體文是一種特殊的文體，是受漢代辭賦的影響而逐漸形成的。魏晉時開始形成，南北朝時廣爲流行。唐代叫"時文"，與"古文"相對。因爲多用四字句和六字句，晚唐開始又叫"四六""四六文"，清代叫"駢體文"。"駢"是兩馬並駕的意思；駢體文的句子兩兩相對，所以有"駢體文"這個名稱。

駢體文的語言特點 駢體文的語言有三方面的特點：語句方面的特點是駢偶和"四六"；聲律方面的特點是平仄相對；用詞方面的特點是用典和藻飾。

先説駢偶和四六。"駢"是兩馬並駕，"偶"的意思是兩人並排一起，駢偶就是兩兩相對的意思。古代的儀仗也是兩兩相對的，所以駢偶又叫"對仗"。今天分析起來，對仗有兩個最基本的要求：一是句法結構相對，二是詞性相對。句法結構相對，即主謂結構對主謂結構，動賓結構對動賓結構，偏正結構對偏正結構。相對的上下兩句，主語對主語，謂語對謂語，賓語對賓語，修飾語對修飾語。例如（以下均引自《滕王閣序》）：

臨帝子之長洲,得天人之舊館。

都督閻公之雅望,棨戟遙臨;宇文新州之懿範,襜帷暫駐。

詞性相對,就是在上下兩句相應的位置上,原則上是名詞對名詞,動詞對動詞,形容詞對形容詞,連詞、介詞對連詞、介詞。總起來說,就是實對實,虛對虛。就實詞來説,一般是異字相對。例如:

披繡闥,俯雕甍。

望長安於日下,指吳會於雲間。

在這個基本要求的基礎上,進一步講究對仗工整,就是按詞語表示的意義分成不同的"事類"(如天文、地理、人事、動物、植物、器物等),要求表示同一事類的詞語相對。如:

襟三江而帶五湖,控蠻荆而引甌越。

潦水盡而寒潭清,煙光凝而暮山紫。

還有顏色對和數目對,也是典型的工對。例如:

層臺聳翠,上出重霄;飛閣流丹,下臨無地。

時維九月,序屬三秋。

四美具,二難並。

"四六"是説句子的字數,相對的句子長短要匀稱。基本的類型有五種:四對四;六對六;四四對四四;四六對四六;六四對六四。閲讀《滕王閣序》不難體會這種句子格式。

再説聲律方面平仄相對。古代的四聲是平、上、去、入。這四聲又分成平和仄兩類:平指平聲,仄包括上、去、入三聲。唐代以後,由於受到詩律的影響(格律詩的格律最重要就是講究平仄),駢體文也講究平仄相對,即上下相對的兩句要求在字音上平對仄,仄對平。例如(字下加"—"號的表示可平可仄):

(1)四四對:星分翼軫,地接衡廬。

　　　　　平平仄仄　仄仄平平

(2)六六對:望長安 於日下,指吳會 於雲間。

　　　　　仄平平—平仄仄 平仄仄—仄平平

(3)雙句對:鶴汀鳧渚,窮島嶼之縈迴;桂殿蘭宮,列岡巒之體勢。

　　　　　平平仄仄　平仄仄仄平平　仄仄平平　仄平平平仄仄

關於用典和藻飾，這是因爲駢體文特別追求一種典雅委婉的風格，所以典故用得很多。一句普通的話，一個普通的意思，不直接明白地説出來，往往要引用古語古事，講究表達的婉曲含蓄。所以讀駢體文如果對有些典故不了解，只懂得字面的意思，作者要表達的思想感情還是不容易領會。閲讀《滕王閣序》就可以深切感受到這一特點。

第十五單元

講讀文選

王粲

王粲(177—217)，字仲宣，山陽高平(今山東鄒城西南)人，漢魏間文學家，"建安七子"之一。董卓之亂，往荊州依附劉表，又投奔曹操，官至侍中。後隨曹操征吳，病死途中。王粲一生親歷戰亂，其詩文抒寫憂國憂民之情和懷才不遇之憤，表達建功立業的抱負。明人編有《王侍中集》。

選文據影印本《文選》卷十一(中華書局一九七七年)。

登樓賦

【説明】本篇爲王粲客居荊州時登湖北當陽城樓有感而作。其時王粲依附劉表已逾十二年，却一直未受重用。文中抒寫了自己的思鄉之情和懷才不遇的怨憤，表達了希望建功立業的情懷。

登兹樓以四望兮，聊暇日以銷憂①。覽斯宇之所處兮，實顯敞而寡仇②。挾清漳之通浦兮，倚曲沮之長洲③。背墳衍之廣陸兮，臨皋隰之沃流④。北彌陶牧，西接昭丘⑤。華實蔽野，黍稷盈疇⑥。雖信美而非吾土兮，曾何足以少留⑦！

描寫登樓所見開闊壯麗的荊州風物,由此激起思鄉之情。

① 茲樓:王粲所登城樓的地點有不同説法,《文選》李善注認爲是當陽城樓。聊:姑且。銷:消除,排遣。
② 宇:屋檐,這裏指城樓。所處:指城樓所在的地勢環境。顯:豁亮。敞:開闊。寡:少。仇(qiú):匹敵。
③ 上句是説,城樓面對著漳水與別的水流的交匯口,宛如挾帶著清澈的漳水。挾(xié):帶。漳:漳水,東南流經當陽。通浦:指漳水與沮水相合處。浦:大河有小口通向別的水流。下句是説城樓修築在曲折的沮(Jū)水邊上,仿佛倚長洲而建。沮水:河流名,東南流經當陽,後入長江。長洲:水中狹長的陸地。
④ 墳:地勢高起。衍:地勢廣平。廣陸:開闊的陸地。臨:面對。皋(gāo):水邊高地。隰(xí):低濕之地。沃流:可供灌溉的河流。沃:灌溉。
⑤ 彌(mí):終極,這裏指望到盡頭。陶牧:湖北江陵縣范蠡墓地所在的郊野(參李善注引《荊州記》)。陶:春秋末期越王勾踐的大臣范蠡在陶地(在今山東)經商致富,稱陶朱公。牧:郊外。昭丘:春秋末期楚昭王的墳墓(李善注引《荊州圖記》謂昭丘在當陽東南)。丘:墳墓。
⑥ 華(huā):後作"花"。實:果實。黍稷:泛指莊稼。疇(chóu):田地。
⑦ 信:確實。吾土:我的家鄉。曾:語氣副詞,加強反問語氣。少留:短暫停留。

　　遭紛濁而遷逝兮,漫踰紀以迄今①。情眷眷而懷歸兮,孰憂思之可任②?憑軒檻以遙望兮,向北風而開襟③。平原遠而極目兮,蔽荊山之高岑④。路逶迤而脩迥兮,川既漾而濟深⑤。悲舊鄉之壅隔兮,涕橫墜而弗禁⑥。昔尼父之在陳兮,有"歸歟"之歎音⑦。鍾儀幽而楚奏兮,莊舄顯而越吟⑧。人情同於懷土兮,豈窮達而異心⑨!

由個人遭遇聯想到古人,借古喻今,進一步抒發懷鄉思歸的眷眷深情。

① 紛濁:紛亂混濁,指亂世。遷逝:遷徙流亡,指避亂到荆州。漫:長久。踰紀:超過一紀。紀:古代以十二年爲一紀。迄(qì):到。
② 眷眷:眷戀的樣子。孰:哪一個。任:承受。意思是任何人也難以承受這種憂思。
③ 憑:倚靠。軒檻(jiàn):指城樓上的欄杆。開襟:敞開衣襟。衣襟藉指情懷。作者的故鄉在北方,所以説"向北風"。
④ 荆山:山名,在今湖北省。岑(cén):小而高的山。意思是極目遠望,視綫被荆山遮擋。
⑤ 逶迤(wēiyí):叠韻聯綿詞,曲折的樣子。脩迥(jiǒng):遥遠。脩:長。迥:遠。漾:水流長。濟:渡水。這兩句説路長水深,歸途遥遠而艱難。
⑥ 壅隔:阻塞隔絶。橫墜:零亂地落下來。弗禁(jīn):禁不住,止不住。
⑦ 尼父(fǔ):孔子字仲尼,後世稱尼父。在陳:孔子周遊列國時曾在陳國受困,曾有"歸與"的嘆息(見《論語·公冶長》)。與:同"歟",語氣詞。歸歟:回去吧。
⑧ "鍾儀"句:《左傳·成公九年》記載,春秋時楚國樂官鍾儀被晉國俘虜,晉侯讓他彈琴,他彈奏的仍是楚國的樂調。幽:囚禁。楚奏:用楚曲彈奏。"莊舄(xì)"句:《史記·張儀列傳》記載,越國人莊舄在楚國做了大官,染病時思念故鄉,仍用越國的鄉音説話吟詠。顯:身居顯要之位。
⑨ 窮:失意,不得志。達:得志顯貴。異心:指改變思鄉之情。

  惟日月之逾邁兮,俟河清其未極①。冀王道之一平兮,假高衢而騁力②。懼匏瓜之徒懸兮,畏井渫之莫食③。步棲遲以徙倚兮,白日忽其將匿④。風蕭瑟而並興兮,天慘慘而無色⑤。獸狂顧以求羣兮,鳥相鳴而舉翼⑥。原野闃其無人兮,征夫行而未息⑦。心悽愴以感發兮,意忉怛而憯惻⑧。循堦除而下降兮,氣交憤於胸臆⑨。夜參半而不寐兮,悵盤桓以反側⑩。

表達對太平盛世的期望以及建功立業的心願,傾吐宏圖難展的苦悶。

① 惟:句首語氣詞。日月:指光陰。逾邁:越過,指時間逝去。河清:古代稱黃河水千年一清,後以河清比喻天下太平。極:至,到來。
② 冀:希望。王道:理想的帝王政治。一平:統一安定。假:借助。高衢(qú):大路,這裏比喻賢明的政治。衢:四通八達的路。騁(chěng)力:施展才力。
③ "懼匏(páo)瓜"句:《論語·陽貨》:"子曰:'……吾豈匏瓜也哉?焉能繫而不食!'"匏瓜:葫蘆的一種,中看不中吃。徒懸:白白地挂著。這裏是藉用孔子的話表示自己並非無用之人,希望有機會施展才力。"畏井渫(xiè)"句:《周易·井卦》有"井渫不食"的話,意思是井雖然淘乾净,但清潔的井水却無人飲用。渫:淘井,清除井裏的雜物。這裏藉此説明自己雖潔身修行,但恐怕始終不被任用。
④ 棲遲:疊韻聯綿詞,欲行又止的樣子。徙倚:疊韻聯綿詞,流連徘徊的樣子。這是説在樓上徘徊。將匿:太陽將落。匿:隱藏。
⑤ 蕭瑟:雙聲聯綿詞,形容蕭條凄涼。並興:四面八方都有風起來。慘慘:形容陰暗凄涼。
⑥ 狂顧以求羣:驚恐地張望尋找夥伴。顧:回頭看。舉翼:展開翅膀飛。
⑦ 闃(qù):寂靜無聲。征夫:遠行的人。息:停止。這是説原野闃無農人,只有征夫。
⑧ 忉怛(dāodá):雙聲聯綿詞,憂傷的樣子。憯惻(cǎncè):雙聲聯綿詞,悲痛。
⑨ 堦除:臺階,這裏指樓梯。堦:同"階"。除:臺階。交憤:鬱結憤懣。臆(yì):胸。
⑩ 夜參半:夜半。盤桓:疊韻聯綿詞,徘徊,這裏是説思來想去。反側:身體翻來覆去(不能入睡)。

鮑照

鮑照（約 414—466）南朝宋文學家。字明遠。祖籍上黨（今屬山西），後遷居東海（今山東蒼山縣南）。出身寒微，曾爲臨海王劉子頊前軍參軍，世稱鮑參軍。鮑照長於七言歌行，風格俊逸，也擅長賦及駢文。有《鮑參軍集》。錢仲聯《鮑參軍集注》可資參考。

選文據影印本《文選》卷十一（中華書局一九七七年）。

蕪城賦①

【説明】"蕪城"指廣陵城（故城在今江蘇揚州市西北）。廣陵爲兩漢以來江淮地區的政治、經濟中心，魏晉南北朝時期軍事重鎮。這篇賦先寫廣陵城的繁盛，後以"驚心動魄之辭"渲染廣陵城戰後的破敗荒蕪景象，寄寓了作者深沉的歷史感慨。文章用語警拔，是抒情小賦的名作。

瀾迤平原②，南馳蒼梧、漲海③，北走紫塞、鴈門④。柂以漕渠⑤，軸以崐崗⑥。重江複關之隩⑦，四會五達之莊⑧。當昔全盛之時⑨，車挂轊⑩，人駕肩⑪；廛閈撲地，歌吹沸天⑫。孳貨鹽田⑬，鏟利銅山⑭；才力雄富，士馬精妍⑮。故能參秦法⑯，佚周令⑰，劃崇墉⑱，剗濬洫⑲，圖脩世以休命⑳。是以板築雉堞之殷㉑，井幹烽櫓之勤㉒；格高五嶽㉓，袤廣三墳㉔；崪若斷岸㉕，蠹似長雲㉖；製磁石以禦衝㉗，糊赬壤以飛文㉘。觀基扃之固護㉙，將萬祀而一君㉚。出入三代㉛，五百餘載，竟瓜剖而豆分㉜。

描寫廣陵城山川形勝及全盛時城池壯麗市井繁華的景象。

① 文章一本題下注"登廣陵城作"。有研究認爲，南朝宋元嘉二十七年（450）北魏太武帝南侵。宋大明三年（459）竟陵王劉誕據廣陵

反，戰事歷七十餘天，死三千餘人。廣陵城兩遭兵禍，而尤以後一次爲烈。作者亂後觀此景象，有感而作此賦（或認爲主要是有感於 450 年北魏入侵而作）。

② 瀰迆（mǐyǐ）：綿延漸平的樣子。平原：指廣陵一帶地勢。

③ 蒼梧：漢郡名，治所在今廣西梧州。漲（Zhāng）海：南海的古稱。

④ 紫塞：指長城。舊説秦築長城，土色皆紫。鴈門：郡名，治所在今山西右玉南。以上二句説廣陵通達極遠之地。"南馳""北走"形容廣陵四通八達。

⑤ 舟行於漕渠之上。柂（duò）：同"舵"。漕渠：漕運（水路運糧）的河道。這裏指古運河邗（Hán）溝，古道自今揚州市南引江水北流入淮。

⑥ 車行於崑崗之上。軸：車軸，代指車。崑崗：即蜀崗，在揚州西北，廣陵城築其上。以上二句説廣陵有水陸交通之便。

⑦ 意思是廣陵城爲重重的江河關口環繞的樞紐。《文選》吕延濟注："陕，要也。"

⑧ 意思是廣陵城交通四通八達。《爾雅·釋宫》："五達謂之康，六達謂之莊。"

⑨ 全盛之時：指西漢初吴王濞建都於此之時。

⑩ 拄：撞擊。轊（wèi）：車軸頭。

⑪ 駕：緊挨著。以上二句形容廣陵人煙繁盛。《史記·蘇秦列傳》："臨淄之塗，車轂擊，人肩摩。"

⑫ 廛閈（chánhàn）撲地：居民住宅密密地排列著。廛：居民每户的宅地。閈：里門。撲地：遍地。撲：盡。歌：歌唱。吹：吹奏。

⑬ 孳貨：孳生錢財。

⑭ 鏟利：開採取利。《史記·吴王濞列傳》記載，西漢吴王濞都廣陵，在轄境内開採銅山鑄錢，煮海水爲鹽取利。

⑮ 人才衆多，軍隊精良。《漢書·西域傳下》："財（一本作'材'）力有餘，士馬彊盛。"

⑯ 侈（chǐ）：通"哆"，超出。

⑰ 佚：通"軼"，超越。以上兩句是説廣陵城的規模超過周、秦的法令建制規定（古代城池的建制有一定的規定）。

⑱ 建造高城。劃（huá）：開闢。《文選》劉良注："劃，開。"墉（yōng）：墙。

⑲ 開鑿深溝。刳:挖。濬(jùn):深。洫(xù):水溝,這裏指護城河。
⑳ 意思是圖謀福運長久。脩:長。休:美。
㉑ 板築:築牆時以兩板相夾,中間填土夯實。築:搗土的杵;用杵搗土。雉堞:指城牆。雉:城牆長三丈高一丈爲一雉。堞:城上的短牆。殷:盛,規模盛大。
㉒ 井幹(hán):井欄。這裏指建築物高起時搭起的木架子,相交錯如井欄。烽櫓(lǔ):舉烽火的望樓。勤:耗力巨大。
㉓ 規模高過五嶽。格:尺度。
㉔ 四周超過三墳。袤:周長。三墳:解説不一。
㉕ 城牆高峻如同陡峭的崖岸。崒(zú):高而險。岸:高崖。
㉖ 城牆平整延伸如同連綿的雲帶。矗:齊平的樣子(參《文選》李善注)。
㉗ 意思是以磁石爲門防禦進攻。衝:突進;衝擊。磁石吸鐵,相傳秦時建阿房宮以磁石爲門以防帶兵器者。
㉘ 在城牆上用赤土塗飾,成彩色圖案。頳(chēng):紅色。文:紋飾;圖案。
㉙ 基扃(jiōng):指城闕。扃:從外關閉門户的門閂。固護:牢固。
㉚ 萬祀:萬年。祀:商代稱年爲祀。一君:一姓(的統治)。
㉛ 出入三代:經歷漢、魏、晉三代。李善注引王逸《廣陵郡圖經》:"郡城,吳王濞所築。"故這裏説"三代"。
㉜ 瓜剖而豆分:比喻廣陵城的崩壞。

　　澤葵依井①,荒葛罥塗②。壇羅虺蜮③,階鬭麏鼯④。木魅山鬼⑤,野鼠城狐。風嗥雨嘯,昏見晨趨⑥。飢鷹厲吻⑦,寒鴟嚇雛⑧。伏虣藏虎⑨,乳血飡膚⑩。崩榛塞路,崢嶸古馗⑪。白楊早落,塞草前衰⑫。稜稜霜氣,蔌蔌風威⑬。孤蓬自振⑭,驚砂坐飛⑮。灌莽杳而無際⑯,叢薄紛其相依⑰。通池既已夷⑱,峻隅又已頹⑲。直視千里外,唯見起黃埃。凝思寂聽,心傷已摧⑳。

　　若夫藻扃黼帳㉑,歌堂舞閣之基;璇淵碧樹㉒,弋林釣渚之館㉓;吳蔡齊秦之聲㉔,魚龍爵馬之玩㉕,皆薰歇燼滅㉖,光沉響絶。東都妙姬,南國麗人㉗,蕙心紈質,玉貌絳脣㉘,莫不埋魂幽石，委骨窮塵㉙；豈憶同輿之愉樂㉚，離宮之苦辛哉㉛！

描寫廣陵城被毀後一片荒蕪的景象，昔日城池的壯麗和帝王的豪奢已蕩然無存。

① 井邊生滿澤葵。澤葵：一說苔蘚一類的植物。
② 道路上滿是野草。葛：一種蔓生的草，泛指野草。罥(juàn)：挂；纏結。塗：通"途"。路。
③ 堂上到處是虺蜮之類的害蟲。虺(huǐ)：一種毒蛇。蜮(yù)：傳說能含沙射人爲害的一種動物。壇：堂。
④ 臺階上到處是麏鼯之類的獸在打鬥。麏(jūn)：同"麕"，獐子。鼯(wú)：一種哺乳動物，像松鼠。
⑤ 木魅：古時以爲老樹變成的精怪。
⑥ 昬：同"昏"。見：後作"現"。趨：奔走。
⑦ 厲：後作"礪"，磨。吻：嘴。
⑧ 寒鴟(chī)：寒天的鴟鷹。嚇(hè)雛：(寒鴟)向著小鳥發出恐嚇的叫聲。"嚇雛"語出《莊子·秋水》。
⑨ 虣：音bào。此句當作"伏虣(mì)藏虎"。意思是猛虎伏藏(伺機捕食)。虣：白虎。
⑩ 意思是以血肉爲食。乳血：飲血。飧(cān)膚：食肉。飧：同"餐"。
⑪ 崩：摧析。榛(zhēn)：叢生的樹木。岑崟：陰森森的樣子。古馗(kuí)：古道。馗：同"逵"，四通八達的道路。
⑫ 塞草：城垣上的草。一說"塞"是荒的意思(參《文選》李周翰注)。前衰：枯萎得早。
⑬ 稜(léng)稜：寒氣逼人的樣子。蔌(sù)蔌：風聲勁疾的樣子。
⑭ 蓬：蓬草。振：飛動。
⑮ 坐飛：無故而飛。"坐"和"自"是互文，自動的意思。
⑯ 灌莽：叢生的草木。杳(yǎo)：深遠。
⑰ 叢薄：草木相雜。紛：雜；亂。相依：彼此相連。
⑱ 通：深(參《文選》張銑注)。池：護城河。夷：平。謂填平。
⑲ 峻隅：高城。隅：城角。

⑳ 凝思:思緒凝滯。寂聽:聽覺失靈。摧:悲傷。
㉑ 藻扃:彩繪的門户。藻:藻飾。黼(fǔ)帳:繡有圖案的帳子。黼:禮服上黑白相間的花紋。
㉒ 形容景物之華美。琁淵:玉池。琁:同"璇",美玉。碧樹:玉樹。碧:青色的玉。
㉓ 有林渚可以漁獵的宫苑。弋(yì):用帶有絲繩的箭射鳥。渚(zhǔ):水中小洲。
㉔ 各地的音樂豐富多彩。
㉕ 各種精彩的雜耍表演。魚龍、爵(què)、馬:古代雜耍名。
㉖ 昔日的種種享樂如同香消灰滅,不復存在。薰:香氣。燼:灰燼。
㉗ 東都:東漢都城洛陽,稱東都。陸機《擬東城一何高》:"京洛多妖麗,玉顏侔瓊蕤。"曹植《雜詩六首》之三:"南國有佳人,容華若桃李。"
㉘ 蕙心紈質:形容質性之美。蕙:香草名。紈:白色細絹。絳脣:朱脣。絳:深紅色。
㉙ 幽石:墓石。委:堆積。窮塵:深土。
㉚ 憶:記得。同輿:指得寵。后妃與皇帝同車,表示受寵。
㉛ 離宫:帝王的行宫,非經常居住。常指失寵后妃居住的冷宫。

天道如何,吞恨者多①,抽琴命操②,爲《蕪城之歌》。歌曰:邊風急兮城上寒,井逕滅兮丘隴殘③。千齡兮萬代,共盡兮何言④!

文章以歌作結。

① 天道:天理。吞恨:抱恨。恨:遺憾。
② 抽琴:取出琴來。命操:作曲。這裏指創作歌曲。操:琴曲名。
③ 井逕:田間的路。井:井田,泛指田畝。逕:同"徑"。丘隴:墳墓。
④ 共盡:一切同歸於盡。

孔稚珪

孔稚珪(447—501),南朝齊文學家。字德璋,會稽山陰(今浙江紹興)人。官至太子詹事。博學能文。《南齊書》本傳稱其"不樂世務,居宅盛營山水"。明人輯有《孔詹事集》。

選文據影印本《文選》四十三卷(中華書局一九七七年版)。

北山移文①

【説明】舊注(參《文選》吕向題注)説與孔稚珪同時的周顒曾隱居北山,後應詔出仕爲海鹽(今浙江海鹽)縣令,期滿入京要再經過此山,作者借山神的口吻痛加聲討,揭露其假隱士的虛僞面目。但據後人考證,周顒並未先隱後仕,這可能是作者的戲謔之作。文章用擬人的手法寫北山草木山水的羞憤之情,辭采華美,用語工巧,是一篇駢文的傑作。

鍾山之英②,草堂之靈③,馳煙驛路④,勒移山庭⑤。夫以耿介拔俗之標⑥,蕭灑出塵之想⑦,度白雪以方絜⑧,干青雲而直上⑨,吾方知之矣⑩。若其亭亭物表⑪,皎皎霞外⑫;芥千金而不眄⑬,屣萬乘其如脱⑭;聞鳳吹於洛浦⑮,值薪歌於延瀨⑯,固亦有焉⑰。豈期終始參差⑱,蒼黃翻覆⑲,淚翟子之悲⑳,慟朱公之哭㉑;乍迴跡以心染㉒,或先貞而後黷㉓,何其謬哉！嗚呼！尚生不存㉔,仲氏既往㉕,山阿寂寥,千載誰賞㉖?

先贊頌真隱士之"耿介拔俗之標",轉而斥責假隱士反復無常之舉。

① 北山:即文中説的鍾山,今南京紫金山,在建康城北,故稱北山。移文:類似檄文的一種文體,用於聲討責讓(參《文心雕龍·檄移》)。
② 英:神靈。
③ 草堂:舊注説周顒曾到過蜀地草堂寺,後居鍾山時名其居室爲草堂。
④ 鍾山之英和草堂之靈在驛路上騰雲駕霧馳驅。驛路:古代驛馬傳遞文書走的大道。

⑤ 刻移文於山前。勒：刻。
⑥ 耿介：光明正直。拔俗：超越世俗。拔：超出。標：風度；格調。
⑦ 蕭灑：灑脱不受拘束。出塵：超出塵俗。想：情懷。
⑧ 度：度量，衡量。方：比。絜：後作"潔"，潔白。
⑨ 志向凌駕於青雲之上。干：衝犯；凌駕。以上兩句形容隱者志節之高潔。
⑩ 這種人是我所了解的。
⑪ 若其：至於那些。亭亭：聳立的樣子。物表：物外；世俗之外。
⑫ 光彩映射雲霞之外。皎皎：明亮的樣子。《文選》張銑注："物表、霞外言志高遠也。"
⑬ 芥千金：把千金看作草芥。芥：小草。用作意動，看作草芥。盼（miǎn）：同"眄"，斜視；看。典出《史記·魯仲連鄒陽列傳》。
⑭ 視離開帝王的尊位如脱去鞋子。《淮南子·主術訓》："（堯）舉天下而傳之舜，猶却行而脱屣也。"屣（xǐ）：鞋。用作意動，看作鞋子。
⑮ 《列仙傳》載，周靈王太子晉好吹笙作鳳鳴，常遊於伊水、洛水之間，後成仙而去。浦：水邊。這句是説他們和仙人同遊。
⑯ 舊注説蘇門先生在長河邊遇上一位"以道德爲心"的打柴人，談話之後此人"遂爲歌二章而去"。值：碰上。延瀬（lài）：長河。瀬：從沙石上流過的水。這句是説他們和高士相來往。
⑰ 世上本來也是有的。
⑱ 豈期：哪裏料想（還有這樣一種人）。終始參差：始終不一。
⑲ 白絲可以染成青色的，也可以染成黄色的，變化不定。蒼：青色。《淮南子·説林訓》："楊子見歧路而哭之，爲其可以南，可以北。墨子見練絲而泣之，爲其可以黄，可以黑。"楊子：楊朱，戰國初哲學家。
⑳ 意思是使墨翟爲之傷心而流涙。
㉑ 意思是使楊朱爲之哭泣而悲痛。慟（tòng）：極其悲痛。
㉒ 迴跡：避跡山林隱居。以：相當於"而"。心染：心被世俗功名所污染（指出仕做官）。
㉓ 貞：貞潔。黷：污濁。兩句中"乍……或……"是一種固定格式，意思是"忽而……忽而……"。
㉔ 尚生：即尚長，又稱向長，西漢末隱士。事見《高士傳》《後漢書·

《逸民傳》。
㉕ 仲氏這樣的人也已經久去見不到了。仲氏：指仲長統。《後漢書》本傳說他"每州郡命召，輒稱疾不就"。
㉖ 山林空寂寥落，已長時間無人遊賞了。阿：山的彎曲處。

　　世有周子，雋俗之士①，既文既博②，亦玄亦史③。然而學遁東魯④，習隱南郭⑤，偶吹草堂⑥，濫巾北岳⑦，誘我松桂⑧，欺我雲壑。雖假容於江皋⑨，乃纓情於好爵⑩。其始至也，將欲排巢父，拉許由⑪，傲百氏⑫，蔑王侯，風情張日⑬，霜氣橫秋⑭。或嘆幽人長往⑮，或怨王孫不遊⑯。談空空於釋部⑰，覈玄玄於道流⑱。務光何足比⑲，涓子不能儔⑳。及其鳴騶入谷㉑，鶴書赴隴㉒，形馳魄散，志變神動㉓。爾乃眉軒席次㉔，袂聳筵上㉕，焚芰製而裂荷衣㉖，抗塵容而走俗狀㉗。風雲悽其帶憤㉘，石泉咽而下愴㉙。望林巒而有失，顧草木而如喪㉚。

　　周顒始至北山，儼然是真隱的高士；及接到皇帝的詔書，則假隱士的醜態畢露。

① 周子：周顒，字彥倫。曾任剡令、山陰令。他曾在鍾山建"隱舍"，供休假時用。《南齊書》有傳。雋俗：卓越超俗。雋：通"俊"。
② 文：有文彩。博：博學。《南齊書》本傳說周顒"音辭辯麗，出言不窮；宮商朱紫，發口成句。泛涉百家，長於佛理"。
③ 既通老莊之學，也通曉歷史。《南齊書》本傳說周顒"兼善《老》《易》"。
④ 既富才學而又學習東魯人顏闔隱遁不仕。然而：既如此，又……。東魯：顏闔是春秋時魯國的隱士，魯國在東方，故稱東魯。顏闔事見《莊子·讓王》。
⑤ 學習隱几而臥的南郭子綦，忘情一切。這是說周顒並無隱士的本性，只是學習姿態而已。《莊子·齊物論》說南郭子綦隱几而坐，超然物外。隱几：憑靠著几案。

⑥ 偶吹:與別人一起吹奏樂器。偶:與人在一起。意思是冒充隱士。語本《韓非子·內儲說上》濫竽充數的故事。

⑦ 濫巾:意思是穿著隱士的服飾但不是真隱士。濫:虛浮不實。巾:隱士的頭巾。用作動詞,戴頭巾。這兩句是說周顒雖居住在北山草堂,但並非真隱。

⑧ 誘:誤導。

⑨ 假容:假裝出隱士的模樣。江皋:江邊,指隱士居處。

⑩ 纓情:繫情,繫心。纓:繞。好爵:好的官位。

⑪ 意思是周子剛到北山時,想要壓過巢父、許由。巢父、許由:傳說中堯時的兩位高士。事見《高士傳》。排:推開;排除。拉:摧折,使受挫折。

⑫ 百氏:諸子百家。

⑬ 風情:風度神情;氣概。張(zhàng)日:蔽日。張:自我擴大。

⑭ 霜氣:氣概凜嚴如秋霜逼人,故稱"霜氣"。橫秋:形容氣勢之盛。橫:遮蓋。

⑮ 或:有時。歎:(假意)贊歎。幽人:隱士。長往:長隱不返。潘岳《西征賦》:"悟山潛之隱士,悼長往而不反。"

⑯ 王孫:貴族子弟。這兩句說有時贊歎隱士久久隱遁不歸,有時埋怨王孫公子貪戀富貴不隱。遊:指隱居。《楚辭·招隱士》:"王孫遊兮不歸。"

⑰ 談空空:佛教認為一切事物皆虛幻不實,謂之空;空為假名,假名也是空,故稱"空空"。這裏指佛教義理。釋部:佛典。

⑱ 覈(hé):查驗;核實。《文選》李周翰注:"覈,考也。"玄玄:指道家義理。《老子》一章:"玄之又玄,衆妙之門。"道流:道家一派。《南齊書》本傳說周顒"長於佛理""兼善《老》《易》"。

⑲ 務光:《列仙傳》說務光是夏時人,商湯把天下讓給他,他負石沉水自匿。

⑳ 涓子:《列仙傳》記載的一位隱士。儔(chóu):匹敵。

㉑ 鳴騶(zōu):指使者的車馬。鳴:隨從傳呼喝道。騶:騎馬駕車的隨從。

㉒ 鶴書:指皇帝的詔書。鶴書是一種書體,即鶴頭書,據說詔書用這種書體。赴隴:送到山裏。隴:山。

㉓ 意思是詔書一入山,他的模樣就變了,魂魄散了,隱逸的意志也動

搖了。
㉔ 爾乃:於是。眉軒:眉飛色舞。軒:高起。席次:座位之上。
㉕ 袂聳:袖子舉起。筵:坐席。
㉖ 芰(jì)製、荷衣:指隱者的服裝。芰:菱葉。製:用作名詞,所製之衣。荷:荷葉。《楚辭·離騷》:"製芰荷以爲衣兮,集芙蓉以爲裳。"
㉗ 意思是盡顯出世俗的醜態。抗:高舉。走:馳騁。這裏都是縱情張揚的意思。
㉘ 悽:悲傷。憤:憤恨。
㉙ 咽:哽咽。下愴(chuàng):生悲。愴:悲痛。
㉚ 有失、如喪:指林巒草木對周顒失望喪氣。

　　至其紐金章①,綰墨綬②;跨屬城之雄③,冠百里之首④;張英風於海甸⑤,馳妙譽於浙右⑥。道帙長殯⑦,法筵久埋⑧;敲扑喧囂犯其慮⑨,牒訴倥傯裝其懷⑩。琴歌既斷,酒賦無續⑪。常綢繆於結課⑫,每紛綸於折獄⑬。籠張趙於往圖⑭,架卓魯於前錄⑮;希蹤三輔豪⑯,馳聲九州牧⑰。使我高霞孤映,明月獨舉⑱,青松落陰⑲,白雲誰侶?磵石摧絕無與歸⑳,石逕荒涼徒延佇㉑。至於還飇入幕㉒,寫霧出楹㉓;蕙帳空兮夜鵠怨㉔,山人去兮曉猨驚㉕。昔聞投簪逸海岸㉖,今見解蘭縛塵纓㉗。

斥責周顒甘願棄隱出仕,雄心勃勃地追名逐利。

① 紐:繫結;佩掛。金章:銅印。這是説周顒做了海鹽縣令。
② 綰(wǎn):繫結。墨綬:繫印的黑色絲帶。漢代縣令佩掛銅印、墨綬。
③ 意思是據有一郡所屬各縣最大的一縣。跨:占據。屬城:一郡所屬各縣。雄:最大的。
④ 百里:指縣。漢代一縣約方圓百里。
⑤ 張:展示。英風:美好的聲望。海甸:濱海地區。海鹽縣近海。

甸：區域。
⑥ 浙右：浙江之北，指海鹽。
⑦ 道帙：道家的書。帙：書套。殯：埋，這裏是棄之不顧的意思。
⑧ 法筵：佛家講經說法的座席。
⑨ 敲扑喧囂：拷打罪犯的喧囂聲。囂：同"嚻"。犯其慮：擾亂他的心思。
⑩ 牒(dié)：公文。訴：訴狀。倥傯(kǒngzǒng)：紛繁。裝其懷：充塞在他心中。
⑪ 琴、歌、酒、賦：指隱逸之士的雅事。一説漢董仲舒曾作《琴歌》，鄒陽曾作《酒賦》。
⑫ 綢繆(móu)：纏束；糾纏。結課：(官吏)考核評判等級。
⑬ 每：常。紛綸：繁亂；忙亂。折獄：判案。
⑭ 籠：籠罩；超出。張趙：西漢的張敞和趙廣漢，二人都曾做過京兆尹，均稱能吏。往圖：過往的圖籍，指歷史記載。
⑮ 架：凌駕。卓魯：東漢的卓茂和魯恭，二人都做過縣令，有政聲。前錄(lù)：以前的簿籍。這兩句是説周顒想要使自己的政績超過歷史上的張趙卓魯。
⑯ 意思是希望趕上三輔能吏的蹤跡。蹤：追蹤。三輔：漢代把京城長安附近分爲京兆、左馮翊、右扶風，輔衛京城，稱爲三輔。豪：顯耀的官吏。這一句照應"籠張趙於往圖"。
⑰ 意思是在天下地方官中聲名遠播。九州：古時分天下爲九州。牧：一州之長。
⑱ 我：謂北山之神。"孤""獨"是説無人賞玩。
⑲ 意思是青松空留樹蔭，無人遊憩。落：餘下。
⑳ 礀石：當作"礀户"，山間的住屋，爲隱者所居。礀：同"澗"。摧絶：毀壞。無與歸：無人再回來。
㉑ 徒：徒然。延佇：長時間站立，指企盼。
㉒ 旋風吹入幕帳之中。還(xuán)飇：旋風。
㉓ 寫(xiè)：後作"瀉"，流出。兩句中的"入"和"出"互文。這兩句寫草堂荒涼。
㉔ 蕙帳：隱士的帷帳。蕙：香草名。鵠：一本作"鶴"。
㉕ 山人：指隱士。猨：同"猿"。兩句中的"夜"和"曉"互文。
㉖ 投簪：指棄官。簪：簪子，用來綰定髮髻和冠。逸海岸：隱遁於海

邊。李善注説這一句用漢時疏廣棄官歸隱東海的典故。
㉗ 解蘭：解下隱士的服飾。蘭：蘭草做的佩飾，爲隱士所佩帶。《楚辭·離騷》："紉秋蘭以爲佩。"縛塵纓：繫結上塵世的冠纓（指出仕）。纓：繫冠的帶子。

於是南岳獻嘲①，北壟騰笑②，列壑爭譏③，攢峰竦誚④；慨遊子之我欺⑤，悲無人以赴弔⑥。故其林慙無盡⑦，磵愧不歇⑧，秋桂遺風⑨，春蘿罷月⑩。騁西山之逸議⑪，馳東臯之素謁⑫。

今又促裝下邑⑬，浪拽上京⑭；雖情投於魏闕⑮，或假步於山扃⑯。豈可使芳杜厚顔⑰，薜荔無恥⑱；碧嶺再辱，丹崖重滓⑲；塵游躅於蕙路⑳，汙淥池以洗耳㉑？宜扃岫幌㉒，掩雲關㉓，歛輕霧㉔，藏鳴湍㉕；截來轅於谷口，杜妄轡於郊端㉖。於是叢條瞋膽㉗，疊穎怒魄㉘；或飛柯以折輪㉙，乍低枝而掃跡㉚。請迴俗士駕㉛，爲君謝逋客㉜。

寫山神不能再讓北山草木山水蒙羞，堅決阻止周顒入山。

① 岳：山。
② 壟：山。
③ 列：布列。
④ 攢（cuán）：聚攏。竦誚（qiào）：譏誚之聲高起。竦：高聳。這是説周圍的峰巒溝壑爭相譏笑北山，笑其當初容納此人而終致受欺。《文選》劉良注："言皆笑此山初容此人也。"
⑤ 遊子：指周顒。我欺："我"作動詞"欺"的前置賓語。我：指北山。
⑥ 弔：慰問（北山）。
⑦ 慙：同"慚"。
⑧ 磵：同"澗"。歇：止。這兩句寫北山的無盡羞愧。
⑨ 秋桂：桂樹秋季開花，稱秋桂。遺：一本作"遣"。
⑩ 蘿：即松蘿，一種蔓生植物。這兩句是説風、月增秋桂、松蘿之美，今無人賞玩山林風光之美，"風""月"不再需要，都被遣去了。

⑪ 騁：馳騁。比喻傳布。西山：指首陽山，傳說周初伯夷、叔齊曾隱居於此。《史記·伯夷列傳》："登彼西山兮，采其薇兮。"逸議：隱逸者的議論。

⑫ 東皋：指隱士居住的田園。皋：水邊高地。素謁：貧素寒士（布衣之士）的議論。謁：告，這裏指議論。這是說安貧隱逸之士的議論紛紛傳布，表示對周顒的棄絕。《文選》李周翰注："謂布告於人使知也。"

⑬ 促裝：急急地整治行裝。下邑：對都城"上京"而言，指周顒任職的海鹽縣。

⑭ 浪栧（yì）：駕船。浪：蕩起。栧：即"枻"，同"枻"，船槳一類的划船工具。上京：指京都建康。這是說海鹽任期剛滿，周顒又急忙要到京城去。《文選》張銑注："言山陰秩滿，因向京而過山也。"

⑮ 意思是他一門心思想著到朝廷做官。投：傾注。魏闕：古代宮門外兩邊高聳的樓觀，代指朝廷。

⑯ 意思是雖然"情投於魏闕"，但又要借道北山經過。或：又。山扃（jiōng）：山門。扃：從外關閉門戶的門閂，轉指門戶。

⑰ 杜：杜若，香草名。厚顏：不知羞恥。

⑱ 薜（bì）荔：香草名。

⑲ 重滓（chóng zǐ）：再蒙上污垢。以上四句是說不能允許周顒再經北山，讓此山再次蒙羞。《文選》呂向注："豈可使芳草懷恥愧以相見，崖嶺再被滓穢。"

⑳ 塵：（使）蒙塵；污染。游躅（zhuó）：隱者的足跡。躅：足跡。蕙路：長著香草的路。蕙：香草名。

㉑ 汙：同"污"。淥（lù）池：清澈的池水。洗耳：《高士傳》載，堯要讓許由做九州長，許由認為這樣的話是弄髒了他的耳朵，就到潁水邊洗耳朵。這兩句是說周顒如再經此山，就會污染北山香徑上隱者的足跡，弄髒北山洗耳的清池，這是絕對不能允許的。

㉒ 扃：關閉。岫（xiù）幌：山窗。岫：山穴。幌：帷幔。

㉓ 掩：閉上。雲關：山門。關：門閂，轉指門戶。

㉔ 歛：同"斂"，收起。

㉕ 湍（tuān）：急流的水。《文選》呂延濟注："藏斂湍霧，使無聞見也。"

㉖ 截：攔阻。來軒：指周顒的車乘。杜：堵住。妄轡：意思是周顒的

㉗ 叢條：叢聚的樹枝。瞋：怒。
㉘ 疊穎：重重的草穗。以上兩句是說北山的草木憤怒異常。
㉙ 飛柯：揚起樹枝。折輪：打壞車輪。
㉚ 掃跡：掃除車跡。
㉛ 迴：使回轉。俗士：指周顒。
㉜ 君：北山山神。謝：辭絕，使離去。逋（bū）客：逃離的人，指周顒。這是說"叢條""疊穎"爲山神攔截周顒。《文選》劉良注："文言草木爲山靈除去之，不許來也。"

駱賓王

駱賓王（約638—？），唐文學家，初唐四傑之一。婺州義烏（今屬浙江）人。曾任臨海縣丞，世稱駱臨海。武則天臨朝稱制，他隨徐敬業起兵反對，兵敗後下落不明（或言被殺，或言爲僧）。有《駱臨海集》。

選文據《駱臨海集箋注》卷十（上海古籍出版社一九八五年版）。

代李敬業傳檄天下文①

【説明】公元684年，武則天廢唐中宗爲廬陵王，立豫王旦爲帝（是爲唐睿宗），又令居別殿，武則天以皇太后身份臨朝稱制。是年秋，李敬業在揚州起兵，駱賓王代李敬業寫下這篇著名的檄文。文章對仗工巧，聲勢雄壯，極富鼓動性，是一篇駢體文的傑作。史載武則天讀後有"宰相安得失此人"之嘆（《新唐書·駱賓王傳》）。

偽臨朝武氏者②，人非溫順，地實寒微③。昔充太宗下陳④，嘗以更衣入侍⑤。洎乎晚節，穢亂春宮⑥。密隱先帝之私，陰圖後庭之嬖⑦。入門見嫉，蛾眉不肯讓人⑧；掩袖工讒，狐媚偏能惑主⑨。踐元后於翬翟⑩，陷吾君於聚麀⑪。加以虺蜴爲心⑫，豺狼成性；近狎邪僻，殘害忠良⑬；殺姊屠兄⑭，弑君鴆母⑮。神人之所共疾⑯，天地之所不容。猶復包藏禍心,窺竊神器⑰。君之愛子,幽之於別宮⑱;賊之宗盟,委之以重任⑲。嗚呼!霍子孟之不作⑳,朱虛侯之已亡㉑。燕啄皇孫,知漢祚之將盡㉒;龍漦帝后,識夏庭之遽衰㉓。

聲討武則天從入宮至謀取皇位罪行滔天,爲"神人之所共疾,天地之所不容"。

① 文章一題爲《討武曌檄》,有誤。武則天自名爲"曌"在永昌元年(689),晚李敬業起兵五年。李敬業:隋末唐初徐世勣(本姓徐,賜姓李,名勣)之孫。駱賓王時在敬業幕府爲藝文令。
② 僞:非法的。臨朝:君臨朝廷(處理政事)。武氏:武則天是并州文水(在今山西)人。《新唐書·后妃傳上》:"嗣聖元年,太后廢帝爲廬陵王,自臨朝。"
③ 地實寒微:族姓門第卑微。
④ 武則天十四歲時被唐太宗召入宮爲才人(女官名)。充:充當。下陳:後列,指品級不高的侍妾。陳:行列。
⑤ 意思是侍奉皇帝更換衣服而得到寵幸。典出《史記·外戚世家》衛子夫得幸漢武帝事。
⑥ 到了後來,竟然和太子做出穢亂之事。這是說高宗爲太子時就和武則天有曖昧關係。《資治通鑑·唐紀十五》:"上之爲太子也,入侍太宗,見才人武氏而悅之。"太宗死,武則天削髮爲尼,居感業寺,高宗復召入宮。洎(jì):到。春宮:太子所居的東宮。
⑦ 隱瞞了和先帝的隱私關係(照應"昔充太宗下陳,嘗以更衣入侍"),暗中圖謀取高宗後宮的寵幸。嬖(bì):寵幸。《資治通鑑·唐紀十五》:"武氏巧慧,多權數……未幾大幸,拜爲昭儀。"
⑧ 入門見嫉:指對別的嬪妃的妒嫉。《舊唐書·則天皇后紀》:"時皇后王氏、良娣蕭氏頻與武昭儀爭寵,互讒毀之。"娥眉:指女子秀美的眉毛(蠶蛾的觸鬚細長而彎曲),代指女色。《詩經·衛風·碩人》:"螓首蛾眉。"
⑨ 在皇帝跟前施展掩袖那樣的毒計陷害皇后,又善於進讒言迷惑皇帝。《新唐書·后妃傳上》載,武則天爲昭儀時生一女,一次王皇后去看望逗弄女孩。皇后走後,武則天將其女弄死,反誣王皇后

害死帝女。高宗大怒，由此武氏不斷進讒言中傷王皇后，王皇后無以自解，終致被廢。掩袖：《戰國策·楚策》載，楚懷王妃鄭袖設毒計陷害魏國進獻的美人，對美人說懷王不喜歡她的鼻子，讓她每次見面時以袖掩鼻，然後又對懷王說美人討厭懷王身上的氣味，懷王怒而殺美人。這裏指武則天陷害王皇后事。工讒：善於進讒言。狐媚：狐狸善以媚態迷人，謂以陰柔手段迷惑人。

⑩ 意思是武則天登上皇后之位（時在高宗永徽六年）。踐：踏。元后：皇帝的正妻爲皇后稱元后。翬(huī)翟：指皇后的乘輿禮服。皇后的禮服上有翬翟的花紋圖案。翬：五彩野雞。翟：長尾的野雞。

⑪ 使吾君(指高宗)陷於禽獸亂倫之行。聚麀(yōu)：父子共有一個配偶。《禮記·曲禮上》："夫唯禽獸無禮，故父子聚麀。"麀：母鹿。

⑫ 再加上毒蛇一樣的心腸。虺(huǐ)：一種毒蛇。蜴(yì)：蜥蜴，形像蛇。

⑬ 近狎邪僻：親近奸邪之人。狎：親暱。邪僻：指許敬宗、李義府等人。忠良：指褚遂良、長孫無忌等人。

⑭ 殺姊：武則天姐姐的女兒賀蘭氏在宮中有恩寵，高宗欲以備嬪妃職，被武則天設計毒死，並嫁禍於她的兩個侄子，後二人被殺害。屠兄：武則天立爲皇后，她的異母兄武元慶、武元爽均被流配而死。參《舊唐書·外戚傳》。

⑮ 弒君：舊注或以爲高宗之死是武則天之罪。鴆(zhèn)母：史無記載。舊注或以爲指殘害王皇后事（參《資治通鑑·唐紀十九》胡三省注）。鴆：傳說中的一種毒鳥，以其羽毛浸酒，飲之可致死。

⑯ 疾：痛恨。

⑰ 意思是還懷有竊國之心，窺測時機謀取帝位。《資治通鑑·唐紀十七》："自是上(高宗)每視事，則后垂簾於後，政無大小，皆與聞之。天下大權，悉歸中宮……天子拱手而已，中外謂之二聖。"神器：指帝位。

⑱ 高宗死，中宗李顯即位，次年二月即被廢爲廬陵王。改立李旦爲皇帝，是爲睿宗。《資治通鑑·唐紀十九》："政事決於太后，居睿宗於別殿，不得有所與。"愛子：高宗之子李旦。

⑲ 武則天執政後諸武用事，她的侄子武承嗣、武三思均任要職。宗：同宗的人。

⑳ 意思是唐朝廷中不再有霍光那樣的人了。西漢大臣霍光字子孟，漢武帝死，他受詔輔佐漢昭帝，任大司馬大將軍。昭帝死，迎立昌邑王劉賀爲帝，後又廢劉賀改立宣帝，安定了漢家基業（參《漢書·霍光傳》）。作：産生；出現。

㉑ 意思是李唐宗室中朱虛侯那樣的人也不再有了。漢高祖劉邦的孫子劉章封朱虛侯。高祖死，呂后專政。呂后死，諸呂欲作亂，劉章與大臣周勃、陳平盡誅諸呂，立漢文帝（參《漢書·高五王傳》）。

㉒ 這一句是説趙飛燕當年殺害皇子皇孫，從童謠中可驗證漢朝的運數將盡。《漢書·五行志》載，漢成帝時，有童謠説："燕飛來，啄皇孫。"後成帝出遊，見舞者趙飛燕而幸之。飛燕入宫後害死宫中許多皇子。武則天在高宗永徽六年（655）立爲皇后，先後廢掉或殺害太子李忠、李弘、李賢等。祚：國統；國運。

㉓ 《史記·周本紀》載，夏朝衰敗的時候，夏帝宫廷中有二龍降下，經占卜，夏帝用木匣密藏二龍的涎沫。木匣傳至周厲王，打開木匣，龍的涎沫流出，化爲玄黿。玄黿入宫，有一未成年的宫女感而懷孕生下一個女子，就是褒姒。後來周幽王以褒姒爲后，廢申后及太子，招致犬戎之禍，西周遂亡。這是説夏的滅亡在神龍降下時已顯出征兆。漦（chí）：龍吐的涎沫。帝后：指夏帝。遽（jù）：疾速。以上兩句把武則天比趙飛燕、褒姒，指明唐朝國運危急。

　　敬業皇唐舊臣，公侯冢子①。奉先帝之遺訓，荷本朝之厚恩②。宋微子之興悲，良有以也③；桓君山之流涕，豈徒然哉④？是用氣憤風雲⑤，志安社稷。因天下之失望⑥，順宇内之推心⑦，爰舉義旗⑧，誓清妖孽。南連百越⑨，北盡三河⑩，鐵騎成羣，玉軸相接⑪。海陵紅粟，倉儲之積靡窮⑫；江浦黄旗，匡復之功何遠⑬。班聲動而北風起⑭，劍氣衝而南斗平⑮。喑嗚則山嶽崩頹⑯，叱咤則風雲變色⑰。以斯制敵，何敵不摧；以此攻城，何城不克⑱！

　　李敬業爲安社稷，毅然起兵，定能克敵取勝。

① 皇唐:大唐。舊臣:徐敬業的祖父名徐世勣,是唐朝開國功臣。因有大功賜姓李,又避太宗諱單名勣。太宗、高宗時封爵居高官。其父徐震襲爵,曾任太僕少卿、眉州刺史,所以稱"舊臣"。冢(zhǒng)子:長子。
② 先帝:指唐高祖、唐太宗、唐高宗。荷:承受。
③ 宋微子:名啓。商紂王庶兄,商亡後封於宋。朝周時路過殷墟,看到一片荒廢景象,感傷而作《麥秀歌》(參《尚書大傳》卷二)。有以:有原因。敬業賜姓李,自視爲李唐宗室,這裏以宋微子作比不忘故國。
④ 桓君山:東漢桓譚字君山。光武帝時官拜議郎、給事中,因反對光武帝迷信圖讖,貶爲六安郡丞,鬱鬱不樂而死(見《後漢書·桓譚傳》)。時李敬業被貶爲柳州司馬,這裏以桓譚事比李敬業。"桓君山"一本作"袁君山",或以爲指東漢袁安,《後漢書》本傳載袁安因反對外戚專權而悲憤哭泣。徒然:没有原因。
⑤ 胸中憤懣之氣激蕩風雲。
⑥ 憑藉天下人對武則天的失望。因:憑藉。
⑦ 順應天下對李敬業的推誠之心。
⑧ 爰:於是。
⑨ 百越:古代對南方越人的總稱,這裏泛指南方廣大地區。
⑩ 三河:漢代以河東、河內、河南爲三河。這裏泛指中原地帶。
⑪ 玉軸:玉飾的車。指軍用車輛。軸:一本作"舳(zhú)",指戰船。
⑫ 海陵:縣名,唐屬揚州,今在江蘇泰州。很早這裏就建有儲糧的大糧倉。紅粟:糧米久存變質而顔色發紅。左思《吳都賦》:"海陵之倉,則紅粟流衍。"靡:無。這一句是説軍隊的儲糧充足。
⑬ 江浦:江濱,這裏指東南一帶。黄旗:古人認爲天空出現黄旗紫蓋狀的雲氣是一種祥瑞,表示王氣所在。《三國志·吳書·吳主傳》"以太常顧雍爲丞相"注引《吳書》:"舊説紫蓋黄旗,運在東南。"這一句是説以東南爲根據地,復國的大業很快就會成功。
⑭ 班聲:班馬之聲。班馬:離羣的馬。《左傳·襄公十八年》:"有班馬之聲,齊師其遁。"這一句是説戰馬嘶鳴如北風呼嘯。
⑮ 《晉書·張華傳》載,時斗宿、牛宿之間常有紫氣,是寶劍光氣上衝於天所致。後在豐城挖出兩把寶劍(一名龍泉,一名太阿),紫氣消失。南斗:星名,即斗宿,有星六顆,在北斗星以南。南斗是吳

的分野。這一句是說劍光閃耀上衝於天。
⑯ 喑嗚(yìnwù)：即"喑噁"，發怒聲。
⑰ 叱咤(chìzhà)：即"叱吒"，怒喝聲。《史記·淮陰侯列傳》："項王喑噁叱吒，千人皆廢。"這兩句形容軍隊的威勢。
⑱《左傳·僖公四年》："以此衆戰，誰能禦之？以此攻城，何城不克？"

　　公等或家傳漢爵①，或地協周親②；或膺重寄於爪牙③，或受顧命於宣室④。言猶在耳⑤，忠豈忘心？一抔之土未乾，六尺之孤安在⑥？儻能轉禍爲福，送往事居⑦，共立勤王之勳⑧，無廢舊君之命⑨，凡諸爵賞，同指山河⑩。若其眷戀窮城⑪，徘徊歧路，坐昧先幾之兆⑫，必貽後至之誅⑬。請看今日之域中，竟是誰家之天下⑭！移檄州郡⑮，咸使知聞。

　　曉之以大義，明之以刑賞，號召州郡"共立勤王之勳"。

① 公等：指所號召的各地起兵的官員。或：有的。家傳漢爵：世代受唐王室的封爵。
② 有的族姓出身和皇室是至親。協：合。周親：至親。《尚書·泰誓》："雖有周親，不如仁人。"
③ 有的被寄託以爪牙重任。膺：承擔。重寄：重大的寄託。爪牙：比喻衛護王室國家的武臣。
④ 有的接受顧命於王宮，輔佐後王。顧命：帝王臨終時的遺命。宣室：漢代未央宮的正室，這裏指唐王宮。
⑤ 言：皇帝臨終的話。
⑥ 弘道元年(683)十二月高宗死，次年八月下葬乾陵，九月李敬業揚州起兵，從下葬至起兵僅四十八天，所以說高宗陵墓上的一抔黃土還沒有乾。高宗死，次年二月中宗被武則天廢爲廬陵王，軟禁房州，所以說"六尺之孤安在"。抔(póu)：捧。"一抔土"常指墳墓上的土。六尺之孤：年幼的遺孤。《論語·泰伯》："可以託六尺之孤。"
⑦ 禍：指順從武氏與義軍爲敵。福：忠於唐王室與義軍合作。送往事

居：禮葬死者（高宗），奉事生者（中宗）。語出《左傳·僖公九年》。
居：活著的。
⑧ 勤王：王室有難，臣下起兵救援。
⑨ 不廢棄高宗的遺命。
⑩ 意思是有功之臣必封爵行賞，可以同指山河爲誓。《史記·高祖功臣侯者年表》："古者人臣功有五品：以德立宗廟定社稷曰勳。"又載封爵的誓辭説："使河如帶，泰山若厲，國以永寧，爰及苗裔。"
⑪ 窮城：陷入絶境的城池。
⑫ 坐：因。昧：昏，不明白。先幾之兆：事前的預兆。《周易·繫辭下》："幾者動之微。"
⑬ 貽：遺留；致使。後至之誅：因後到而招致的懲罰。《國語·周語下》載，夏禹會羣神於會稽山，防風氏晚到，夏禹殺而戮之。
⑭ 域中：國中。竟：終究。
⑮ 移檄：傳送檄文。

閱讀文選

歸去來兮辭（陶淵明）①

【説明】東晉義熙元年（405），陶淵明辭去彭澤令歸家，這首辭即作於此時。文章描述了作者棄官歸隱後的愉快心情和蔑視功名利祿盡情享受田園生活的高潔情趣。

歸去來兮②，田園將蕪胡不歸？既自以心爲形役③，奚惆悵而獨悲！悟已往之不諫，知來者之可追④；寔迷途其未遠⑤，覺今是而昨非。舟遥遥以輕颺，風飄飄而吹衣。問征夫以前路，恨晨光之熹微⑥。

叙寫辭官歸家的決心和途中急切思歸的心情。

① 文前有序,説明作此文的緣由和時間。陶淵明(365?—427),字元亮,一説名潛字淵明。私謚靖節,東晉著名詩人。潯陽柴桑(今江西九江)人。他長於詩文辭賦,作品以田園詩最具特色,表達對官場生活的憎惡,抒發去塵絶俗的高尚情志。風格恬淡自然,韻味醇厚。有《陶淵明集》。選文據影印本《文選》卷四十五(中華書局一九七七年版)。
② 歸去來:即"歸去"的意思。來:無實義。
③ 心爲形役:心靈被形體所役使。即爲免於飢寒違心地去做官。
④ 諫:勸止,這裏的意思是糾正;挽回。追:追上,意思是來得及補救。《論語·微子》:"往者不可諫,來者猶可追。"
⑤ 寔:同"實",確實。《楚辭·離騷》:"回朕車以復路兮,及行迷之未遠。"
⑥ 征夫:行人。恨:怨。熹微:光綫微弱。這是説歸家心切,起程很早,怨晨光微弱耽誤行程,所以説"恨"。

乃瞻衡宇,載欣載奔①。僮僕歡迎,稚子候門。三逕就荒②,松菊猶存。携幼入室,有酒盈罇。引壺觴以自酌,眄庭柯以怡顔③。倚南窗以寄傲,審容膝之易安④。園日涉以成趣⑤,門雖設而常關。策扶老以流憩,時矯首而遐觀⑥。雲無心以出岫⑦,鳥倦飛而知還。景翳翳以將入⑧,撫孤松而盤桓。

描述歸家後的喜悦心情和安適閒逸的生活情致。

① 衡宇:橫木爲門的房屋,指簡陋的房舍。載:又。
② 三逕:指隱士庭院的小路。據説漢朝的蔣詡歸隱鄉里,院子裏開有三徑,只跟兩個隱士往來。就:已經。
③ 引:拿過來。眄(miàn):斜視,這裏是望的意思。柯:樹枝。怡:喜悦,愉快。

④ 窗:同"窗"。寄傲:寄託傲世的情懷。審:明白,深知。容膝:容膝之室,形容屋室狹小。易安:最容易使人感到安適。
⑤ 涉:涉足;經過。
⑥ 策:拄著(手杖)。扶老:竹名,即扶竹,適合做手杖,故名扶老竹。流憩(qì):隨處漫步,隨時歇息。矯:舉起,擡起。遐:遠。
⑦ 岫(xiù):山穴。這裏指山。
⑧ 景:日光。翳(yì)翳:光綫暗弱的樣子。

歸去來兮,請息交以絕游。世與我而相遺,復駕言兮焉求①?悦親戚之情話②,樂琴書以消憂。農人告余以春兮,將有事乎西疇。或命巾車③,或棹孤舟。既窈窕以尋壑④,亦崎嶇而經丘。木欣欣以向榮,泉涓涓而始流。善萬物之得時,感吾生之行休⑤。已矣乎,寓形宇内復幾時,曷不委心任去留⑥?胡爲遑遑欲何之?富貴非吾願,帝鄉不可期⑦。懷良辰以孤往,或植杖而耘耔⑧。登東皋以舒嘯⑨,臨清流而賦詩。聊乘化以歸盡,樂夫天命復奚疑⑩!

抒寫定居後從事農作和流連山水的生活樂趣,表明乘化歸盡、樂天知命的人生態度。

① 相遺:《文選》李善注:"故其(人性)絕異者常爲世俗所遺失焉。""遺"一本作"違"。駕言:駕車,指出遊。《詩經·邶風·泉水》:"駕言出遊。"
② 情話:真情的話。情:真實。
③ 巾車:有布篷的車。
④ 窈窕:疊韻聯綿詞,幽深的樣子。尋:沿著。
⑤ 善:欣羡。得時:得到發育生長的好時節。行:將要。
⑥ 寓形:託身。寓:寄。宇内:天地間。委心:隨心。委:隨從。任去留:或死或生聽任自然。任:聽憑,由著。
⑦ 帝鄉:天帝居住的地方,指仙境。期:期求。
⑧ 植杖:把手杖插在地上(一説倚杖)。耘:除草。耔(zǐ):在植物的

根部培土。《論語·微子》："植其杖而芸。"
⑨ 皋：水邊高地。舒嘯：放聲長嘯。嘯：撮口出聲。
⑩ 聊：姑且。乘化：順應生命的自然變化。樂夫天命：樂於聽從自然地安排。復奚疑：又有什麼可疑慮的呢？《周易·繫辭上》："樂天知命，故不憂。"

與陳伯之書（丘遲）①

【説明】陳伯之爲南朝梁江州刺史，梁武帝天監元年(502)率部投降北魏並歷任多職。天監四年(505)，臨川王蕭宏北伐，陳率兵相拒。蕭宏命記室丘遲寫信勸陳降。這是一篇駢體書信，文辭工麗，筆勢委曲婉轉；既動之以情，又曉以利害，淋漓盡致，很富感染力。陳得書後，即於次年三月歸降。

　　遲頓首。陳將軍足下無恙，幸甚幸甚。將軍勇冠三軍，才爲世出②。棄鷲雀之小志，慕鴻鵠以高翔③。昔因機變化，遭遇明主④；立功立事，開國稱孤⑤。朱輪華轂，擁旄萬里⑥，何其壯也！如何一旦爲奔亡之虜，聞鳴鏑而股戰⑦，對穹廬以屈膝⑧，又何劣邪！

　　對比今昔，陳伯之昔投明主何其壯，今爲奔亡之虜又何其劣。

① 丘遲(464—508)，南朝梁文學家。字希範，吳興烏程(今浙江湖州)人。初仕齊，後入梁，官至司空從事中郎。明人輯有《丘司空集》。蕭宏北伐時，丘遲爲諮議參軍，兼任記室。選文據影印本《文選》卷四十三(中華書局一九七七年版)。
② 世出：應時而出。
③《史記·陳涉世家》："陳涉太息曰：'嗟乎，燕雀安知鴻鵠之志哉！'"
④ 這是說陳伯之背齊歸梁。陳伯之齊末爲江州刺史。梁武帝蕭衍攻齊，他背齊歸梁，仍爲江州刺史。因機：順應時機。

⑤ 事:事業。開國:開建邦國。當時封爵,自郡公至縣男,皆冠以開國之號。《梁書·陳伯之傳》説陳伯之"力戰有功",封豐城縣公。稱孤:王侯自稱。
⑥ 擁旄:指古代武官持節專制一方。旄(máo):旄節,鎮守一方的長官持有的符節。萬里:這是説統治的地域廣大。
⑦ 鳴鏑:響箭。
⑧ 穹廬:氈帳。

尋君去就之際①,非有他故,直以不能内審諸己②,外受流言,沈迷猖蹶③,以至於此。聖朝赦罪責功,棄瑕録用④,推赤心於天下⑤,安反側於萬物⑥,將軍之所知,不假僕一二談也⑦。朱鮪涉血於友于⑧,張繡剚刃於愛子⑨;漢主不以爲疑,魏君待之若舊。況將軍無昔人之罪,而勳重於當世。夫迷塗知反,往哲是與⑩;不遠而復,先典攸高⑪。主上屈法申恩,吞舟是漏⑫。將軍松柏不剪⑬,親戚安居;高臺未傾⑭,愛妾尚在。悠悠爾心⑮,亦何可言!今功臣名將,鴈行有序⑯。佩紫懷黃,讚帷幄之謀⑰;乘軺建節,奉疆埸之任⑱。並刑馬作誓,傳之子孫⑲。將軍獨靦顔借命,驅馳氈裘之長⑳,寧不哀哉!

夫以慕容超之強,身送東市㉑;姚泓之盛,面縛西都㉒。故知霜露所均,不育異類㉓;姬漢舊邦,無取雜種㉔。北虜僭盜中原,多歷年所,惡積禍盈,理至燋爛㉕。況僞孽昏狡,自相夷戮㉖;部落攜離,酋豪猜貳㉗。方當繫頸蠻邸,懸首藁街㉘。而將軍魚游於沸鼎之中,鷰巢於飛幕之上㉙,不亦惑乎!

稱頌梁朝對有過之人能推誠相待,棄瑕録用;指明北魏四分五裂,行將滅亡,陳伯之處境險惡。

① 尋:推求。去就:指背棄梁朝而投靠北魏。

② 直:但,僅。內審諸己:對自身有審慎的考慮。
③ 狼蹶:胡亂行事。
④ 責功:求取功勞。責:求。瑕:玉的斑點,指過失,罪過。
⑤ 赤心:赤誠之心。《後漢書·光武帝紀》:"蕭王推赤心置人腹中,安得不投死乎?"
⑥ 使一切動搖不定的人安定下來。漢光武帝劉秀把與敵方串通勾結的人稱作"反側子",有"令反側子自安"的話(見《後漢書·光武帝紀》)。萬物:衆人。
⑦ 假:藉助。一二:一一。
⑧ 朱鮪(wěi)是王莽末年綠林軍將領,漢光武帝劉秀的哥哥劉伯升爲更始帝所殺,朱鮪與謀其事。後劉秀攻洛陽,朱鮪是守將。劉秀派人勸降,鮪不敢降。劉秀派人回復説:"夫建大事不忌小怨。今降,官爵可保。"朱鮪乃降(《文選》李善注引謝承《後漢書》)。涉(dié)血:即"喋血",踐血而行,形容血流滿地的樣子。友于:兄弟,這裏指劉秀之兄劉伯升。
⑨ 張繡是東漢末將領,曹操在與張繡的作戰中兒子遇害,後來張繡率衆降操,被封列侯。剚(zì):刺入。
⑩ 往哲:以往的聖哲。與:贊許。
⑪ 不遠而復:行之不遠而回歸正道。先典:古代的典籍,這裏指《周易》。《周易·復卦》:"不遠復,無祗悔,元吉。"攸:所。高:推崇。
⑫ 屈法:這裏是説放寬刑法。屈:違拗。吞舟是漏:吞舟的大魚也可漏掉,這是説法網寬舒。《史記·酷吏列傳序》:"網漏於吞舟之魚。"
⑬ 松柏:古時墓地植松柏,這裏指陳家的墳墓。
⑭ 高臺:住宅。
⑮ 悠悠:思念不已的樣子。
⑯ 這是説功臣名將各有不同等級的封賞,威儀有序。《文選》劉良注:"鴈飛成行列有尊卑之序。"
⑰ 紫:紫色絲帶,繫印或用作佩飾。黃:黃金印。《史記·蔡澤列傳》:"懷黃金之印,結紫綬於要(腰)。"讚:佐助。帷幄之謀:《史記·留侯世家》:"運籌策帷帳中,決勝千里外,子房功也。"這是講文臣。
⑱ 軺(yáo):兩匹馬拉的輕車,這裏指使者所乘的車子。建:豎起。

節:使者所持的符節。疆場(yì):邊疆。這是説武將。

⑲ 這是説梁朝有誓約,功臣名將的爵位可傳之子孫。刑馬作誓:殺白馬飲血爲誓。這是古代盟誓的一種儀式。

⑳ 靦(tiǎn)顔:厚顔。借命:苟且偷生。氈裘:古代北方少數民族的衣著。

㉑ 《宋書·武帝紀》載,十六國時南燕君主慕容超大略淮北,劉裕北伐擒獲後斬首於建康。東市:漢代長安處決犯人的場所,後泛指刑場。

㉒ 義熙十三年(417),劉裕攻克長安,後秦君主姚泓被擒。面縛:兩手反綁在背後面朝前。西都:指長安。

㉓ 均:分布。育:養育。《禮記·中庸》:"天之所覆,地之所載,日月所照,霜露所墜。"

㉔ 姬漢舊邦:周天子爲姬姓,這是説北方中原一帶是周漢故國。雜種:和上句的"異類"都是對少數民族的蔑稱。

㉕ 僭(jiàn)盜:超越本分盜取占有。僭:同"僭"。年所:年數。理至燋爛:理應到滅亡的時候了。

㉖ 僞孽:指北魏宣武帝。僞:非法的;非正統的。孽:爲患作亂的人。昏狡:昏庸狡詐。夷戮:滅殺。這是説北魏宗室自相殘殺。史載501年宣武帝的叔父謀亂被賜死。

㉗ 攜離:四分五裂。攜:離異。猜貳:猜忌而有二心。

㉘ 方當:將;快要。繫頸:指投降請罪。蠻邸:外族人在京城居住的館舍。懸首:指斬首示衆。藁(gǎo)街:漢時長安街名,爲外國使節館舍所在地。

㉙ 《文選》李善注引袁崧《後漢書》:"養魚沸鼎之中,棲鳥烈火之上。"飛幕:飄搖不定的帳幕。《左傳·襄公二十九年》:"夫子之在此也,猶燕之巢於幕上。"這兩句是説陳伯之處境險惡。

暮春三月,江南草長,雜花生樹,羣鶯亂飛。見故國之旗鼓,感生平於疇日①,撫弦登陴,豈不愴悢②!所以廉公之思趙將③,吴子之泣西河④,人之情也,將軍獨無情哉?想早勵良規⑤,自求多福。

當今皇帝盛明,天下安樂。白環西獻⑥,楛矢東來⑦。

夜郎、滇池解辮請職⑧,朝鮮、昌海蹶角受化⑨。唯北狄野心,掘强沙塞之閒⑩,欲延歲月之命耳。中軍臨川殿下,明德茂親⑪,揔茲戎重⑫,吊民洛汭,伐罪秦中⑬。若遂不改⑭,方思僕言。聊布往懷,君其詳之⑮。丘遲頓首。

動之以故國之情,又宣示梁朝國威,勸陳伯之早日歸降。

① 故國:指梁朝。疇日:昔日。
② 撫弦:持弓弦。陴(pí):城上女墻。愴悢(liàng):悲傷。李善注引袁宏《漢獻帝春秋》:"每登城勒兵,望主人之旗鼓,感故交之綢繆,撫弦搦矢,不覺涕流之覆面也。"這是說陳伯之如今與梁軍對壘,感念往昔,怎能不悲傷。
③ 《史記·廉頗藺相如列傳》載,趙悼襄王時以樂乘代廉頗,廉頗怒而奔魏,但魏王不能信用他,其時"趙王思復得廉頗,廉頗亦思復用于趙"。思趙將:廉頗在魏思復爲趙將。
④ 《吕氏春秋·長見》載,魏國名將吳起曾爲西河守(西河在今陝西),魏武侯時遭讒言被召回。吳起知道自己去後西河必被秦攻取,臨行時"止車而望西河,泣數行而下"。這兩句說廉頗、吳起對故國都懷有深情。
⑤ 勵:以……自勉。良規:好的打算。規:謀劃。《文選》張銑注:"言早勉勵善圖,歸梁是多福也。"
⑥ 傳說舜時西王母來獻白玉環。
⑦ 李善注引《家語》,武王克商時肅慎氏(古族名)來貢獻楛(hù)矢。楛:一種荆類植物,莖可製作箭桿。
⑧ 夜郎、滇池:漢時西南少數民族建立的兩個小國(夜郎在貴州,滇池在雲南)。解辮請職:解開髮辮著漢族服飾請求封職。
⑨ 昌海:即今新疆羅布泊。蹶角:以額角叩地。這兩句是說東、西、南三方的外族紛紛歸服梁朝。以上幾句宣揚梁朝的國威。
⑩ 掘强(jiàng):强硬不順服。
⑪ 中軍臨川殿下:蕭宏是梁武帝蕭衍之弟,封臨川王,又進號中軍將軍。明德:美德。茂親:皇室至親。
⑫ 揔(zǒng):同"總",總攬;統領。戎重:指北伐軍事重任。

⑬ 弔:慰問。洛汭(ruì):洛水流入黃河的地方(在今河南鞏義)。汭:河流會合的地方。秦中:今陝西中部。"洛汭""秦中"指北方地區。
⑭ 遂:因循。
⑮ 布:陳述。往懷:往日的情意。詳:詳細考慮。

練習十五

一、熟讀本單元講過的文章。
二、閱讀本單元的閱讀文選。
三、給下面句子中加點的字注音:
  1. 覽斯宇之所處兮,實顯敞而寡仇。(王粲《登樓賦》)
  2. 背墳衍之廣陸兮,臨皋隰之沃流。(王粲《登樓賦》)
  3. 懼匏瓜之徒懸兮,畏井渫之莫食。(王粲《登樓賦》)
  4. 心悽愴以感發兮,意忉怛而憯惻。(王粲《登樓賦》)
  5. 廛閈撲地,歌吹沸天。(鮑照《蕪城賦》)
  6. 故能奓秦法,佚周令,劃崇墉,刳濬洫。(鮑照《蕪城賦》)
  7. 崩榛塞路,崢嶸古馗。(鮑照《蕪城賦》)
  8. 芥千金而不眄,屣萬乘其如脫。(孔稚珪《北山移文》)
  9. 敲扑喧囂犯其慮,牒訴倥傯裝其懷。(孔稚珪《北山移文》)
  10. 至於還飆入幕,寫霧出楹。(孔稚珪《北山移文》)
  11. 洎乎晚節,穢亂春宮。密隱先帝之私,陰圖後庭之嬖。(駱賓王《代李敬業傳檄天下文》)
  12. 踐元后於翬翟,陷吾君於聚麀。(駱賓王《代李敬業傳檄天下文》)
四、解釋下面句子中加點的詞:
  1. 華實蔽野,黍稷盈疇。(王粲《登樓賦》)
  2. 冀王道之一平兮,假高衢而騁力。(王粲《登樓賦》)
  3. 飢鷹厲吻,寒鴟嚇雛。(鮑照《蕪城賦》)

4. 通池既已夷,峻隅又已頹。(鮑照《蕪城賦》)
5. 琁淵碧樹,弋林釣渚之館。(鮑照《蕪城賦》)
6. 雖假容於江皋,乃纓情於好爵。(孔稚珪《北山移文》)
7. 爾乃眉軒席次,袂聳筵上。(孔稚珪《北山移文》)
8. 至其紐金章,綰墨綬。(孔稚珪《北山移文》)
9. 偽臨朝武氏者,人非溫順,地實寒微。(駱賓王《代李敬業傳檄天下文》)
10. 奉先帝之遺訓,荷本朝之厚恩。(駱賓王《代李敬業傳檄天下文》)

五、把下面的句子譯成現代漢語:
1. 雖信美而非吾土兮,曾何足以少留!(王粲《登樓賦》)
2. 人情同於懷土兮,豈窮達而異心!(王粲《登樓賦》)
3. 觀基扃之固護,將萬祀而一君。出入三代,五百餘載,竟瓜剖而豆分。(鮑照《蕪城賦》)
4. 莫不埋魂幽石,委骨窮塵;豈憶同輿之愉樂,離宮之苦辛哉!(鮑照《蕪城賦》)
5. 使我高霞孤映,明月獨舉,青松落陰,白雲誰侶?(孔稚珪《北山移文》)
6. 慨遊子之我欺,悲無人以赴弔。(孔稚珪《北山移文》)
7. 今又促裝下邑,浪拽上京;雖情投於魏闕,或假步於山扃。(孔稚珪《北山移文》)
8. 因天下之失望,順宇內之推心,爰舉義旗,誓清妖孽。(駱賓王《代李敬業傳檄天下文》)
9. 一抔之土未乾,六尺之孤安在?(駱賓王《代李敬業傳檄天下文》)
10. 若其眷戀窮城,徘徊歧路,坐昧先幾之兆,必貽後至之誅。(駱賓王《代李敬業傳檄天下文》)

六、解釋下面的概念術語:
上古音 中古音 字母 清濁 韻 韻部 四呼 平仄 反切
雙聲疊韻 破讀

常用詞

標 參 都 憤 際 救 偶 排 榮
緒 委 顏 宇 征 宗

1. 標

《玉篇》:"標,木末也。"樹梢。《莊子·天地》:"上如標枝,民如野鹿。"(上:在頂端。)泛指頂端;末端。《管子·霸言》:"大本而小標。"《楚辭·九章·悲回風》:"上高巖之峭岸兮,處雌蜺(ní)之標顛。"(雌蜺:霓。)成語有[標本兼治]。標在最上端,引人注目有指示的作用,抽象引申爲標志;標杆。《晉書·宣帝紀》:"既入城,立兩標以別新舊焉。"《舊唐書·崔彥昭傳》:"但立直標,終無曲影。"抽象引申指標準;榜樣。《晉書·王羲之傳附王楨之》:"亡叔一時之標,公是千載之英。"用作動詞:標明;顯示。《南史·梁臨川靖惠王宏傳》:"宏性愛錢,百萬一聚,黃牓標之。"(黃牓:黃色標籤。)《魏書·任城王澄傳》:"實思追禮先賢,標揚忠懿。"雙音詞有[標示][標榜]。轉指顯示在外的格調;風度。孔稚珪《北山移文》:"夫以耿介拔俗之標,蕭灑出塵之想。"雙音詞有[標格]。

2. 參

"參"《説文》作"曑",二十八宿之一,讀 shēn。李白《蜀道難》詩:"捫參歷井仰脅息。"有研究認爲,參宿七星有三顆星居中,文獻中"三星"或指參星。《詩經·唐風·綢繆》:"三星在天。"音轉爲 sān,與"三"相通(後作"叁")。《左傳·鄭伯克段于鄢》:"先王之制,大都不過參國之一。"《後漢書·張衡傳》:"參輪可使自轉,木雕猶能獨飛。"用作動詞,配合爲三;比並,等同。讀 cān。《國語·越語下》:"夫人事必將與天地相參,然後乃可以成功。"《戰國策·齊策二》:"衛君爲告儀,儀許諾,因與之參坐於衛君之前。"(儀:人名。)《莊子·在宥》:"吾與日月參光。"引申爲加入其中,參與。《荀子·強國》:"與之參國政,正是非。"《後漢書·班彪傳》:"所上奏章,誰與參之?"由比並引申爲比照檢驗;驗證。《荀子·勸學》:"君子博學而日參省乎己,則知(zhì)明而行無過矣。"《韓非子·顯學》:"無參驗而必之者，愚也。"

3. 都(dū)

《六書故·工事二》："邑之大者曰都。"大城市。《史記·五帝本紀》："一年而所居成聚，二年成邑，三年成都。"《論衡·別通》："人之游也必欲入都，都多奇觀也。"雙音詞有[都會]。特指京城，首都。《尚書·説命中》："明王奉若天道，建邦設都。"諸葛亮《出師表》："興復漢室，還于舊都。"都爲人所聚會之地，用作動詞：聚；總匯。《漢書·食貨志下》："置平準於京師，都受天下委輸。"（平準：官署名。委輸：貨物運輸。）曹丕《又與吴質書》："頃撰其遺文，都爲一集。"

4. 憤

《説文》："憤，懣也。"謂思慮鬱積於心而不得抒解。《論語·述而》："不憤不啓。"（啓：啓發，開導。）《楚辭·九章·惜誦》："惜誦以致愍兮，發憤以抒情。"雙音詞有[憤懣][憤結]。特指怨怒之氣。宋玉《大言賦》："壯士憤兮絶天維，北斗戾兮太山夷。"孔稚珪《北山移文》："風雲悽其帶憤，石泉咽而下愴。"雙音詞有[憤恨][憤怨]。引申爲憤懣之氣激昂。《南史·宋紀上·武帝》："丹誠未宣，感慨憤激。"駱賓王《代李敬業傳檄天下文》："是用氣憤風雲，志安社稷。"（氣憤風雲：胸中憤懣之氣激蕩風雲。）雙音詞有[激憤]。

5. 際

《説文》："際，壁會也。"兩牆的接縫；縫隙。《墨子·備穴》："(瓦竇)偃一覆一，善塗亓寶際，勿令泄。"（寶際：瓦竇的接縫。）《後漢書·張衡傳》："其牙機巧制，皆隱在尊中，覆蓋周密無際。"引申指交會處；分界；邊緣的地方。《左傳·定公十年》："居齊魯之際而無事，必不可以矣。"（事：侍奉一國。）《後漢書·竇融傳》："臣融雖無識，猶知利害之際，順逆之分。"《楚辭·天問》："九天之際，安放安屬？"雙音詞有[邊際]。抽象引申指彼此之間。《韓非子·難一》："君臣之際，非父子之親也。"雙音詞有[國際][星際]。轉指時間，前後交接的時段。《論語·泰伯》："唐虞之際，於斯爲盛。"丘遲《與陳伯之書》："尋君去就之際，非有他故，直以不能内審諸己，外受流言，沈迷猖蹶，以至於此。"

6. 救

《說文》：“救，止也。”使停止；阻止。《周禮·地官·司救》：“司救掌萬民之衺惡過失，而誅讓之，以禮防禁而救之。”《晉書·刑法志》：“原先王之造刑也……所以救姦，所以當罪。”由阻止危害發生引申爲使免於災難或危險。《左傳·僖公十三年》：“天災流行，國家代有。救災恤鄰，道也。”又《昭公十八年》：“子大叔曰：'寶，以保民也。若有火，國幾亡。可以救亡，子何愛焉？'”（火：火災。愛：吝惜。）雙音詞有［救荒］。由此引申爲挽救；救助。《詩經·邶風·谷風》：“凡民有喪，匍匐救之。”《孟子·滕文公下》：“救民於水火之中。”雙音詞有［營救］［救護］。

7. 偶

《說文》“偶，桐人也。”指用泥或木做的人像，偶人。《戰國策·齊策三》：“有土偶人與桃梗相與語。”《淮南子·繆稱訓》：“魯以偶人葬而孔子歎。”雙音詞有［玩偶］。“偶”有雙數、成雙的意思，是假借義，這個意思本應作“耦”。《廣雅·釋地》：“耦，耕也。”耦是一種二人並耕的耕作方式。《論語·微子》：“長沮、桀溺耦而耕。”由此引申爲雙數、成雙，與單數“奇”相對。《周易·繫辭下》：“陽卦奇，陰卦耦。”文獻常借“偶”表示。《禮記·郊特牲》：“鼎俎奇而籩豆偶。”成語有［無獨有偶］。特指配偶。《魏書·劉昞傳》：“瑀有女始笄，妙選良偶，有心於昞。”（瑀：人名。）雙音詞有［佳偶］。又引申爲相對；在一起。《史記·高祖本紀》：“父老苦秦苛法久矣，誹謗者族，偶語者弃市。”（偶語：相對私語。）孔稚珪《北山移文》：“然而學遁東魯，習隱南郭，偶吹草堂，濫巾北岳。”

8. 排

《說文》：“排，擠也。”推擠；推開。《楚辭·遠游》：“命天閽其開關兮，排閶闔而望予。”《漢書·朱買臣傳》：“坐中驚駭，白守丞，相推排陳列中庭拜謁。”由推開抽象引申爲排斥；消除。《後漢書·馮衍傳下》：“李廣奮節於匈奴，見排於衛青。”孔稚珪《北山移文》：“其始至也，將欲排巢父，拉許由。”《戰國策·趙策三》：“爲人排患釋難解紛亂而無所取也。”雙音詞有［排除］［排解］。

9. 榮

《爾雅·釋草》：“草謂之榮。”草木的花。《楚辭·九章·橘頌》：“綠葉素榮，紛其可喜兮。”《古詩十九首·庭中有奇樹》：“攀條折其榮，將以遺(wèi)所思。”引申爲繁盛。《荀子·大略》：“宮室榮與？婦謁盛與？”（謁：請託。）陶淵明《歸去來兮辭》：“木欣欣以向榮，泉涓涓而始流。”雙音詞有[繁榮][榮枯]。由花的光彩抽象引申爲顯耀；榮耀（與“辱”相對）。《論語·子張》：“其生也榮，其死也哀。”《呂氏春秋·務本》：“三王之佐，其名無不榮者。”《漢書·王莽傳上》：“父子之親天性自然，欲其榮貴甚於爲身。”雙音詞有[榮光][榮譽]。

10. 委

《廣雅·釋詁一》：“委，積也。”積聚。《孫子·軍爭》：“無糧食則亡，無委積則亡。”《公羊傳·桓公十四年》：“御廩者何？粢盛委之所藏也。”轉指放置。《儀禮·鄉射禮》：“弟子取矢，北面坐委于福(bī)。”（福：插箭的器具。）《後漢書·范式傳》：“乃委素書於樞上，哭別而去。”由此引申爲交付；託付；委派。《左傳·文公六年》：“委之常秩。”（常秩：一定的職務。）《史記·齊悼惠王世家》：“齊王自以兒子年少，不習兵革之事，願舉國委大王。”《後漢書·宦者傳論》：“稱制下令，不出房闈之間，不得不委用刑人，寄之國命。”（刑人：指宦官。）雙音詞有[委託][委任]。引申爲棄置不顧；任從，順從。《孟子·公孫丑下》：“委而去之，是地利不如人和也。”陶淵明《歸去來兮辭》：“寓形宇內復幾時，曷不委心任去留。”雙音詞有[委棄][委順]。

11. 緒

《説文》：“緒，絲耑(端)也。”絲的頭。張衡《南都賦》：“白鶴飛兮繭曳緒。”柳宗元《種樹郭橐駝傳》：“蚤繅而緒，蚤織而縷。”（蚤：早。而：你們。）泛指頭緒；開端。《淮南子·精神訓》：“反覆終始，不知其端緒。”《晉書·陶侃傳》：“千緒萬端，罔有遺漏。”緒爲絲頭，由抽絲而得，引申指前後有次序；連接不斷的事物。《莊子·山木》：“進不敢爲前，退不敢爲後，食不敢先嘗，必取其緒。”《搜神記》卷十五：“問漢時宮中事，説之了了，皆有次緒。”江淹《泣賦》：“闃寂以思，情緒留連。”雙音詞有[思緒][條緒][倫緒]。特指世系。《晉書·安平王孚傳》：“陛下承緒，遠人率貢。”

12. 顏

《方言》卷十:"顏,顙也。"額。《史記·高祖本紀》:"高祖爲人隆準而龍顏,美須髯。"(隆準:高鼻梁。)《素問·刺熱論》:"心熱病者顏先赤。"引申指面容。《詩經·鄭風·有女同車》:"有女同車,顏如舜華。"(舜華:木槿花。)陶淵明《歸去來兮辭》:"引壺觴以自酌,眄庭柯以怡顏。"雙音詞有[容顏],成語有[和顏悅色]。由面容、氣色後轉指色澤;色彩。《淮南子·泰族訓》:"宋人有以象爲其君爲楮葉者,三年而成。莖柯豪芒,鋒殺(shài)顏澤,亂之楮葉之中而不可知也。"(鋒:肥厚。殺:薄瘦。)李白《古風》之十二:"松柏本孤直,難爲桃李顏。"成語有[五顏六色]。

13. 宇

《説文》"宇,屋邊也。"屋檐。《詩經·豳風·七月》:"七月在野,八月在宇,九月在户,十月蟋蟀入我牀下。"左思《詠史》詩之五:"列宅紫宫裏,飛宇若雲浮。"轉指房屋。《楚辭·招魂》:"高堂邃宇。"王粲《登樓賦》:"覽斯宇之所處兮,實顯敞而寡仇。"引申指上下四方的空間;疆域;天下。《荀子·富國》:"萬物同宇而異體。"賈誼《過秦論》:"有席捲天下、包舉宇内、囊括四海之意。"雙音詞有[寰宇]。

14. 征

《爾雅·釋言》:"征,行也。"遠行。《詩經·小雅·小明》:"我征徂西,至于艽(qiú)野。"(艽野:荒遠之地。)《左傳·僖公四年》:"昭王南征而不復。"雙音詞有[長征]。行軍征伐常要遠行,引申爲征伐。《詩經·魯頌·泮水》:"桓桓于征,狄彼東南。"(桓桓:威武的樣子。狄:平定。)《三國志·魏書·曹真傳》:"真每征行,與將士同勞苦。""征"又有賦稅、收取賦稅的意思(朱駿聲認爲假借爲"徵")。《國語·吴語》:"輕其征賦。"《孟子·盡心下》:"有布縷之征,粟米之征,力役之征。"

15. 宗

《説文》:"宗,尊祖廟也。"祖廟。《尚書·大禹謨》:"正月朔旦,受命於神宗。"《左傳·成公三年》:"首其請于寡君而以戮于宗。"(首:人名。)轉指祖先;祖宗。《左傳·哀公十四年》:"所不殺子者,有如陳宗。"(陳:國名。)《禮記·大傳》:"同姓從宗。"熟語有[列祖列宗]。引申指同一祖先的家族,宗族。《左傳·昭公三年》:"肸之宗十一族。"(肸:人名。)《世說新語·規箴》:"孫皓問丞相陸凱曰:'卿一宗在朝有幾人?'"雙音詞有[同宗][宗法]。由祖先引申指根本的;衆所尊仰歸依的。《吕氏春秋·下賢》:"以天爲法,以德爲行,以道爲宗。"《漢書·劉向傳》:"(董)仲舒爲世儒宗,定議有益天下。"雙音詞有[宗師],成語有[萬變不離其宗]。

古漢語常識

古書的讀音

語言是由語音、詞彙、語法三種要素構成的符號系統。這三個要素都在不斷地發展變化。在學習古代漢語的過程中,古今漢語在詞彙、語法方面的不同容易體會到,而古今語音的差異却不那麼容易察覺到。這是因爲漢字不是拼音文字,不直接表音,我們在讀古書時用的還是現代漢語的發音,所以通常意識不到古今語音有什麼不同。語言是音和義的結合,音和義緊密聯繫,要深入學習古代漢語,還必須了解一些古代語音方面的知識。比如我們在讀古書時常常會遇到一字多音現象:

(1)成事不説(shuō),遂事不諫,既往不咎。(《論語·八佾》)
(2)漢王使酈生説(shuì)豹,豹不聽。(《史記·高祖本紀》)
(3)彤管有煒,説(yuè)懌女美。(《詩經·邶風·静女》)
(4)士之耽兮,猶可説(tuō)也;女之耽兮,不可説(tuō)也。(《詩經·衛風·氓》)

同一個"説"字爲什麼會有幾個不同的讀音,這幾個讀音之間是什麼關係,他們跟字的意義有什麼聯繫,這些問題需要有古音方面的知識纔能做出合理的解釋(當然閱讀古書遇到的讀音問題不止是一字多音)。傳統上把研究漢語各個時期語音系統及其演變的學科稱爲音韻學,也叫聲韻學。

一 古代漢語的語音

漢語語音發展的歷史大致可以分爲上古、中古、近代和現代四個時期。

上古音（明清人稱作古音）指周秦兩漢時期的語音，可以拿《詩經》的音爲代表。上古時期沒有韻書，上古音系統是通過分析韻文押韻和形聲字建立起來的。中古音（明清人稱作今音）指魏晉至唐五代時期的語音，以《切韻》音系爲代表。《切韻》是隋朝陸法言編寫的一部韻書。所謂韻書就是一種分韻編排的字典，供人們寫詩作文時選字押韻用。《切韻》在唐宋兩代經過多次修訂，其中最重要的是北宋陳彭年等人奉敕修訂的《廣韻》。《切韻》原書已經失傳，現在研究中古音主要依據的是《廣韻》。《廣韻》總共分 206 韻。近代音指宋元明清時期的語音，以《中原音韻》音系爲代表。《中原音韻》是元代周德清編寫的一部曲韻韻書，分爲十九個韻部。現代音即普通話語音系統，以北京音系爲代表。

漢語每一個時期都有自己的語音系統，每個時期的語音系統由聲母系統、韻母系統和聲調系統構成。漢語的音節是由聲母、韻母和聲調構成的，古人研究語音，用的一些概念跟現在不一樣，對此我們要首先有所了解。

（一）關於聲母的概念

聲、紐、聲紐、字母 聲母是一個音節開頭的輔音部分。音韻學中把聲母叫作"聲"或"紐"，也可以稱爲"聲紐"。古代沒有音標，就用漢字給每一個聲母標名，字母就是聲母的代表字。比如用"端"字來代表聲母[t]，稱爲"端母"。目前所知最早的字母是唐末僧人守溫創製的"三十字母"，到了宋代又增補爲三十六個，就是音韻學上影響深遠的"三十六字母"。"三十六字母"大致反映了中古時期的聲母系統：

		全清	次清	全濁	次濁	清	濁
脣音	重脣(雙脣音)	幫	滂	並	明		
	輕脣(脣齒音)	非	敷	奉	微		
舌音	舌頭(舌尖中音)	端	透	定	泥		
	舌上(舌面前音)	知	徹	澄	娘		
齒音	齒頭(舌尖前音)	精	清	從		心	邪
	正齒(舌面前音)	照	穿	牀		審	禪
牙音(舌根音)		見	溪	羣	疑		
喉音(舌根音、半元音)		影			喻	曉	匣
半舌音(舌尖邊音)					來		
半齒音(舌面前摩擦鼻音)					日		

跟今天一樣，古人也按發音方法和發音部位給聲母分了類。上面這個分類表，橫排表示的是發音方法的不同，豎排表示的是發音部位的不同①。

清濁 清濁是發音方法的分類。清是指不帶音(發音時聲帶不振動)的輔音，濁是指帶音(發音時聲帶振動)的輔音。清又分全清和次清，全清是指不送氣的清輔音，次清是指送氣的清輔音。濁也分全濁和次濁，全濁是指濁音中的塞音、擦音和塞擦音，次濁是指濁音中的鼻音、邊音和半元音。

五音 音韻學上按照三十六字母發音部位的不同分爲脣、舌、齒、牙、喉五類，叫作五音。其中脣音又分重脣和輕脣兩個小類，舌音又分舌頭和舌上兩個小類，齒音又分齒頭和正齒兩個小類。此外，字母"來"又叫半舌音，字母"日"又叫半齒音。"來母"和"日母"別立出來就是"七音"。

(二) 關於韻母的概念

韻、韻目 韻書裏把韻腹、韻尾、聲調相同字歸在一起，叫作一個"韻"，每個韻有一個標目，就是"韻目"。比如《廣韻》分爲206個韻，上平聲的第一個韻是"東"。需要注意的是，韻並不等於韻母，一個韻一般不只一個韻母。比如"東韻"就包含[uŋ][iuŋ]兩個韻母。韻要區分聲調，所以"東"(平聲)和"董"(上聲)不同韻；但是韻不區分韻頭，所以"紅"和"雄"同

---

① 括號中對發音部位的說明也有不同意見(如正齒音、半齒音)。

韻(都在"東"韻)。

韻部 韻腹和韻尾相同的字構成一個韻部。韻部不管韻頭(介音)和聲調,是比韻更大的概念。上古時期没有韻書,後人通過分析《詩經》押韻歸納出當時有三十個左右的韻部。在對《詩經》和《楚辭》的注釋中,常常標明韻脚字的韻部。如《關雎》的前四句:"關關雎鳩,在河之洲。窈窕淑女,君子好逑。"注明押韻是:"鳩、洲、逑:幽部。"這表明"鳩、洲、逑"歸屬同一個韻部。

開口、合口 依據介音的不同,傳統音韻學把韻母分爲開口、合口兩大類。韻頭是 u 或者韻腹(主要元音)是 u 的叫作合口呼,相反就是開口呼。根據音韻學家的研究,中古時期的韻頭只有[i]和[u]。

四呼 由於語音的演變,明清以後用四呼來分析韻母。没有韻頭而韻腹又不是[i][u][y]的叫作開口呼(如[a][ou]),韻頭或韻腹是[i]的叫作齊齒呼(如[i][iou]),韻頭或韻腹是[u]的叫作合口呼(如[u][ua]),韻頭或韻腹是[y]的叫作撮口呼(如[y][yan])。

陰聲韻、陽聲韻、入聲韻 按照韻尾的不同,音韻學上又把古韻分爲陰聲韻、陽聲韻和入聲韻三類。陰聲韻是指没有韻尾或者韻尾是元音的韻母,陽聲韻是指以鼻音[n][ŋ][m]收尾的韻母,入聲韻是指以清塞音[p][t][k]收尾的韻母。這裏説的陰聲韻、陽聲韻跟聲調分陰陽没有關係。

(三) 關於聲調的概念

四聲 普通話的聲調有陰平、陽平、上聲、去聲,古代的四聲指平、上、去、入四個調類。南朝齊梁間,沈約、周顒等人發現了漢語有四聲的區別,並用"平上去入"來命名。"平上去入"四個字同時也是四聲的代表字。古四聲到現代漢語已經發生了很大的變化:平聲分化爲陰平和陽平兩類;入聲則完全消失了。比如像"八、剥、北、筆、察、吃、尺、滴、跌、獨、刮、喝、忽、黑"這些字在古代都是讀入聲的。平、上、去、入是調類的劃分,每一類的調值(實際讀音)如何,現在已經無法知道了。

平仄、舒促 四聲可以分爲平、仄兩大類,平指平聲,仄指上、去、入三聲。平仄是很重要的概念,詩詞的格律主要就是講究平仄的運用。四聲又分爲"舒、促"兩類:平、上、去爲舒聲,入爲促聲。

（四）漢字的注音

反切 在"古漢語常用工具書（上）"一節中已經談到反切注音。反切是用兩個漢字拼注另一個漢字讀音的注音方法。如《詩經·周南·漢廣》："翹翹錯薪……言秣其馬。"《經典釋文》注："翹，祁遥反；秣，莫葛反。""翹"和"秣"是被切字；"祁"和"莫"是反切上字，"遥"和"葛"是反切下字，"反"是標志字（唐以前用"反"，唐以後一般用"切"）。反切的原理就是用反切上字的聲母和反切下字的韻母、聲調拼出一個字的讀音。由於語音的變化，直接用反切上下字的今音去拼不一定都能拼出準確的讀音，比如"莫葛反"用今音就不能拼出"秣"的讀音。

在現代一些大型語文工具書中，常常要標明一個字在中古時期和上古時期的音韻地位。如《漢語大字典》：

利：lì 《廣韻》力至切，去至來。脂部。

"力至切"是"利"字在《廣韻》中的反切。"去至來"是標明"利"的中古音：聲調是去聲，屬至韻，聲母是來母。"脂部"是標明"利"的上古音屬脂部。

再比如《辭源》：

拜：bài 博怪切，去，怪韻，幫。月部。

"博怪切"也是在《廣韻》中的反切。

（五）雙聲疊韻

雙聲是指兩個字的聲母相同，疊韻是指兩個字的韻相同。古漢語的詞語有一類叫作聯綿詞。一般認爲，多數聯綿詞由一個語素構成，是一種單純詞。比如"參差不齊"的"參差"、"蹉跎歲月"的"蹉跎"都是聯綿詞。古漢語中的聯綿詞由兩個音節組成，這兩個音節通常有雙聲或疊韻的關係。判斷古漢語聯綿詞的語音關係需要依據上古音。如"髣髴（幫母）、踟躕（澄母）、蒹葭（見母）、邂逅（匣母）"都是雙聲聯綿詞，"苤苢（之部）、須臾（侯部）、尺蠖（鐸部）、差池（歌部）"都是疊韻聯綿詞，但是依照今音有的已經看不出來了。

除了聯綿詞，一些近義詞中的兩個字也有雙聲或疊韻的關係。如：饑饉（見母雙聲）、親戚（清母雙聲）、涕泗（脂部疊韻）、經營（耕部疊韻）。

在詩文的對仗中運用雙聲疊韻，可以呈現出一種音樂的美。如李商隱《落花》："參差連曲陌，迢遞送斜暉。"以"參差"對"迢遞"，是雙聲相對。杜甫《秋日荊南述懷三十韻》："蒼茫步兵哭，展轉仲宣哀。"以"蒼茫"對"展轉"，是疊韻相對①。

二　古書的讀音

（一）韻文的讀音

　　韻文是押韻的，可是由於語音的變化，原本押韻的地方到後代讀起來就可能不押韻了。魏晉以後人們讀《詩經》等先秦韻文，已經覺得許多地方不押韻了，於是提出了種種解釋，其中影響最大的是"叶（xié）音"說（又稱"叶韻""協句"）②。所謂"叶音"，是指臨時改讀字音以求押韻和諧。如《詩經·邶風·燕燕》："燕燕于飛，上下其音；之子于歸，遠送于南。瞻望弗及，實勞我心。"陸德明《經典釋文》在"南"字下引梁人沈重《毛詩音》說："協句，宜乃林反。"沈重的意思是說，爲了跟"音""心"押韻，這裏的"南"字應該改讀爲"乃林反"。宋代朱熹在《詩集傳》《楚辭集注》中也大量採用了"叶音"的辦法（《詩集傳》對"南"的注音是"叶尼心反"）。這種做法不明白語音是發展變化的，有很大的隨意性，是不科學的。

　　今天，不僅《詩經》等上古時期的韻文很多讀起來不押韻，中古時期的詩歌讀起來也有不少不押韻的。比如唐詩裏用在韻脚的"斜"字，有人主張讀成 xiá，這種主張跟"叶韻"沒什麽兩樣。主張用古音去讀古代的韻文，這顯然是做不到的，也沒有必要。所謂"古音"是不可能真正恢復的，學者們擬測的讀音也並不一致，而且會隨著研究的進展不斷變化，所以，今天我們誦讀古詩文，按照普通話讀就可以了。

---

　　①　參王力《略論語言形式美》。
　　②　《說文》："協，衆之同和也。从劦，从十。叶，古文'協'。从曰十。叶，或从口。"

(二) 破讀

破讀又稱"讀破"①,是用改變字的讀音以區別不同的意義或詞性的一種方法。例如《詩經·周南·關雎序》:"風,風也,教也。風以動之,教以化之。"《經典釋文》引徐邈説:"上如字,下福鳳反。"所謂"上如字",即前一個"風"讀它的本音,讀平聲,是名詞,這裏指國風;後一個"風"讀去聲,是動詞,由風吹動物引申爲教育感化的意思。爲了顯示這種詞性和意義的變化,"風"由平聲改讀去聲,這叫作破讀。又如《禮記·大學》"如惡惡臭",《經典釋文》説:"惡惡,上烏路反,下如字。"這是説,前一個"惡"是動詞,讀烏路反,去聲(今讀 wù);後一個"惡"是形容詞,讀本來的音,古代是入聲(今讀 è)。"如字"是古代注音用的一個術語,在特定的上下文裏一個字依照本音來讀就叫"如字"。

破讀大多顯示爲聲調的變化,破讀音往往是去聲。下面再舉一些例子:

1. 王

　　惟王建國。(《周禮·天官序》)
　　古者包犧氏之王天下也,仰則觀象於天,俯則觀法於地。(《周易·繫辭下》)

前一例"王"名詞,天子,君主,讀平聲 wáng。後一例"王"動詞,稱王統治,讀去聲 wàng。

2. 雨

　　雷以動之,風以散之,雨以潤之,日以烜(xuǎn)之。(《周易·説卦》)
　　今我來思,雨雪霏霏。(《詩經·小雅·采薇》)

前一例"雨"名詞,雨水,讀上聲 yǔ。後一例"雨"動詞,降雨、雪等,讀去

---

① 王引之《經義述聞·叙》引其父王念孫的話:"字之聲同聲近者,經傳往往假借。學者以聲求義,破其假借之字而讀以本字,則渙然冰釋。"這裏的"破"是指假借字改讀爲本字。

聲 yù。

3. 衣

　　豈曰無衣？與子同袍。(《詩經·秦風·無衣》)
　　其徒數十人，皆衣褐。(《孟子·滕文公上》)

前一例"衣"名詞，衣服，讀平聲 yī。後一例"衣"動詞，穿衣，讀去聲 yì。

4. 好

　　鬼侯有子而好。(《戰國策·趙策三》)
　　臣少之時好射，臣願以射譬之。(《戰國策·楚策四》)

前一例"好"形容詞，容貌美，讀上聲 hǎo。後一例"好"動詞，喜好，讀去聲 hào。

5. 勝

　　枝大本小，將不勝春風。(《韓非子·揚權》)
　　共工與顓頊爭爲天子，不勝，怒而觸不周之山。(《論衡·談天》)

前一例"勝"承擔，承受，讀平聲 shēng。後一例"勝"勝利，讀去聲 shèng。

6. 乘

　　至乃尚書郎乘馬，則糺劾之。(《顏氏家訓·涉務》)
　　一悟萬乘之主而從車百乘者，商之所長也。(《莊子·列禦寇》)

前一例"乘"動詞，乘坐，讀平聲 chéng。後一例"乘"量詞，一車四馬，讀去聲 shèng。

7. 分

　　(管)寧割席分坐。(《世説新語·德行》)
　　男有分，女有歸。(《禮記·禮運》)

前一例"分"動詞，分開，讀平聲 fēn。後一例"分"名詞，職分，讀去聲 fèn。

8. 語

　　太中大夫陳韙後至，人以其語語之。(《世說新語・小時了了》)

前一個"語"名詞，言語，說的話，讀上聲 yǔ。後一個"語"動詞，對別人說，讀去聲 yù。

　　判斷古書中的破讀，舊注是重要的依據(比如唐代陸德明的《經典釋文》、宋代賈昌朝的《羣經音辨》)。從《經典釋文》收錄的讀音來看，破讀現象曾經非常普遍，但由於漢語語音系統的變化，保留在今天口語當中的只是非常小的一部分，另外還有一部分保留在書面語的舊讀中，相當一部分則完全消失了。今天讀古書時，碰到破讀音應當分別對待。

　　第一，現代仍然沿用的破讀音。例如：

　　　　冠，名詞，平聲 guān；動詞，去聲 guàn。
　　　　難，形容詞，平聲 nán；名詞，去聲 nàn。
　　　　好，形容詞，上聲 hǎo；動詞，去聲 hào。
　　　　惡，形容詞，入聲 è(今讀去聲)；動詞，去聲 wù。
　　　　藏，動詞，平聲 cáng；名詞，去聲 zàng。
　　　　傳，動詞，平聲 chuán；名詞，去聲 zhuàn。
　　　　分，動詞，平聲 fēn；名詞，去聲 fèn。
　　　　號，動詞，平聲 háo；名詞，去聲 hào。
　　　　乘，動詞，平聲 chéng；量詞，去聲 shèng。

　　第二，破讀音在現代口語中已經消失，但在書面語讀音中仍然保留。例如：

　　　　王，名詞，平聲 wáng；動詞，去聲 wàng。
　　　　衣，名詞，平聲 yī；動詞，去聲 yì。
　　　　妻，名詞，平聲 qī；動詞，去聲 qì。
　　　　雨，名詞，上聲 yǔ；動詞，去聲 yù。
　　　　遺，動詞(遺失)，平聲 yí；動詞(贈予)，去聲 wèi。

　　第三，破讀音在口語中已經消失，在有的工具書(如《現代漢語詞典》)中標注爲舊讀。如：

　　　　從 cóng，動詞(跟隨)，平聲；名詞(跟隨的人)，平聲(舊讀去聲

zòng)。

　　行 xíng,動詞,平聲;名詞(品行),平聲(舊讀去聲 xìng)。
　　文 wén,名詞,平聲;動詞(掩飾),平聲(舊讀去聲 wèn)。
　　騎 qí,動詞,平聲;名詞(騎兵),平聲(舊讀去聲 jì)。
　　勝 shèng,動詞(戰勝),去聲;動詞(承擔),去聲(舊讀平聲 shēng)。
　　聽 tīng,動詞(耳聽),平聲;動詞(任憑),平聲(舊讀去聲 tìng)。

(三) 假借字的讀音

　　在"漢字"一節中,我們已經談到假借有"本無其字"的假借和"本有其字"的假借。假借既然是借用一個字去表示另一個詞,那麼是照假借字原來的讀音去讀呢? 還是照借過來表示的那個詞的讀音去讀呢? 如果這兩個讀音相同,自然沒有問題;如果這兩個讀音不同,或者本來相同後來不一樣了,一般地說,要照借過來所表示的那個詞的讀音去讀(如果有本字,就是那個本字的讀音)。例如:

　　1. 自牧歸荑,洵美且異。(《詩經·邶風·靜女》)歸:通"饋",讀 kuì。
　　2. 八月剝棗,十月穫稻。(《詩經·豳風·七月》)剝:通"攴",讀 pū。
　　3. 庶民罷敝,而宮室滋侈。(《左傳·昭公三年》)罷:通"疲",讀 pí。
　　4. 故不慈不孝亡有。(《墨子·兼愛上》)亡:通"無",讀 wú。
　　5. 今有無名之指,屈而不信,非疾痛害事也。(《孟子·告子上》)信:通"伸",讀 shēn。
　　6. 入則無法家拂士,出則無敵國外患者,國恆亡。(《孟子·告子下》)拂:通"弼",讀 bì。
　　7. 不至十日,而兩將之頭可致於戲下。(《史記·淮陰侯列傳》)戲:通"麾",讀 huī。
　　8. 於是信、張耳詳棄鼓旗,走水上軍。(《史記·淮陰侯列傳》)詳:通"佯",讀 yáng。

但是也有一些假借字習慣上按借字的音來讀。如:

直不百步耳,是亦走也。(《孟子·梁惠王上》)直:通"特",但是不讀 tè,仍讀 zhí。

(四) 特殊詞語的讀音

關於古書的讀音,還有一個問題需要注意,就是一些專名的讀音同常見的讀音不一樣。比如"皋陶",是傳說中舜的司法官,"陶"字讀 yáo,不讀 táo。這樣一些讀音比較特殊的詞語,大多數是古代的國名、族名、地名、人名和姓氏等專名。如:

國名	龜茲 Qiūcí	不讀 guīzī
	身毒 Yuāndú	"身"不讀 shēn
族名	吐谷渾 Tǔyùhún	"谷"不讀 gǔ
	吐蕃 Tǔbō	"蕃"不讀 fān
地名	鎬京 Hàojīng	"鎬"不讀 gǎo
	番禺 Pānyú	"番"不讀 fān
人名	皋陶 Gāoyáo	"陶"不讀 táo
	伍員 Wǔyún	"員"不讀 yuán
	莫邪 Mòyé	"邪"不讀 xié
	酈食其 Lìyìjī	不讀 Lìshíqí
	冒頓 Mòdú	不讀 màodùn
姓氏	仇 Qiú	不讀 chóu
	解 Xiè	不讀 jiě
	逢 Páng	不讀 Féng
	万俟 Mòqí	不讀 wànsì
王號	單于 Chányú	"單"不讀 dān 或 shàn
	可汗 Kèhán	不讀 Kěhàn
官名	僕射 Púyè	"射"不讀 shè
	洗馬 xiǎnmǎ	"洗"不讀 xǐ
其他	射干(植物名,又獸名) Yègān	"射"不讀 shè
	無射(十二律之一) Wúyì	"射"不讀 shè
	姑洗(音樂術語) Gūxiǎn	"洗"不讀 xǐ

第十六單元

講讀文選

詩經

　　《詩經》是中國最早的一部詩歌總集,匯集西周初期(公元前十一世紀)至春秋中期(公元前六世紀)前後約五百多年的詩歌三百零五篇。原本稱"詩"或"詩三百","經"是漢代加上去的。

　　《詩經》分風、雅、頌三類。"風"包括十五個國家或地區的詩歌,合稱十五國風,共一百六十篇。"風"大部分是民間歌謠,小部分是貴族作品。"雅"分小雅、大雅,共一百零五篇。小雅大部分是貴族作品,小部分是民間歌謠;大雅全部是貴族作品。"頌"分周頌、魯頌、商頌,共四十篇。商頌實際上是春秋時期宋國的作品。"頌"大多是國君宗廟祭祀的樂歌,都是貴族的作品。

　　《詩經》內容豐富,具有強烈的現實主義精神。有的控訴貴族統治者對勞動者的剝削和壓迫,表達了人民的不滿和反抗;有的揭露當時政治的黑暗和混亂,抒發詩人對於王朝政權趨於衰落和社會動蕩的憂慮;有的諷刺統治者的荒淫無恥和種種醜行;有的反映人民的勞動生活,描繪了農業生產的情況;有的描寫青年男女對愛情的熱烈追求和婚姻生活的遭遇;有的記錄了古老民族的歷史變遷,頌揚建國者的歷史功績。這些詩篇不僅是優秀的文學作品,對中國文學的發展有深遠的影響,也具有很高的史料價值。由於《詩經》的成書年代早,它又是研究古代漢語的寶貴資料。

　　漢代傳《詩經》的有四家:"齊詩"(齊人轅固所傳)、"魯詩"(魯人申培所傳）、"韓詩"（燕人韓嬰所傳）、"毛詩"（魯人毛亨所傳）。前三家詩後來逐漸衰廢，現在流傳的是"毛詩"。

《詩經》的注釋很多。通行的注本有《毛詩正義》（漢毛亨傳，東漢鄭玄箋注，唐孔穎達正義）、《詩集傳》（宋朱熹）、《詩毛氏傳疏》（清陳奐）、《毛詩傳箋通釋》（清馬瑞辰）、《詩三家義集疏》（清王先謙）。

選文據影印本《十三經注疏》（中華書局一九八〇年版）。

芣苢（《周南》）

【説明】這是一首古代婦女們採集芣苢時唱的歌。詩中描寫了採芣苢的過程，洋溢著飽滿的勞動熱情。

采采芣苢，薄言采之①；采采芣苢，薄言有之②。
采采芣苢，薄言掇之③；采采芣苢，薄言捋之④。
采采芣苢，薄言袺之⑤；采采芣苢，薄言襭之⑥。

① 采采：茂盛的樣子。芣苢（fúyǐ）：草名。舊説是車前草，古人認爲它的籽實可以治婦人不孕。現代有的研究者認爲可以食用。薄、言：動詞詞頭。采：採集。
② 有：求取。
③ 掇（duō）：拾取。
④ 捋（luō）：用手握住順著莖採下。
⑤ 袺（jié）：手提著衣襟兜住。
⑥ 襭（xié）：把衣襟掖在腰帶間兜住。

氓（《衛風》）

【説明】衛（在今河南）是國名。這是一首棄婦詩。詩中的女主人公回憶自己戀愛、結婚的經過和婚後受虐待終至被遺棄的遭遇，充滿了悔恨之情，也表現了她不再留戀不幸婚姻的決絕態度。

氓之蚩蚩,抱布貿絲①。匪來貿絲,來即我謀②。送子涉淇,至于頓丘③。匪我愆期,子無良媒④。將子無怒,秋以爲期⑤。

① 氓(méng):民,指詩中的男主人公。蚩(chī)蚩:一本作"嗤"。嘻笑的樣子。一説忠厚的樣子。布:先秦一般是麻織品或葛織品。貿:交易,交换。
② 匪:通"非"。即我:到我這裏來。即:就。謀:商議(婚事)。
③ 子:尊稱對方。淇(qí):水名,在今河南北部。頓丘:地名,在今河南北部。
④ 愆(qiān)期:延誤期限。愆:錯過。良媒:好媒人。
⑤ 將(qiāng):願,希望。秋以爲期:把秋天作爲結婚的日期。

乘彼垝垣,以望復關①。不見復關,泣涕漣漣②。既見復關,載笑載言③。爾卜爾筮,體無咎言④。以爾車來,以我賄遷⑤。

① 乘:登上。垝(guǐ):毀壞,坍塌。垣(yuán):墻。復關:或認爲指一個地方,解説不一。
② 復關:解説不一。或認爲是那個男子住的地方。漣漣(lián):淚流不斷的樣子。
③ 載笑載言:又笑又説。載:副詞,則,又。
④ 爾:第二人稱代詞,指氓。卜:用龜甲占卜吉凶。筮(shì):用蓍(shī)草的莖占卜吉凶。體:卦體,即占卜後龜甲或蓍草上顯示出的兆象。咎(jiù)言:不吉利的話。咎:凶禍;不吉利。
⑤ 賄:財物,這裏指嫁妝。遷:指送往男方家。

桑之未落,其葉沃若①。于嗟鳩兮,無食桑葚②。于嗟女兮,無與士耽③。士之耽兮,猶可説也④。女之耽兮,不可説也。

① 桑：桑樹。沃若：潤澤的樣子。這是比喻自己年輕貌美。若：相當於"然"，……的樣子。
② 于(xū)嗟：嘆詞，表示嘆息。于：後作"吁"。鳩(jiū)：斑鳩，一種小鳥。桑葚：桑樹的果實。古書上說桑葚吃多了會昏醉而傷其性。朱熹《詩集傳》："以興下句戒女無與士耽也。"
③ 士：這裏指未婚男子。耽：通"酖"，沉溺；沉迷。這裏指迷戀於愛情。
④ 猶：還。說(tuō)：通"脫"，解脫；擺脫。這是說從感情中解脫出來。

桑之落矣，其黃而隕①。自我徂爾，三歲食貧②。淇水湯湯，漸車帷裳③。女也不爽，士貳其行④。士也罔極，二三其德⑤。

① 隕(yǔn)：落。這一句比喻自己容顏衰老。
② 徂(cú)爾：去到你家。徂：往。三歲：多年。食貧：食用貧乏，指生活苦。
③ 湯(shāng)湯：水勢大的樣子。漸(jiān)：浸濕。帷裳(cháng)：車上的帷幔。舊注謂這是寫渡淇水往嫁之情境。一說是寫從夫家返回的情景。
④ 不爽：前後一樣。爽：差失。貳其行：指男子變心，前後不一。貳：不專一，一說是"貣"的訛字。行：行爲。
⑤ 罔極：沒有定準。極：準則。二三其德：即"其德二三"，意思是他的心性前後不一，不斷改變。

三歲爲婦，靡室勞矣①。夙興夜寐，靡有朝矣②。言既遂矣，至于暴矣③。兄弟不知，咥其笑矣④。靜言思之，躬自悼矣⑤。

① 婦：已婚的女子稱婦。靡(mǐ)室勞：意思是家裏的勞苦事沒有一件不做。靡：無。朱熹《詩集傳》："無有朝旦之暇。"
② 夙(sù)興：早起。靡有朝(zhāo)：沒有一天不是這樣。朝：一朝（一日）。
③ 言：動詞詞頭。既：已經。遂：成，指心願實現。暴：暴虐，凶暴。

④ 不知：不理解。哂（xī）：大聲嘲笑。《説文》："哂，大笑也。"
⑤ 静言思之：静下來想一想這些事。言：形容詞詞尾，相當於"然"。躬自：自己。躬：自身。悼：悲傷。

及爾偕老，老使我怨①。淇則有岸，隰則有泮②。總角之宴，言笑晏晏③。信誓旦旦，不思其反④。反是不思⑤，亦已焉哉⑥！

① （當初我）但願同你共同生活到老，（現在）這種同你共同生活到老的想法（或誓言）徒然使我怨悔不已。偕：在一起。老（使）：指偕老的想法（或誓言）。
② 隰（xí）：當作"濕（tà）"，水名。淇水、濕水都流經衛境（參余冠英説）。泮（pàn）：通"畔"，邊界。這兩句的寓意説法不一：一説是反襯男子心意放縱，反覆無常，没有拘束限制；或認爲這是説濕水和淇水都有邊際，自己如果和男子"偕老"，就有無限的怨苦。
③ 總角：指幼時。古時男女孩童時把頭髮分開扎成兩角的樣子。總：扎，束。宴：安樂的樣子。"宴"一本作"丱（guàn）"，束髮成兩角的樣子。晏晏：和悦溫柔的樣子。
④ 信誓：誠摯的誓言。旦旦：誠懇的樣子。不思其反：想不到他會變心。
⑤ 反是：違反誓言。是：這，指誓言。不思：不思念舊情。一説這一句和"不思其反"意思相同，只是一種句法變換。
⑥ 那就算了吧。已：止，罷了的意思。

伯兮（《衛風》）

【説明】這是一首妻子思念遠征丈夫的詩。這首詩用層層遞進的手法寫妻子的思夫之情，對後世的詩文創作有很大影響。

伯兮朅兮①，邦之桀兮②。伯也執殳③，爲王前驅④。

① 伯：周代婦女對丈夫的稱呼。朅（qiè）：一本作"偈（jié）"，勇武的樣子。
② 邦：國家。桀：英傑。
③ 殳（shū）：杖類兵器，有棱無刃。
④ 前驅：前鋒。一說是統帥戰車下邊兩旁的侍衛。

自伯之東①，首如飛蓬②。豈無膏沐③？誰適爲容④。

① 之東：到東方去。
② 飛蓬：蓬草遇風四處飄飛。這裏比喻頭髮蓬亂。
③ 難道沒有用來潤髮洗頭的東西？膏：潤髮的油。沐：洗頭。
④ 我爲了讓誰高興去修飾容貌呢？適：悦，高興（參馬瑞辰《通釋》）。

其雨其雨①，杲杲出日②。願言思伯③，甘心首疾④。

① 其：副詞，表示祈使。這一句用盼望下雨表達妻子盼望丈夫歸來的心情。
② 杲（gǎo）杲：（日出）明亮的樣子。朱熹《詩集傳》："冀其將雨而杲然日出，以比望其君子之歸而不歸也。"
③ 願：思念（參鄭玄箋）。言：詞尾，相當於"然"。
④ 意思是思念丈夫思念到頭痛也心甘情願。甘心：情願。一說痛心。首疾：頭痛。

焉得諼草①？言樹之背②。願言思伯，使我心痗③。

① 焉：哪裏。諼（xuān）草：即"萱草"（《説文》引作"藼艸"），今稱黃花菜、金針菜。古人以爲這種菜可以叫人忘憂，稱忘憂草。
② 言：無實義。樹：種植。背：堂屋的北面，指堂屋北面的階下。
③ 痗（mèi）：病，因憂傷而成病。

黍離(《王風》)

【説明】對於這首詩的背景解説不一。詩序説是周王東遷,周大夫行役到了故都,見昔日宗廟宫室盡種黍稷,憂思彷徨,感傷周室顛覆而寫了這首詩。現代有的研究者認爲這是流浪者訴説心中憂苦的一首詩,不一定和周室東遷有關。"黍離"後來成了感慨亡國之詞。

　　彼黍離離,彼稷之苗①。行邁靡靡,中心摇摇②。知我者謂我心憂,不知我者謂我何求③。悠悠蒼天,此何人哉④!

① 黍:穀物名,籽實去皮後北方稱黄米。離離:果實長而下垂的樣子。稷:不黏的黍,即"穈(méi)子"(參李時珍《本草綱目·穀二》)。這兩句是互文。
② 靡靡:行步遲緩的樣子。中心:心中。摇摇:一本作"愮(yáo)愮",憂愁無可訴説的樣子。
③ 知我者:了解我的人。謂我何求:(不知我者)見我久留不離去,還以爲我在尋求什麽。
④ 悠悠:遙遠的樣子。此何人哉:這是什麽人造成的啊!

　　彼黍離離,彼稷之穗。行邁靡靡,中心如醉①。知我者謂我心憂,不知我者謂我何求。悠悠蒼天,此何人哉!

① 如醉:如醉酒一樣恍惚。

　　彼黍離離,彼稷之實。行邁靡靡,中心如噎①。知我者謂我心憂,不知我者謂我何求。悠悠蒼天,此何人哉!

① 如噎:心中憂思鬱結像食物堵塞不能喘息。

無衣(《秦風》)

【説明】這是一首軍中戰歌，表現了戰士們友愛互助、同仇敵愾的精神。

豈曰無衣①？與子同袍②。王于興師③，脩我戈矛④，與子同仇⑤。

① 難道説没有軍衣？
② 子：尊稱對方。同袍：共披一件戰袍。袍：一種像斗篷的長衣，白天當衣穿，夜裏當被蓋。"同袍"表現友愛互助的精神。
③ 王：秦國國君。于：動詞詞頭。興師：起兵。可能指秦國與外族的戰争。
④ 脩：通"修"，整治。
⑤ 同仇：有共同的敵人，意思是共同對敵。

豈曰無衣？與子同澤①。王于興師，脩我矛戟，與子偕作②。

① 澤：一本作"襗(zé)"，貼身的内衣。
② 偕作：共同行動。作：起來。

豈曰無衣？與子同裳①。王于興師，脩我甲兵，與子偕行②。

① 裳(cháng)：下衣，泛指衣。
② 偕行：一同前進。

七月（《豳風》）

【説明】豳(Bīn)又作"邠"，古地名，在今陝西省。這是一首農事詩，是《國風》中最長的一篇。全詩依照農業活動的時序，真實記錄了農夫們一年到頭無休無止的艱辛勞動以及他們衣、食、住的困苦生活，具有很高的史料價值。

　　七月流火①，九月授衣②。一之日觱發，二之日栗烈③。無衣無褐④，何以卒歲⑤？三之日于耜，四之日舉趾⑥。同我婦子，饁彼南畝⑦。田畯至喜⑧。

① 七月：夏曆七月。下文稱月的都是夏曆。流：向下運行。火：又稱"大火"，星宿名，即"心宿二"。每年夏季六月黃昏的時候，心宿出現在南方，方向最正，位置最高，到了七月就偏西向下行。
② 授衣：把裁製冬衣的工作交給婦女們去做。授：給，與。
③ 一之日：一月的日子。這是指周曆正月，相當於夏曆的十一月。以下"二之日""三之日""四之日"指周曆的二月（夏曆十二月）、三月（夏曆正月）、四月（夏曆二月）。觱發(bìbō)：雙聲聯綿詞，寒風觸物的聲音。栗(lì)烈：即"凜冽"，雙聲聯綿詞，形容刺骨的寒冷。
④ 褐：用粗毛或未績的麻製成的衣服。
⑤ 何以：用什麽。"何"作"以"的前置賓語。卒歲：過完這一年。卒：終了。
⑥ 于：前往。耜(sì)：一種翻土農具。這裏用作動詞，指修整農具。舉趾(zhǐ)：舉足下田，指開始耕作。趾：足。
⑦ 同：偕同。我：農夫自稱。婦子：妻和子。饁(yè)：送飯食。彼：指示代詞，那。南畝：泛指農田。
⑧ 田畯(jùn)：農官，又稱"田正""田大夫"。至：到（田間）。喜：歡喜。一説通"饎(chǐ)"，酒食（參鄭玄箋）。這裏是説享用飯食。

　　七月流火，九月授衣。春日載陽，有鳴倉庚①。女執懿筐②,遵彼微行③,爰求柔桑④。春日遲遲,采蘩祁祁⑤。女心傷悲,殆及公子同歸⑥。

① 春日:夏曆二月(參馬瑞辰《通釋》)。載(zài):開始。陽:暖和。有:動詞詞頭。倉庚:黃鶯。
② 執:拿。懿(yì)筐:深筐。
③ 遵:順著。微行(háng):小路。
④ 爰(yuán):動詞詞頭。求:這裏指採。柔桑:嫩桑葉。
⑤ 遲遲:緩慢的樣子。這是說春日天變長了。蘩(fán):植物名,用途説法不一。一説用蘩水澆潤蠶子,蠶容易生出。祁祁:(採蘩的人)衆多的樣子。
⑥ 意思是恐怕要與貴族的公子一同回去(這是説被脅迫而去)。殆:副詞,也許,恐怕。公子:説法不一。

　　七月流火,八月萑葦①。蠶月條桑②,取彼斧斨,以伐遠揚③,猗彼女桑④。七月鳴鵙,八月載績⑤。載玄載黃,我朱孔陽⑥,爲公子裳⑦。

① 萑葦(huánwěi):用作動詞,指收割萑葦用來做蠶箔。萑:即荻,蘆葦的一種。葦:蘆葦。
② 蠶月:夏曆三月,這是開始養蠶的月份。條桑:説法不一。一説是斬斷枝條採取桑葉(參孔穎達疏)。一説是修剪桑枝。條:斬斷枝條。
③ 斨(qiāng):方孔的斧子。伐:砍。遠揚:長得長又高高揚起的枝條。揚:高高揚起。
④ 猗:通"掎(jǐ)",牽引。女桑:嫩桑。這是説拉著桑枝採嫩桑葉,取葉存條。
⑤ 鵙(jué):鳥名,又叫伯勞。載:開始。績:績麻,把麻的纖維披開,再接續起來搓成綫。
⑥ 載:副詞,則,又。玄:黑紅色。朱:大紅色。孔:很。陽:鮮亮。
⑦ 給公子做衣服。裳(cháng):衣服。

四月秀葽①,五月鳴蜩②。八月其穫③,十月隕蘀④。一之日于貉,取彼狐狸⑤,爲公子裘⑥。二之日其同,載纘武功⑦。言私其豵,獻豜于公⑧。

① 秀:植物抽穗開花。葽(yāo):草名,今名遠志,可入藥。
② 蜩(tiáo):蟬。
③ 其:動詞詞頭。穫:收割穀物。
④ 隕:落下。蘀(tuò):草木脫落的皮葉。
⑤ 于:前往。貉(hé):獸名,通稱貉(háo)子,像狐狸,皮毛珍貴。這裏用作動詞,獵取貉。狐:狐狸。狸:同"貍",獸名,野猫。
⑥ 裘:皮衣。
⑦ 其:動詞詞頭。同:會合,集中。載:則。纘(zuǎn):繼續。武功:指田獵的事。功:事。
⑧ 言:動詞詞頭。私:動詞,私人占有。豵(zōng):一歲的豬,泛指小獸。豜(jiān):三歲的豬,泛指大獸。公:公家,指貴族。

　　五月斯螽動股①,六月莎雞振羽②。七月在野,八月在宇③,九月在戶,十月蟋蟀入我牀下④。穹窒熏鼠⑤,塞向墐戶⑥。嗟我婦子,曰爲改歲⑦,入此室處⑧。

① 斯螽(zhōng):蝗類昆蟲。動股:古人誤認爲斯螽以兩腿磨擦發聲(實際上是振翅發聲)。股:腿。
② 莎(shā)雞:昆蟲名,即紡織娘。振羽:振翅發聲。
③ 宇:屋檐,這裏指屋檐下。
④ 戶:門。"在野""在宇""在戶""入我牀下"的主語都是蟋蟀。
⑤ 穹窒(qióngzhì):解説不一。一説是把屋室内所有的洞穴縫隙都堵上,以禦寒氣。穹:通"窮",窮盡,没有遺漏。窒:堵塞。熏鼠:用煙熏老鼠。
⑥ 塞向:堵塞朝北的窗户,擋住寒風。向:朝北的窗户。墐(jìn)户:把門塗上泥。墐:塗塞。毛傳:庶人篳户(用荆條竹木編的門)。
⑦ 曰:句首語氣詞。爲:算是。改歲:改换新的一年(算是又過了一年)。這裏用周曆。

⑧ 處：居住。

六月食鬱及薁①，七月亨葵及菽②。八月剝棗③，十月穫稻。爲此春酒，以介眉壽④。七月食瓜，八月斷壺，九月叔苴⑤。采荼薪樗，食我農夫⑥。

① 鬱(yù)：植物名，果實像李子。薁(yù)：一種野葡萄。
② 亨(pēng)：煮，後作"烹"。葵(kuí)：蔬菜名，冬葵。菽(shū)：豆類的總稱。
③ 剝(pū)：通"攴"，擊打。
④ 爲：做。春酒：冬天釀酒，經過春天做成，所以叫春酒。棗和稻都是釀酒的原料。介(gài)：通"匄(丐)"，乞，求（參林義光《詩經通解》）。一說助。眉壽：人老了眉上有長的毫毛，叫秀眉，所以稱長壽叫眉壽。
⑤ 斷：指摘下。壺：同"瓠"，葫蘆。叔：拾取。苴(jū)：麻的籽實，可以吃。
⑥ 荼(tú)：苦菜。薪樗(chū)：把臭椿木當柴火。薪：柴，這裏用作動詞，以……爲柴。樗：臭椿。食(sì)：給……吃。

九月築場圃①，十月納禾稼②。黍稷重穋③，禾麻菽麥④。嗟我農夫，我稼既同⑤，上入執宮功⑥。晝爾于茅，宵爾索綯⑦。亟其乘屋，其始播百穀⑧。

① 築場圃(pǔ)：修建打穀場。築：用工具把土壓實搗實。泛指修建。場：打穀場。圃：菜園。古代場圃在同一塊地上，春夏的圃到了秋天就修成打穀場。
② 納：入，收進。指把糧食收入穀倉。禾稼：泛指穀物。
③ 黍：穀物名，其籽實去皮後北方叫黃米。稷：不黏的黍。重(tóng)：通"穜"，早種晚熟的穀。穋(lù)：同"稑"，晚種早熟的穀。
④ 禾：穀子，籽實去皮後北方叫小米。麻：大麻。菽：豆。
⑤ 稼：穀物。同：集中。
⑥ （農閑的季節）還要做修整屋室的事。上：一說通"尚"，還。執：手

拿，這裏是從事的意思。宮：居住的房屋。馬瑞辰《通釋》："古者通謂民室爲宮"。功：事。
⑦ 爾：語氣詞。于：前往。茅：用作動詞，割茅草。宵：夜裏。索：繩索。這裏用作動詞，絞，搓。綯(táo)：繩索。
⑧ 亟(jí)：急，急迫。乘：登上。屋：房屋的頂。其始：歲始，即春初。

二之日鑿冰沖沖①，三之日納于凌陰②。四之日其蚤，獻羔祭韭③。九月肅霜，十月滌場④。朋酒斯饗，曰殺羔羊⑤。躋彼公堂⑥，稱彼兕觥⑦：萬壽無疆⑧。

① 沖沖：鑿冰的聲音。
② 納：收入。凌(líng)陰：冰窖，藏冰的地方。凌：冰。陰：通"窨"，地窖。
③ 蚤(zǎo)：一本作"早"。早朝，古代的一種祭祀儀式。獻羔祭韭：獻上羔羊，祭以韭菜。這是對司寒之神的祭祀，祭祀以後打開冰窖取冰。《左傳·昭公四年》："祭寒而藏之，獻羔而啓之。"
④ 肅霜：雙聲聯綿詞，即"肅爽"，形容天高氣爽(參王國維說)。滌(dí)場：把穀場清掃乾淨。滌：洗，這裏是掃除的意思。
⑤ 朋酒：兩樽酒。朋：本指兩串貝殼。斯：代詞，複指朋酒。饗(xiǎng)：用酒食款待人。曰：句首語氣詞。
⑥ 躋(jī)：登，升。公堂：這裏指公共活動場所。
⑦ 稱：舉起。兕觥(gōng)：用犀牛角做的飲酒器。兕：雌的犀牛。觥：一種酒器。
⑧ 這是祝福的話。鄭玄箋："欲大壽無竟。"

采薇（《小雅》）

【説明】這是一首寫戍邊兵士的詩。前三章寫久戍在外的思家之痛，四五章寫軍容之盛和緊張的戰鬥生活，末章寫不堪回首的歸途辛酸。

采薇采薇，薇亦作止①。曰歸曰歸，歲亦莫止②。靡室靡家,玁狁之故③;不遑啓居④,玁狁之故。

① 薇:一種野生豆科植物,又叫野豌豆,初生時可食用。作:長出。止:語氣詞。
② 意思是説要回家了要回家了,可一年又到頭了。莫(mù):後作"暮",歲末。
③ 靡(mǐ):没有。玁狁(Xiǎnyǔn):北方少數民族名,戰國和秦漢時稱匈奴。
④ 不遑(huáng):没有閒暇。遑:閒暇。啓居:安居休息。啓:通"跽(jì)",跪。居:坐。古時兩膝著席,跪時上身挺直,臀部離開腳跟;臀部壓在腳跟上叫坐。

采薇采薇,薇亦柔止①。曰歸曰歸,心亦憂止。憂心烈烈,載飢載渴②。我戍未定,靡使歸聘③。

① 柔:薇初生時柔嫩。
② 烈烈:形容憂心如焚。載(zài):副詞,則,又。
③ 未定:戍守没有定處。靡使歸聘:没有人可託付回家問安。聘:問。

采薇采薇,薇亦剛止①。曰歸曰歸,歲亦陽止②。王事靡盬③,不遑啓處④。憂心孔疚,我行不來⑤。

① 剛:薇老時長得粗硬。
② 陽:夏曆十月。《爾雅·釋天》:"十月爲陽。"
③ 靡盬(gǔ):没有止息(參王引之《經義述聞·毛詩上》"王事靡盬"條)。
④ 啓處:同"啓居"。
⑤ 孔疚(jiù):非常痛苦。疚:病痛。來:歸來。

彼爾維何①?維常之華②。彼路斯何?君子之車③。戎車既駕,四牡業業④;豈敢定居,一月三捷⑤。

① 那些花開得很盛的是什麽？爾:《說文》引作"薾(ěr)",花開繁盛的樣子。維:乃。
② 是常棣的花。常:常棣,一種小灌木,春季開花。華(huā):花。
③ 路:高大的車。文獻又作"輅"。斯何:相當於"維何"。君子:指將帥。
④ 戎車:兵車。四牡:四匹雄馬。牡:雄性的鳥獸。業業:高大健壯的樣子。
⑤ 定居:在固定的地方駐扎。三捷:打好幾次勝仗。

駕彼四牡,四牡騤騤①。君子所依,小人所腓②。四牡翼翼③,象弭魚服④。豈不日戒,玁狁孔棘⑤。

① 騤(kuí)騤:强壯的樣子。
② 依:乘。小人:士兵。腓(féi):通"庇",隱蔽。士兵在車下,靠戎車隱蔽自己。
③ 翼翼:馬駕車十分嫻熟的樣子。《毛傳》:"翼翼,閑也。"
④ 弭(mǐ):弓兩端彎曲扎弓弦的部位。弭用象牙做成,稱象弭。魚:一種海獸。服:箭袋,後作"箙"。箭袋用魚皮做成,稱魚服。
⑤ 日戒:每日戒備。孔棘:十分緊急。棘:通"亟",急。

昔我往矣,楊柳依依①;今我來思,雨雪霏霏②。行道遲遲,載渴載飢③。我心傷悲,莫知我哀！

① 依依:茂盛的樣子(參馬瑞辰《通釋》)。一說隨風披拂的樣子。
② 思:語氣詞。雨(yù)雪:下雪。霏霏:雪盛的樣子。
③ 遲遲:形容歸途遙遠,總也走不完。《毛傳》:"遲遲,長遠也。"載:副詞,則,又。

楚 辭

《楚辭》是一部詩歌總集,西漢劉向輯。收録戰國時期楚國人屈原、宋玉以及漢人模仿楚辭體式的作品,共十六卷。後王逸又附加了自己的《九思》一卷,共十七卷。《楚辭》具有濃厚的地方色彩,"書楚語,作楚聲,紀楚地,名楚物",漢人把這種具有別樣風格的文學樣式稱爲"楚辭"。

《楚辭》以屈原的作品爲主(作品主要有《離騷》《九歌》《天問》《九章》等)。屈原(約前340—約前278)名平,字原;又自云名正則,字靈均。他輔佐楚懷王,歷任左徒、三閭大夫。在官期間,主張革新政治,修明法度,選賢任能,對外聯合齊國抗拒秦國。後來遭受讒言,在楚頃襄王時被放逐。他深感自己的政治理想無法實現,滿懷憂憤投汨羅江而死。屈原的作品抒發了對祖國命運的深切關懷和爲理想而獻身的崇高品格,風格鮮明,語言華美,想象豐富,極富浪漫主義精神,對後世的文學創作有深遠影響。

《楚辭》通行的注本有東漢王逸的《楚辭章句》、宋洪興祖的《楚辭補注》、宋朱熹的《楚辭集注》、清蔣驥的《山帶閣注楚辭》等。

選文據洪興祖《楚辭補注》(中華書局一九八三年版)。

離騷(節選)

【説明】《離騷》是一首長篇抒情詩,是屈原最重要的作品。全詩由兩部分組成。前一部分反復申明自己的高潔品格和對祖國命運的深切憂慮,表達革新政治、與腐朽貴族鬥爭的堅強意志;後一部分叙寫上下求索、追求理想的實現和最終的失敗,表明自己以身殉國的決心。"離騷"一詞的意思,舊時或解釋爲"遭憂""離愁",現代有的研究者解釋爲"牢騷"。

帝高陽之苗裔兮①,朕皇考曰伯庸②。攝提貞于孟陬兮③,惟庚寅吾以降④。皇覽揆余初度兮⑤,肇錫余以嘉名⑥。名余曰正則兮,字余曰靈均⑦。紛吾既有此內美兮⑧,又重之以脩能⑨。扈江離與辟芷兮⑩,紉秋蘭以爲佩⑪。汨余若將不及兮,恐年歲之不吾與⑫。朝搴阰之木蘭兮⑬,夕攬洲之宿莽⑭。日月忽其不淹兮,春與秋其代序⑮。惟草木之零落兮,恐美人之遲暮⑯。不撫壯而棄穢兮,何不改此度⑰?乘騏驥以馳騁兮⑱,來吾道夫先路⑲。

敘寫自己高貴的出身和義不容辭輔佐楚王的政治擔當。

① 高陽:傳說是遠古部落首領顓頊的稱號。相傳楚國的始祖熊繹是顓頊的後代,周成王時封於楚。其後代的一支至楚武王時受封於屈地,遂以屈爲氏。屈原即其後代。苗裔:指遠末的子孫。這一句是說自己是顓頊的子孫,是楚王的同宗。
② 朕:我(先秦始時一般人也可自稱朕)。皇考:父親。皇:大。一說美。考:父死稱考。伯庸:屈原父親的字。
③ 攝提:即攝提格(太歲年名),是寅年的別稱。貞:正;正當。孟陬:指孟春正月。孟:始。陬:農曆正月的別稱。農曆正月是寅月。
④ 惟:副詞,乃。庚寅:古人以干支紀日,這裏指正月的庚寅日。降:出生。這兩句是說自己正當寅年寅月寅日降生。
⑤ 皇:皇考的省稱。覽:觀察。揆(kuí):度量,測度。初度:初生的時節(參朱熹《楚辭集注》)。
⑥ 肇:始。錫:通"賜",賜予。嘉:美好。
⑦ 屈原名平,原是字。正則:如平正的上天可以效法(對應"平")。靈均:如神異的大地滋養萬物均衡無偏(對應"原")。
⑧ 紛:盛多。内美:内在的美質。
⑨ 重(chóng):加上。脩能:美好的才能。脩:通"修"。
⑩ 扈(hù):楚地方言,披。離:香草名。離生江邊,所以稱江離。辟(pì):幽僻,後作"僻"。芷(zhǐ):香草名,即白芷。芷生幽僻之處,所以稱辟芷。
⑪ 紉:連綴。秋蘭:指蘭草,秋季開花,所以稱秋蘭。佩:佩飾。
⑫ 汨(yù):水流很快的樣子。不及:時光疾逝,追之不及。不吾與:不等我。與:等待。《論語·陽貨》:"日月逝矣,歲不我與。"
⑬ 搴(qiān):拔取。阰(pí):小土山。木蘭:一種落葉喬木,晚春開紫花,又叫紫玉蘭。
⑭ 攬:採。洲:水中陸地。宿莽:香草名,經冬不死。
⑮ 忽:快速的樣子。淹:久留。代序:時序更替。
⑯ 惟:思念。零落:墜落。美人:指楚懷王。一說屈原自指。遲暮:年紀老大。
⑰ 撫:趁著;憑藉。《文選》劉良注:"撫,持也。"壯:盛年。穢:邪惡的行爲。度:行爲的準則。下一句當作"何不改乎此度也"。

⑱ 乘騏驥:比喻楚王任用賢能。騏驥:良馬。馳騁:比喻奮發有爲。
⑲ 願來隨我,我在前面引路。道(dǎo):後作"導"。先路:前面的正道。

　　昔三后之純粹兮①,固衆芳之所在②。雜申椒與菌桂兮③,豈維紉夫蕙茝④?彼堯舜之耿介兮,既遵道而得路⑤。何桀紂之猖披兮⑥,夫唯捷徑以窘步⑦。惟夫黨人之偸樂兮,路幽昧以險隘⑧。豈余身之憚殃兮,恐皇輿之敗績⑨。忽奔走以先後兮⑩,及前王之踵武⑪。荃不察余之中情兮⑫,反信讒而齌怒⑬。余固知謇謇之爲患兮⑭,忍而不能舍也⑮。指九天以爲正兮⑯,夫唯靈脩之故也⑰。曰黄昏以爲期兮,羌中道而改路⑱。初既與余成言兮,後悔遁而有他⑲。余既不難夫離別兮,傷靈脩之數化⑳。

　　楚王聽信讒言,反復無常,不理解自己的一片忠貞之心。

① 三后:禹、湯、文王。一説指楚國的先君。純粹:德行完美。
② 意思是原本有衆多的賢臣在他們身邊。衆芳:指羣賢。
③ 雜:繁多不單一。這裏是説不拘一格地舉用。申椒、菌桂:都是香木名。申椒是椒的一種,菌桂是桂的一種。申椒、菌桂比喻羣賢。
④ 豈只是連綴蕙草和白芷作爲佩飾。維:只。紉:連綴。蕙、茝(zhǐ):都是香草名,比喻羣賢。茝:即白芷。
⑤ 耿介:光明正大。王逸注:"耿,光也。介,大也。"既:已經。遵道:遵循大道。得路:求得正確的治國之路。
⑥ 何:何等,多麽。猖披:衣不束帶,形容狂亂。
⑦ 唯:副詞,表示肯定。捷徑:斜出的小路。洪興祖補注:"捷,邪出也。"窘步:難以前行。窘:困窘。
⑧ 黨人:結黨營私的人。偸樂:苟且安逸。偸:苟且。幽昧:昏暗。險隘:危險狹窄。
⑨ 皇輿:國君的車駕。敗績:車子翻倒,比喻國家覆亡。
⑩ 忽:疾速。先後:或在前或在後,指在左右效力。

⑪ 及：追上；追蹤。前王：前代賢君。踵武：足跡。踵：脚跟。武：脚印。
⑫ 荃（quán）：香草名，這裏喻指楚王。中情：心中的真情。
⑬ 齌（jì）怒：暴怒。齌：急火燒飯。
⑭ 固知：本來就知道。謇（jiǎn）謇：直言的樣子。
⑮ 忍：願意忍受這種禍患。舍：止，這裏是説止而不言。
⑯ 九天：上天（"九天"一説九重天，一説八方之天與中央之天）。正：評判（參王逸注）。
⑰ 靈脩：指楚王。"靈脩"取神明修美的意思。
⑱ 洪興祖説這兩句疑是後人所加。羌：楚地方言，句首語氣詞。
⑲ 成言：把話説定。悔：反悔。遁：變遷（指變心）。一説遁是隱匿的意思。他：别的心思。
⑳ 不難夫離别：不以離别爲難。數（shuò）化：一再變心。

余既滋蘭之九畹兮①，又樹蕙之百畝②。畦留夷與揭車兮③，雜杜衡與芳芷④。冀枝葉之峻茂兮，願竢時乎吾將刈⑤。雖萎絶其亦何傷兮，哀衆芳之蕪穢⑥。

自己竭盡全力培育各種人才，可悲的是有的竟與小人同流合污。

① 滋：栽培。畹（wǎn）：地積單位。説法不一，王逸説十二畝爲一畹。
② 樹：栽種。
③ 畦（qí）：分畦栽種。留夷、揭車：都是香草名。
④ 雜：穿插種植。杜衡、芳芷（zhǐ）：都是香草名。
⑤ 竢：同"俟"，等待。時：合適的時節。刈：收割。
⑥ 雖：雖然。萎絶：枯萎凋落，比喻賢才被摧殘。蕪穢：亂草叢生，比喻羣賢與小人同流合污。這兩句是説賢才堅守節操被摧殘並不可傷，可悲的是與小人同流合污。

衆皆競進以貪婪兮①，憑不猒乎求索②。羌内恕己以量人兮③，各興心而嫉妒④。忽馳騖以追逐兮⑤，非余心之所急。老冉冉其將至兮，恐脩名之不立⑥。朝飲木蘭之墜露兮,夕餐秋菊之落英⑦。苟余情其信姱以練要兮⑧,長顑頷亦何傷⑨?擥木根以結茝兮⑩,貫薜荔之落蕊⑪。矯菌桂以紉蕙兮⑫,索胡繩之纚纚⑬。謇吾法夫前脩兮,非世俗之所服⑭。雖不周於今之人兮⑮,願依彭咸之遺則⑯。

　　長太息以掩涕兮,哀民生之多艱⑰。余雖好脩姱以鞿羈兮⑱,謇朝誶而夕替⑲。既替余以蕙纕兮⑳,又申之以攬茝㉑。亦余心之所善兮,雖九死其猶未悔㉒。

　　表明自己的心跡:不懈地追求美德,拒絕同流合污,雖遭廢棄而終不改變初心。

① 競進:爭相奔進。這裏指對名利的追逐。
② 憑:楚地方言,滿。指心中所求已滿。猒(yàn):滿足。這是說他們心中的所求已經全部實現但仍然貪得無厭,孜孜以求。
③ 羌:楚地方言,句首語氣詞。恕己以量人:以自己的小人之心度量他人。恕:王逸注:"以心揆心爲恕。"
④ 興心:生嫉妒之心。這是說那些"競進以貪婪"的人以自己的小人之心度量他人,認爲別人與自己不同,就心生忌恨。
⑤ 忽:疾速,這裏是急切的意思。馳騖(wù):奔逐。
⑥ 冉冉:漸漸。脩名:美名。脩:通"修"。
⑦ 木蘭:木蘭花。落英:解說不一,一說是落花。
⑧ 信:確實。姱(kuā):美好。練要:精粹。
⑨ 顑頷(kǎnhàn):疊韻聯綿詞,因飢餓而面黃肌瘦的樣子。
⑩ 擥:同"攬",持。木根:香木的根株。
⑪ 貫:串連。薜荔(bìlì):一種常綠灌木。這是說把薜荔的花蕊串起來繫結在木根上。
⑫ 矯:通"敿(jiǎo)",繫連。紉:接續。
⑬ 索:用作動詞,擰成繩索。胡繩:香草名。纚(xǐ)纚:繩索美好的樣子。
⑭ 謇:楚地方言,句首語氣詞。法:效法。前脩:前代賢人。脩:通"修"。美好。所服:佩戴的東西。服:佩戴。
⑮ 周:合。

⑯ 彭咸:殷代賢大夫,因諫君不聽,投水而死。遺則:留下來的處世準則。
⑰ 掩涕:拭淚。民生:人生。
⑱ 脩姱:美好,這裏指美德。羈(jī)羈:束縛。羈:馬嚼子。羈:馬籠頭。
⑲ 謇:楚地方言,句首語氣詞。諑(suì):諫諍。替:廢棄。
⑳ 以:因爲。蕙纕(xiāng):蕙草做的佩帶。
㉑ 申:重複。目:同"以",因爲。這兩句是説楚王對我棄而不用,一是因爲我以蕙草爲佩飾,又因爲我摘取香芷爲飾。
㉒ 善:喜好。雖:即使。九死:死多次。

　　怨靈脩之浩蕩兮①,終不察夫民心②。衆女嫉余之蛾眉兮③,謠諑謂余以善淫④。固時俗之工巧兮⑤,偭規矩而改錯⑥。背繩墨以追曲兮⑦,競周容以爲度⑧。忳鬱邑余侘傺兮⑨,吾獨窮困乎此時也⑩。寧溘死以流亡兮⑪,余不忍爲此態也⑫。

　　鷙鳥之不羣兮⑬,自前世而固然。何方圜之能周兮,夫孰異道而相安⑭。屈心而抑志兮⑮,忍尤而攘詬⑯。伏清白以死直兮,固前聖之所厚⑰。

　　自己雖窮困無路可走,但寧死不改清白之志。

① 靈脩:神靈,這裏指楚懷王。浩蕩:放縱自恣。
② 民心:人心。
③ 衆女:衆小人。蛾眉:以美貌喻美質。
④ 諑(zhuó):毀謗。善淫:善爲淫邪。
⑤ 固:原本。工巧:善於取巧。
⑥ 偭(miǎn):背;背離。規矩:規則法度。規是定圓形的工具,矩是定方形的工具。改錯:改變正常的舉措。錯:通"措",處置的方式。
⑦ 繩墨:木匠用來取直綫的工具。繩:木匠用來取直的墨綫。

⑧ 競:爭。周容:苟合取容。周:合。度:法則。
⑨ 忳(tún)鬱邑:"忳"和"鬱邑"都是憂愁煩悶的意思。在《楚辭》的句式中,這樣三個字連用起狀語的作用。侘傺(chàchì):失意的樣子。
⑩ 窮困:走投無路。
⑪ 溘(kè):忽然。流亡:指形體隨水流漂沒(參王逸注)。
⑫ 此態:苟合取容之態。
⑬ 鷙(zhì)鳥:猛禽。不羣:不與一般的鳥同羣。比喻忠正之士不隨從流俗。
⑭ 周:合。孰:何;怎麼。
⑮ 屈心:委屈自己心意。抑志:抑制自己的志趣。
⑯ 忍尤:忍受罪名。攘(rǎng)詬:容忍恥辱。
⑰ 伏清白:持守清白之志。死直:爲直道而死。厚:看重。

　　悔相道之不察兮①,延佇乎吾將反②。回朕車以復路兮③,及行迷之未遠。步余馬於蘭皋兮④,馳椒丘且焉止息⑤。進不入以離尤兮⑥,退將復脩吾初服⑦。製芰荷以爲衣兮⑧,集芙蓉以爲裳⑨。不吾知其亦已兮⑩,苟余情其信芳⑪。高余冠之岌岌兮⑫,長余佩之陸離⑬。芳與澤其雜糅兮⑭,唯昭質其猶未虧⑮。忽反顧以遊目兮,將往觀乎四荒⑯。佩繽紛其繁飾兮,芳菲菲其彌章⑰。民生各有所樂兮,余獨好脩以爲常⑱。雖體解吾猶未變兮,豈余心之可懲⑲。

　　既然自己進仕不被容納,將退而修潤美質,至死不變。

① 相(xiàng):觀察。道:事君之道(參王逸注)。察:看得清楚。
② 延:長久。佇(zhù):久立。反:後作"返"。這兩句是說自己懲前之失,將退修其身。
③ 回:回轉。復路:回頭走原路。
④ 步:緩步前行。蘭皋:長著蘭草的水邊高地。
⑤ 椒丘:長著椒樹的山丘。焉:於此。

⑥ 進：進仕服務於朝廷。不入：不被容納。離：通"罹"，遭受。尤：罪過。
⑦ 脩：通"修"，修飾。初服：當初的服飾。"脩吾初服"是說培育增進自己素有的品德。
⑧ 芰(jì)荷：菱葉與荷葉。芰：菱。衣：上衣。
⑨ 纂：後作"集"，集結。芙蓉：荷花。裳(cháng)：下衣。
⑩ 已：止；罷了。
⑪ 芳：芳潔。
⑫ 高：用作使動。岌(jí)岌：高的樣子。
⑬ 長：用作使動。佩：佩飾。陸離：長的樣子(依王念孫說)。
⑭ 芳與澤：總括指香潔之物。芳：指以香物爲衣。澤：佩玉潤澤(參朱熹《集注》)。一說"外有芬芳之德，內有玉澤之質"(王逸注)。
⑮ 昭：明潔。虧：減損。
⑯ 遊目：縱目遠望。四荒：遙遠之地。荒：遠。
⑰ 菲菲：香氣濃盛。彌章：更加鮮明。章：後作"彰"。
⑱ 民生：人生。脩：通"修"，美。常：(處世的)常規。
⑲ 雖：即使。體解：肢解，古代一種酷刑。懲：受創而戒止。

山鬼(《九歌》)

【說明】《九歌》是一組祭祀上帝鬼神的樂歌。《山鬼》是祭祀山神的樂歌，山鬼就是山神。山鬼的形象是一位年輕美麗、堅貞純潔的女性。她孤寂地生活在幽暗的山林裏，對真誠的愛情和美好的生活充滿熱烈的嚮往。

　　若有人兮山之阿①，被薜荔兮帶女蘿②。既含睇兮又宜笑③，子慕予兮善窈窕④。乘赤豹兮從文狸⑤，辛夷車兮結桂旗⑥。被石蘭兮帶杜衡⑦，折芳馨兮遺所思⑧。余處幽篁兮終不見天⑨，路險難兮獨後來⑩。

① 若：仿佛。這裏形容山鬼飄忽不定、若隱若現的形象。人：指山鬼。阿(ē)：山的彎曲處。

② 被(pī)：披著，穿著。薜(bì)荔：常綠灌木，蔓生，又稱木蓮。帶女蘿：以女蘿爲帶。帶：用作動詞，以……爲帶。女蘿：同"女蘿"，即松蘿，常附生在松樹上，成絲狀垂挂。
③ 含睇(dì)：美目含情斜視的樣子。睇：微微斜著眼睛看。宜笑：適宜於笑。形容口齒好，笑起來很美。
④ 子：山鬼稱她的戀人。慕：愛慕。予：我。善窈窕：體態美好。窈窕(yǎotiǎo)：叠韻聯綿詞，形容姿態嬌美。
⑤ 乘赤豹：讓赤豹駕車。赤豹：紅毛黑斑的豹。從文狸(lí)：讓文狸跟在後面做侍從。從：使隨從。文狸：有花紋的野猫。文：後作"紋"。
⑥ 辛夷車：以辛夷香木爲車。辛夷：辛夷木有香氣，又叫木筆、迎春。結：編結。桂旗：桂花枝做的旗。桂：桂花，一種觀賞樹，花很香。
⑦ 石蘭：蘭草的一種。杜衡：一種香草。
⑧ 芳馨：芳香的花草。馨：散布很遠的香氣。遺(wèi)：贈送。所思：思念的人。
⑨ 余：山鬼自稱。處：居住。幽：深暗。篁(huáng)：竹林。終：始終。
⑩ （自己處在幽深的竹林裏不見天光）又因爲山路崎嶇難行，所以來得遲了。這是説山鬼赴約，因爲遲到没有見到戀人。險：地勢不平。

表獨立兮山之上①，雲容容兮而在下②。杳冥冥兮羌晝晦③，東風飄兮神靈雨④。留靈脩兮憺忘歸⑤，歲既晏兮孰華予⑥。采三秀兮於山間⑦，石磊磊兮葛蔓蔓⑧。怨公子兮悵忘歸⑨，君思我兮不得閒⑩。

① 表：特出，與衆不同的樣子。
② 容容：陰雲浮動的樣子。
③ 杳(yǎo)：幽深。冥冥：昏暗的樣子。羌：楚方言，句中語氣詞。晝晦(huì)：白天也昏暗不明。晦：昏暗。
④ 飄：風勢迅疾的樣子。神靈：指雨神。雨(yù)：動詞，降雨。以上四句寫山鬼苦苦等待，風雨交加、天地昏暗的情景襯托出她失望和悲傷的心情。

⑤ 留靈脩:自己爲靈脩而留下來。一説是希望留住靈脩。靈脩:指山鬼的戀人。憺(dàn):安然,安心地。
⑥ 歲既晏(yàn):年歲已老大。晏:晚。孰華予:誰能使我再美麗年輕呢?華:用作使動。
⑦ 采三秀:採摘靈芝(要送給自己的戀人)。三秀:靈芝草。靈芝一年開花三次,故稱"三秀"。秀:植物抽穗開花。於山:有人認爲就是巫山。巫山在當時楚國境内,有巫山神女的傳説流傳。
⑧ 磊磊:山石堆疊的樣子。葛:一種蔓生植物。蔓蔓:藤蔓綿延的樣子。
⑨ 公子:山鬼的戀人。悵:惆悵,因爲失意而傷感。
⑩ 君:山鬼的戀人。不得閒:解説不一。一説是公子雖然思念自己,但没有空閒,所以没有前來。這是山鬼没有見到戀人時爲對方設想的話。

山中人兮芳杜若①,飲石泉兮蔭松柏②。君思我兮然疑作③,靁填填兮雨冥冥④,猨啾啾兮又夜鳴⑤。風颯颯兮木蕭蕭⑥,思公子兮徒離憂⑦。

① 山中人:山鬼自稱。芳杜若:像杜若那樣芳香。杜若:香草名。
② 石泉:山石間的泉水。蔭(yìn)松柏:居住於松柏之下。蔭:遮蔽。"飲石泉"比喻自己的高潔,"蔭松柏"比喻自己的堅貞。
③ 君:指山鬼的戀人。然疑作:公子對自己的思念之情自己一會兒信以爲真,一會兒又有所懷疑。然:以爲是這樣。疑:懷疑。作:產生。有人認爲此句前有脱漏(參聞一多《楚辭校補》)。
④ 靁:同"雷"。填填:擬聲詞,形容雷聲。冥冥:(陰雨時)昏暗的樣子。
⑤ 啾(jiū)啾:擬聲詞,猿的叫聲。又:當作"狖"(yòu),一種黑色長尾猿。
⑥ 颯(sà)颯:擬聲詞,形容風聲。蕭蕭:擬聲詞,形容風吹樹木的聲音。
⑦ 徒:徒然,白白地。離:通"罹"(lí),遭受。憂:憂愁。以上四句是説在這樣風雨交的夜晚,猿狖悲鳴,風聲蕭蕭,對戀人的思念徒然使自己遭受煩惱。

哀郢（《九章》）

【説明】對這首詩的寫作背景有不同解釋。有學者認爲《哀郢》是屈原在離開郢都放逐陵陽（在今安徽）九年之後所作。屈原離開郢都約在楚頃襄王十三四年，九年之後，他聽到秦軍攻破郢都的消息，回憶九年前自己被流放的情景，想象郢都被毀、人民離散的情狀，抒發自己對故國的眷戀之情。

皇天之不純命兮①，何百姓之震愆②？民離散而相失兮，方仲春而東遷③。

去故鄉而就遠兮，遵江夏以流亡④。出國門而軫懷兮⑤，甲之鼂吾以行⑥。發郢都而去閭兮⑦，怊荒忽其焉極⑧！楫齊揚以容與兮⑨，哀見君而不再得。望長楸而太息兮，涕淫淫其若霰⑩。過夏首而西浮兮⑪，顧龍門而不見⑫。心嬋媛而傷懷兮⑬，眇不知其所蹠⑭。順風波以從流兮，焉洋洋而爲客⑮。淩陽侯之氾濫兮⑯，忽翱翔之焉薄⑰？心絓結而不解兮⑱，思蹇產而不釋⑲。

追述自己離開郢都被流放之初的情景。

① 皇天：上天，這裏喻楚王。皇：大；美。不純命：不專一其命，意思是天命反復無常。純：純一；專一。
② 何：爲什麼。震：震蕩不得安寧。愆：罪，這裏指遭罪。
③ 方：正當。仲春：農曆二月。東遷：向東遷徙。這是指屈原離開郢都，前往流放地陵陽（在今安徽青陽、石埭之間）。一說這是指公元前278年秦將白起攻破郢都，楚遷都於陳（今河南淮陽）。
④ 遵：順著。江：長江。夏：夏水。夏水在今湖北，分長江水而出，在沔陽附近入漢水，自此以下的漢水也稱夏水。
⑤ 國：國都。軫：傷痛。懷：懷念。

⑥ 甲：甲日。鼂(zhāo)：通"朝"，早晨。
⑦ 郢：在今湖北荆州市荆州區西北，遺址又稱紀南城。閭(lú)：里巷的門，這裏指故居。
⑧ 怊(chāo)荒忽：這是三字狀語。"怊"和"荒忽"都是遠的意思。焉極：到哪裏是盡頭。焉：哪裏。極：到盡頭。
⑨ 楫：船槳。容與：即"猶豫"，徘徊不前的樣子。
⑩ 長楸(qiū)：高大的楸樹。淫淫：淚落紛紛的樣子。霰(xiàn)：細雪粒。
⑪ 夏首：夏水分長江水而出的地方，故道在今湖北荆州東南。西浮：乘船西行。屈原出郢都後先由夏水西行，然後順江東下。
⑫ 顧：回頭看。龍門：郢都的東門。
⑬ 嬋媛(chányuán)：疊韻聯綿詞，心緒牽挂的樣子。
⑭ 眇：通"渺"，遥遠的樣子。蹠(zhí)：踏；至。
⑮ 從流：順著水流。焉：於是。洋洋：漂泊無所歸的樣子。
⑯ 淩：乘。陽侯：波神。相傳陽侯是古代陵陽國侯，溺水而死，成爲波神。這裏指波浪。
⑰ 忽：疾速。翱翔：形容船的顛簸。薄：迫近；停止。
⑱ 絓(guà)結：纏結，形容心中鬱結。
⑲ 蹇産：疊韻聯綿詞，形容曲折不暢的樣子。釋：解開。

　　將運舟而下浮兮①，上洞庭而下江②。去終古之所居兮，今逍遥而來東③。羌靈魂之欲歸兮④，何須臾而忘反！背夏浦而西思兮⑤，哀故都之日遠。登大墳以遠望兮，聊以舒吾憂心⑥。哀州土之平樂兮⑦，悲江介之遺風⑧。

抒發自己在流放途中對故國的眷戀。

① 運舟：行舟。下浮：向東行。
② 屈原乘船東下，經過洞庭湖和長江的匯合處，洞庭湖在南(古以南爲上)，長江在北(古以北爲下)。
③ 逍遥：這裏是漂泊的意思。
④ 靈魂：同"靈魂"。王逸注："精神夢遊還故居也。"

⑤ 背:船過夏浦,夏浦已在身後,所以説背。夏浦:指夏口。浦:小水流入大水的地方。夏水注入漢水,自此以下漢水也稱夏水,漢水入江之處即稱夏口(也即漢口)。
⑥ 墳:堤岸。舒:疏解。
⑦ 州土:楚國的土地。平:土地平廣。樂:生活富饒。
⑧ 介:畔,側。遺風:祖先留下來的美好風俗。這兩句中的"哀"和"悲"表達詩人對故國命運的憂慮。

當陵陽之焉至兮①,淼南渡之焉如②?曾不知夏之爲丘兮③,孰兩東門之可蕪④?心不怡之長久兮,憂與愁其相接。惟郢路之遼遠兮,江與夏之不可涉⑤。忽若去不信兮⑥,至今九年而不復。慘鬱鬱而不通兮⑦,蹇侘傺而含慼⑧。

叙寫自己長期被流放悲愁難解。

① 當:對著。陵陽:屈原的流放地。一説陵陽即前文的陽侯(波浪)。焉:哪裏。這一句是説我既到了陵陽,還要到什麼地方去呢?
② 淼(miǎo):大水茫無邊際的樣子。南渡:陵陽在大江之南。如:到……去。這一句説我如南渡,又將往何處去呢?
③ 曾(zēng):語氣副詞,乃,竟。夏:通"廈",高大的房屋。丘:丘墟。
④ 孰:何;怎麼。兩東門:郢都的城門。朱熹《集注》:"郢都東關有二門也。"蕪:荒蕪。這兩句説,怎麼也没有想到郢都的大廈變爲丘墟,城郭怎麼會一片荒蕪?
⑤ 惟:思。一説句首語氣詞。不可涉:不能再渡過長江、夏水回到郢都。
⑥ 忽若:忽然,指九年的時間過得極快。去:離開郢都。不信:不被信用。
⑦ 慘鬱鬱:三字狀語,心緒愁慘鬱結的樣子。
⑧ 蹇侘傺:三字狀語。蹇(jiǎn):困頓,不順。侘傺(chàchì):失意的樣子。慼(qī):悲傷。

外承歡之汋約兮①,諶荏弱而難持②。忠湛湛而願進兮③,妒被離而鄣之④。堯舜之抗行兮⑤,瞭杳杳而薄天⑥。衆讒人之嫉妒兮,被以不慈之僞名⑦。憎愠惀之脩美兮⑧,好夫人之忼慨⑨。衆踥蹀而日進兮⑩,美超遠而逾邁⑪。

指斥讒人妒賢嫉能,楚王忠奸不分棄逐賢人。

① 外:表面。承歡:奉承楚王的歡心。汋(chuò)約:即"綽約",形容體態柔美。
② 湛(chén):誠;實際上。荏(rěn)弱:軟弱。難持:難以自持,指沒有堅定的立身操守。
③ 湛湛:忠厚的樣子。進:進身爲國效力。
④ 被(pī)離:紛亂的樣子,形容各種嫉妒。鄣:阻隔。
⑤ 抗行(舊讀 xìng):高尚的行爲。
⑥ 瞭杳杳:三字狀語,高遠的樣子。薄:迫近;到。
⑦ 被:加在上面。不慈之僞名:這是說堯和舜沒有把天下傳給自己的兒子,衆讒人就攻擊他們不慈。
⑧ 憎:憎惡。愠惀(yǔnlǔn):心中有所蘊積而不善表達的樣子。脩:通"修",美。
⑨ 夫人:那些小人。忼慨:激昂慷慨。
⑩ 踥蹀(qièdié):小步走的樣子,形容奔走鑽營。
⑪ 美:賢人。超遠:疏遠。逾邁:更加遠離。逾:通"愈"。邁:遠去。

亂曰①:曼余目以流觀兮②,冀壹反之何時③?鳥飛反故鄉兮,狐死必首丘④。信非吾罪而棄逐兮,何日夜而忘之⑤?

結尾申述自己時時刻刻盼望著返回故國。

① 亂:樂歌的末章。楚辭的"亂"相當於結束語。
② 曼余目:放眼遠望。曼:引長。流觀:四面觀望。
③ 冀:希望。壹反之何時:何時能一返故鄉。
④ 首丘:傳説狐死後頭向著狐穴所在的土丘。
⑤ 何:怎麼能。

閱讀文選

東山(《詩經》)

【説明】這首詩選自《豳風》,寫久戍在外的士卒在還鄉途中思念家鄉的情景。

　　我徂東山,慆慆不歸①。我來自東,零雨其濛②。我東曰歸,我心西悲。制彼裳衣③,勿士行枚④。蜎蜎者蠋,烝在桑野⑤。敦彼獨宿,亦在車下⑥。

① 徂(cú):往。東山:軍士的戍守之地。一説即當時魯國的蒙山(在今山東曲阜)。慆(tāo)慆:久久。
② 零:落。其濛:形容細雨濛濛。
③ 裳衣:回家穿的平民的衣服。
④ 意思是再也不用口銜橫枚行軍打仗了。士:通"事",做……事。行(háng):行陣,一説通"橫"。枚:像筷子,行軍時橫銜在嘴裏以防出聲。
⑤ 蜎(yuān)蜎:蟲子蠕動的樣子。蠋(zhú):蛾蝶類的幼蟲。《説文》引作"蜀"。這裏指野生的蠶。烝:副詞,乃。一説久的意思。鄭玄箋:"久在桑野,有以勞苦者。"
⑥ 敦(duī):蜷縮成一團的樣子。車:兵車。這是寫三年征戰之苦。

　　我徂東山,慆慆不歸。我來自東,零雨其濛。果臝之實,亦施于宇①。伊威在室②,蠨蛸在户③。町畽鹿場④,熠燿宵行⑤。不可畏也?伊可懷也⑥!

① 果蠃(luǒ):一種蔓生的葫蘆科植物。施(yì):延伸。宇:屋檐。這是說果蠃的果實已經爬上了屋檐。
② 伊威:蟲名。即潮蟲,又稱土鱉。
③ 蠨蛸(xiāoshāo):蟲名。一種長腳的小蜘蛛,又稱喜蛛。
④ 町畽(tiǎntuǎn):舍旁空地(參朱熹《詩集傳》)。鹿場:野鹿出沒的場所。
⑤ 熠(yì)燿:閃爍。宵行:磷火,一說指螢火蟲。
⑥ 這情景不是很可怕嗎? 但還是很懷念啊! 這一章寫想象中家中屋室荒敗的景象。

我徂東山,慆慆不歸。我來自東,零雨其濛。鸛鳴于垤①,婦歎于室。洒埽穹窒②,我征聿至③。有敦瓜苦④,烝在栗薪⑤。自我不見,于今三年。

① 鸛(guàn):鳥名,像鶴。垤(dié):小土堆。這一句引出下面"婦歎于室"。
② 埽:同"掃"。穹窒:把屋室内所有的洞穴縫隙都堵上,以便居住。這是想象妻子收拾房屋迎接自己歸來。
③ 征:遠行(的人),這裏指遠行的丈夫。聿(yù):無實義。
④ 有敦(tuán):即敦敦(團團),形容瓜圓的樣子(參毛傳)。瓜苦:苦味的瓜。鄭玄箋:"瓜之瓣有苦,以喻其心苦也。"
⑤ 烝:乃。栗薪:《韓詩》作"㮚薪",聚薪(柴堆)。

我徂東山,慆慆不歸。我來自東,零雨其濛。倉庚于飛,熠燿其羽①。之子于歸,皇駁其馬②。親結其縭③,九十其儀④。其新孔嘉,其舊如之何⑤?

① 倉庚:黃鶯。熠燿:色彩鮮明的樣子。
② 之子:指妻子。于歸:出嫁。皇駁:形容迎娶的乘馬毛色斑斕。皇:馬黃白色,魯詩作"騜"。駁:紅白色。
③ 妻子的母親把佩巾給女兒結在衣帶上。縭(lí):女子用的佩巾。

④ 結婚時禮儀很多。以上追憶新婚時的情形。
⑤ 妻子新婚時很美,離家這麼久不知道怎麼樣了。舊:久。

卜居(《楚辭》)

【説明】這是一篇有韻的散文,借屈原向太卜問何以處世展現詩人清白高潔的品格和矢志不渝的精神。一般認爲這不是屈原本人的作品。

屈原既放,三年不得復見①。竭知盡忠,而蔽鄣於讒。心煩慮亂,不知所從。往見太卜鄭詹尹曰②:"余有所疑,願因先生決之。"詹尹乃端策拂龜曰③:"君將何以教之?"

屈原曰:"吾寧悃悃款款朴以忠乎④?將送往勞來斯無窮乎⑤?寧誅鋤草茅以力耕乎⑥?將游大人以成名乎⑦?寧正言不諱以危身乎?將從俗富貴以媮生乎⑧?寧超然高舉以保真乎⑨?將哫訾栗斯、喔咿儒兒以事婦人乎⑩?寧廉潔正直以自清乎?將突梯滑稽、如脂如韋以潔楹乎⑪?寧昂昂若千里之駒乎?將氾氾若水中之鳧⑫,與波上下,偷以全吾軀乎?寧與騏驥亢軛乎⑬?將隨駑馬之迹乎?寧與黄鵠比翼乎?將與雞鶩爭食乎⑭?此孰吉孰凶?何去何從?世溷濁而不清⑮,蟬翼爲重,千鈞爲輕;黄鐘毀棄,瓦釜雷鳴⑯;讒人高張⑰,賢士無名。吁嗟默默兮,誰知吾之廉貞!"

詹尹乃釋策而謝⑱,曰:"夫尺有所短,寸有所長⑲,物有所不足,智有所不明⑳,數有所不逮㉑,神有所不通㉒。用君之心,行君之意㉓,龜策誠不能知事㉔。"

① 見:見楚王。
② 太卜:朝廷掌卜筮的官。
③ 端策:把占卜用的蓍草擺正。拂龜:拂去龜甲上的塵土。

④ 悃(kǔn)悃欵(kuǎn)欵:質樸誠懇的樣子。朴:樸實。
⑤ 將:連詞,還是(表示選擇)。送往勞(lào)來:送往迎來,周旋逢迎。勞:慰勞。
⑥ 誅鋤:刈除。
⑦ 游大人:來往於大人之間。指趨奉權貴。
⑧ 媮(yú):安樂。
⑨ 真:本性。
⑩ 呢訾(zúzī):以言語獻媚於人。一説即"趑趄",想進又不敢進的樣子。栗斯:小心謹慎屈己逢迎的樣子。栗:一本作"粟"。喔咿(wōyī)、儒兒:強顏歡笑的樣子。婦人:一説指楚懷王的寵妃鄭袖。
⑪ 突梯、滑(gǔ)稽:都是聯綿詞,形容光滑圓轉從俗的樣子。如脂如韋:像油脂和熟皮,形容油滑柔軟的樣子。潔楹:一本作"絜(xié)楹",纏繞楹柱度量。這是形容趨炎附勢。
⑫ 氾氾:形容浮游不定。鳧(fú):野鴨。
⑬ 亢(kàng)軛:並駕。亢:舉。軛:車轅前駕在牛馬頸上的曲木。
⑭ 鵠(hú):天鵝。鶩(wù):鴨。
⑮ 溷(hùn):也是濁的意思。
⑯ 黄鐘:十二律之一,發音最爲洪亮。這裏指音律符合黄鐘的樂器。瓦釜:陶土製作的鍋。
⑰ 高張:身居高位而趾高氣揚。
⑱ 謝:辭謝。
⑲ 尺比寸長,但量物不夠用的時候就有所短;寸比尺短,但量物還有富餘的時候就有所長。
⑳ 物:指卜筮用的龜策。智:占卜決疑靈驗。
㉑ 數:卜筮的數據計算。逮:及;達到。
㉒ 神:占卜的神妙。
㉓ 依據你的本心去做符合你心意的事。
㉔ 知:判斷。

練習十六

一、熟讀本單元講過的文章。

二、閱讀本單元的閱讀文選。

三、給下面句子中加點的字注音：

1. 采采芣苢，薄言袺之；采采芣苢，薄言襭之。(《詩經·周南·芣苢》)
2. 士之耽兮，猶可說也。(《詩經·衛風·氓》)
3. 淇水湯湯，漸車帷裳。(《詩經·衛風·氓》)
4. 伯兮朅兮，邦之桀兮。(《詩經·衛風·伯兮》)
5. 一之日觱發，二之日栗烈。(《詩經·豳風·七月》)
6. 言私其豵，獻豣于公。(《詩經·豳風·七月》)
7. 六月食鬱及薁，七月亨葵及菽。(《詩經·豳風·七月》)
8. 朝搴阰之木蘭兮，夕攬洲之宿莽。(《楚辭·離騷》)
9. 苟余情其信姱以練要兮，長顑頷亦何傷？(《楚辭·離騷》)
10. 余雖好脩姱以鞿羈兮，謇朝誶而夕替。(《楚辭·離騷》)
11. 出國門而軫懷兮，甲之鼂吾以行。(《楚辭·九章·哀郢》)
12. 外承歡之汋約兮，諶荏弱而難持。(《楚辭·九章·哀郢》)

四、解釋下面句子中加點的詞：

1. 匪來貿絲，來即我謀。(《詩經·衛風·氓》)
2. 士也罔極，二三其德。(《詩經·衛風·氓》)
3. 王于興師，脩我矛戟，與子偕作。(《詩經·秦風·無衣》)
4. 女執懿筐，遵彼微行。(《詩經·豳風·七月》)
5. 載玄載黃，我朱孔陽，爲公子裳。(《詩經·豳風·七月》)
6. 九月築場圃，十月納禾稼。(《詩經·豳風·七月》)
7. 采薇采薇，薇亦作止。曰歸曰歸，歲亦莫止。(《詩經·小雅·采薇》)
8. 紛吾既有此內美兮，又重之以脩能。(《楚辭·離騷》)
9. 余既不難夫離別兮，傷靈脩之數化。(《楚辭·離騷》)
10. 固時俗之工巧兮，偭規矩而改錯。(《楚辭·離騷》)
11. 進不入以離尤兮，退將復脩吾初服。(《楚辭·離騷》)
12. 芳與澤其雜糅兮，唯昭質其猶未虧。(《楚辭·離騷》)

13. 風颯颯兮木蕭蕭,思公子兮徒離憂。(《楚辭·九歌·山鬼》)
14. 淩陽侯之汜濫兮,忽翱翔之焉薄?(《楚辭·九章·哀郢》)
15. 堯舜之抗行兮,瞭杳杳而薄天。(《楚辭·九章·哀郢》)

五、閱讀王力《詩詞格律》。

常用詞

稱 躬 績 漸 居 社 武 向 寫
雅 藝 周 築 總 遵

1. 稱（chēng）

《說文》:"稱,銓也。"稱量;測量輕重。《管子·樞言》:"量之不以少多,稱之不以輕重,度之不以短長。不審此三者,不可舉大事。"又《說文》:"爯,并舉也。"舉起。這個意思文獻通作"稱"。《尚書·牧誓》:"稱爾戈。"(爾:你們。)《詩經·豳風·七月》:"躋彼公堂,稱彼兕觥。"由舉高抽象引申爲顯揚;頌揚。《論語·憲問》:"驥不稱其力,稱其德也。"又《衛靈公》:"君子疾沒世而名不稱焉。"雙音詞有〔稱揚〕〔稱道〕。泛指述說(使人知曉);聲言。《國語·晉語八》:"其知(zhì)不足稱也。"(知:智。)《三國志·魏書·武帝紀》:"稱疾歸鄉里。"雙音詞有〔稱說〕〔聲稱〕。特指稱說名號。《論語·季氏》:"邦君之妻,君稱之曰夫人,夫人自稱曰小童。"《史記·李斯列傳》:"今秦王欲吞天下,稱帝而治。"

2. 躬

《說文》:"躬,身也。"身體。《尚書·牧誓》:"爾所弗勖(xù),其于爾躬有戮。"(勖:勉力。)《漢書·元帝紀》:"百姓愁苦,靡所錯躬。"(錯:安置。)轉指自身;自己。《禮記·樂記》:"好惡無節於內,知誘於外,不能反躬,天理滅矣。"《史記·文帝本紀》:"百官之非,宜由朕躬。"雙音詞有〔躬身〕。由此引申爲親身;親自。《史記·滑稽列傳》:"太公躬行仁義七十二年。"

《漢書·食貨志上》："躬耕以勸百姓。"成語有[躬逢其盛]。

3. 績

《說文》："績，緝也。"把麻的纖維披開，接續起來搓成綫或繩。《詩經·豳風·七月》："七月鳴鵙，八月載績。"《漢書·食貨志上》："婦人同巷，相從夜績。"雙音詞有[績麻][紡績]。績麻是一種事功，抽象引申爲成績；功績。《詩經·大雅·文王有聲》："豐水東注，維禹之績。"《後漢書·荀彧傳》："原其績効，足享高爵。"

4. 漸

《廣雅·釋詁二》："漸，漬也。"浸漬；滲入（讀 jiān）。《詩經·衞風·氓》："淇水湯湯，漸車帷裳。"《荀子·勸學》："蘭槐之根是爲芷，其漸之滫，君子不近，庶人不服。"引申爲（慢慢）流入。《尚書·禹貢》："東漸于海。"由此引申爲緩進，逐步發展；逐步發展的過程（讀 jiàn）。《周易·坤·文言》："臣弑其君，子弑其父，非一朝一夕之故，其所由來者漸矣。"《管子·明法》："姦臣之敗其主也，積漸積微，使主迷惑而不自知也。"《新唐書·昭宗哀帝紀贊》："跡其禍亂，其漸積豈一朝一夕哉！"（跡：考察……軌跡。）引申爲副詞，逐漸。《世説新語·排調》："顧長康噉甘蔗，先食尾，問所以，云：'漸至佳境。'"用作名詞，指（一個過程）的開端；跡象。《史記·呂太后本紀》："迺追尊酈侯父爲悼武王，欲以王諸呂爲漸。"《論衡·紀妖》："吉凶之漸，若天告之。"

5. 居

"居"的基本義是坐。《論語·陽貨》："居！吾語女（rǔ）。"《左傳·哀公元年》："居不重席，室不崇壇。"引申爲居住。《周易·繫辭下》："上古穴居而野處。"雙音詞有[居民][分居]。用作名詞，指住處。《左傳·宣公二年》："問其名居。"《後漢書·逸民傳·臺佟》："（臺佟）隱於武安山，鑿穴爲居，采藥自業。"雙音詞有[民居]。又抽象引申爲處在某個位置上；安處。《周易·乾·文言》："是故居上位而不驕，在下位而不憂。"《老子》二章："功成而弗居。夫唯弗居，是以不去。"成語有[居安思危]。

6. 社

《白虎通·社稷》："社者，土地之神也。"指土地神。《國語·魯語上》：

"共工氏之伯(bà)九有也,其子曰后土,能平九土,故祀以爲社。"(伯:霸。九有:九州。)《左傳·昭公二十九年》:"后土爲社。"轉指祭祀土地神的場所,社壇。《左傳·昭公十七年》:"伐鼓於社。"《呂氏春秋·貴直》:"亡國之社不得見於天。"轉指社日,祭祀土地神的日子(一般在立春、立秋後第五個戊日)。王駕《社日》詩:"桑柘影斜春社散,家家扶得醉人歸。"雙音詞有[春社][秋社]。

7. 武

"武"指征伐;軍事行動(與"文"相對)。《左傳·桓公六年》:"我張吾三軍而被吾甲兵,以武臨之。"《史記·秦始皇本紀》:"武殄暴逆,文復無罪。"(文復:以政令保護。)成語有[偃武修文]。泛指與技擊有關的。《三國志·蜀書·劉封傳》:"(劉封)有武藝,氣力過人。"又引申爲有威勢的;勇猛的;與強力有關的。《詩經·鄭風·羔裘》:"羔裘豹飾,孔武有力。"《漢書·地理志下》:"(衛地)周末有子路、夏育,民人慕之,故其俗剛武,上氣力。"(上:崇尚。)雙音詞有[英武][勇武]。《爾雅·釋訓》:"武,迹也。"指足迹。《楚辭·離騷》:"忽奔走以先後兮,及前王之踵武。"(及:趕上。)又古人以六尺爲步,半步爲武。《國語·周語下》:"夫目之察度也,不過步武尺寸之間。"

8. 向

《説文》:"向,北出牖也。"朝北開的窗户。《詩經·豳風·七月》:"穹窒熏鼠,塞向墐户。"引申爲朝向;對著。《莊子·秋水》:"(河伯)望洋向若而歎曰:'野語有之曰:聞道百以爲莫己若者,我之謂也。'"(若:海神。)由此抽象引申爲偏向;崇尚。《史記·汲鄭列傳》:"上方向儒術,尊公孫弘。"用作名詞:方向,方位。《國語·周語上》:"明利害之向。"《北史·牛弘傳》:"堂高三尺,以應三統;四向五色,各象其行。"特指志趣上的趨向;追求。《後漢書·方術傳下·薊子訓》:"於是子訓流名京師,士大夫皆承風向慕之。"曾鞏《襄州到任表》:"伏念臣素堅向學之心,幸遇好文之主。"雙音詞有[向往]。

9. 寫(xiě)

《説文》:"寫,置物也。"轉移放置。《禮記·曲禮上》:"君賜餘,器之溉者不寫,其餘皆寫。"(大意:國君賜給剩餘的食物,如果是可以洗滌的食器就不把食物移放在別的食器裏,如果是不可洗滌的食器就移放在別的食器裏。)引申爲傳輸。《史記·秦始皇本紀》:"發北山石,乃寫蜀、荆地材皆至。"(發:開採。材:木材。)抽象引申爲模擬,把原物轉換爲一種新的表現形式。《淮南子·本經訓》:"雷震之聲,可以鼓鐘寫也。"《史記·秦始皇本紀》:"秦每破諸侯,寫放其宫室,作之咸陽北阪上。"特指抄寫;謄錄。《漢書·藝文志》:"(孝武)建藏書之策,置寫書之官。"《抱朴子·遐覽》:"諺曰:'書三寫,魚成魯,虛成虎。'"雙音詞有[摹寫]。

10. 雅

《玉篇》:"雅,正也。""雅"的基本義是正。《荀子·儒效》:"道過三代謂之蕩,法二後王謂之不雅。"(二:背離。)《論語·述而》:"《詩》、《書》、執禮,皆雅言也。"(雅言:標準通用語。)雙音詞有[雅正]。引申爲高尚脱俗的;美好的。《楚辭·大招》:"容則秀雅。"《後漢書·馬援傳》:"(朱勃)衣方領,能矩步,辭言嫻雅。"雙音詞有[高雅][優雅],成語有[雅俗共賞]。

【提示】《説文》:"雅,楚烏也。從隹牙聲。""雅"是"鴉"的古字(讀yā)。白賁《百字折桂令》:"千點萬點老樹昏雅。"

11. 藝

《説文》:"埶,種也。""埶"是"藝"的古字。又作"蓺"。本義是種植。《尚書·禹貢》:"蒙、羽其藝。"(大意:蒙、羽兩座山可以種植。)《孟子·滕文公上》:"后稷教民稼穡,樹藝五穀。"種植與技能有關,用作名詞:才能;技術。《尚書·金縢》:"能多材多藝,能事鬼神。"《史記·龜策列傳》:"至今上即位,博開藝能之路,悉延百端之學。"雙音詞有[才藝][技藝]。轉指文章寫作方面的技能學問;又指文章典籍。《抱朴子·自叙》:"洪祖父學無不涉,究測精微,文蓺之高,一時莫倫。"(洪:人名。)《論衡·藝增》:"言審莫過聖人,經藝萬世不易。"古代的"六藝"既指教育學生的六種科目(禮、樂、射、御、書、數),也指儒家的"六經"(《禮》《樂》《書》《詩》《易》《春秋》)。

12. 周

《説文》:"周,密也。"基本義是周密;嚴密。《左傳·昭公四年》:"其藏之也周,其用之也徧。"(其:指冰。)《孫子·謀攻》:"夫將者,國之輔也。輔周則國必強,輔隙則國必弱。"雙音詞有[周嚴]。抽象引申爲相合;親和。《楚辭·離騷》:"何方圓之能周兮,夫孰異道而相安。"《論語·爲政》:"君子周而不比,小人比而不周。"又引申爲遍及;無缺失。《史記·秦始皇本紀》:"親巡天下,周覽四方。"韓愈《原毀》:"古之君子,其責己也重以周。"雙音詞有[周遍][周全][周備]。圓周環繞接續無缺,轉指環繞;周圍。《左傳·鞌之戰》:"齊師敗績,逐之,三周華不注。"《漢書·劉向傳》:"秦始皇帝葬於驪山之阿,下錮三泉,上崇山墳,其高五十餘丈,周回五里有餘。"成語有[周而復始]。

13. 築

《說文》:"築,擣也。"用杵把土擣堅實。《詩經·大雅·緜》:"築之登登。"(登登:擣土的聲音。)又《豳風·七月》:"九月築場圃,十月納禾稼。"轉指擣土的杵。《史記·黥布列傳》:"項王伐齊,身負板築,以爲士卒先。"(板:築牆用的夾板。)陳琳《飲馬長城窟行》:"官作自有程,舉築諧汝聲。"由築土引申泛指修造。《詩經·大雅·緜》:"築室于茲。"《戰國策·魏策一》:"築帝宮,受冠帶。"《後漢書·梁冀傳》:"又廣開園囿,採土築山,十里九阪,以像二崤。"雙音詞有[建築][構築]。用作名詞,指建築物。杜甫《畏人》詩:"畏人成小築,褊(biǎn)性合幽棲。"(褊性:這裏指不合羣的性情。)

【提示】《說文》:"筑,以竹曲,五弦之樂也。"古代的一種弦樂器,敲擊發聲(舊讀 zhú)。"筑"同"築"是意思不同的兩個字。《史記·刺客列傳》:"高漸離擊筑,荊軻和而歌於市中。"

14. 總

《說文》:"總,聚束也。"合起來束在一起。《詩經·衛風·氓》:"總角之宴,言笑晏晏。"《新唐書·元載傳》:"有晉州男子郇謨以麻總髮。"泛指聚合。《淮南子·原道訓》:"萬物之總,皆閱一孔;百事之根,皆出一門。"(閱:出。)《抱朴子·省煩》:"次其源流,總合其事,類集以相從。"雙音詞有[總計][匯總]。抽象引申爲概括。《大戴禮記·哀公問》:"總要萬物。"《說苑·雜言》:"觀其俗而和其風,總衆議而定其教。"雙音詞有[總括]。

15. 遵

《說文》:"遵,循也。"順著走。《詩經·豳風·七月》:"女執懿筐,遵彼微行。"《楚辭·哀郢》:"去故鄉而就遠兮,遵江夏以流亡。"抽象引申爲依照,不違背。《尚書・洪範》："無偏無陂(bì),遵王之義。"(陂:不正。)《史記・秦始皇本紀》："職臣遵分,各知所行,事無嫌疑。"雙音詞有[遵從][遵守]。

古漢語常識

詩詞格律

詩　律

一　詩體

　　漢魏六朝以前的詩,最集中地展現在《詩經》《楚辭》兩部詩集中,對後來詩歌的創作產生了深遠的影響。
　　古詩、古體詩　漢魏六朝詩一般稱爲古詩,包括樂府詩和這一時期文人創作的五言詩和七言詩①。樂府原是漢代官署名,負責採集民間歌辭並配以樂曲以便歌唱,後來把這些配樂的歌辭也稱爲"樂府"。習慣上把採自民間的歌辭稱爲"樂府民歌"(如《陌上桑》《木蘭詩》),以區別於文人創作的樂府歌辭。後代沿用樂府舊題或者摹仿樂府詩創作的詩歌,雖然不再配有樂曲,但也稱爲樂府詩。如曹操的《短歌行》《步出夏門行》就是不入樂而沿用樂府舊題的樂府詩,李白的《行路難》《將進酒》也是樂府舊題。在唐代,還有一類"即事名篇"自創新題的新樂府詩,繼承了樂府詩"感于哀樂,緣事而發"的精神,最著名的如白居易的《新樂府》五十首。
　　漢魏六朝詩以五言詩爲主,也有四言詩、六言詩、七言詩和雜言詩。"五言詩""七言詩"是指整首詩每句的字數是固定的(五個字或七個字),

---

①　《文選》有《古詩十九首》的名目。這是説詩的作者姓名失傳,時代不能確定,六朝人就稱爲古詩。

雜言詩每句的字數不固定。文人創作的五言詩到東漢纔出現，《古詩十九首》是五言詩達到成熟階段的標志。七言詩的出現要晚一些。較早的《柏梁臺詩》不知何人所作。現存最早的有作者可考的七言詩是曹丕的《燕歌行》。《柏梁臺詩》和《燕歌行》都是句句入韻的，後人把這種句句入韻的七言詩稱作"柏梁體"。最早的隔句押韻的七言詩見於南朝宋鮑照的《擬行路難》。

永明體　南朝時周顒、沈約等人發現漢語有四聲，並開始將四聲的區分運用到詩歌創作上。到齊武帝永明年間，形成了一種講究聲律的新詩體，這就是"永明體"，代表詩人有沈約、謝朓等①。永明體是以五言四句和五言八句爲主，講究駢偶和平仄，這就爲後來近體詩的形成奠定了基礎。

近體詩　到了唐代，在永明體的基礎上就形成了一種有特定格律的詩體，稱作"近體詩"或"今體詩"。這種詩體成熟於唐代，所以稱爲"近"或"今"。因爲講究格律，所以也叫"格律詩"②。近體詩包括五律和七律、五絕和七絕（指律體絕句）、超過八句的排律（又叫長律）。近體詩興起以後，凡是不依格律寫的詩叫作古體詩（前面說的沿用樂府舊題的樂府詩和新樂府詩都是古體詩）。"近體"和"古體"是著眼於是否講究詩的格律來說的。從每句的字數來看，五言的古體詩叫五古（如杜甫的《望嶽》、孟郊的《遊子吟》），七言的古體詩叫七古（如王勃《滕王閣詩》、李白《金陵酒肆留別》）。如果是雜言，往往歸入七古。有一些古體詩又冠以"古風"的名目，如李白的《古風》五十九首。

二　近體詩的格律

所謂格律就是對詩的格式的規定，包括字數句數、平仄、對仗和押韻幾個方面。相對於古體詩，近體詩在格律方面的要求是：一、句數字數固

---

①　《南齊書·陸厥傳》："永明末盛爲文章，吳興沈約、陳郡謝朓、琅邪王融以氣類相推轂。汝南周顒善識聲韻。約等文皆用宮商，以平上去入爲四聲，以此制韻，不可增減，世呼爲'永明體'。"

②　元稹《唐故工部員外郎杜君墓係銘》："唐興，官學大振，歷世之文，能者互出，而又沈、宋之流，研練精切，穩順聲勢，謂之爲律詩。由是而後，文變之體極焉。"

定(不包括排律);二、押韻嚴格;三、講究平仄;四、要求對仗。下面分別說明。

(一) 句數字數

古體詩沒有句數字數的限定,近體詩的句數字數則是固定的,每首八句或者四句(排律超過八句,一般是五言詩)。限定八句的叫作律詩,限定四句的叫作絕句(這裏指律絕)①。從字數看,每句的字數有五言、七言兩種;五言的叫五律、五絕,七言的叫七律、七絕。

近體詩的句數是固定的,但不能反過來説凡是八句的就叫律詩,四句的就叫律絕,因爲近體詩最主要的格律要求是在聲韻方面(特別是平仄的要求),不能只看句數。比如有的絕句並不講究格律,這樣的絕句叫作"古絕",如李紳的《憫農》:

鋤禾日當午,汗滴禾下土。誰知盤中餐,粒粒皆辛苦。

這首詩的押韻是仄聲韻("午、土、苦"),就不是律絕。

(二) 押韻

"韻"的概念在"古書的讀音"一節已有介紹。近體詩的押韻並不要求整個韻母相同,只是韻腹、韻尾相同即可。如李白《早發白帝城》:

朝辭白帝彩雲間(jiān),千里江陵一日還(huán)。
兩岸猿聲啼不住,輕舟已過萬重山(shān)。

近體詩押韻嚴格表現在幾個方面。第一,一般押平聲韻(仄聲韻的近體詩罕見)。第二,一韻到底。就是説韻脚要求用同一韻中的字。原則上要從韻書中的同一個韻目中選字,不能"出韻"("出韻"就是用了鄰韻中的字)。第三,首句可以入韻,也可以不入韻(五律多不入韻,七律多入韻。首句入韻後來也有用鄰韻的)。

近體詩押韻依照的是"平水韻",一般叫作"詩韻"。平水韻共106韻(平聲30韻、上聲29韻、去聲30韻、入聲17韻)。儘管平水韻是宋金時確立的,但它反映了唐代格律詩用韻的標準。

---

① "絕句"這個名稱唐代以前就有了。絕句還包括古絕,不過人們説到絕句通常指律絕。

詩歌的押韻呈現出一種回環的音樂美。

（三）平仄

平仄是近體詩在格律方面最重要的要求（平仄的概念見"古書的讀音"一節）。近體詩平仄相對兩句配在一起叫一聯；每一聯的前一句叫出句，後一句叫對句。律詩每一首八句共四聯：第一聯叫"首聯"，第二聯叫"頷聯"，第三聯叫"頸聯"，第四聯叫"尾聯"。絕句和排律不用這些名稱。

近體詩對平仄的要求，有兩句簡要的話可以幫助我們掌握[①]：平仄在本句中是交替的，平仄在對句中是對立的。

下面是杜甫七律《登高》中的兩句詩：

無邊｜落木‖蕭蕭｜下，
平平｜仄仄‖平平｜仄

不盡｜長江‖滾滾｜來。
仄仄｜平平‖仄仄｜平

我們看到，詩的節奏一般是每兩個字構成一個節拍（上面的每一句有四個節拍）。就同一句詩來說，節拍的平仄是交替的；就一聯來說，出句和對句對應的節拍的平仄是對立的。

仄是不平，字音平仄的交替和對立使詩歌呈現出一種抑揚變化的音樂美。

近體詩的基本句式　　無論五言還是七言，近體詩的基本句式只有四種：

　　　［甲］（平平）仄仄平平仄　　　［乙］（仄仄）平平仄仄平
　　　［丙］（仄仄）平平平仄仄　　　［丁］（平平）仄仄仄平平

四種句式就構成兩"聯"：甲和乙構成一聯，平仄相對；丙和丁構成一聯，平仄相對。由於近體詩要求押平聲韻，所以對句只能是平聲收尾。從收尾的字看：乙、丁是一類，以平聲收尾；甲、丙是一類，以仄聲收尾。一首格律詩就是由這四種句式交替使用構成的。

可以看出，七言的句式只是在五言的句式前面加上一個平仄相反的節拍；所以只要掌握了五言的句式，七言的句式就很容易推導出來。

---

① 王力《詩詞格律·關於詩詞格律的一些概念》。

近體詩的基本類型 上面甲、乙、丙、丁四種基本句式排比組合，就構成近體詩的四種類型：

(1)首句平起不入韻(這一類型是甲、乙、丙、丁四種句式排比的反復)①

　　　　[甲](平平)仄仄平平仄　　　[乙](仄仄)平平仄仄平
　　　　[丙](仄仄)平平平仄仄　　　[丁](平平)仄仄仄平平
　　　　[甲](平平)仄仄平平仄　　　[乙](仄仄)平平仄仄平
　　　　[丙](仄仄)平平平仄仄　　　[丁](平平)仄仄仄平平

五律如杜甫《春夜喜雨》②：

　　好雨知時節，當春乃發生。
　　　　　△　　　　　△
　　隨風潛入夜，潤物細無聲。
　　　　　△　　　　　△
　　野徑雲俱黑，江船火獨明。
　　　　　△
　　曉看紅濕處，花重錦官城。
　　　　　△

七律如杜甫《客至》：

　　舍南舍北皆春水，但見羣鷗日日來。
　　　　　　　　　　　　　△
　　花徑不曾緣客掃，蓬門今始爲君開。
　　　　　△
　　盤飧市遠無兼味，樽酒家貧只舊醅。
　　肯與鄰翁相對飲，隔籬呼取盡餘杯。
　　　　　　　　△

(2)首句仄起不入韻(這一類型是丙、丁、甲、乙四種句式排比的反復)

　　　　[丙](仄仄)平平平仄仄　　　[丁](平平)仄仄仄平平
　　　　[甲](平平)仄仄平平仄　　　[乙](仄仄)平平仄仄平
　　　　[丙](仄仄)平平平仄仄　　　[丁](平平)仄仄仄平平
　　　　[甲](平平)仄仄平平仄　　　[乙](仄仄)平平仄仄平

五律如王維《山居秋暝》：

　　空山新雨後，天氣晚來秋。

---

① 這裏說的"首句平起"指七言，五言相反。後同。
② 標"△"的字是入聲。後同。詩中有可平可仄的地方暫不標出，見後文的討論。

明月松間照,清泉石上流。
竹喧歸浣女,蓮動下漁舟。
隨意春芳歇,王孫自可留。

七律如杜甫《聞官軍收河南河北》:

劍外忽傳收薊北,初聞涕淚滿衣裳。
却看妻子愁何在,漫卷詩書喜欲狂。
白日放歌須縱酒,青春作伴好還鄉。
即從巴峽穿巫峽,便下襄陽向洛陽。

(3)首句平起入韻[這是將第(1)種類型的首句甲種句換成丁種句]

[丁](平平)仄仄仄平平　　[乙](仄仄)平平仄仄平
[丙](仄仄)平平平仄仄　　[丁](平平)仄仄仄平平
[甲](平平)仄仄平平仄　　[乙](仄仄)平平仄仄平
[丙](仄仄)平平平仄仄　　[丁](平平)仄仄仄平平

五律如杜甫《月夜憶舍弟》:

戍鼓斷人行,邊秋一雁聲。
露從今夜白,月是故鄉明。
有弟皆分散,無家問死生。
寄書長不達,況乃未休兵。

七律如韓愈《左遷藍關示侄孫湘》:

一封朝奏九重天,夕貶潮陽路八千。
欲爲聖明除弊事,肯將衰朽惜殘年。
雲橫秦嶺家何在,雪擁藍關馬不前。
知汝遠來應有意,好收吾骨瘴江邊。

(4)首句仄起入韻[這是將第(2)種類型的首句丙種句換成乙種句]

[乙](仄仄)平平仄仄平　　[丁](平平)仄仄仄平平
[甲](平平)仄仄平平仄　　[乙](仄仄)平平仄仄平
[丙](仄仄)平平平仄仄　　[丁](平平)仄仄仄平平
[甲](平平)仄仄平平仄　　[乙](仄仄)平平仄仄平

五律如李商隱《晚晴》：

　　深居俯夾城，春去夏猶清。
　　天意憐幽草，人間重晚晴。
　　併添高閣迥，微注小窗明。
　　越鳥巢乾後，歸飛體更輕。

七律如李商隱《無題》：

　　相見時難別亦難，東風無力百花殘。
　　春蠶到死絲方盡，蠟炬成灰淚始乾。
　　曉鏡但愁雲鬢改，夜吟應覺月光寒。
　　蓬山此去無多路，青鳥殷勤爲探看。

以上四種類型可分爲兩類：第一類是首句不入韻的。首句不入韻的只是甲種句和丙種句，這就構成了首句是甲種句的(1)類和首句是丙種句的(2)類。第二類是首句入韻的。首句入韻只是乙種句和丁種句，這樣就構成了首句是丁種句的(3)類和首句是乙種句的(4)類。可以看出，四種類型的首句分別是甲種句、丙種句、丁種句、乙種句，不同的首句構成不同的類型。

黏、對　近體詩有"黏"和"對"的講究。所謂黏，就是後一聯出句第二字的平仄必須跟前一聯對句第二字的平仄相同，平黏平，仄黏仄。如果不合這個規則，就叫"失黏"；如果失黏，前後兩聯的平仄就雷同了。所謂"對"，就是每一聯的出句和對句同一位置上的字平仄相反，也就是乙種句對甲種句，丁種句對丙種句。不合這個規則，就叫"失對"；如果失對，一聯中上下兩句的平仄就雷同了①。下面杜甫的《絕句》可以幫助我們體會近體詩黏和對的規則：

　　兩個黃鸝鳴翠柳，一行白鷺上青天。
　　窗含西嶺千秋雪，門泊東吳萬里船。

唐詩中有少數失黏的，失對的很少②。李白的《靜夜思》"舉頭望明月"一

---

①　如果首句入韻，首聯的平仄就不完全相對。
②　杜甫《詠懷古跡》(其二)的頷聯"悵望千秋一灑淚，蕭條異代不同時"和首聯"搖落深知宋玉悲，風流儒雅亦吾師"是失黏。

句不合黏的規則,"低頭思故鄉"一句不合對的規則,就不是律絕,是一首古絕。

孤平 孤平是就乙種句說的。乙種句五言的第一字或七言的第三字按規則是平聲字,如果用了仄聲字,就叫"犯孤平"。因爲除了句尾的韻腳字是平聲,就只剩下一個平聲字了,就是孤平。犯孤平是律詩的大忌。

三平調 三平調是就丁種句說的。丁種句五言的第三字、七言第五字(都是倒數第三字)必須是仄聲,如果是平聲,最後三個字都成了平聲字,就是三平調,這是近體詩不允許出現的①。

拗救 平仄不合格律要求的句子叫拗句,"拗"是不順的意思。出現了拗句,就要加以補救,這就是"拗救"。一般地說,就是該用平聲的地方用了仄聲,那麼就要在本句或對句適當的位置把該用仄聲的字改用平聲字。拗救主要涉及以下三種句式:

1. 乙種句　乙種句的拗救也就是孤平拗救。孤平是五言的第一字或七言的第三字該用平聲而用了仄聲字,救的辦法是把本句的倒數第三字改用平聲字。也就是說,五言第一字拗,第三字救;七言第三字拗,第五字救。這是本句自救,補救後末尾的三個字是"平仄平"。如李商隱《蟬》:

　　薄宦梗猶泛,故園蕪已平。②

許渾《咸陽城東樓》:

　　溪云初起日沉閣,山雨欲來風滿樓。

蘇軾《新城道中》:

　　野桃含笑竹籬短,溪柳自搖沙水清。

2. 甲種句　甲種句的拗救有兩種情況。第一,五言的第四字、七言的第六字(都是倒數第二字)依規則是用平聲字,如果用了仄聲字(有時是三四字、五六字都用了仄聲字),就必須在對句中相救。救的辦法是把對句(乙種句)的倒數第三字改用平聲。這是對句相救,補救後五律的格式是:

---

① 古體詩允許有三平調。如杜甫《歲晏行》:"漁父天寒網罟凍,莫徭射雁鳴桑弓。"

② 字的下面標"•"表示拗,標"。"表示救。後同。

　　　　　仄仄平仄仄　平平平仄平

　　如白居易《賦得古原草送別》：

　　　　野火燒不盡，春風吹又生。

　　"不"是甲種句的拗，"吹"是乙種句的救。

　　七律如陸游《夜泊水村》：

　　　　一身報國有萬死，雙鬢向人無再青。

"有""萬"是甲種句的拗，"向"是乙種句的拗，"無"是乙種句的救。

　　第二，甲種句五言的第三字或七言的第五字（都是倒數第三字）依照規則原本是平聲，如果用了仄聲字，救的辦法是把對句（乙種句）五言的第三字或七言第五字（都是倒數第三字）改用平聲。甲種句的對句是乙種句，這樣五律的格式就是：

　　　　　仄仄仄平仄　平平平仄平

　　如李白《贈孟浩然》：

　　　　吾愛孟夫子，風流天下聞。

　　七律的格式是：

　　　　　平平仄仄仄平仄　仄仄平平平仄平

　　如王維《輞川別業》：

　　　　雨中草色綠堪染，水上桃花紅欲然。

我們看到，甲種句的拗救和乙種句的孤平拗救都是把乙種句的倒數第三字改用平聲，這樣兩種句式的拗救就可以結合起來。如上舉李商隱《蟬》：

　　　　薄宦梗猶泛，故園蕪已平。

"梗"是甲種句的"拗"，"故"是乙種句的"拗"；乙種句的"蕪"字改仄爲平，既救了甲種句，又救了本句的孤平。

　　又如上舉蘇軾《新城道中》：

　　　　野桃含笑竹籬短，溪柳自搖沙水清。

"竹"是甲種句的"拗"，"自"是乙種句的"拗"，乙種句的"沙"改仄爲平，既救了甲種句,又救了本句的孤平。

甲種句第二種情況的拗稱作"半拗",也可以不救。如李白《送友人》:

此地一爲別,孤蓬萬里征。

"一"是甲種句的拗,但乙種句的第三字仍用了一個仄聲字"萬"。

3. 丙種句　丙種句的倒數第三字(五言第三字、七言第五字)依規則是平聲,如果用了仄聲字,救的辦法是把本句的倒數第二字改用平聲字。這是本句自救,就是五言第三字拗,第四字救;七言第五字拗,第六字救。五律如杜甫《天末懷李白》:

涼風起天末,君子意如何。

"起"字拗,"天"字救。杜甫《詠懷古跡》(其四):

蜀主窺吳幸三峽,崩年亦在永安宮。

"幸"字拗,"三"字救。蘇軾《飲湖上初晴後雨》:

欲把西湖比西子,淡妝濃抹總相宜。

"比"字拗,"西"字救。

補救之後的格式是:

平平仄平仄(五言)　仄仄平平仄平仄(七言)

這種"仄平仄"的格式幾乎跟常規的丙種句一樣常見,因此也可以看作一種正格。需要注意的是,這種拗救的句子,五言的第一字、七言的第三字必須是平聲。

關於近體詩的格律,過去學寫詩的人有兩句話:"一三五不論,二四六分明。"意思是每句的第一、第三和第五個字可平可仄,第二第四第六字的平仄是固定的。

就"一三五不論(對五律是一三不論)"這句話來說,對於乙種句和丁種句(平收的句子)並不完全正確。上面談到,乙種句五言的第一字(七言的第三字)應是平聲,否則就是犯孤平。就丁種句而言,如上所說,五律第三字(七律第五字)必須是仄聲,如果是平聲,就成了三平調。

"二四六分明"這句話,對於甲種句和丙種句來說有的地方也可以不分明。就甲種句來說,上面說到甲種句拗救的第一種情況是,五律的第四字(七律的第六字)可以用仄聲字,只是在對句中要加以補救。就丙種句來說,爲了補救,可以把五言的第四字(七言第六字)改用平聲字。

綜合上面的說明,可以標示如下(不加符號的表示平仄固定;加。表示有條件的改變;加·表示平仄自由):

[甲]平平仄仄平平仄　[乙]仄仄平平仄仄平
[丙]仄仄平平平仄仄　[丁]平平仄仄仄平平

了解了律詩的平仄規則,再來看絕句(指律絕)和排律的平仄就不難掌握了。從平仄的角度看,絕句可以看作是截取律詩的一半構成的(跟律詩一樣,也有四種類型)①。五言絕句以首句不入韻爲常見。如王之渙《登鸛雀樓》:

白日依山盡,黃河入海流。
欲窮千里目,更上一層樓。

這首絕句的平仄類型是:

(甲)仄仄平平仄　(乙)平平仄仄平
(丙)平平平仄仄　(丁)仄仄仄平平

我們注意到,第三句的"欲"本應爲平,現用仄,因爲丙種句的第一字可以"不論"。再如李白《憶東山》:

不向東山久,薔薇幾度花。
白雲還自散,明月落誰家。

這首絕句的平仄類型同上。我們注意到:第三句"白"本應平,現用仄;第四句"明"本應仄,現用平。這是因爲丙種句和丁種句的第一字可以"不論"。七言絕句以首句入韻爲常見。如王之渙《涼州詞》:

黃河遠上白雲間,一片孤城萬仞山。
羌笛何須怨楊柳,春風不度玉門關。

這首絕句的平仄類型是:

(丁)平平仄仄仄平平　(乙)仄仄平平仄仄平
(丙)仄仄平平平仄仄　(丁)平平仄仄仄平平

---

① 這不是用來解釋"絕句"名稱的來源,絕句的名稱唐代以前就有了。

我們注意到：第三句"羌"本應仄，現用平，因爲丙種句的第一字可以"不論"。後面的"怨楊柳"三字符合"仄平仄"的格式。

七言也有首句不入韻的。如王維《九月九日憶山東兄弟》：

> 獨在異鄉爲異客，每逢佳節倍思親。
> 遙知兄弟登高處，遍插茱萸少一人。

這首絕句的平仄類型是：

> （丙）仄仄平平平仄仄　（丁）平平仄仄仄平平
> （甲）平平仄仄平平仄　（乙）仄仄平平仄仄平

排律大多爲五言，七言的罕見。排律是律詩的延長，是四句四句依照黏對的規則延長。排律的題目中常有一個"韻"字，如杜甫《上韋左相二十韻》。偶句用韻，"二十韻"就是説全詩四十句。

古體詩不講究平仄，但在近體詩產生之後，受到近體詩講究格律的影響，出現了"入律"的古風。如白居易的《琵琶行》《長恨歌》就有律句的運用。

（四）對仗

近體詩要求對仗，這是就語句方面的特點説的。這一特點是受到駢體文的影響。駢體文在語句上講究駢偶，駢偶就是兩兩相對（兩馬並駕叫作駢，二人並列叫作偶），古代的儀仗兩兩相對，所以駢偶也叫對仗。

近體詩在對仗上的基本要求是：(1)對句和出句（包括句中的詞組）是同類的句法結構相對。(2)對句和出句是同類的詞相對。如王維《山居秋暝》的頷聯：

> 明月松間照，清泉石上流。

"明月松間照"跟"清泉石上流"是主謂結構相對。從句中的詞組看："明月"跟"清泉"是偏正結構相對；"松間照"跟"石上流"也是偏正結構相對。從詞類看："明"跟"清"是形容詞相對；"月"跟"泉"、"松"跟"石"是名詞相對；"間"跟"上"是方位詞相對；"照"跟"流"是動詞相對。再看杜甫的《絕句》和《登高》：

> 兩個黃鸝鳴翠柳，一行白鷺上青天。
> 窗含西嶺千秋雪，門泊東吳萬里船。

> 無邊落木蕭蕭下，不盡長江滾滾來。
> 萬里悲秋常作客，百年多病獨登臺。

近體詩的對仗有時可以幫助我們理解詞義。如李商隱的《無題》詩"曉鏡但愁雲鬢改，夜吟應覺月光寒"，"曉鏡"對"夜吟"，"吟"是動詞，可以推知"鏡"用作動詞，是照鏡子的意思。

律詩對仗的一般情況是：首聯可用可不用（五律首聯對仗的多一些）；中間兩聯要求對仗；尾聯一般不用對仗。首聯對仗的如杜甫的《登岳陽樓》："昔聞洞庭水，今上岳陽樓。"《詠懷古跡（一）》："支離東北風塵際，漂泊西南天地間。"《登高》："風急天高猿嘯哀，渚清沙白鳥飛迴。"對仗不大適合收束，所以尾聯不大用。尾聯也有用的，如杜甫《聞官軍收河南河北》："即從巴峽穿巫峽，便下襄陽向洛陽。"

絕句相當於截取律詩的一半。對仗的情況有四種，常見的兩種。一是相當於截取律詩的首尾兩聯，不用對仗。二是截取律詩的頸聯和尾聯，第一聯用對仗。前者如王維《九月九日憶山東兄弟》：

> 獨在異鄉為異客，每逢佳節倍思親。
> 遙知兄弟登高處，遍插茱萸少一人。

後者如杜甫《江南逢李龜年》：

> 岐王宅裏尋常見，崔九堂前幾度聞。
> 正是江南好風景，落花時節又逢君。

截取律詩的前兩聯或中間兩聯的比較少見。

上面說的是對仗的一般情況，對仗還有體現作詩技巧的不少講究，這裏介紹工對、借對和流水對。

工對 工是嚴整精巧的意思。上面說到的詞類相對還只是就字面語法的分類，進一步還可以再從事類上分出更小的類別用在對仗上（如天文、地理、時令、人事、器物、顏色、數目等），這就是工對。如李白《送友人》：

> 浮雲游子意，落日故人情。

"浮雲""落日"是天文類相對；"游子""故人"是人事類相對；"意""情"是情感類相對。再如杜甫《絕句》：

　　　　兩個黃鸝鳴翠柳,一行白鷺上青天。

"兩個""一行"是數目相對,"黃鸝""白鷺"是禽鳥相對,"翠""青"是顏色相對。

　　借對　　借是借用的意思。常見的借對有兩種:一是借義,二是借音。借義是説一個字有幾個意義,在詩中用的是一個意思,同時又借用這個字另外的意思來構成對仗。如:

　　　　曉鏡但愁雲鬢改,夜吟應覺月光寒。(李商隱《無題》)
　　　　岐王宅裏尋常見,崔九堂前幾度聞。(杜甫《江南逢李龜年》)

"雲"在詩中形容女子濃黑秀美的鬢髮,這裏借雲彩的意思與"月"相對。"尋常"是平常的意思;八尺爲尋,兩尋爲常,這裏借數量的意思跟"幾度"相對。

　　借音是説借用同音的另外一個字的意思構成對仗。如:

　　　　馬驕珠汗落,胡舞白題斜。(杜甫《秦州雜詩(三)》)
　　　　滄海月明珠有淚,藍田日暖玉生煙。(李商隱《錦瑟》)

"珠"借用同音的"朱"跟"白"相對,"滄"借用同音的"蒼"跟"藍"相對。這種借音多用於顏色對。

　　流水對　　流水對是指一聯中的兩句在字面上是相對的,但在語意上相承接,如流水前後連貫。也就是説,出句和對句其實是一句話。如:

　　　　一從歸白社,不復到青門。(王維《輞川閒居》)
　　　　即從巴峽穿巫峽,便下襄陽向洛陽。(杜甫《聞官軍收河南河北》)
　　　　唯將終夜長開眼,報答平生未展眉。(元稹《遣悲懷》)

這種流水對最適合用在尾聯。

　　近體詩的對仗使詩歌呈現出一種整齊的美。

詞　律

　　詞最早起於民間,原本是配樂的歌詞,是詩與音樂結合的產物,所以最初稱爲曲子詞。唐時文人開始創作詞,按照樂譜的音律來寫詞,所以叫填詞,又叫倚聲。後來樂譜失傳,詞人按照前人作品的句式平仄來寫詞,詞就逐漸脫離了音樂，演變成爲詩的一種別體。鑒於詞跟音樂和詩的這種關係，詞又有"樂府""近體樂府""樂章""詩餘""長短句""歌曲"等名稱①。詞的句子有長有短，雜言古體詩的句子也有長有短，二者的不同在於詞的句子的長短要依據詞調的規定，古體詩句子的長短是隨意的。

一　詞調　詞牌　詞譜

詞調、詞牌　詞調就是填詞所依據的樂譜、曲調。詞調很多，有不同的來源。每種詞調都有特定的名稱，這種調名叫作詞牌。詞牌最初有的是樂曲的名稱，如《菩薩蠻》《西江月》《蝶戀花》。調名不同，表達的曲調的聲情也不一樣（如纏綿婉轉、高亢激越等）。也有的詞牌原本是詞的題目，如《漁歌子》《浪淘沙》，跟詞的內容有關（如《漁歌子》寫漁夫生活）。也有的是摘取一首詞中的幾個字，如《憶江南》，原本叫《謝秋娘》，又叫《望江南》，後來白居易用這個詞調填了一首詞，最後一句是"能不憶江南"，《憶江南》就成了通行的詞牌。《念奴嬌》又叫《大江東去》《酹江月》，也是因爲蘇軾填了一首有名的詞，其中有"大江東去""一尊還酹江月"的話，但通行的詞牌還是《念奴嬌》。到了後來，詞的內容逐漸跟調名脫離關係，所以同一個詞調可以寫不同的內容。如《念奴嬌》，蘇軾寫"大江東去"，李清照却寫"蕭條庭院，又斜風細雨，重門須閉"。詞的內容既跟詞調脫節，後來詞人就在詞牌下另寫一個詞的題目或者小序。如蘇軾《念奴嬌》的詞題是"赤壁懷古"；《水調歌頭》下寫"丙辰中秋，歡飲達旦，大醉，作此篇，兼懷子由"，這是小序。

同調異名、同調異體　同調異名是説同一個詞調有幾個調名。如《念奴嬌》又名《百字令》《大江東去》《酹江月》，《蝶戀花》又名《鵲踏枝》《卷珠簾》《鳳棲梧》。同調異體是説同一個詞調可以有幾種體式。如《滿江紅》有押仄韻的，也有押平韻的；《江城子》有單調的，也有雙調的。所以以前編寫的詞譜，在"正體"後面列有"又一體"；正體是多數人採用的或時代較早的體式，"又一體"是別體。

分類　按照字數的多少，詞可以分爲小令（五十八字以内）、中調（五

---

① 如蘇軾《東坡樂府》、歐陽修《歐陽文忠公近體樂府》、柳永《樂章集》、范仲淹《范文正公詩餘》、辛棄疾《稼軒長短句》、姜夔《白石道人歌曲》。

十九至九十字)、長調(九十一字以上)。按照段落多少，詞分爲單調、雙調、三疊、四疊；其中雙調最爲常見。詞的一段叫作闋，也叫片①。單調的不分段(如《漁歌子》《如夢令》)，雙調分上下(或前後)兩闋(如《滿江紅》《雨霖鈴》)，三疊的分三段(如《蘭陵王》)，四疊的分四段(現僅存《鶯啼序》一調)。

詞譜 填詞本來是依據樂譜的，宋代以後樂譜逐漸失傳，就只能按照前人作品的句式和平仄來填寫，跟音樂失去了聯繫。後來把各種詞調的字數、句數、平仄、押韻等格式歸納出來就成爲詞譜，這樣人們就可以依照詞譜來填詞。通行的詞譜有清人萬樹編的《詞律》和王奕清等奉康熙皇帝命編寫的《欽定詞譜》。

二　詞的用韻

與近體詩不同，詞的用韻最初大致是依照口語，並沒有韻書作爲規範。由於方言和個人習慣等因素，不同作者的用韻也有一定的差異。總的看詞韻比詩韻更寬，更自由。後來編寫有詞韻用書，如影響較大的清人戈載的《詞林正韻》把詞韻分爲十九部：平上去三聲分爲十四部，入聲分爲五部。其實這十九部大致是將詩韻加以合并，並不完全符合唐宋詞押韻的實際情況。

詞的用韻有幾點值得注意：

一、一韻到底。這是説在同一個韻部內，有的詞調規定都用平聲，有的詞調規定都用仄聲，界限清楚。二、上去通押。這是説在同一個韻部內上聲跟去聲可以通押，押韻的字用上聲還是用去聲是自由的。三、平仄互押。同一個韻部内平聲跟上聲、去聲互押。這跟上面説的上去通押不一樣：上去通押是隨意的，平仄互押是有規定的，韻脚用平聲還是仄聲由詞調規定。四、平仄換韻。通押、互押都是在同一個韻部内，"換韻"則是改换韻部，由平韻换仄韻，或由仄韻换平韻，在什麼地方换韻是詞調規定好的。

總之，詞的用韻跟近體詩相比：第一，從韻脚的位置看，不限於偶句或

---

① "闋"是曲終的意思。"片"就是遍。一闋、一片就是説樂曲演奏了一遍。

首句；第二，不是一韻到底；第三，不限於押平聲韻。

三　詞的平仄

　　詞的句式以律句爲主，也有不合平仄的拗句。每首詞用字的平仄由詞調規定，除了少數例外，字的平仄不能隨意改動，而且有的仄聲還要分上聲、去聲、入聲。詞的音樂性要求用字諧聲，所以在平仄上的規定比近體詩要嚴（當然填詞對四聲的運用有一個發展過程，不同的詞調也有不同的要求）。

　　詞是長短句，從一字句到十一字句都有，下面分別簡要說明。

　　一字句　用平聲，入韻。一字句很少見。如：

　　　　天！休使圓蟾照客眠。（蔡伸《十六字令》）

　　二字句　以平仄、平平爲常見。如：

　　　　（1）江國，正寂寂。（姜夔《暗香》）
　　　　（2）知否？知否？應是綠肥紅瘦。（李清照《如夢令》）
　　　　（3）銷魂！當此際，香囊暗解，羅帶輕分。（秦觀《滿庭芳》）

　　三字句　一般是五言、七言律句的三字尾（平平仄、仄平平、平仄仄等）。如：

　　　　（1）梧桐樹，三更雨。（溫庭筠《更漏子》）
　　　　（2）青箬笠，綠蓑衣。（張志和《漁歌子》）
　　　　（3）不思量，自難忘。（蘇軾《江城子》）
　　　　（4）人不見，水空流。（秦觀《江城子》）

　　四字句　相當於七言律句的前四字（平平仄仄、仄仄平平）。如：

　　　　（1）風簾翠幕。（柳永《望海潮》）
　　　　（2）亂石穿空，驚濤拍岸。（蘇軾《念奴嬌》）
　　　　（3）驛寄梅花，魚傳尺素。（秦觀《踏莎行》）
　　　　（4）水面清圓，一一風荷舉。（周邦彥《蘇幕遮》）

　　四字句還有一種特有的格式"仄平平仄"（第三字必平）。如：

(1) 對長亭晚。（柳永《雨霖鈴》）

(2) 翠峰如簇。（王安石《桂枝香》）

(3) 一川煙草，滿城風絮。（賀鑄《清玉案》）

五字句 相當於五言的律句（"平平仄仄平"少見）。如：

(1) 獨自莫憑欄。（李煜《浪淘沙》）

(2) 把酒問青天。（蘇軾《水調歌頭》）

(3) 捲起千堆雪。（蘇軾《念奴嬌》）

(4) 青山遮不住。（辛棄疾《菩薩蠻》）

(5) 驛外斷橋邊，寂寞開無主。（陸游《卜算子》）

六字句 六字句是四字句的擴展，即在四字句（平平仄仄、仄仄平平）的前面加上平仄相反的兩個字。如：

(1) 林花謝了春紅。（李煜《烏夜啼》）

(2) 重湖疊巘清嘉。（柳永《望海潮》）

(3) 又恐瓊樓玉宇。（蘇軾《水調歌頭》）

(4) 清風半夜鳴蟬。（辛棄疾《西江月》）

七字句 七字句是七言律句的句式。如：

(1) 一曲新詞酒一杯。（晏殊《浣溪沙》）

(2) 會挽雕弓如滿月。（蘇軾《江城子》）

(3) 花自飄零水自流。（李清照《一剪梅》）

(4) 塞下秋來風景異，衡陽雁去無留意。（范仲淹《漁家傲》）

七字句以上稱爲長句，在詞中比較少見。七字以上的句子，可以看作是上述句式的複合。如八字句是上三下五（或上一下七等）、九字句是上三下六（或上六下三等）。如：

(1) 更那堪冷落清秋節。（柳永《雨霖鈴》）

(2) 待從頭收拾舊山河。（岳飛《滿江紅》）

(3) 對瀟瀟暮雨灑江天。（柳永《八聲甘州》）

(4) 嘆西園已是花深無地。（周邦彥《瑞鶴仙》）

(5) 別是一般滋味在心頭。（李煜《烏夜啼》）

其他就不再舉例了。

當然，詞也有用拗句的。但不論是律句還是拗句，每一句的平仄格式詞調都是規定好的。

由上面的介紹可以看出，從近體詩的律句入手去了解詞的平仄，就比較容易把握。

一字豆　詞有一種特有的句式叫"一字豆"。"豆"即"逗"，是稍有停頓的意思。一字豆不是獨立的一句，而是領起一句或幾句。如：

(1) 對長亭晚。（柳永《雨霖鈴》）
(2) 正江涵秋影雁初飛。（辛棄疾《木蘭花慢》）

最常見的是出現在四字句的前面構成五字句：

(1) 有三秋桂子，十里荷花。（柳永《望海潮》）
(2) 漸霜風淒緊，關河冷落，殘照當樓。（柳永《八聲甘州》）
(3) 正故國晚秋，天氣初肅。（王安石《桂枝香》）

一字豆通常是虛詞，有些是動詞，多數是去聲。

一字豆又叫"領句字"。領句字不限於一個字，如"似覺瓊枝玉樹相倚，暖日明霞光爛"（周邦彥《拜星月慢》），"似覺"是領句字。

四　詞的對仗

律詩要求對仗，詞的對仗比較自由，是否要用對仗並沒有明確的要求。詞有對仗，很難說是詞律的規定。跟律詩相比，詞的對仗有以下幾點不同：

第一，律詩的對仗一般要求平仄相對，平對仄，仄對平。詞的對仗沒有這個限制。例如：

(1) 落花人獨立，微雨燕雙飛。（晏幾道《臨江仙》）
(2) 亂石穿空，驚濤拍岸。（蘇軾《念奴嬌》）
(3) 左牽黃，右擎蒼。（蘇軾《江城子》）
(4) 一種相思，兩處閒愁。（李清照《一剪梅》）
(5) 心在天山，身老滄州。（陸游《訴衷情》）

前兩例平仄相對,後三例平仄相同。

第二,近體詩的對仗要避免同字相對,詞的對仗沒有這個限制。例如:

(1) 汴水流,泗水流。(白居易《長相思》)
(2) 紅了櫻桃,綠了芭蕉。(蔣捷《一剪梅》)
(3) 人有悲歡離合,月有陰晴圓缺。(蘇軾《水調歌頭》)
(4) 日出江花紅勝火,春來江水綠如藍。(白居易《憶江南》)

第三,近體詩對仗的位置是固定的,詞的對仗很少有固定的位置。這是因爲近體詩每句的字數是相同的,而詞是長短句,只有相連的兩句字數相同纔有配對的可能。如:

(1) 柳絲長,春雨細。(溫庭筠《更漏子》)
(2) 月上柳梢頭,人約黃昏後。(歐陽修《生查子》)
(3) 人有悲歡離合,月有陰晴圓缺。(蘇軾《水調歌頭》)
(4) 柔情似水,佳期如夢。(秦觀《鵲橋仙》)
(5) 三十功名塵與土,八千里路雲和月。(岳飛《滿江紅》)

第四,由一字豆領起的句子也可以構成對仗。例如:

(1) 縱豆蔻詞工,青樓夢好。(姜夔《揚州慢》)
(2) 有三秋桂子,十里荷花。(柳永《望海潮》)

一字豆領起的對仗還有一種"扇面對",就是兩句跟兩句相對。例如:

(1) 似謝家子弟,衣冠磊落;相如庭户,車騎雍容。(辛棄疾《沁園春》)
(2) 嘆年光過盡,功名未立;書生老去,機會方來。(劉克莊《沁園春》)

附錄一

繁簡字異體字例釋

說明：(1)圓括號中的字是繁體字。(2)方括號中的字是《第一批異體字整理表》中的異體字。加"＊"號的方括號中的字是《第一批異體字整理表》之外的異體字。(3)"從×"表示意符，"×聲"表示聲符。(4)《説文解字》簡稱《説文》。

A

爱（愛）　愛，《説文》在夊（suī）部（夊部的字多與行走有關），解釋爲"行貌"。喜愛的意思《説文》作"㤅"，在心部，解釋爲"惠"。《亢倉子·君道》："士有天下人㤅之而主不㤅者。"文獻通作"愛"。"爱"來源於草書。

B

表（錶）　(1)《説文》："表，上衣也。从衣，从毛。古者衣裘，以毛爲表。""表"本來的意思是外衣。《莊子·讓王》："(子貢)中紺（gàn）而表素。"(中：裏面的衣服。紺：黑紅色。)後也用作計時器。(2)"錶"是晚近出現的字，用於計時器。

C

1. 才（纔）　(1)《廣韻·咍韻》："才，質也。""才"的意思是才性，才質。《孟子·告子上》："富歲子弟多賴，凶歲子弟多暴，非天之降才爾殊也。"（賴：懶怠。爾殊：如此不同。）(2)纔，《說文》在糸(mì)部，讀 shān，一種黑裏帶紅的顏色。借用表示限止的副詞（剛纔，僅只），後又作"才"。

2. 草[艸]　(1)草，本讀 zào，《說文》解釋爲"草斗"，即櫟樹的籽實。後作"皁(皂)"。(2)艸，草木的{cǎo}《說文》作"艸"，小篆字形象草形。

3. 厂（廠）　廠，又作"厰"，简化字"厂"是"廠"的省寫。简化字"厂(chǎng)"和《說文》中的"厂(hǎn)"字（意思是山崖邊的岩穴）同形。

4. 吃[喫]　(1)吃，舊讀 jí。《說文》解釋爲"言蹇難"，口吃結巴的意思。《漢書·周昌傳》："昌爲人吃。"(2)喫，《說文新附》解釋爲"食"。吃飯的{chī}本作"喫"，後作"吃"。

5. 冲（衝）[＊沖]　(1)沖，《說文》解釋爲"涌搖"，動搖的意思。《詩經·小雅·蓼蕭》："鞗(tiáo)革沖沖。"（鞗革：馬絡頭下垂的裝飾）。後又寫作"冲"。(2)衝，《說文》作"衝"，在行部，解釋爲"通道"，交通要道。《左傳·昭公元年》："(子晳)欲殺之而娶其妻。子南知之，執戈逐之。及衝，擊之以戈。"雙音詞有[要衝]。

6. 虫（蟲）　(1)虫，《說文》音 huǐ，指一種毒蛇（這個意思後作"虺"）。不過至晚在漢代有的文獻即用"虫"表示昆蟲。(2)蟲，《說文》講"有足謂之蟲，無足謂之豸"，是一切動物的統稱。《大戴禮記·易本命》："有羽之蟲三百六十，而鳳凰爲之長；有毛之蟲三百六十，而麒麟爲之長；有甲之蟲三百六十，而神龜爲之長；有鱗之蟲三百六十，而蛟龍爲之長；倮之蟲三百六十，而聖人爲之長。"特指昆蟲。《詩經·齊風·雞鳴》："有蟲薨薨。"（薨薨：蟲羣飛的聲音。）

7. 仇[讎、讐]　(1)仇，音 qiú，從人九聲，《爾雅·釋詁上》解釋爲"匹"。配偶；伴侶。《禮記·緇衣》："詩云：'君子好仇。'"匹偶是相對的關係，有友愛、敵對之分，引申偏指怨仇、仇敵，後讀 chóu。《史記·游俠列傳》："由是揚氏與郭氏爲仇。"(2)讎，從言雔(chóu)聲，《說文》解釋爲"應"。應對；應答。《詩經·大雅·抑》："無言不讎，無德不報。"由應對引申爲敵對、仇敵。《左傳·襄公二十一年》："祁大夫外舉不棄讎，內舉不失親。"(3)讐，同"讎"。

8. 丑（醜）　(1)醜，醜惡的意思本作"醜"。《說文》在鬼部，解釋爲"可惡"。可惡的；醜惡。《詩經·小雅·十月之交》："日有食之，亦孔之醜。"用作動詞，憎惡。《左傳·昭公二十八年》："惡直醜正。"特指樣子難看。《莊子·天運》："其里之醜人見而美之。"(2)丑，有學者認爲古文字象手爪之形,借用作地支字。

9. 创(創)[刅、剏] （1）創,本是傷的意思,讀 chuāng。《說文》作"刅",又作"創"(從"刀")。《戰國策·燕策三》:"秦王復擊(荆)軻,被八創。"開創(chuàng)是"創"的假借義。（2）創始、開創的意思《說文》作"剏",讀 chuàng,解釋爲"造法剏業"。《戰國策·秦策三》:"墾草剏邑。"後訛作"刅、剏"。文獻通作"創"。

10. 辞(辭)[辤] 言辭的意思本作"辭"。《孟子·萬章上》:"説《詩》者不以文害辭,不以辭害志。"不接受、推辭的意思《說文》做"辤",解釋爲"不受"。文獻通作"辭"。

D

1. 党(黨) （1）黨,從黑尚聲。《說文》解釋爲"不鮮",不鮮明。此義文獻罕見。"黨"用於朋黨、鄉黨。（2）党,用作姓氏和古族名(如"党項")。

2. 德[惪] （1）道德的"德"《說文》作"惪",從直從心。文獻罕見。通作"德"。（2）德,從彳惪聲。《說文》解釋爲"升"。

3. 淀(澱) （1）淀(《說文》未見),淺的湖泊,常用於地名。（2）澱,《說文》解釋爲"滓滋"。泥滓;沉澱。

4. 雕[彫、琱] （1）雕,從隹周聲,一種猛禽。《史記·李將軍列傳》:"是必射雕者也。"雕飾是假借義。（2）彫,從彡(shān)周聲。《說文》解釋爲"琢文",雕刻花紋圖案。（3）琱,從玉周聲。治玉;雕刻。

5. 斗(鬥)[閗、鬭、鬪] （1）斗,本讀 dǒu。古量器名;又指古代的一種酒器。《莊子·胠篋》:"掊斗折衡。"《詩經·大雅·行葦》:"酌以大斗。"（2）鬥,象兩人博鬥之形。（3）閗,同"鬥"。（4）鬭,《說文》解釋爲"遇",遇合。《國語·周語下》:"谷、洛鬭,將毁王宮。"(大意:谷水、洛水交匯,大水將毁壞王宮。)（5）鬪,同"鬭"。

6. 队(隊) 隊,本讀 zhuì,從阜㒸(suì)聲。《說文》解釋爲"從高隊",墜落。《左傳·莊公八年》:"公懼,隊於車。"這個意思後寫作"墜"。队,後造的新字。

F

1. 发(發、髪) （1）發,從弓癹(bá)聲。《說文》解釋爲"射發",把箭射出去。《史記·李將軍列傳》："度不中不發。"(2)髮,讀 fà,從髟(biāo)犮(bá)聲(髟是長髮下垂的樣子)。頭髮,毛髮。

2. 范(範)　(1)范,從艸氾(fàn)聲。《說文》解釋爲"艸",草名。(2)範,從車,聲符是"笵"的省寫。古時出行前祭祀路神的一種儀式。(3)依照《說文》,模型、法則的意思應作"笵"。字從"竹",《說文》解釋爲"法"。

3. 丰(豐)　(1)丰,《說文》解釋爲"艸盛丰丰",草木茂盛。又謂體貌豐滿,丰潤(如"丰姿、丰神")。《詩經·鄭風·丰》："子之丰兮,俟我乎巷兮。"(2)豐,從豆,《說文》解釋爲"豆之豐滿者"。基本義是盛多,大(如"豐富、豐功")。《呂氏春秋·當染》："從屬彌衆,弟子彌豐。"

4. 复(復、複)　(1)复,《說文》在"夊(suī)"部,解釋爲"行故道",從原道返回。後加"彳"寫作"復"。《周易·泰卦》："無往不復。"(2)複,字從"衣",《說文》解釋爲"重衣",有内層的衣服(與單衣相對)。《三國志·魏書·管寧傳》："寧常著皂帽、布襦袴、布裙,隨時單複。""複"的基本義是重複。

G

1. 干(乾)[乾、乾]　(1)干,讀 gān,象形字,盾一類的兵器。《尚書·牧誓》："稱爾戈,比爾干,立爾矛。"(比:排列。)(2)乾,本讀 qián(乾卦、乾坤),《說文》從乙倝(gàn)聲,解釋爲"上出"。乾燥是假借義。(2)乾、乾,同"乾"。

2. 干(幹)[榦]　幹,《說文》作"榦",從木倝(gàn)聲,解釋爲"築牆端木",指築牆時夾板外側的木柱。《尚書·費誓》："峙乃楨榦。"(楨:築牆時竪在兩端的木柱。)引申指事物的主體部分(主幹)。《左傳·襄公三十年》："禮,國之幹也。"

3. 谷(穀)　(1)谷,《說文》在谷部。指山間的水流;又指兩山間的流水道、兩山間狹長的地帶。《詩經·小雅·十月之交》："高岸爲谷,深谷爲陵。"(2)穀,《說文》從禾㱿(què)聲。穀物。

4. 雇[僱]　雇,本讀 hù,《說文》從隹(zhuī)户聲,鳥名。雇傭是假借義。後又作"僱"。

5. 广(廣)　(1)廣,《說文》從广(yǎn)黄聲,解釋指殿堂的大屋頂。(2)《說文》有"广"字,讀 yǎn,意思是依山崖建造的房屋。"廣"的簡化字"广"與之同形。

H

1. 和［咊、龢］ （1）和，本讀 hè，從口禾聲。《說文》作"咊"，解釋爲"相應"，以聲相應，跟著唱或跟著唱腔伴奏。蘇軾《前赤壁賦》："客有吹洞簫者，倚歌而和之。"（2）龢，讀 hé，《說文》從龠（yuè）禾聲，解釋爲"調"。和諧；協調。《國語・周語下》："夫政象樂，樂從龢，龢從平，聲以龢樂，律以平聲。"

2. 后（後） （1）后，君主（如"王后、女后"）。《尚書・湯誓》："我后不恤我衆。"（2）後，《說文》在彳部，解釋爲"遲"。落在後面；時間上或空間位置上在後。《論語・雍也》："非敢後也，馬不進也。"

3. 胡（鬍）［衚］ （1）胡，從肉古聲。《說文》解釋爲"牛頷垂"，指獸畜頷下或頸下的垂肉。《詩經・豳風・狼跋》："狼跋其胡。"（跋：踏，踩。）（2）鬍，從髟（biāo）胡聲，鬍鬚。（3）衚，衚衕（胡同）。

4. 划（劃） （1）划，讀 guò，從刀，是鐮一類的農具（見《廣雅・釋器》）。又讀 huá，划水前進。（2）劃，讀 huá，從刀畫聲。《說文》解釋爲"錐刀曰劃"，用錐刀之類的銳器把東西割開。區分的意思讀 huà。今以"划"爲"劃"的簡化字。

5. 坏（壞） （1）坏，讀 pī。《說文》："坏，丘一成者也。一曰瓦未燒。"只有一重的山丘。范成大《長安閘》詩："千車擁孤隧，萬馬盤一坏。"又指沒有燒過的磚瓦陶器（通作"坯"）。（2）壞，讀 huài，從土褱（huái）聲，《說文》解釋爲"敗"。《韓非子・說難》："天雨墙壞。"今以"坏"爲"壞"的簡化字。

6. 汇（匯、彙）［滙］ （1）匯，從匚（fāng）淮聲。《說文》解釋爲"器"，器物名。衆水聚合是假借義（匯流）。聚合義又作"滙"。（2）彙，讀 huì，刺猬（後作"猬"）。《山海經・中山經》："有獸焉，其狀如彙。"文獻又用指類聚、綜合（如詞彙、彙報）。

7. 伙（夥） （1）伙，伙伴。本作"火伴"。唐代兵制，十人爲"火"。（2）夥，多。《說文》："齊謂多爲夥。"司馬相如《上林賦》："萬物衆夥。"衆多的人聚合稱夥（如"同夥、入夥"）。

8. 获（獲、穫） （1）穫，從禾蒦（huò）聲。《說文》解釋爲"刈穀"，收割禾穀。《尚書・金縢》："秋，大熟，未穫。"（2）獲，從犬蒦聲。《說文》解釋爲"獵所獲"，獵取。《周易・解卦》："田獲三狐。"

J

1. 几（幾） （1）几，讀 jī，象形字，《説文》釋爲"踞"，古人席地而坐時供憑依的一種矮桌。《尚書·顧命》："憑玉几。"（2）幾，《説文》釋爲"微"。事物變化隱約顯現的先兆，讀 jī。《周易·繫辭下》："幾者動之微，吉之先見(xiàn)者也。"又用作代詞，詢問數量，讀 jǐ。

2. 饥（飢、饑） （1）飢，《説文》釋爲"餓"，飢餓。《史記·平準書》："其明年，山東被水菑，民多飢乏。"（2）饑，《説文》解釋爲"穀不孰爲饑"。饑荒；荒年。《史記·秦本紀》："因其饑伐之，可有大功。"（因：趁著。）文獻中二字混用。

3. 极（極） （1）极，從木及聲。《説文》釋爲"驢上負"，驢背上馱物的木架。（2）極，從木亟(jí)聲。《説文》釋爲"棟"，房脊的中梁。引申爲頂點。簡化字"极"與《説文》中的"极"同形。

4. 夹（夾）[袷、裌] （1）夾，本讀 jiā，夾持，從相對的兩面用力扶持使穩固。《禮記·檀弓下》："使吾二婢子夾我。"後又指雙層的，讀 jiá。（2）袷，讀 jiá，《説文繫傳》解釋爲"夾衣"，雙層的衣服。潘岳《秋興賦》："御袷衣。"（御：穿戴。）（3）裌，同"袷"。

5. 价（價） （1）价，本讀 jiè，從人介聲，《説文》釋爲"善"。《詩經·大雅·板》："价人惟藩。"（大意：善人如同屏障。）（2）價，《説文新附》釋爲"物直"，物品的價錢。今以"价"爲"價"的簡化字。

6. 荐（薦） （1）荐，《説文》釋爲"薦蓆"。草席；又指下面墊的草。《左傳·襄公四年》："戎狄荐居。"（2）薦，《説文》釋爲"獸之所食艸"。獸畜吃的草；又指草墊。《莊子·齊物論》："民食芻豢，麋鹿食薦。"推舉的意思古書多作"薦"。

7. 杰[傑] （1）杰，古代是人名用字。（2）傑，《説文繫傳》釋爲"傑出"，才能超出一般人。

8. 借（藉） （1）借，《説文》釋爲"假"。借入；借出。《左傳·定公九年》："（陽虎）盡借邑人之車。"《論語·衛靈公》："有馬者借人乘之。"（2）藉，《説文》在艸部，釋爲"祭藉"，指古代祭祀或朝聘時所陳設禮品的襯墊物（如草墊之類）。《楚辭·九歌·東皇太一》："蕙肴蒸兮蘭藉。"（蒸：進獻。）古書中依憑的意思作"藉"。

9. 斤[劤] （1）斤，象形字，《説文》釋爲"斫木"，斧子一類的砍伐工具。

《孟子·梁惠王上》："斧斤以時入山林,材木不可勝用也。"(2)觔,同"筋"。王充《論衡·物勢》："夫物之相勝,或以觔力,或以氣勢,或以巧便。"二字借用表示重量單位。

10. 旧(舊)　(1)旧,《龍龕守鑑》載"同'臼'"。(2)舊,《説文》從萑(huán)臼聲,猫頭鷹。

11. 巨[鉅]　(1)巨,《説文》釋爲"規巨",讀 jǔ。木匠用的方尺,後作"矩""榘"。《管子·宙合》："成功之術,必有巨獲。"(巨獲:法度。)(2)鉅,《説文》釋爲"大剛",指堅硬的鐵。《史記·禮書》："宛之鉅鐵施,鑽如蠭蠆。"(大意:宛地鉅鐵造的矛,鋒刃像蠭蠆一樣。)

K

1. 考[攷]　(1)考,《説文》釋爲"老",高壽。《詩經·大雅·棫樸》："周王壽考。"(2)攷,從夂(攴)丂(kǎo)聲。《説文》釋爲"敂(kòu)",敲擊。《續資治通鑑·宋神宗元豐三年》："(雅樂古器)攷擊奏作,委之賤工。"雙音詞有[攷問]。

2. 克(剋)[尅]　(1)克,《説文》釋爲"肩"。肩負;能够勝任。《周易·大有》："小人弗克。"(大意:小人不能擔當大任。)(2)剋,《爾雅·釋詁上》釋爲"勝"。戰勝;抑制。《史記·龜策列傳》："武王剋紂。"《後漢書·周澤傳》："奉公剋己。"(3)尅,同"剋"。

3. 扣[釦]　(1)扣,《説文》釋爲"牽馬"。牽住;勒住。《吕氏春秋·愛士》："晉梁由靡已扣繆公之左驂矣。"(2)釦,用金玉等緣飾器物。揚雄《蜀都賦》："雕鏤釦器,百伎千工。"

4. 袴(褲)[袴]　袴,《説文》作"絝",釋爲"脛衣",古時套在兩腿上無襠的套褲。《史記·趙世家》："居無何,而朔婦免身,生男。屠岸賈聞之,索於宫中。夫人置兒絝中。"泛指褲子。後作"褲"。

5. 困(睏)　(1)困:窘迫;無法解脱。《史記·屈原賈生列傳》："齊竟怒不救楚,楚大困。"(2)睏:疲乏;想睡覺。

L

1. 腊(臘)[臈]　(1)腊,本讀 xī,從肉,指乾肉(《説文》)。《周易·噬嗑》："噬腊肉,遇毒。"(2)臘:古年終祭祀名;轉指農曆十二月。《禮記·月令》:"臘先祖五祀。"(五祀:五種神。)(3)臘,同"臘"。

2. 蜡(蠟) (1)蜡,讀qù,從虫昔聲,蠅的幼蟲,即蛆。又讀zhà,古代年終的大祭。《禮記·雜記下》:"子貢觀於蜡。"(子貢:人名。)這個意思又寫作"褅"。(2)蠟,指動物、植物或礦物產生的油質(如"蜂蠟、白蠟、石蠟"等)。

3. 里(裏)[裡] (1)里,《説文》釋爲"居",人居住的地方。陶淵明《乞食》:"行行至斯里,叩門拙言辭。"(2)裏,從衣里聲。《説文》釋爲"衣内",衣服的内層。《詩經·邶風·绿衣》:"绿兮衣兮,绿衣黄裏。"(3)裡,同"裏"。

4. 栗[慄](1)栗,《説文》作"㮚",栗子樹。《詩經·鄘風·定之方中》:"樹之榛栗。"(2)慄,從心栗聲,恐懼;顫抖(《爾雅·釋詁下》)。《詩經·秦風·黄鳥》:"惴惴其慄。"

5. 帘(簾) (1)帘(《説文》未見),舊時酒家作標志的旗幟。劉禹錫《魚復江中》詩:"風檣好住貪程去,斜日青帘背酒家。"(2)簾,從竹廉聲,《説文》釋爲"堂簾",遮蔽門窗的簾子。

6. 链(鏈)[鍊] (1)鏈,金屬鏈子。(2)鍊,《説文》釋爲"治金"(依段注本)。同"煉",冶煉金屬。劉琨《重贈盧諶》詩:"何意百鍊剛,化爲繞指柔。"

7. 了(瞭) (1)了,依照《説文》的解釋,是足脛相交的意思。聰慧、了解是假借義。(2)瞭(《説文》未見),從目尞(liáo)聲,眼睛明亮。《孟子·離婁上》:"胸中正,則眸子瞭焉。"

M

1. 牦[犛、氂] (1)犛,牦牛(《説文》),後作"牦"。(2)氂,牦牛尾(《説文》)。

2. 梅[楳、槑] (1)梅,《説文》釋爲"柟",楠樹。《詩經·秦風·終南》:"終南何有?有條有梅。"(終南:山名。條:樹名。)(2)楳,"梅"的異體(《説文》)。梅子的{méi}本作"某"。《説文》釋爲"酸果"。後用作代詞。(3)槑,"某"的異體。

3. 蒙(濛、矇、懞) (1)蒙,從艹冡(méng)聲。《説文》釋爲"王女",一種草名。假借爲"冡",表示覆蓋。《詩經·鄘風·君子偕老》:"蒙彼縐絺。"(2)濛,《説文》釋爲"微雨",小雨濛濛的樣子。《詩經·豳風·東山》:"零雨其濛。"(3)矇,眼睛失明(《説文》)。嵇康《聲無哀樂論》:"今矇瞽面牆而不悟。"(4)懞,讀 méng,形容樸實敦厚。《管子·五輔》:"敦蒙純固以備禍亂。"又讀 měng,昏昧。

4. 面(麪)[䴰] （1）面,《説文》釋爲"顔前"。臉。《墨子·非攻中》:"鏡於水,見面之容。"(2)麪,《説文》作"䴰",釋爲"麥屑末",麪粉。

N

1. 霓[蜺] （1）霓,從雨兒聲。虹的一種,也叫副虹(參《説文》)。泛稱虹。《孟子·梁惠王下》:"若大旱之望雲霓也。"(2)蜺,從虫兒聲。《説文》釋爲"寒蜩(jiāng)",蟬的一種,即寒蟬。虹霓是假借義。

2. 宁(寧)[甯、寍] （1）宁,這個字形本讀 zhù,"貯"的古字,積聚(《説文》)。(2)寧,《説文》釋爲"願詞",寧願。安寧的意思《説文》作"寍",釋爲"安"。文獻通作"寧"。(3)甯,《説文》釋爲"所願",段玉裁認爲與"寧""音義皆同"。(4)寍,同"寧"。

P

1. 炮[砲、礮]（1）炮,本讀 páo,從火包聲。《説文》解釋爲"毛炙肉",古代的一種烹製方法,把帶毛的肉用泥裹住在火上燒烤。《禮記·禮運》:"以炮以燔,以亨(pēng)以炙。"(2)砲,從石,古代以機械拋射石頭的一種兵器。(3)礮,同"砲"。潘岳《閑居賦》:"礮石雷駭。"

2. 辟[闢]（1）辟,《説文》解釋爲"法"。法度;特指刑法。《左傳·昭公六年》:"夏有亂政而作《禹刑》,商有亂政而作《湯刑》,周有亂政而作《九刑》。三辟之興,皆叔世也。"(叔世:衰世。)開闢是"辟"的假借義。後作"闢"。(2)闢,從門辟聲,《説文》解釋爲"開"。《戰國策·齊策六》:"且自天地之闢,民人之治,爲人臣之功者,誰有厚於安平君者哉?"

3. 匹[疋] （1）匹,《説文》解釋爲"四丈",古代織品的長度單位,四丈爲匹。(2)疋,讀 shū,象形字,《説文》釋爲"足",義同足。後混用同"匹"。《漢書·叔孫通傳》:"乃賜通帛二十疋。"

4. 苹(蘋) （1）苹,《説文》釋爲"蓱(萍)",浮萍。《大戴禮記·夏小正》:"湟潦生苹。"又指艾蒿(一説藾蒿)。《詩經·小雅·鹿鳴》:"呦呦鹿鳴,食野之苹。"(2)蘋,讀 pín,植物名。也稱四葉菜、田字草,生淺水中。《詩經·召南·采蘋》:"于以采蘋? 南澗之濱。"後蘋果的{píng}寫作

"蘋",又以"苹"爲簡化字。

5. 凭(憑)[凴] (1)凭,從几從任。《說文》釋爲"依几",靠在几上,依靠的意思。(2)憑,有氣盛滿、憤懣義,這個意思不能寫作"凭"。《列子·湯問》:"帝憑怒。"(3)凴,同"凭"。

6. 朴(樸) (1)朴,本讀 pò,從木卜聲。《說文》釋爲"木皮",樹皮。崔駰《博徒論》:"膚如桑朴。"(2)樸,讀 pǔ,從木業(pú)聲。《說文》釋爲"木素",未經加工成器的木材。《老子》二十八章:"樸散則爲器。"質樸義本當作"樸"。

Q

1. 戚[慼、慽、*鏚] (1)戚,古兵器名,後又作"鏚"。《詩經·大雅·公劉》:"干戈戚揚。"(2)"戚"假借表示憂傷義。《後漢書·皇甫規傳》:"前變未遠,臣誠戚之。"憂傷義後寫作"慼"或"慽"。

2. 气(氣) (1)气,象形字,本義是雲气。(2)氣,本讀 xì,從米气聲。《說文》引《春秋傳》:"齊人來氣諸侯。"釋爲"饋客芻米",送給人糧食或飼料(這個意義後作"餼")。假借表示雲气、气體。《孔子家語·顏回》:"達于情性之理,通於物類之變,知幽明之故,覩游氣之原,若此可謂成人矣。"

3. 千(韆) (1)千,數詞。《說文》釋爲"十百"。(2)韆,鞦韆,一種運動和遊戲的器具。

4. 强[強、彊] (1)强,《說文》作"強",從虫弘聲,一種小虫名。強大是假借義。(2)彊,從弓畺(jiāng)聲,《說文》釋爲"弓有力",強大義本作"彊"。《漢書·馮野王傳》:"剛彊堅固。"

5. 球[毬] (1)球,從玉求聲,本義是美玉(《說文》)。《尚書·禹貢》:"厥貢惟球、琳、琅玕。"(2)毬,《說文新附》釋爲"鞠丸"。古代一種球形遊戲用品,外面包皮,裏邊用毛填實。

6. 曲(麯)[麴] (1)曲,基本義是彎曲。(2)麯,酒麯,釀酒用的發酵物。(3)麴,同"麯"。

7. 驱(驅)[駈、敺] (1)驅,用鞭策馬前進。《詩經·唐風·山有樞》:"子有車馬,弗馳弗驅。"(2)駈,同"驅"。(3)敺,同"驅"(參《說文》)。驅趕;驅逐。《孟子·離婁上》:"故爲淵敺魚者,獺也;爲叢敺爵(què)者,鸇(zhān)也。"(爵:通"雀"。鸇:鳥名。)

8. 却[卻、刼] (1)却,《說文》作"卻"。節制;使退卻。《商君書·農戰》："敵不敢至，雖至必卻。"(2)卻，同"郤"。

S

1. 洒（灑） （1）洒，本讀 xǐ，從水西聲。《説文》釋爲"滌"，洗滌。後通作"洗"。《莊子·山木》："洒心去欲。"灑（sǎ）水的意思是假借義。（2）灑，讀 sǎ。《説文》釋爲"汛"，灑水，把水潑散在地上以防塵土揚起。《禮記·内則》："灑埽室堂及庭。"

2. 舍（捨） 舍，讀 shè，居住的房屋（《説文》謂"市居曰舍"）。《史記·李斯列傳》："使者至，發書，扶蘇泣，入内舍，欲自殺。"用作動詞：止；放棄。讀 shě，後作"捨"。《論語·子罕》："逝者如斯夫！不舍晝夜。"《國語·吴語》："舍其愆令，輕其征賦。"

3. 沈（瀋） （1）沈，《廣韻·侵韻》："沈，没也。"讀 chén，沉没。後又作"沉"。《莊子·人間世》："散木也，以爲舟則沈。"（2）沈假借爲"瀋"（汁液），讀 shěn。《禮記·檀弓下》："爲榆沈。"又表國名、姓氏。今爲"瀋"的簡化字。（3）瀋，讀 shěn，從水審聲。《説文》解釋爲"汁"，汁液。《新唐書·崔仁師傳》："悉去囚械，爲具食飲湯瀋。"又爲水名、地名用字。

4. 圣（聖） （1）圣，依照《説文》的解釋，讀 kū，義同"掘"，是一個方言詞。今爲"聖"的簡化字。（2）聖，《説文》釋爲"通"，無所不通。《孟子·盡心下》："充實而有光輝之謂大，大而化之之謂聖，聖而不可知之之謂神。"

5. 适（適） （1）适，本作"𠯑"，讀 kuò，從辵，通作"适"。《説文》釋爲"疾"。《論語》有人名"南宫适"。（2）適，從辵啻（chì）聲，《説文》釋爲"之"，去往……地方。《史記·吴太伯世家》："（季札）去鄭，適衛。"

6. 倏［儵、儵］ （1）倏，從犬攸聲。《説文》釋爲"走"，奔跑。引申爲疾速。《戰國策·楚策四》："倏忽之間，墜於公子之手。"（2）儵，同"倏"。（3）儵，從黑攸聲。《廣雅·釋器》："儵，黑也。"左思《蜀都賦》："林麓黝儵。"又通"倏"，疾速。《楚辭·九歌·少司命》："儵而來兮忽而逝。"

7. 竖（豎）［竪］ 直立的"竖"本作"豎"，從臤豆聲。《説文》釋爲"豎立"。後作"竪"，簡化作"竖"。《後漢書·靈帝紀》："冬十月壬午，御殿後槐樹自拔倒豎。"

8. 俟［竢］ 俟，從人，《説文》釋爲"大"。等待是"俟"的假借義。等待義的(sì)《説文》作"竢"，釋爲"待"。《楚辭·離騷》："冀枝葉之峻茂兮，願竢時乎吾將刈。"

9. 松(鬆)　(1)松,《説文》釋爲"木",松樹。(2)鬆,髮亂;鬆散。

10. 苏(蘇)[甦]　(1)蘇,從艸穌(sū)聲,一種草本植物(《説文》)。枚乘《七發》:"秋黄之蘇。"簡化作"苏"。(2)甦(《説文》未見),蘇醒;死而復生。

T

1. 台(臺、檯)　(1)台,《説文》釋爲"説(yuè)",喜悦,讀 yí。《史記·太史公自序》:"唐堯遜位,虞舜不台。"這個意思後作"怡"。(2)"台"讀 tái,指三台,星名。三台又喻指三公。(3)臺,《説文》釋爲"四方而高者"。高臺,用土築成的高而上平的建築物。(4)檯,桌子一類的器物。

2. 坛(壇、罎)[墰、壜]　(1)壇,《説文》釋爲"祭場",是爲舉行祭祀、盟會等儀式築起的土臺。《公羊傳·莊公十三年》:"莊公升壇。"簡化作"坛"。(2)壜,陶製的容器(用來盛酒等)。許渾《夜歸驛樓》詩:"窗下覆棋殘局在,橘邊沽酒半壜空。"(3)罎、墰,同"壜"。

W

1. 玩[翫]　(1)玩,從玉元聲,《説文》釋爲"弄"。玩弄;玩賞。陳琳《爲曹洪與魏文帝書》:"得九月二十日書,讀之喜笑,把玩無猒(yàn)。"(2)翫,《説文》釋爲"習猒",因久已習慣而懈怠輕忽。《左傳·僖公五年》:"寇不可翫。"

2. 挽[輓]　(1)挽,牽引,拉。蘇軾《祈雨祝文》:"逾旬不雨,農有憂色,挽舟浚河,公私告病。"(2)輓,《説文繫傳》釋爲"引車",拉車。《左傳·襄公十四年》:"夫二子者,或輓之,或推之,欲無入,得乎?"特指牽引喪車。《漢書·景帝紀》:"其葬,國得發民輓喪。"泛指牽引。

X

1. 系(係、繫)　(1)系,《説文》釋爲"繫",連接。《漢書·叙傳上》:"系高頊之玄冑兮。"(高頊:古帝名。)抽象引申爲世系;系統。《新唐書·李賀傳》:"李賀字長吉,系出鄭王後。"(2)係,《説文》釋爲"絜束"。拴;捆綁。《國語·越語上》:"若以越國之罪爲不可赦也,將焚宗廟,係妻孥,沈金玉於江。"引申表示關聯；牽涉。蘇軾《上皇帝書》："臣前任密州，建言自古河北與中原離合，常係社稷存亡。"雙音詞有[關係]。(3)繫，《說文》釋爲"繫繣"，劣質的絲絮。段玉裁認爲假借爲"系"，基本義是把一物繫結於另一物使不脫離。《莊子·列禦寇》："無能者無所求，飽食而遨游，汎若不繫之舟。"

2. 閑(閑)[閒]　(1)閑，從門從木。《說文》釋爲"闌"，用於遮攔阻隔的柵欄。《周禮·夏官·虎賁氏》："舍則守王閑。"(舍：天子在野外歇宿。王閑：天子門前的遮攔物。)空閒是假借義。(2)閒，讀 jiàn，從門從月，《說文》解釋爲"隟(隙)"，縫隙；間隔。《莊子·養生主》："彼節者有閒，而刀刃者無厚。"轉指時間上的間隔，空閒，讀 xián。

3. 鮮(鮮)[鱻、尟、尠]　(1)鮮，讀 xiān，依《說文》的解釋是魚名。泛指魚。《老子》六十章："治大國若烹小鮮。"(2)新鮮的意思《說文》作"鱻"。《周禮·天官·庖人》："凡其死生鱻薨(kǎo)之物，以共王之膳。"(薨：指乾肉。)(3)"鮮"又讀 xiǎn，少的意思，是假借義。《周易·繫辭上》："百姓日用而不知，故君子之道鮮矣。"(4)少的意思《說文》作"尟"。讀 xiǎn。(5)尠，同"尟"。

4. 咸(鹹)　(1)咸，《說文》釋爲"皆""悉"。範圍副詞，全，都。《史記·淮陰侯列傳》："大王當王關中，關中民咸知之。"(2)鹹，從鹵咸聲，像鹽一樣的味道。

5. 凶[兇]　(1)凶，《說文》釋爲"惡"。凶惡；不吉利。《楚辭·卜居》："此孰吉孰凶？何去何從？"(2)兇，《說文》釋爲"擾恐"，因恐懼而騷動喧嚷。《漢書·翟方進傳》："羣下兇兇，更相嫉妒。"

6. 修[脩]　(1)修，從彡(shān)攸聲。《說文》釋爲"飾"，修飾。《漢書·馮奉世傳》："參爲人矜嚴，好修容儀。"(參：人名。)(2)脩，從肉攸聲。《說文》釋爲"脯(fǔ)"，乾肉。《周禮·天官·膳夫》："凡肉脩之頒賜，皆掌之。"

Y

1. 烟[煙、菸]　(1)烟，冒烟的"烟"《說文》作"煙"，釋爲"火气"。也作"烟"。《國語·魯語上》："煙徹於上。"(2)菸，本讀 yū，《說文》解釋爲"鬱"，枯萎的意思。雙音詞有[菸萎][菸敗]。後又讀 yān，指烟草。

2. 痒(癢)　(1)痒，本讀 yáng，《說文》釋爲"瘍(yáng)"。癰瘡；又指憂思成病。《周禮·天官·疾醫》:"夏時有痒疥疾。"《詩經·小雅·正月》:"哀我小心,瘋(shǔ)憂以痒。"(瘋:病。)又通"癢(yǎng)"。(2)癢,皮膚發癢。《禮記·內則》:"疾痛苛癢"

3. 叶(葉)　(1)叶,本是"協"的異體,讀xié,協同的意思(《說文》)。《新唐書·李逢吉傳》:"逢吉與李程同執政,不叶。"今用作"葉"的簡化字。(2)葉,從艸枼(yè)聲,《說文》解釋爲"艸木之葉",草木的葉子。

4. 页(頁)[＊箂](1)頁,本讀xié。《說文》釋爲"頭",從頁的字很多與頭有關(如"頂、項、領、顎、顏")。(2)箂,《說文》釋爲"箘",指古代兒童習字用的竹片。表示書册的一張或一面應作"箂",文獻中寫作"頁"或"葉"。

5. 异[異]　(1)异,從廾(gǒng)㠯(yǐ)聲,《說文》釋爲"舉"。(2)異,《說文》釋爲"分"。區分;不同。《禮記·樂記》:"樂者爲同,禮者爲異。"

6. 游[遊](1)游,《爾雅·釋言》:"泳,游也。"游水,游泳。《詩經·邶風·谷風》:"泳之游之。"(2)遊,《玉篇》釋爲"遨遊"。水中的活動文獻一般用"游",不用"遊";陸上的活動兩個字可通用。

7. 余(餘)　(1)余,《爾雅·釋詁下》:"余,我也。"第一人稱代詞。(2)餘,《說文》釋爲"饒"。豐足。《淮南子·精神訓》:"衣足以蓋形,適情不求餘,"又謂剩餘。

8. 郁(鬱)[鬱、欝]　(1)郁,從邑有聲。[郁夷],古地名。[郁郁]作香氣濃盛、文采顯著講是假借義。(2)鬱,《說文》在林部,釋爲"木叢生者"。草木繁茂;繁盛。《詩經·秦風·晨風》:"欥(yù)彼晨風,鬱彼北林。"(欥:鳥疾飛。晨風:鳥名。)(3)鬱、欝,同"鬱"。

9. 愿(願)　(1)愿,從心原聲,《說文》釋爲"謹"。老實;謹慎。《左傳·襄公三十一年》:"愿,吾愛之,不吾叛也。"(2)願,從頁原聲,《說文》釋爲"大頭",文獻未見用例。常用義爲願望;願意。陶淵明《歸去來兮辭》:"富貴非吾願,帝鄉不可期。"

10. 云(雲)　雲彩的"雲"本作"云",象形字。雲彩義加後"雨"寫作"雲"。《說文》:"雲,山川气也。"

Z

1. 折(摺)　(1)折,《說文》解釋爲"斷",折斷。《荀子·勸學》:"鍥而舍之,朽木不折。"(2)摺,摺疊。庾信《鏡賦》:"始摺屏風,新開户扇。"

2. 征（徵） （1）征，從彳。《爾雅·釋言》"征，行也。"本義是遠行。《楚辭·離騷》："濟沅、湘以南征兮。"（沅、湘：水名。）（2）徵，《説文》釋爲"召"。徵召。《左傳·僖公十六年》："王以戎難告于齊，齊徵諸侯而戍周。"

3. 志［誌］ （1）志，從心，《説文》釋爲"意"。心意；意向。《史記·陳涉世家》："燕雀安知鴻鵠之志哉？"（2）誌，《説文新附》釋爲"記誌"，記録。《列子·楊朱》："太古之事滅矣，孰誌之哉？"

4. 制（製） （1）制，從刀，《説文》釋爲"裁"。裁斷；切割。《淮南子·主術訓》："是故賢主之用人也，猶巧工之制木也。"抽象引申爲裁決；控制。（2）製，從衣從制。《説文》釋爲"裁"，剪裁。《左傳·襄公三十一年》："子有美錦，不使人學製焉。"引申爲製造。

5. 钟（鐘、鍾） （1）鐘，《説文》釋爲"樂鐘"，古代的一種打擊樂器。《荀子·富國》："故必將撞大鐘，擊鳴鼓。"後特指報時的鐘。（2）鍾，《説文》釋爲"酒器"。《列子·楊朱》："聚酒千鍾。"又指古代的一種容量單位。《左傳·昭公三年》："齊舊四量：豆、區、釜、鍾。四升爲豆，各自其四，以登於釜。釜十則鍾。"

6. 筑（築） （1）筑，舊讀 zhú，從竹，古代的一種擊打弦樂器（《説文》）。《史記·刺客列傳》："高漸離擊筑。"（2）築，從木筑聲，《説文》解釋爲"擣"。擣土使堅實；泛指建造。《詩經·豳風·七月》："九月築場圃，十月納禾稼。"

7. 罪［辠］（1）罪，從网，《説文》釋爲"捕魚竹网"。泛指羅網。《詩經·小雅·小明》："畏此罪罟。"罪行是假借義。（2）辠，《説文》釋爲"犯法"。《周禮·天官·甸師》："王之同姓有辠，則死刑焉。"罪行義文獻多作"罪"。

附錄二

廣韻韻目

平聲	上聲	去聲	入聲
一東 獨用	一董 獨用	一送 獨用	一屋 獨用
二冬 鍾同用		二宋 用同用	二沃 燭同用
三鍾	二腫 獨用	三用	三燭
四江 獨用	三講 獨用	四絳 獨用	四覺 獨用
五支 脂之同用	四紙 旨止同用	五寘 至志同用	
六脂	五旨	六至	
七之	六止	七志	
八微 獨用	七尾 獨用	八未 獨用	
九魚 獨用	八語 獨用	九御 獨用	
十虞 模同用	九麌 姥同用	十遇 暮同用	
十一模	十姥	十一暮	
十二齊 獨用	十一薺 獨用	十二霽 祭同用	
		十三祭	
		十四泰 獨用	

续表

平聲	上聲	去聲	入聲
十三佳_{皆同用}	十二蟹_{駭同用}	十五卦_{怪夬同用}	
十四皆	十三駭	十六怪	
		十七夬	
十五灰_{咍同用}	十四賄_{海同用}	十八隊_{代同用}	
十六咍	十五海	十九代	
		二十廢_{獨用}	
十七真_{諄臻同用}	十六軫_{準同用}	二十一震_{稕同用}	五質_{術櫛同用}
十八諄	十七準	二十二稕	六術
十九臻			七櫛
二十文_{獨用}	十八吻_{獨用}	二十三問_{獨用}	八物_{獨用}
二十一欣_{獨用}	十九隱_{獨用}	二十四焮_{獨用}	九迄_{獨用}
二十二元_{魂痕同用}	二十阮_{混很同用}	二十五願_{慁恨同用}	十月_{沒同用}
二十三魂	二十一混	二十六慁	十一沒
二十四痕	二十二很	二十七恨	
二十五寒_{桓同用}	二十三旱_{緩同用}	二十八翰_{換同用}	十二曷_{末同用}
二十六桓	二十四緩	二十九換	十三末
二十七刪_{山同用}	二十五潸_{產同用}	三十諫_{襉同用}	十四黠_{鎋同用}
二十八山_(以上上平聲)	二十六產	三十一襉	十五鎋
一先_{仙同用}	二十七銑_{獮同用}	三十二霰_{線同用}	十六屑_{薛同用}
二仙	二十八獮	三十三線	十七薛
三蕭_{宵同用}	二十九篠_{小同用}	三十四嘯_{笑同用}	
四宵	三十小	三十五笑	

续表

平聲	上聲	去聲	入聲
五肴 獨用	三十一巧 獨用	三十六效 獨用	
六豪 獨用	三十二晧 獨用	三十七号 獨用	
七歌 戈同用	三十三哿 果同用	三十八箇 過同用	
八戈	三十四果	三十九過	
九麻 獨用	三十五馬 獨用	四十禡 獨用	
十陽 唐同用	三十六養 蕩同用	四十一漾 宕同用	十八藥 鐸同用
十一唐	三十七蕩	四十二宕	十九鐸
十二庚 耕清同用	三十八梗 耿靜同用	四十三映 諍勁同用	二十陌 麥昔同用
十三耕	三十九耿	四十四諍	二十一麥
十四清	四十靜	四十五勁	二十二昔
十五青 獨用	四十一迥 獨用	四十六徑 獨用	二十三錫 獨用
十六蒸 登同用	四十二拯 等同用	四十七證 嶝同用	二十四職 德同用
十七登	四十三等	四十八嶝	二十五德
十八尤 侯幽同用	四十四有 厚黝同用	四十九宥 候幼同用	
十九侯	四十五厚	五十候	
二十幽	四十六黝	五十一幼	
二十一侵 獨用	四十七寑 獨用	五十二沁 獨用	二十六緝 獨用
二十二覃 談同用	四十八感 敢同用	五十三勘 闞同用	二十七合 盍同用
二十三談	四十九敢	五十四闞	二十八盍
二十四鹽 添同用	五十琰 忝同用	五十五豔 㮇同用	二十九葉 帖同用
二十五添	五十一忝	五十六㮇	三十怗
二十六咸 銜同用	五十二豏 檻同用	五十七陷 鑑同用	三十一洽 狎同用

续表

平聲	上聲	去聲	入聲
二十七銜	五十三檻	五十八鑑	三十二狎
二十八嚴 凡同用	五十四儼 范同用	五十九釅 梵同用	三十三業 乏同用
二十九凡 (以上下平聲)	五十五范	六十梵	三十四乏

附注："獨用"是指本韻的字只能自相押韻，不能與別的韻通押。"同用"是指鄰近的韻可以通押。今本《廣韻》某些韻的次序錯亂，同用、獨用的標注也有失誤，本表據戴震《考定〈廣韻〉獨用同用四聲表》改正。

附錄三

常用詞檢字(240)

(以音序排列)

B(16)

拔(上 152)　　敗(上 23)　　報(上 196)
被(上 104)　　備(下 151)　　本(上 105)
比(上 277)　　鄙(上 196)　　幣(上 234)
斃(上 197)　　標(下 289)　　表(上 24)
兵(上 106)　　秉(下 108)　　並(上 24)
病(下 26)

C(15)

策(上 25)　　常(上 152)　　超(上 197)
成(下 26)　　承(下 109)　　乘(上 277)
籌(上 61)　　除(上 278)　　處(下 109)
穿(下 193)　　創(下 109)　　措(下 110)
殘(下 243)　　參(下 289)　　稱(下 339)

D(12)

當(上 105)　豆(上 25)　但(上 61)
道(上 152)　達(下 27)　篤(下 27)
待(下 110)　德(下 110)　典(下 194)
的(下 243)　都(下 290)

F(13)

復(上 25)　發(上 62)　奉(上 62)
負(上 62)　封(上 106)　服(上 153)
防(上 234)　廢(上 278)　訪(上 318)
方(下 27)　覆(下 152)　奮(下 194)
憤(下 290)

G(13)

購(上 63)　綱(上 154)　功(上 154)
國(上 197)　官(下 111)　宮(上 234)
干(上 278)　顧(下 28)　攻(下 67)
管(上 197)　感(下 152)　關(下 194)
躬(下 339)

H(3)

恨(上 63)　回(下 152)　貨(上 106)
后(上 154)

J(33)

既(上 107)　節(上 107)　及(上 198)
即(上 198)　閒(間)(上 198)　監(上 235)
決(上 235)　給(上 279)　假(上 279)

解(上 279)	謹(上 280)	具(上 280)
建(上 318)	獎(上 318)	藉(上 319)
絶(上 319)	濟(下 28)	紀(下 28)
景(上 63)	竟(上 64)	家(下 68)
兼(下 68)	敬(下 68)	就(下 152)
激(下 195)	極(下 195)	經(下 195)
機(下 243)	際(下 290)	救(下 291)
績(下 340)	漸(下 340)	居(下 340)

K(3)

快(上 25)　　寇(上 319)　　困(下 29)

L(9)

臨(上 108)	理(上 154)	領(上 236)
厲(上 319)	濫(下 29)	倫(下 68)
論(下 153)	廉(下 244)	練(下 244)

M(6)

免(上 199)	冒(上 236)	名(上 280)
慢(上 281)	萌(上 320)	末(下 29)

N(2)

納(上 236)　　年(下 111)

O(1)

偶(下 291)

P(4)

旁(上 155)　　駢(下 111)　　樸(下 112)
排(下 291)

Q(10)

去(上 26)　　啓(上 64)　　窮(上 64)
勤(上 199)　　權(上 237)　　趨(上 281)
禽(下 69)　　勸(下 69)　　器(下 153)
情(下 153)

R(3)

任(上 199)　　忍(下 69)　　榮(下 292)

S(16)

色(上 26)　　勝(上 65)　　釋(上 108)
事(上 200)　　術(上 237)　　說(上 237)
涉(上 320)　　疏(上 320)　　率(下 29)
時(下 70)　　室(下 112)　　素(下 112)
遂(下 154)　　逝(下 196)　　歲(下 244)
社(下 340)

T(9)

投(上 26)　　徒(上 65)　　討(上 321)
統(上 321)　　題(下 154)　　天(下 154)
特(下 196)　　體(下 196)　　偷(下 245)

W(13)

完(上 27)　爲(上 27)　文(上 281)
誣(上 321)　微(下 30)　違(下 30)
危(下 70)　維(下 70)　物(下 71)
僞(下 155)　務(下 197)　委(下 292)
武(下 341)

X(15)

險(上 108)　閑(上 155)　信(上 155)
修(上 156)　興(上 200)　賢(上 238)
習(上 322)　相(下 155)　秀(下 197)
幸(下 245)　宣(下 245)　訊(下 246)
緒(下 292)　向(下 341)　寫(下 341)

Y(20)

邑(上 109)　淫(上 108)　援(上 200)
引(上 238)　獄(上 238)　約(下 31)
義(下 71)　元(下 71)　因(下 155)
業(下 197)　益(下 198)　已(下 198)
要(下 246)　英(下 246)　顏(下 293)
宇(下 293)　雅(下 342)　藝(下 342)
庸(上 156)　運(上 156)

Z(24)

再(上 27)　致(上 27)　走(上 28)
張(上 65)　治(上 66)　注(上 109)
責(上 110)　作(上 156)　尊(上 239)
徵(上 282)　造(上 322)　賊(下 72)
正(下 113)　至(下 113)　制(下 156)

折(下 247)	主(下 247)	資(下 247)
征(下 293)	宗(下 293)	周(下 342)
築(下 343)	總(下 343)	遵(下 343)